2026 중등교원임용 시험대비

정치학

김현중 편저

— 임용시험 출제가능 내용 테마별 정리

— 임용시험 중요 기출문제 수록

CONTENTS

CHAPTER 01 정치학의 이해
제1절 정치란 무엇인가? ·· 6
제2절 정치학의 연구 방법 ·· 11

CHAPTER 02 정치사상과 이데올로기
제1절 고대의 정치사상 ·· 14
제2절 중세 정치사상 ··· 19
제3절 근대 정치사상 ··· 21
제4절 현대 정치사상 ··· 42
제5절 정치적 이데올로기 ·· 50

CHAPTER 03 정치권력론
제1절 정치권력에 대한 이론적 기초 ·· 66
제2절 정치권력과 지배구조(정치권력에 대한 엘리트론과 다원론) ················ 72

CHAPTER 04 국가론
제1절 국가란 무엇인가? ·· 78
제2절 국가의 본질 : 국가에 관한 제 이론 ·· 80
제3절 국가관의 변천과 현대 국가 ·· 87

CHAPTER 05 민주주의론
제1절 민주주의의 기본 원리 ··· 96
제2절 민주 정치의 발전 과정 ··· 113
제3절 민주주의 이론 ··· 120
제4절 전체주의와 권위주의 ·· 130

CHAPTER 06 정부제도론

제1절 정부 형태 일반론 ·· 146
제2절 우리나라의 정부 형태 ·· 159
제3절 정부와 정책 과정 ·· 172

CHAPTER 07 정치과정론

제1절 정치과정과 참여 ·· 184
제2절 선거 ·· 186
제3절 정당 ·· 214
제4절 이익집단과 시민단체 ·· 225
제5절 여론과 언론 ·· 233

CHAPTER 08 정치발전론

제1절 정치발전의 개념 ·· 252
제2절 근대화이론 ·· 257
제3절 저발전이론 ·· 260
제4절 제3세계 정치론 ·· 265

CHAPTER 09 정치문화론

제1절 정치문화 ·· 274
제2절 정치적 무관심 ·· 279

CHAPTER 10 국제정치론

제1절 국제관계의 이해 ·· 286
제2절 국제정치 패러다임 ·· 298
제3절 국제정치학의 주요 이론 ···································· 312

2026

중등교원
임용시험
대비

2026 중등교원 임용시험 대비

정치학

THEME 01 | 정치학의 이해

제1절 정치란 무엇인가?

📖 정치의 의미

좁은 의미의 정치는 국가와 관련된 활동, 즉 정치권력의 획득과 유지 및 행사 과정과 관련된 활동을 뜻한다. 선거에 출마하거나 투표에 참여하는 것, 대통령의 국정 운영, 국회 의원의 입법 활동 등이 이에 해당한다.
넓은 의미의 정치는 국가는 물론 사회 구성원 간 이해관계의 대립과 갈등을 합리적으로 조정하고 해결해 가는 과정을 뜻한다. 사회 속에서 사람들이 저마다 자신이 원하는 바를 얻기 위해 행동하다 보면 대립과 갈등이 발생할 수밖에 없다. 학급 규칙 제정을 둘러싼 친구들 간의 의견 대립, 한정된 예산 배분을 둘러싼 지역 간의 갈등, 공공시설의 설치 지역 선정을 둘러싼 지방 자치 단체 간의 갈등 등이 그 사례이다. 이러한 문제를 그대로 놓아두면 사회는 혼란에 빠지고 무질서해져서 결국 개인이나 공동체의 삶이 위태로워질 수 있다. 따라서 이와 같은 대립과 갈등을 조정하고 해결하는 과정이 필요한데, 이것이 바로 넓은 의미의 정치이다.

(미래앤 교과서 p12)

1. 정치의 의미 : D. Easton

(1) **배경**
① 국가나 권력개념을 중심으로 정치현상을 설명하는 종래의 접근법에 비판 제기
② 정치 현상을 설명하는 개념 자체의 불명확성과 의미의 중첩성이 가져오는 한계를 극복하기 위한 '정치체계(political system)' 개념 도입.

(2) **정치의 의미**
① **정의** : "한 사회의 가치들을 권위적으로 배분(the authoritative allocation of value for a society)"
② **가치 있는 것들** : 부, 재화, 자원 등 물질적인 것과 권력, 존경, 명예 등 비물질적인 것으로 나눌 수 있음. 이러한 가치들은 인간의 욕구를 충족시켜 줄 수 있는 수단으로 사회 구성원들 상호간 경쟁의 목표가 됨. 하지만 그 양이 희소하기 때문에 보다 많이 차지하고 싶어 하는 사회 성원들 간의 경쟁의 대상이 됨.
③ **분배** : 인간 사회의 모든 중요 문제는 가치가 제한되어 있음으로 인해 구성원들의 분배 욕구가 충족되지 못하는 데서 발생. 따라서 희소가치의 획득을 둘러싼 사회 구성원들에게 사회 가치를 나누어 주는 일체의 선택과 결정 또는 행동이 필요하며 이를 분배라 함.
④ **권위적** : 정치적 결정의 특징은 권위성을 수반한다는 것으로 가치의 배분 과정에 참여하거나 그 배분에 영향을 입는 사람들이 그 결정에 '구속된다'는 의미함.

(3) 정치의 특징
  ① 형식적 측면 : 사회의 정책 결정 과정
  ② 내용적 측면 : 사회를 위한 제가치의 권위적 배분
(4) 정치체계론

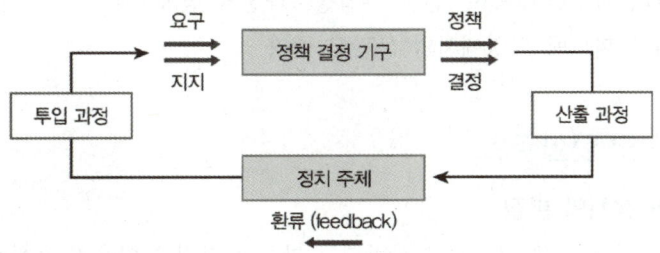

① 전제
  ㉠ 일정한 상호작용 관계는 하나의 체계를 형성한다.
  ㉡ 정치적 상호작용은 총체적 환경 속에서 행해지는 경제, 사회, 문화 등 다양한 사회적 상호작용과 구분되는 경계를 갖는다.
② 정치 체계 : 사회를 위하여 가치를 권위적으로 배분할 수 있는 기능과 능력을 가진 합법적인 권위 구조
③ 주요 개념
  ㉠ 투입 : 투입기능으로 요구와 지지를 포함함. 요구란 정책결정자들에게 지향된 기술, 행위의 표출을 의미. 지지란 정치체계의 구성요소들에 대한 우호적이 행태 및 태도를 말함
  ㉡ 산출 : 체계를 구성하고 있는 정책결정자들이 권위적으로 분배하는 가치 혹은 정책결정을 의미함. 산출의 4가지 범주는 추출, 규제, 분배, 상징으로 구성됨.
  ㉢ 환류(feedback) : 정부의 산출이 환경에 영향을 미치고 동시에 투입에 영향을 미치는 과정
  ㉣ 환경 : 경제체계, 사회체계, 문화체계, 생태체계 등 정치외적 요소를 지칭하고, 국내적 환경과 국제적 환경으로 구성
④ 목적 : 각 개인의 행동이나 집단과 제도의 움직임의 전체를 포괄할 정치의 세계를 종합적으로 파악하기 위함
⑤ 장점
  ㉠ 정치체계와 환경과의 상호 작용 관계를 종합적으로 이해할 수 있는 관점을 제시함.
  ㉡ 체계 모델은 종래에 국가에 한정되고 있던 정치의 대상이 지방도시나 국제사회 등으로 확대되는 데 기여함(분석적 유용성).
⑥ 단점
  ㉠ 투입정치 영역만을 강조하여, 정부와 정책결정과정을 단순한 투입정치의 반영물로 이해하는 점. → 국가에 대한 무시와 경시(輕視)의 관점
  ㉡ 복잡하고 포착하기 어려운 정치 현상을 기계적인 도식에 따라 분석한다는 근본적인 한계가 존재함.

⑦ 정치체계론을 통해 살펴본 한국정치의 문제점
  ㉠ 정당의 저발전과 같은 투입정치의 비제도화
  ㉡ 이익집단과 비정부기구 등과 같은 정치집단의 과대성장과 일반 시민의 이해관계를 반영하지 못한 일방적 운동 성향
  ㉢ 정치집단의 과도한 충돌로 인한 투입정치과정의 병목현상
  ㉣ 투입정치와 피드백 과정에서의 무관심 증가

2. 정치적 이상주의와 현실주의

(1) M. Duverger의 정치의 본질

정치가 어느 시기와 장소에서도 서로 상반되는 가치와 감정을 아울러 포함하고 있다는 사실이야말로 정치의 본질이며, 또한 참된 의미이기도 하다. 두 개의 얼굴을 가진 야누스신의 상(像)이야말로 국가의 모습이며, 정치의 가장 심오한 현실을 나타내는 것이다.

(2) 이상주의적 입장 : 권력의 합리적 기능의 중시
  ① 정치는 사회의 공동사무의 합리적인 처리과정으로 파악하고, 정치에 있어서 봉사적 기능을 강조한다.
  ② 정치에 있어 자유의 요소를 강조하고, 정치를 목적론적인 관점에서 보려고 한다.
  ③ 인간성에 대한 낙관주의적인 입장에서 정치를 보려고 한다.

(3) 현실주의적 입장 : 권력의 비합리성을 강조
  ① 정치는 비합리적인 권력과 투쟁의 과정이며, 정치에 있어서 억압적 요소를 강조한다.
  ② 정치에 있어서 강제적 요소를 강조하고, 정치를 발생론적으로 본다.
  ③ 인간성에 대한 비관주의적 입장에서 정치를 보려고 한다.

3. 정치를 바라보는 관점

(1) 국가 현상설
  ① 개념
    ㉠ 전통적 견해로 정치를 국가를 주체로 하는 현상. 즉, 국가의 근본적인 활동이라고 보는 입장
    ㉡ 정치 생활은 본질적으로 국가와 정부 또는 통치 체제와 같은 공적 사회 구조의 작용을 중심으로 나타나는 현상만을 말함
  ② 주장
    ㉠ 국가는 그 성원의 가입과 탈퇴를 강제적으로 하고 있으나, 다른 단체는 임의적
    ㉡ 국가에는 동시에 둘 이상에 속할 수 없으나, 다른 단체는 가능
    ㉢ 국가는 일정한 영토 위에 존재하지만, 다른 단체는 영토와 지역 요소 없이도 존립
    ㉣ 국가의 목적은 전체 성원들을 포용할 수 있는 전반적인 것인데, 다른 단체는 특정의 것에 한정

        ⓜ 국가는 영구적인 존재이나 다른 단체는 일시적 존재
        ⓑ 국가는 법과 권력으로써 모든 성원들을 강제할 수 있는데, 다른 단체는 불가능
      ③ 비판
        ㉠ 정치가 왜 국가와 필연적으로 관련을 맺는 현상인가 하는 근거 불분명
        ㉡ 국가가 하는 일을 모두 정치라고 본다면 국가 행정까지 정치라고 보아야 하는 문제 발생
        ㉢ 국가가 형성되기 이전의 정치현상을 설명할 수 없음. 국가현상을 중심으로 정치를 정의하면, 미개사회나 종족사회와 같은 공동체의 정치를 다룰 수 없음

(2) 집단 현상설
  ① 개념
      ㉠ 다원주의에 기초한 견해. 정치란 국가뿐 아니라 인류의 사회생활 관계에서의 집단 일반의 현상이라는 견해
      ㉡ 국가 현상설이 정치 현상의 동태성을 제대로 설명하지 못함을 비판
  ② 주장
      ㉠ 국가에도 국적의 이탈과 귀화가 가능하며, 태어나면서부터 필연적으로 가입하는 것은 가족도 역시 동일
      ㉡ 종류가 다른 단체에는 동시에 둘 이상에 소속할 수 있지만, 둘 이상의 교회와 노동조합 등에 동시에 소속할 수 없는 점에서는 조금도 국가와 다름이 없으며, 국가에도 이중 국적이라는 것이 존재
      ㉢ 지역적인 요소와 한계를 필요로 하는 단체도 존재
      ㉣ 국가도 반드시 전반적인 목적을 갖는 것은 아니며 사회적 통제라고 하는 어떤 특정한 기능을 가지는 데 불과
      ⓜ 다른 사회단체는 생명이 짧다고 하나 생명이 역시 짧은 국가도 있는데 대해서 로마교회처럼 거의 영구적인 존재도 존재
      ⓑ 어떠한 단체에도 형태는 다를지 모르지만 일정한 강제와 제재가 있으며, 개인에게는 국가의 제재보다는 오히려 다른 단체에 의한 제재가 더욱 고통스럽게 느껴지는 경우도 있음.
  ③ 비판
      ㉠ 국가와 정치의 역사성을 설명하지 못함.
      ㉡ 국가가 다른 모든 사회집단을 통제하고 지배할 수 있는 특수한 권력사회라는 점을 간과(看過)함.
      ㉢ 정치가 다양한 수준의 권력관계를 다루어야 하기 때문에 그 범위가 너무 넓어짐.

(3) 관점의 비교

① 공통점과 차이점

구분	국가 현상설(일원주의)	집단 현상설(다원주의)
차이점	정치는 국가 고유의 현상	정치는 모든 집단에서 나타남.
	국가 = 국가 권력, 정치권력	국가를 다른 집단과 동일시함.
	질서 유지를 위해 법의 효력을 보장하는 물리적 강제력을 중시함	권력관계, 지배, 통제, 조정 같은 인간의 행위에 역점을 둠
	강제력은 국가가 독점함	다른 집단도 강제력을 가짐
공통점	물리적인 강제력을 행사하여 집단을 통제하는 인간의 활동	

② 장/단점의 비교

국가 현상설은 국가 개념에 착안하여 정치의 제도적·형태적 측면을 파악하여 대상의 명확성을 기했으나 대상의 편협성을 초래했고, 집단 현상설은 국가 현상설의 결점을 보완하고 국가 현상설이 간과한 정치의 행태적·기능적 측면을 동태적으로 파악했으나 국가의 특수성을 간과하고 대상의 모호성을 가져왔다.

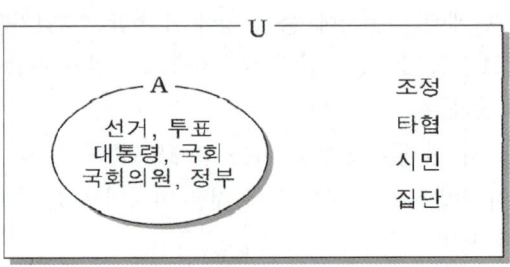

국가현상설과 집단현상설

제 2 절 정치학의 연구 방법

1. 행태주의와 후기 행태주의

(1) **행태주의(行態主義 : 1925-1960)**

① 인식론적 배경
  ㉠ 행태주의는 정치현실의 실체를 객관적이고 체계적인 사실을 통해서 분석하며, 지식은 반드시 검증을 통해 그 타당성을 객관적으로 가려낼 수 있도록 해야 한다는 전제에 입각하고 있음
  ㉡ 경험주의 : 우리가 진리로 받아들일 수 있는 것은 오감에 의하여 인지될 수 있는 사실에 근거하여야 하며, 객관적으로 증명될 수 있어야 함
  ㉢ 실증주의 : 지식과 학문은 사실 자료와 현장 연구를 토대로 입증되고 체계화된 것이어야 함

② 행태주의 정치학의 특성
  ㉠ 규칙성(regularity) : 정치적 활동에 있어서는 재현되고 규칙적인 행태적 양상들이 존재하며 이들은 또한 관찰되고 분석될 수 있다고 믿음
  ㉡ 입증(verification) : 규칙적인 행태적 양상들로부터 만들어진 일반화가 타당성과 유용성을 갖기 위해서는 관찰할 수 있는 구조물들이나 행태들에 의거해서 시험될 수 있어야 함
  ㉢ 기술(technique) : 사실과 자료들은 그들 스스로 어떤 것을 설명할 수 없기 때문에 그들을 수집하고 분석하는 일정한 기술이 필요
  ㉣ 계량화 : 정치의 현실이나 정치적 행태 및 태도 등은 측정될 수 있고 분류될 수 있으며, 나아가 비교될 수 있는 것이다.
  ㉤ 가치 : 정치 분석에 있어 사실과 가치의 구분을 의미함. 실제적 명제나 서술 등은 현실에 대한 관찰이나 기술에 바탕을 두며 입증되고 재생산될 수 있어야 함
  ㉥ 체계화 : 이론과 연구가 응집되고 질서 있는 지식체의 연계된 부분들로서 간주되어야 하며 이론의 뒷받침 없는 연구나 자료에 의해 뒷받침되지 않은 이론은 쓸모없는 것임
  ㉦ 순수과학 : 정치에 대한 연구를 순수하고 실험실 형태의 학문분야로 한정하여 정치분석에 있어 순수과학적 측면을 강조
  ㉧ 통합 및 종합과학적 접근 : 사회과학의 통합을 강조 → 모든 사회과학들은 인간과 그의 행태를 연구하기 때문에 한 과학의 분석기술과 정향이 다른 과학들에서 원용될 수 있고 또 그렇게 되어야 한다는 것을 주장

③ 행태주의의 장점
  ㉠ 정치 행동자들의 행태를 경험적으로 분석하고 설명할 수 있는 인간의 능력을 향상시킴
  ㉡ 일반 법칙의 발견을 통해 일정한 범위 내에서 정치적 행태에 대한 예측이 어느 정도 가능케 함
  ㉢ 정치 분석에 있어 방법론적 중요성과 명확한 개념적용의 필요성을 인식케 하는 데 기여

④ 행태주의에 대한 비판
  ㉠ 행태주의 방법론에 집착하는 정치학은 관찰 가능한 정치 활동의 연구와 수량화에 치중한 나머지 행동 처방이 긴급하게 요청되는 중요한 현실 문제를 다루는 데 소홀함.
  ㉡ 현재 존재하는 표면적인 현상을 연구하다 보니, 그 기저에 흐르는 관찰하기 어려운 구조와 역사 혹은 제도 등의 영향력을 도외시하기 쉽고, 그 결과 현재의 권력관계를 당연시하고 정당화시키는 보수적이고 현실과 괴리된 추상화와 분석주의의 오류를 범할 수 있음.
  ㉢ 인간 사회는 자연계와 달리 규칙성에 의해서 지배되지 않기 때문에 자연 과학과 같이 엄밀한 방법과 이론을 적용할 수 없음.

(2) 후기 행태주의(1960년대 후반-1980년)
  ① 인식론적 배경
    ㉠ 역사주의에 기초함 → 인간 정신의 기본 원칙들이나 범주들은 시대와 문화에 따라 변화하며 달라짐
    ㉡ 과학주의의 방법은 물질적 현상의 외적 관계에 대한 규칙성을 발견하고 설명하는 것은 유용할지 몰라도 인간생활을 관찰하고 이해하는 데는 한계가 존재함
  ② 의의 : 후기 행태주의는 행태주의가 가지고 있는 논리적 결함을 극복하고, 전통주의적 연구방법과 행태주의적 연구방법의 장점을 조화시키려는 의도에서 출발함. 즉 전통적인 연구와 행태주의 연구의 분석방법을 조화시킴으로써 과학적이면서도 윤리적인 연구를 진척시키려고 함.
  ③ 주요 주장
    ㉠ 행태주의 비판 : 행태주의는 사실이 서술과 분석 자체를 한정시킴으로써 전체적 전망 하에서의 사실의 이해를 방해하는 경험적 보수주의 이데올로기를 내포함. → 행태적 연구는 현실과의 접촉을 상실함.
    ㉡ 가치에 관한 연구와 그 건설적인 전개는 정치연구의 불가결의 부분임. 즉 가치판단은 불가피함. 과학은 가치중립적일 수 없는 것임. 따라서 정치학 연구에 있어서 연구 수단의 정밀화와 과학적 엄밀성보다는 현대의 긴급한 사회문제에 관한 적절한 연구가 우선되어야 함.
    ㉢ 지식인으로서의 책임이 중요함. 학자는 학문의 전당 속에 고립되어 그 속에서 침묵이라는 특권을 향유할 수만은 없음. 지식인의 역사적 역할은 문명이 가지는 인간적인 가치를 수호하는 것임. 따라서 아는 것은 행동할 책임을 진다는 것이며 행동하는 것은 사회의 재형성에 종사하는 것임. 지적 조직체인 학회나 대학도 시대의 항쟁에 무관한 존재가 될 수 없음.

(3) 알몬드의 구조 기능주의
  ① 전제
    ㉠ 정치체계의 기본단위는 정치적 역할(role)이며, 일련의 역할(a set of roles)은 구조(structure)이다.
    ㉡ 정치체계는 정치 관련 구조를 구성요소로 하고 있으며, 특별한 활동, 즉 기능(function)을 수행한다.
    ㉢ 모든 정치체계들은 기능 수행의 빈도나 기능을 수행하는 구조의 종류는 다를지라도 동일한 기능을 수행한다.

② **목적** : 서로 다른 정치 체계를 비교 연구하는 공통의 척도를 설정하기 위하여 정치체계 그 자체를 성립시키고 있는 정치적 제기능의 검토에 중점을 둠
③ **투입기능**
   ㉠ **정치적 사회화** : 정치체계의 구성원들이 자신들이 소속된 정치사회의 규범과 가치, 제도 등을 학습하고 받아들여, 시민으로서의 역할을 수행하도록 하는 학습과정
   ㉡ **정치적 충원** : 선발이나 선출과정을 통해 정치적 지위를 얻어가는 과정
   ㉢ **이익표출** : 정치체계의 구성원들의 정치적 행위를 위해 그들의 이익을 주장 및 요구하는 것을 말하며, 주로 이익집단 등에 의해 이루어짐.
   ㉣ **이익집약** : 표출된 이익, 주장, 요구 등을 집약시켜 정책결정과정에 반영시키는 것으로 이 기능을 담당하는 가장 중요한 기구는 정당
   ㉤ **정치적 커뮤니케이션** : 정치를 둘러싼 의사전달이 이루어지는 것으로 보통 대중매체에 의해 수행됨.
④ **산출기능**
   ㉠ **규칙제정** : 정치체계가 입법기능을 수행하는 것
   ㉡ **규칙적용** : 행정부가 집행기능을 수행하는 것
   ㉢ **규칙판정** : 사법부가 법을 해석하고 판결하는 기능
⑤ **평가** : 구조 기능주의는 어떤 선험적인 가정이나 전제를 인정하지 않고, 사회에 존재하는 어떤 구조를 파악하고 그것이 수행하는 기능을 밝히는 데 역점을 둠 → 이는 사회에 존재하는 모든 구조는 그 사회를 위해서 긍정적인 기능을 수행하고 있다고 보는 경향이 있는데, 이러한 측면에서 현상유지적이고 보수적인 이론이라는 비판에 직면함.

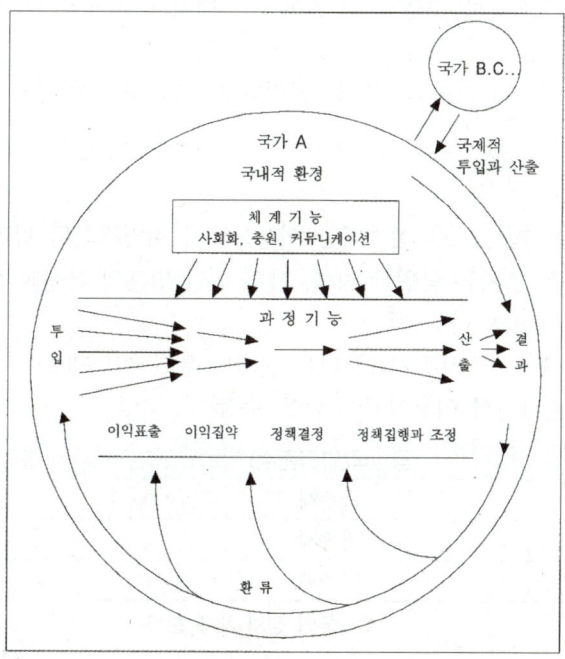

정치체계와 기능

THEME 02 | 정치사상과 이데올로기

제1절　고대의 정치사상

1. 플라톤

(1) 진리관 : 이원론적 세계관
① 세계는 감각적으로 경험되는 현상계와 오직 이성에 의해서만 파악될 수 있는 이데아계로 구성되는데, 불변하고 완전한 실체의 세계인 이데아계만이 참다운 세계임
② 모든 사물마다 그것의 이상적 원형인 이데아가 있으며, 모든 이데아들 가운데 선(善)의 이데아가 최고의 이데아임

(2) 인간관과 이상국가론
① 영혼의 세 부분과 국가의 세 계급이 대응되며, 각각이 부분과 계급에 부합하는 덕목이 있다고 봄
② 이상적 인간 : 이성으로 기개와 욕망을 잘 지배하고 조절하는 인간으로 지혜, 용기, 절제가 조화를 이루어 정의를 실현한 사람
③ 이상 국가 : 철인이 통치하며, 세 계급의 구성원들이 본분에 맞는 덕을 발휘하여 전체적으로 조화를 이룸으로써 정의를 실현한 국가
④ 정의 : 사회에서 필요한 기능들을 모든 개인들이 자연히 그들에게 가장 적절하게 부여된 직업을 행할 수 있는 방식으로 수행할 수 있도록 선택되고 교육되며 고용되어질 때 이루어지는 것으로 규정
⑤ 지배계급 : 사유재산이나 가족적 연계를 금지하고, 오직 지혜를 추구하고 국가에 봉사하는 데만 전력해야 함

(3) 법률편
① 현실론에 입각하여 현실 속에 존재하는 이성으로서 비인격화된 합리적 권력인 법을 중시
② 이러한 법에 입각한 법치는 탁월한 지혜, 특히 인간 영혼의 본성과 습관에 대한 지식을 갖춘 훌륭한 입법가를 필요로 하게 됨
③ 일반 시민의 교육을 중시하여, 지혜보다는 절제가 우선적인 덕으로 강조되며, 실제 정치는 주어진 법의 틀에 준거해서 이루어져야 함을 주장

지배자의 수	공정국(법률준수)	불공정국(법률이 유린)
1人	군주제	폭군제
소수	귀족제	과두제
다수	민주제	중우제

플라톤의 정치 체제 분류

> 📖 **원전 분석**
>
> "인간의 모든 활동과 언설(言設) 속에는 그림자의 닮은꼴이 발견된다. 하지만 만일 우리가 인식할 수 있는 모든 것이 그림자뿐이라면 우리는 결코 믿을 만한 지식을 가질 수 없다. 왜냐하면 이 그림자들은 우리에게 알려지지 않은 실재적 대상의 운동에 따라 크기와 모양이 항상 변화하기 때문이다. 따라서 인간은 매우 다양한 그림자의 배후에 있는 유일한 지표를 발견해야 한다."
>
> "현존하는 모든 국가는 예외 없이 잘못 통치되고 있음을 나는 명백하게 의식했다. 그리하여 나는 참된 철학을 찬양하지 않을 수 없었고, 이 철학에 의하여 사람들은 공공생활과 개인생활에서 진실로 정의가 무엇인지 알 수 있는 것이다. 그러므로 옳고 참된 철학을 추구하는 사람이 국가 안에서 권력을 잡거나 아니면 권력을 잡은 사람이 신의 섭리에 따라 참된 철학자가 될 때까지는 인류에게 해악이 끝나지 않을 것이다."
>
> "정의로운 이상국가의 타락은 공동체를 지배하는 영혼의 변화와 밀접하게 연관된다. 명예정은 기개와 명예를 중시하는 군인 계층이 지배력을 확보하게 됨으로써 등장하게 되고, 이어 보다 타락한 정치체들(과두정, 민주정, 참주정)은 욕망의 지배가 심화되는 과정에서 출현하게 된다."
>
> "정의는 인간이 가지고 있는 능력과 소질에 따라 모든 사람이 자신에게 알맞은 일을 할 때 실현될 수 있다. 따라서 이상 국가를 실현하기 위해서는 생산자와 군인, 통치자가 각각 자신의 본분을 충실히 이행해야 하며, 생산자는 절제를, 군인은 용기를, 통치자는 지혜를 갖추어야 한다. 특히, 사람들이 개인적이고 물질적인 욕구만을 중시하는 삶에서 벗어나도록 하기 위해서는 세상의 이치를 깨닫고 있는 사람, 즉 철인이 국가를 통치해야 하며, 지배 계층에게는 사유 재산과 가족을 허용하지 말아야 한다."
>
> "'법률편'에서 구상되는 정치공동체의 모습은 보다 현실적이다. 현실 속에 존재하는 이성으로서의 법은 비인격화된 합리적 권력이다. 그리고 이러한 법은 그 정당성이 신성한 권위로부터 비롯되며, 그 범위는 교육으로부터 권력의 배분과 관련된 정치체제의 수립에까지 이른다. 이러한 통치는 탁월한 지혜, 지식을 갖춘 훌륭한 입법가를 필요로 한다 (…) 관직을 포함한 모든 정치제도는 권력의 합리적 행사를 보장할 수 있도록 구상되며, 그 관직을 담당하는 사람들은 관직의 기능과 성격에 따라 선출과 추첨의 방법을 통해 결정된다."

2. 아리스토텔레스

(1) **기본 관점**

① 인간관 : 인간은 정치적 동물

인간이 형성하는 polis와 같은 정치적 결사체는 가족과 같은 인간적 결합들의 자연적 귀결이다. 이러한 정치적 결사의 목적은 선한 생활의 성장이며, 따라서 정치체제들은 그 본래의 목적에 부합하는 공공선(common good)을 추구해야 한다.

② 목적론적 존재론

㉠ 모든 창조물들은 그 자신의 독특한 잠재력을 갖고 있으며, 그들의 최고 미덕은 그의 본원적인 잠재력과 기능을 가능한 한 완전하게 실현시키는 데 있다.

㉡ 인간이 갖고 있는 독특한 잠재력은 사고능력이며, 그러한 인간에게 최고의 미덕은 바로 그런 잠재력을 최선을 다해 충분히 실현하는 데 있다.

㉢ 그러나 인간은 개인으로서 자족적이지 못하기 때문에 그의 합리적 능력을 최대한 발휘하기 위해서는 폴리스와 같은 상호의존적이고 도덕적인 조직체계 속에 참여해야 한다.

③ 덕성

유형	덕목	형성 방법
지성적인 덕	지혜, 이해력 등	교육 및 이론적 탐구
품성적인 덕	용기, 절제, 정의 등	좋은 행동의 습관화 = 중용의 반복적 실천

④ 노예제 옹호
   ㉠ 시민들의 공적 심의를 위해서는 폴리스의 분업, 즉 생산과 노동을 담당할 계층이 필요하다.
   ㉡ **자연적 노예제 옹호**: 이성을 결여하고 있어서 자신들을 스스로 통제할 능력이 없는 자연적 조건에 기초한 것일 때에 합당성이 있다.
   ㉢ 우월한 세력에 의한 강점, 침탈, 법률 및 인습적 속박에 의한 결과로 생겨난 노예제도는 반대한다.

(2) 정치관
   ① 정치체제의 분류

지배자의 목적	공공복리(순수형)	사리사욕(부패형)
1人	군주제	폭군제
소수	귀족제	과두제
다수	Polity	Democracy

   ㉠ **폭군제**: 모든 시민을 노예로 영락시키기 때문에 정체들 중 최악의 것
   ㉡ **군주정과 귀족정**: 개인의 이익에 우선해 공동체의 선을 기꺼이 우선시키겠다는 신과 같은 사람에 의존해야 하기 때문에 실제적일 수 없음
   ㉢ **폴리티**: 실현가능한 최선의 정치체제로서 과두제(귀족제)와 민주제의 장점을 결합한 혼합정체

> 📖 **혼합정체 [2025 임용 기출]**
>
> 아리스토텔레스는 이상적인 정부로 순수정체보다는 민주정과 과두정의 요소가 결합된 혼합정체를 옹호하였다. 이러한 혼합정체 사상은 로마의 공화정에서 실제 제도로 구현되었다. 키케로는 로마가 번성할 수 있었던 이유를 민회를 통해 민주정의 자유를, 원로원을 통해 귀족정의 지혜를, 그리고 집정관을 통해 군주정의 대승적 사랑의 장점을 정교하게 결합한 공화정에서 찾았다. 이와 같이 혼합정체사상은 이질적 요소와 상이한 가치를 조화롭게 접목하여 새로운 제도를 창출하는 데 의의가 있다.
>
> (2013 교원임용 2차 논술형 문항 중 일부)

② 최선의 정치형태
　㉠ 일반적인 환경 아래서는 중간 정도 규모의 재산을 소유하고 있는 대규모의 중간계급들에 의거하고 있는 법에 의한 지배체제이다.
　㉡ 정치공동체의 기초가 되는 법의 근원 혹은 정당성은 신으로부터 비롯되며, 인간법의 근원으로서의 이러한 신성법(Divine Law)에 대한 믿음은 스토아학파의 자연법 사상의 기초가 되었다.

③ 혼합정체 및 중용체제
　㉠ 현실적으로 지혜와 덕을 갖춘 자에 의한 통치는 일반적 합의의 원칙인 다수결의 원칙에 의해 제약된다. 덕 위주의 귀족정 원리는 민주주의 원리와 혼합되어야 하며, 지혜(귀족정)와 합의(민주정)를 결합시키려는 노력은 법에 의한 지배로 나타난다. 즉, 덕·지혜의 지배가 초래할 수 있는 다수의 불만을 완화하기 위해 권력의 비인격화가 요구되며, 시민의 덕을 함양하기 위한 일반적인 규범체계가 요구되는 것이다.
　㉡ 이런 체제의 특성은 중용으로 특징지을 수 있으며, 이러한 체제는 매우 부유한 사람들이나 매우 가난한 사람들의 어느 일방에 의해 지배되는 사회에서 전형적으로 나타날 수 있는 극단적 행동들을 피할 수 있게 된다.

④ 자유와 지배 : 고전적 공화주의
　㉠ 인간의 자기발전은 선한(가치 있는) 생활을 목표로 조직된 정치공동체에 대한 능동적 참여에 의해서만 성취될 수 있다는 것이다. 즉, 인간으로서 성취할 수 있는 최고의 도덕적 능력들(자율성, 합리성, 덕스러움)등은 정치공동체에 대한 참여를 통해서만 계발될 수 있다고 주장한다.
　㉡ 참여는 사적 이익을 극대화하거나 손실을 최소화하기 위해 마지못해 수행해야 하는 '부담'으로서가 아니라, 모든 도덕적 잠재능력을 일깨움으로써 인생의 목적인 최선의(도덕적) 인간이 될 수 있는 유일한 조건으로 확신한다.
　㉢ 따라서 아리스토텔레스는 폴리스를 일종의 교육기관 더구나 최고의 교육기관으로 간주했으며, 폴리스의 공사에 참여하는 것을 자유시민의 최고의 특권으로 생각했다.

📖 원전 분석

"연속적이고 분할할 수 있는 모든 것에서 더 많은 양을, 혹은 더 적은 양을, 혹은 동등한 양을 취할 수도 있다. 그리고 이때의 더 많고 적음이나 동등함이 대상 자체에 따라 이야기될 수도 있고, 우리와의 관계에 따라 이야기될 수도 있다. 이때 동등함은 지나침과 모자람의 어떤 중간이다. 그래서 모든 전문가들은 지나침과 모자람을 피하며, 중간을 추구하고 이것을 선택하는데, 이때의 중간은 대상에 있어서의 중간이 아니라 우리와의 관계에 있어서의 중간이다."

"탁월성은 두 종류, 즉 지적인 탁월성과 도덕적 탁월성이 있다. 전자는 교수활동으로 인해 일어나고 성장하며, 그리하여 경험과 시간을 필요로 한다. 이에 비해 후자는 습관의 결과로 생기게 되며 그리하여 윤리적이란 이름은 습관이란 말을 약간 고친 것에 불과하다."

"정의로운 일들을 행함으로써 우리는 정의로운 사람이 되며, 절제 있는 일들을 행함으로써 절제 있는 사람이 되고, 용감한 일들을 행함으로써 용감한 사람이 되는 것이다."

"가장 기본적인 결사는 남자와 여자로 구성된 가족이다. 가족이 증식하면 부락을 이루게 된다. 우리는 끝으로 최종적이고 완벽한 결사에 도달하게 되는데, 이것은 여러 개의 부락으로 이루어지며 바로 국가이다. 국가는 자연적으로 존재하는 결사들의 완성이므로 모든 국가는 자연적으로 존재하는 것이다. 또한 사람은 본질적으로 국가에서 살게 되어 있는 동물이며, 국가가 없는 사람은 보잘것없는 존재이거나 아니면 인간 이상의 존재이다. 개인이나 가족이 시간으로는 국가에 선행하지만, 논리적으로는 국가가 선행한다. 이것은 신체가 전부 파괴되면 팔이나 다리만 살아남을 수 없는 것과 같다."

"인간은 국가를 떠나서는 살 수 없는 정치적 동물이기 때문에 국가는 최고의 선(善)을 목적으로 하는 개인들의 생활 공동체이다."

"현실적으로 지혜와 덕을 갖춘 자에 의한 통치는 일반적 합의의 원칙인 다수결의 원칙에 의해 제약된다. 덕 위주의 귀족정의 원리는 민주정의 원리와 혼합되어야 하며, 지혜와 합의를 결합시키려는 노력은 법에 의한 지배로 나타난다. 즉, 덕·지혜의 지배가 초래할 수 있는 다수의 불만을 완화하기 위해 권력의 비인격화가 요구되며, 시민의 덕을 함양하기 위한 일반적인 규범체계가 요구되는 것이다."

제 2 절　중세 정치사상

1. 아우구스티누스

(1) 사상적 배경

아우구스티누스는 플라톤주의의 영향을 받아 고전적인 정치적 주제들의 재해석을 시도했다.

(2) 국가와 정치의 기원

그는 국가와 정치의 기원을 원죄로부터 찾는다. 신의 질서로부터 벗어나게 된 인류는 혼돈의 상태에서 스스로 탈피하기 위해 지배─피지배의 인위적 제도와 사유재산, 그리고 국가를 만들게 된다. 이러한 인위적 제도들은 한편으로 인간의 원죄의 결과이면서 다른 한편으로는 그에 대한 치유책이기도 하다. 즉, 국가는 필요악(a necessary evil)인 것이다.

(3) 국가의 본질과 목적

형벌과 치료(폭력의 사용에 의해 범죄자를 징계하고 인간사회에 존재하는 악을 제거하는 것)이며, 국가의 역할은 소극적이다. 국가는 권위적 통제에 의존하여 최소한의 질서와 평화를 유지하며, 이러한 세속 권력에 의한 질서는 기독교적 신앙생활을 가능케 하는 도구적 유용성도 갖는다.

(4) 정치관 : 신학적 관점

지상의 세계에서 진정한 정의와 행복이 실현될 수 없고 오직 하나님의 나라(神國)에서만 가능하다고 보았다. 그가 염두에 두고 있었던 관심사는 오로지 신의 구원이요, 신으로 향하는 국가, 신의 사랑에 근거를 둔 국가였다. 단, 완전한 정치공동체의 수립은 불가능하지만, 플라톤의 철인왕에 대비되는 기독교 군주의 이상을 제시하였다.

2. 토마스 아퀴나스

(1) 사상적 배경

아퀴나스는 아리스토텔레스의 정치철학을 재해석하여 그리스 철학과 기독교를 결합시키는 데 공헌하였다. 그는 이성이 신과 초월성의 인식을 위한 중요한 수단임을 강조한다. 신이 인간과 자연의 창조자라는 가정 하에 계시와 이성, 경험적 지식 사이의 상호예정과 조화를 인정한다.

(2) 정치와 국가에 대한 관점

이성적 존재로서 인간은 원죄가 없는 상황에서도 협동과 분업을 위해 정치적 권위를 만들어낸다. 인간의 사회성을 본성으로 인정하는 그는 모든 형태의 인간 조직이 덕의 함양에 긍정적으로 기여할 수 있다고 본다. 이런 맥락에서 국가 또한 필요악이 아니라 실제적이고 긍정적인 선이다. 단, 인간세계의 한계 때문에 정치집단(국가)은 지도되어야 하고, 이를 규제할 원리가 있어야 한다. 이를 위해서는 법을 제정하고 처벌의 위협과 강제를 통해 안정과 질서를 유지할 수밖에 없다. 이러한 정치권력은 정당하게 획득되고 공공선을 위해 행사되는 경우에만 정당성을 부여받을 수 있으며, 그 정당성에 대한 판단의 최종적 권위는 신에게 있다.

(3) 법의 구분
① 신의 이성(Divine Reason)으로서의 영원법(eternal law)
② 이성적 존재로서의 인간이 참여를 통해 부분적으로 포착하게 되는 신의 이성인 자연법(natural law)
③ 자연법의 보편적 원리를 구체적이고 특수한 상황에 적용하기 위한 인간법(human law)
④ 자연법을 보완하여 영원법에 대한 보다 완전한 이해를 돕는 구약과 신약의 계시를 말하는 신성법(divine law)

(4) 자연법 사상의 의의
자연법은 인간의 합리적인 능력과 양심을 통해 인간에게 주어진 신의 도덕법이다. 자연법이 인위적인 제도와 절차를 통해 제정되는 실정법의 기준과 지침이 되어야 한다는 자연법 사상에 내포된 주장은 정치현실에 대한 비판의 관점을 제공한다. 따라서 자연법은 초역사적이고 초문화적인, 그러나 또한 합리적 융통성을 허용하는 기준을 제공함으로써 인간법의 정당성과 합법성에 대한 평가를 가능케 한다.

 원전 분석

"정신적 공동체로서의 신국과 지상국가의 시민권은 각 개인이 신을 사랑하는가 아니면 자기 자신을 사랑하는가에 따라 결정된다. 그리고 진정한 구원과 행복은 신으로부터의 사랑, 즉 은총이라는 조건에 의해 가능하게 된다."
"현실 정치권력이 정당하게 획득되고 공동선을 위해 행사되는 경우에만 정당성을 부여받을 수 있으며, 그 정당성에 대한 판단의 최종적 권위는 신에게 있다. 신은 인간에게 은총과 함께 법의 가르침을 부여한다. 법은 신의 의도가 실현되는 방향으로 인간의 행위를 인도하는 것을 목적으로 한다."

 토마스 아퀴나스의 법의 구분

① 신의 이성 → 영원법
② 이성적 존재로서의 인간이 참여를 통해 부분적으로 포착하게 되는 신의 이성 → 자연법
③ 자연법의 보편적 원리를 구체적이고 특수한 상황에 적용하기 위해 제정된 법 → 인간법
④ 자연법을 보완하여 영원법에 대한 보다 완전한 이해를 돕는 구약과 신약의 계시 → 신성법

제3절 근대 정치사상

1. 마키아벨리의 정치사상

(1) **사상적 배경과 개요**

르네상스의 전개 시 이탈리아의 분열과 혼란을 극복하고자 하였으며, 부패한 이탈리아의 개혁과 민족적 통일을 달성하고자 함. 이를 위해 종교로부터 정치를 분리시키고 권력의 장인 정치를 정치적 견해로서 파악. 따라서 개혁을 위한 권력의 사용을 옹호함.

(2) **국가관**

① 마키아벨리는 국가를 지배집단, 지배권력, 지배기구 등 조직화된 권력의 총체로 파악하여 국가 존립 근거를 권력 자체에서 찾고 있다.
② 정치는 권력이 실제 작동하는 매우 다양한 양태의 활동이며, 국가는 이런 권력의 총체인 것이다. 따라서 그는 과거 정치를 규정하던 도덕적 원리와 신학적 교의로부터 정치를 분리시키고 이런 정치에 역사와 경험을 토대로 한 해석과 안정화 가능성을 부여하였다. 따라서 통치자는 이제 윤리적 규범과 종교적 신성과 정의로부터 자유롭게 권력을 행사할 수 있게 된다.

(3) **국가이성(Raison d'Etat)**

① 국가이익의 독자적 추구를 위한 정당화의 개념으로서 신이 부여하는 신성과 그에 따른 도덕적 원천에 따르지 않고 국가 자체가 이성을 가지고 자신의 목적을 파악하고 이에 따라 자신의 이익을 획득하기 위한 수단을 사용할 수 있게 해주는 개념
② 국가는 국가이성에 따라서 자신의 나아가야 할 바와 지향점을 추구하고 이를 위한 행동준칙을 가지게 된다. 또한 국가가 행동한 정치적 선택과 결과물은 다시 이런 국가이성에 비추어 평가되어야 한다. 이는 정치적 행동이 국가의 목적에 얼마나 부합했고 국가의 이익을 달성했는지 여부에 따라서 도덕성 여부가 결정된다는 것이다.

(4) **정치의 원리**

① 국가의 생존이라는 절대적 목적을 위해서 권력은 도덕과 종교보다 우위에 있다.
② 일단 획득한 국가권력은 권력조직으로서 그 자체의 법칙을 지닌다. 이에 따른 국가자체의 합목적성은 국가를 운영하는 통치자도 구속한다.
③ 국가는 도덕, 종교, 통치자의 인격에 우선하며, 그 존재 이유는 생존자체라는 목적속에 내재해 있다.

(5) **Virtu**

① 비르투는 운명의 여신인 '포르투나(Fortuna)'를 극복하는 힘이다. 운명의 여신인 '포르투나(Fortuna)'는 대단히 역동적인 것으로 어떤 변화에 직면할지 모른다. 이러한 역동적 변화를 딛고 이겨내기 위해서는 비르투를 가진 강력한 군주가 요구되는 것이다.
② 비르투, 즉 미덕이란 과거 기독교 사상가들이나 인문주의자들이 중시했던 기독교적 의미의 덕인 겸손, 자애, 경건, 정직을 의미하는 것이 아니라 로마공화정 당시의 남성다움, 용맹스러움, 단호함을 의미하는 미덕이다.

③ 군주의 미덕은 변화의 물결 속에서 국가의 방향을 올바로 이끌 수 있으며, 당시 이탈리아의 부패구조를 청산하고 이탈리아 통일을 통한 강한 국가를 형성할 수 있을 것으로 여겨졌다.

(6) 정치에서의 외양과 본질
① 정치는 본질(what is)의 영역이 아니라 외양(what appears)의 영역에 속하는 것으로 파악한다. 이것은 정치의 필요상 외양적인 것, 즉 가식적인 것 위선적인 것이 필요함을 의미한다.
② 부득이한 경우 군주는 인민의 지지를 동원하기 위해서 그럴듯하게 보이는 것 혹은 진실하게 보이는 방법을 병행해야 한다고 주장했다. 이를 통해서 역동적 상황 속에서 정치를 유지할 수 있다고 보았다.

(7) 군주론과 로마사 논고의 관계
① 군주론 : 정치체제로서 군주정 옹호함.
② 로마사 논고 : 로마의 공화정을 가장 이상적인 모델로 제시함으로써 부자와 빈자, 귀족과 서민의 공존을 통해서 국가에 대한 시민의 참여를 보장함을 바탕으로 올바른 정치체제가 유지될 수 있다고 보았다.
③ 평가 : 메디치 군주의 환심을 사기 위한 일시적 필요에 저술된 것으로 보이는 군주론보다는 로마사 논고에서 제시한 공화주의적 주장이 마키아벨리의 본래적 사상이었다고 해석하는 것이 다수 학설이다.

📖 원전 분석

"시민미덕이 결여되어 부패가 한 사회에 만연할 때, 그 구성원들은 공공선을 망각하게 되어 모든 가치를 사적인 영역에 두게 되며, 정치권력과 제도가 사유화되는 현상을 초래한다."
"절대적으로 자기 나라의 안전이 걸려 있을 때 정의냐 부정의냐, 자비로운 것이냐, 잔인한 것이냐, 칭찬받을 만한 것이냐 수치스러운 것이냐의 문제는 결코 고려해서는 안 된다. 대신 양심의 가책을 일체 무시한 채, 나라의 생명을 구하고 나라의 자유를 지킬 수 있는 계획이라면 무엇이든 최대한 따라야 한다."
"비르투는 정치 질서 안정의 원동력이자 정치적 관계에서 필요로 하는 것이 무엇인지를 알게 하는 사려이다. 이것을 통해 강한 정치권력이 형성되어 부패를 해결하고 정치 질서의 안정이 이루어질 수 있다."
"투쟁하는 방법에는 두 가지가 있다. 하나는 법에 의한 것이고 다른 하나는 힘에 의한 것이다. 첫 번째 방법은 인간이 행하는 것이고, 두 번째 방법은 야수들이 하는 것이다. 그러나 첫 번째 방법이 충분하지 않을 경우 군주는 두 번째 방법을 사용해야 한다. 그러므로 군주는 야수와 인간을 다 같이 사용하는 방법을 잘 알고 있을 필요가 있다. 따라서 야수처럼 행동하는 것을 잘 알아야 하는 군주는 여우와 사자를 모방해야 한다. 왜냐하면 사자는 그 자신을 올가미로부터 보호할 수 없으며 여우는 그 자신을 늑대로부터 보호할 수 없기 때문이다. 따라서 군주는 올가미를 알아차리는 여우인 동시에 늑대들을 놀라게 하는 사자가 되어야 한다."
"로마사 논고에서 그는 한 국가의 순환을 왕정에서 무정부상태에 이르는 과정으로 설명한다. 한 국가가 운이 좋은 경우 탁월한 군주의 비르투에 의해 이 과정이 다시금 반복될 수 있는 기회를 가지게 된다. 모든 정치체제가 필연적인 결함을 가짐에 따라 궁극적으로는 불안정한 것으로 파악한다. 이러한 불안정을 최소화하고 안정을 최대한 유지할 수 있는 정치체제는 공화정이다."

2. 절대주의 시대의 정치사상

(1) 시대적 특징
중세와 근대의 사이에 절대주의 시대가 존재한다. 절대주의 시대에 대해서 역사학에서는 중세의 연장이라는 시각과 근대의 초기라는 시각이 대립하고 있다. 이는 개인의 자연권에 기인하는 천부적인 자유의 관념이 생기지 못했고 이를 보장하기 위한 군주의 통치 권력에 대한 견제 수단 또한 존재하지 않음으로서 완전히 근대라고 보기 어려운 부분이 존재하나, 중세의 교황권에서 탈피해서 주권의 개념과 영토의 개념이 형성되는 시점이란 점에서 근대적 질서의 태생기라고 볼 수 있다.

(2) 정치사상
군주에게 주권을 귀속시키는 것을 뒷받침하는 사상이 등장 → 왕권신수설과 장 보댕(Jean Bodin)의 주권론으로 대표되어 나타난다.

(3) 보댕의 절대주권론
① 배경: 종교적 분열로 인한 사회문제들을 극복하기 위해서 정치적 통일을 이루어야 하고, 이에 따라서 강력한 군주가 필요하게 되자 이를 옹호하고 뒷받침하기 위한 사상체계로 등장한 것이다.

② 주요 주장
　㉠ 불복종과 질서의 파괴 때문에 생기는 갈등보다는 억압이 훨씬 덜 해로운 것이다.
　㉡ 최고 권력을 단일 원천에게 부과하는 것은 가정과 국가의 통일성을 지탱하기 위해 필수적인 것이다.
　㉢ 국가가 다른 집단이나 제도들과 다른 점은 바로 주권을 소유하는 데 있다.
　　→ 군주권을 국가의 절대적이며 영구한 권력으로 정의하여 군주권과 주권을 구분하지 않고 동일시 하기도 하였다.

③ 주권의 특성
　㉠ 주권은 국가에 본원적으로 내재하는 것이다.
　㉡ 주권은 국가가 존재하는 한 영구적으로 존재한다.
　㉢ 주권은 국가의 본질이기 때문에 불가양도의 것이다.
　㉣ 국가의 주권은 법의 원천이며, 법에 의해 제한받지 않는다.

📖 **원전 분석**

"군주정이 귀족정이나 민주정보다 안정될 가능성이 더 높다. 전자는 파벌주의의 위험이 있고 후자는 전체 인민을 포괄하게 되면 무지와 정념, 그리고 아둔함에 빠지기 쉽다."

"군주는 어떤 방식으로도 다른 사람의 지휘권에 종속되어서는 안 되며, 피치자들에게 법을 부여할 수 있어야 하고, 불리한 법을 삭제하거나 철회하며 다른 것으로 교체할 수 있어야 한다. 법이나 다른 사람의 명령을 받는 사람은 이런 일들을 할 수 없다."

"주권은 국가에 있어서 최고, 영속적, 단일적, 초법적인 권력이다. 주권은 국가에 있어서 최고 독립의 의사력이며 주권의 최대 기능은 국민에게 법을 부여하는 것이다. 주권은 군주에게 속하며 주권력의 구체적인 징표로서 입법, 선전 강화, 공무원 임명, 재판, 사면, 화폐, 도량형, 과세의 8권을 가진다."

3. 사회계약설

구분	홉스	로크	루소
인간의 본성	성악설(이기성) 철저히 자기보존을 추구하는 이기심과 공포에 의해 좌우되는 존재	성무선악설(백지설) 인간은 이성을 통해서 엄밀하고 정확한 지식 추구가 가능한 존재	성선설 자기보존의 본능과 다른 동료에 대한 동정심을 갖고 있는 존재 인간 이성(이익관념)은 자연적 본성이 아닌 사회적 산물
자연 상태	만인에 대한 만인의 투쟁 상태 (각자의 자연권의 확보를 위해 비윤리적인 행동이 일어나 상호 파괴적인 행동이 나타나는 상태)	(잠재적 투쟁 상태) 인간은 자유롭고, 평등하지만 공통의 법률과 권위 있는 심판관과 그 결과를 집행할 권력이 부재한 상태. 그러나 인간은 오류의 가능성을 가지고 있기 때문에 어느 정도 투쟁이 내포된 불안한 상태	자유와 평등이 보장된 평화스런 상태(무지의 행복 상태)이지만, 점차 인구와 사유재산이 증가하면서 강자와 약자의 구별이 생기고 불평등 관계가 성립
자연권 내용	자기 보전	생명, 자유, 재산권	자유, 평등 보장
사회 계약	• 전부 양도설 각자는 자연권을 주권자인 국가권력(주권자)에게 자발적으로 양도, 이때 국가는 제3자의 입장에서 무제한의 권력을 소유	• 일부 양도설 자신의 권리가 침해되었을 때, 계약에 의해 성립된 공권력(국가)에 사적 제재권을 위임함으로써 자연권의 완전한 실현을 도모 권한의 양도는 신탁이므로 정부가 위임받은 범위에서 벗어나 행동하는 경우 국민은 정부를 재구성할 수 있다.(저항권)	• 양도 불가설 불평등한 종속적 관계를 벗어나기 위해 인간은 계약을 맺어 자신들의 일반의지(인민 각자가 사익을 배제하고 공공선을 고려할 때 모아지는 인민의사의 총합)를 구현할 수 있는 국가를 수립하고 이에 복종한다.
정치사상	• 전부 양도설 • 군주 주권론 • 절대 군주제	• 일부 양도설 • 국민 주권론 • 대의 정치(간접 민주정) • 권력 분립(2권 분립) • 제한 군주정 • 저항권 사상	• 양도 불가론 • 직접 민주주의 • 국민 주권론 • 일반 의사의 불가양 불가분성 중시
역사적 시기	• 의회와 국왕의 대립 • 청교도 혁명의 격동기	• 시민과 의회의 국왕에 대한 권리 확립 • 명예혁명의 성공기	• 구제도 비판 시기 • 프랑스 혁명기

(1) 홉스
① 시대적 배경
영국은 내란기를 거치는 등 정치체제의 혼란스러운 기간에서 새롭게 성장한 계층인 부르주아로부터 국가주권의 절대성을 강화시킴으로써 사회적 문제를 해결하고자 한다.

② 인간관
㉠ 아리스토텔레스적 세계관(목적론적 관점)을 부정하고, 인식주체 중심의 관점을 주장 → 사물에 대한 주체의 인식에 따라 사물의 모습, 특성, 그리고 그 쓰임이 달라진다는 것이다.
㉡ 인간은 각자의 판단과 사고에 따라 결정하고 행동하는 주체적 존재로 정립 → 세계는 각자의 관점에 따라 주관화 되고, 다양화된다.
㉢ 인간을 육체적으로나 정신적으로 평등하다고 보았다. 여기서 육체적 평등이란 약자도 꾀로서 강자를 죽일 수도 있다는 의미이고, 정신적 평등이란 상대의 우월함을 인정하지 않는다는 의미이다. 그것은 힘, 이성, 경험에 있어서 평등하다는 것을 말하는 것이기도 하다. 그러한 인간들이 갖춘 본성이란 자기의 이익을 이기적으로 추구하는 것으로 보았다. 즉 철저히 자기보존을 추구하는 이기심과 공포에 의해 좌우되는 존재로 인간을 바라보고 있다.
㉣ 홉스가 보기에 이러한 인간이 가지는 욕망 중에서 가장 중요한 것은 자기보존이라고 보았으며, 인간이 회피하려는 것 중 가장 중요한 것으로는 생명의 상실이라고 보았다. 따라서 최대의 선은 자신을 보존할 수 있는 안전보장이라고 할 수 있으며, 최대의 악은 이러한 자기보존을 위협하는 불안전이다. 그리고 홉스는 개인을 개별적이며 실재적인 성격으로 파악하고 있다. 결국 홉스의 인간은 원자적 성격을 띤 존재로서 공권력이 존재하지 않는 상태에서는 영구히 경쟁하기 때문에 정치를 통해서 제어해야 할 존재로 보고 있다.

③ 자연 상태
㉠ 객관적 사회규범이나 법, 즉 질서의 부재상태로 인간이 자연권을 행사하는 데 외부적 장애가 전혀 없는 상황으로 규정한다.
㉡ 그러나 욕망을 충족시키기 위한 자원이 희소함으로 인해 그 실현이 불가능해지고 따라서 각자의 자연권의 확보를 위해 비윤리적인 행동이 일어나 상호 파괴적인 행동, 즉 '만인의 만인에 대한 투쟁 상태'가 된다. 이것은 인간이 자기능력과 자기보존을 목적함에도 불구하고 도리어 생존자체를 부정하는 모순된 투쟁 상태이며 공포의 전쟁상태이다.
㉢ 이러한 자연 상태는 당시 개인주의적 이기주의가 난무하는 혁명적 혼란의 시기를 묘사하기 위한 이론화로서 역사적 개념으로서의 원시의 상태가 아니라 무질서의 상태에서 개인들의 관계가 어떤 결과를 빚어내는지를 보기 위해 설정된 가상적 상태를 말한다. 홉스의 이러한 자연 상태의 가정은 막강한 국가(리바이어던)의 필요성을 도출하는 토대가 되었다.

④ 자연법과 자연권
㉠ 자연권은 각 개인이 자신, 즉 생명의 보존을 위해 모든 힘을 자유롭게 사용할 수 있는 권리이며, 자신의 판단과 이성에 따라 그 목적을 달성하는 데 있어서 가장 적합한 수단으로 판단한 대로 행하는 자유를 의미한다.

ⓛ 자연법은 어떻게 인간의 생명을 보호할 것인지를 말해주는 결론이자 사회적 인간관계를 위한 이성의 명령으로 자연 상태를 극복하는 출발점이다. 그러나 자연 상태에서는 각자가 자신을 위해 스스로 해석한 자연법에 따라 행동하며, 그 어떤 사람도 자신의 해석을 다른 사람에게 강제할 막강한 힘을 갖지 못한다. 따라서 자연법이 법이 되기 위해서는 반드시 주권자에 의해 실정법으로 제정되어야 한다.

⑤ 사회계약
　　㉠ 개인들은 발생할 수 있는 갈등을 공평하게 해결하기 위하여 자연권을 상호 양도하고, 이러한 계약의 성립을 위해 개인들은 질서위반자를 처벌할 수 있는 공동권력, 즉 주권을 필요로 하게 된다.
　　ⓛ 따라서 개인들의 자발적 계약에 의해 국가가 창출되는데, 각자는 자연권을 주권자인 국가권력(주권자)에게 양도하게 된다. 이때 국가는 신탁-수탁의 관계라기보다는 제3자의 입장에서 강제적 권력을 소유하게 되며 사회계약의 파기를 막고 질서와 평화를 유지하게 된다.
　　ⓒ 사회 계약에 의해 인위적으로 구성되는 주권자는 효율성의 극대화를 위해 절대군주의 형태를 띠며, 그 권력의 정당성은 정치사회 구성원의 자발적 의지 행위로부터 도출된다.

⑥ 주권 및 정치원리
　　㉠ 주권자의 권력은 자연 상태의 인간의 자연권이 주권자에게 넘겨진 것(양도)이며, 국가에서의 개인은 권력을 갖지 않는다는 점에서 권력은 무제한의 절대적인 것이다. 또한 주권자만이 자연법에 따라 선악의 기준을 정립할 수 있으며, 법을 제정할 수 있다.
　　ⓛ 홉스는 어떤 특정한 개인이 자기 생명에 대한 직접적 위협을 느끼는 상황을 제외하고는 어떠한 저항도 용인하지 않았다. 즉 그는 주권자와의 정치적 견해 차이로 인한 시민의 저항을 부정한 것이다.

📖 원전 분석

"만일 어떤 두 사람이 같은 것을 소망하나 그것을 두 사람 모두가 향유할 수 없다면 그들은 적이 된다. 그리고 기본적으로 자신의 보존이나 때로는 쾌락이 되기도 하는 그들의 목적 달성 과정에서 서로를 파멸시키거나 굴복시키려고 노력한다."

"공통의 힘이 존재하지 않는 곳에는 법도 존재하지 않으며, 법이 존재하지 않는 곳에는 불의도 존재하지 않는다. 자연 상태에서는 소유도 지배도 없고 내 것과 네 것의 구분도 없다."

"국가는 다수의 사람들이 그들 상호간의 계약에 의해 창조된 하나의 인격으로서, 다수 사람들의 평화와 공동의 방어를 위해 편리하다고 생각하는 대로 그들의 힘과 수단을 끝까지 사용할 수 있다."

"만인의 만인에 대한 투쟁 상태를 종식시키기 위하여 모든 사람은 하나의 의지로 결집한다. 다수의 사람들이 하나의 인격으로 결합되어 통일되었을 때 그것을 국가 공동체라고 부른다. 그들은 그들이 지닌 모든 권력과 힘을 한 사람에게 양도한다. 그리하여 저 위대한 리바이어던이 탄생한다. 아니 좀 더 경건하게 말하자면 불멸의 신의 가호 아래, 인간에게 평화와 방위를 보장하는 지상의 신이 탄생하는 것이다. 이 인격을 지니는 자가 주권자이며 그 외의 모든 사람은 그의 백성이다."

"인간의 본성과 자연 상태에 대한 비관주의적 견해에 입각할 때, 정치에 있어서 가장 중요한 과제는 어떠한 자질과 능력을 갖춘 사람이 권력을 행사하는가의 문제가 아니라 단지 강제력을 행사하는 권력의 소재인 주권자를 창출하는 문제이다. 자연 상태에서의 공포와 위협을 해소하기 위해 주권자에게 자연권을 양도할 것을 합의하고, 그 주권자로 하여금 강제적 권력을 사용하여 질서를 유지하도록 한다면 자연 상태에서 불가능했던 평화가 이루어진다. 이후 시민들은 정치로부터 해방되어 사적인 관심, 즉 개인의 세속적인 행복을 극대화하기 위한 경제 활동에 전념하게 된다. 결국 정치는 질서유지를 위한 주권자의 권력 행사에 국한된다."

(2) 로크

① **시대적 배경**

영국의 내란이 종결되고 명예혁명을 거쳐 입헌군주제가 성립되는 시기이다. 따라서 이제 군주의 강력한 존재에 대한 명분이 사라지고 새로운 정치적 원리인 입헌군주제에서 의회에 강력한 권한을 부여하고자 한다. 이러한 정치적 권위의 부여는 과거와 같은 신학적 권위에 의해서는 불가능하게 되었고, 인간의 이성에 기반을 둘 수밖에 없었다.

② **인간관**

㉠ 인간을 이성을 통해서 엄밀하고 정확한 지식 추구가 가능한 존재로 보고 있다. 하지만 완전무결한 존재가 아닌 오류를 범하기 쉬운 존재로 생각하면서, 그러면서도 오류를 최소화하려하고 자기 결정적 행위능력을 가진 존재로 인간을 바라보고 있다.

㉡ 그리고 개인은 어느 정도의 사회성을 가지고 있으며, 질서형성 능력을 갖고 있다고 보았다.

③ **자연 상태**

㉠ 로크의 자연 상태는 자연법이 통용되고 지켜지는 상태로 간주된다. 이 상태에서 개인들은 자연법의 테두리 안에서 스스로 적당하다고 생각하는 바에 따라서 자신의 행동을 규율하고 자신의 소유물과 인신을 처분할 수 있는 완전한 자유의 상태이다.

㉡ 그러나 자연 상태에서 인간은 오류의 가능성을 가지고 있고, 또한 공통된 척도인 법률과 공평한 재판관, 법 집행권의 부재로 인해 대립, 투쟁의 상태로 전환될 가능성이 내포되어 있는 상태로 묘사된다.

④ **자연법과 자연권**

㉠ 로크에 있어서 자연법은 이성의 목소리로서 모든 인간을 평등하고 독립된 존재로 규정하고, 어느 누구도 다른 사람의 생명, 건강, 자유, 소유물에 위해를 가해서는 안 된다고 명령한다. 이러한 자연법은 이성과 공정성의 기준이며, 인간은 자연법에 따라 자기자신뿐 아니라 타인의 보존도 동시에 고려할 의무를 갖는다.

㉡ 자연권의 핵심 개념은 재산(property)으로 유/무형의 자산뿐만 아니라 개인의 생명, 자유까지 포괄하는 의미이다

⑤ **사회계약**

㉠ 개인들은 자연 상태에서 행사하던 판단권과 처벌권을 포기(give up)하기로 서로간에 합의함으로써 정치사회를 성립한다. 정치사회는 자유롭고 평등한 개인들 간의 계약에 의해 성립되기 때문에 정치사회 구성원 간에는 지배와 피지배의 관계가 성립되지 않는다. 이러한 정치사회만이 개개인들이 포기한 자연권을 지닌다.

ⓒ 포기된 자연권 중 판단권은 공평한 법을 제정하는 기관에, 처벌권은 법 집행의 행정부에 신탁(trust)된다. 이때 국가권력은 신탁-수탁의 관계로 인하여 제한적이 된다.
ⓒ 입법권은 최고권력이며, 여타의 모든 권력이 여기에 종속된다. 그러나 입법부와 행정부의 제도적 자의성을 억제하기 위해 상호견제적 기능이 부과된다.

⑥ 주권 및 정치원리
ⓐ 로크는 주권이라는 개념을 사용치 않고 최고권이라는 말을 쓰고 있다. 로크는 개인의 자유와 재산을 보호하고 보장하는 것을 입법권의 확립의 목적이라고 보고 있으며, 입법권이 최고권을 가진다.
ⓑ 로크가 최고권이라고 부른 이유는 절대성의 강조보다는 최고권의 제한성에 이유가 있다고 할 수 있다. 즉, 입법권도 신탁 권력이라는 것을 의미하는 것으로 인민의 신탁에 어긋나는 행동을 할 경우 해임 또는 경질의 권리(저항권)가 국민에게 있다는 것이다.
ⓒ 그것은 정치사회의 주권성을 인정한 것으로 국민주권론이라고 볼 수 있으며, 평상시 국민주권은 입법부를 선출하는 경우 발동하고, 정부가 정상적인 활동을 하지 않을 경우 신탁된 권력을 회수하기 위해 발동한다.

  저항권

국민의 기본권을 침해하는 국가 권력의 불법적 행사에 대하여 그 복종을 거부하거나 실력 행사를 통하여 저항할 수 있는 국민의 권리를 저항권이라 한다. 이는 기본적 인권을 침해하는 압제적 국가 권력에 대해 저항할 수 있는 국민의 권리로서 자연권적 성격을 가진다. 저항권을 행사할 수 있는 요건은 엄격한데 헌법 침해 자체가 사소한 것이 아니라 중대한 것이어야 하고 그 침해가 명백해야 하며, 저항권의 행사가 최후의 수단이어야 한다.
저항권 사상은 17~18세기에 이르러 대두한 자연법 사상과 사회 계약설, 특히 로크의 사상을 배경으로 하여 성립하였다. 미국의 독립 전쟁과 프랑스 혁명 등에 큰 영향을 끼쳤으며 우리나라도 헌법 전문에 '불의에 항거한 4·19 민주 이념을 계승하고'라는 문장을 두어 간접적으로 저항권을 인정하고 있다.

(미래앤 지도서 p29)

원전 분석

"시냇물은 모든 사람의 것이다. 그러나 주전자 안에 있는 물은 그것을 떠 온 사람의 것이라는 점을 누가 의심할 수 있겠는가. 물은 자연 상태에 있을 때는 모든 사람의 공유물이며 또한 모든 자연의 아들들에게 평등하게 속하는 것이지만, 누군가 노동을 통해 그것을 자연으로부터 취하면서 그의 소유가 된다."
"자연 상태에서 인간은 두 개의 권력을 갖는다. 첫 번째는 자기 자신의 보전을 위한 권력이며, 두 번째는 자연법을 위반한 범죄를 처벌하는 권력이다. 인간은 자연 상태에서도 질서 있고 평화로웠지만, 분쟁 조정을 위한 강제력이 없어 개인의 권리 보장이 불확실하다. 따라서 사람들은 계약을 맺어 시민사회를 형성하고 두 번째 권력을 공동체의 수중에 전적으로 양도하게 된 것이다. 그러므로 공동체에서 통치자의 권위는 절대적인 것이 아니라 조건적인 것이다."
"자연 상태는 각자가 자연법의 범위 안에서 자기의 행동을 규율하며 스스로 적당하다고 생각되는 대로 그 소유물과 신체를 처리할 수 있는 완전한 자유의 상태이다. 그곳에서는 누구나 똑같은 평등한 권리를 가지고 있다. 자연 상태는 각자가 자연법에 따라 생활하고 있으므로 평화적인 상태이다."
"인간은 태어날 때부터 모두 자유롭고 평등하며 독립되어 있으므로, 자기 자신의 동의 없이 이러한 상태로부터 추

> 방되어 다른 사람의 정치적인 권력에 복종되어질 수는 없다. 인간이 이 세상에 태어나면서부터 갖게 되는 자연적인 자유를 포기하고 시민 사회의 구속을 받게 되는 유일한 길은 다른 사람과 결합하여 하나의 공동체를 형성하는 데 동의하는 일이다."

(3) 루소

① **시대적 배경**
절대군주제가 붕괴되면서 프랑스 혁명기를 거치는 시기이다. 프랑스 혁명 이전의 질서에서 보이는 무질서와 사회적 모순에 대한 반감을 가진 루소는 이러한 사회상태의 탈피를 위해 자연상태의 고찰 등을 통해서 사회악의 제거에 관심을 갖게 되었다.

② **인간관**
㉠ 자연인은 이성 이전에 두 가지 원칙을 가진다. 하나는 자기 자신의 보존과 안녕에 대한 관심(자기애)이고, 다른 하나는 감성을 가진 다른 존재, 특히 동족이 고통과 죽음을 겪는 것을 보면 가지게 되는 반감(동정심)이다.
㉡ 이기심을 인간의 본성으로 간주한 홉스의 견해를 부인하며 자기애와 이기심을 구별한다. 즉, 자기애는 자연적 감정으로 인류애와 덕으로 승화되며, 이기심은 상대적이고 인위적이며 사회에서 싹트는 감정으로 해악을 고취시키며 명예심의 원천이 되는 것이다. 자연 상태에서 인간에게 이기심은 존재하지 않는다.

③ **자연 상태**
㉠ 개인 간의 평화 상태로 인간의 자연적 불평등이 존재하나 지배와 복종 같은 정치적 불평등은 존재하지 않는 상태이다. 한마디로 선과 악이 없고, 지배와 복종이 없는 무지의 행복상태이다.
㉡ 자연인은 자연 상태에서 자유를 향유하며, 평등하고, 자족적이며 독립적인 삶을 영위하는 것으로 파악한다. (여기서 독립적이라는 것은 개인의 관계에 지배와 복종의 관계나 도덕적 관계가 없다는 의미이다.)

④ **인간 타락의 역사**
"인간의 불평등은 사회를 이루어 모여 살면서 시작된다."
"인간은 자유롭게 태어났으나 어디서나 쇠사슬에 묶여있다."
㉠ 자연 상태의 평등은 인간이 자기완성을 추구하는 과정에서 나타나는 문명과 기술에 발달에 따른 생산력의 증대와 더불어 인간공동체의 사회적·경제적 불평등으로 전환된다.
㉡ 부(富)는 개인의 사유재산에서 시작되며, 소유는 자연적 필요의 충족을 위한 것이 아니라 권력, 우월성, 구별의 표현수단이 되며, 이러한 상황에서 수립되는 국가권력에 의해 경제적 불평등은 정치적 불평등으로 전환된다.
㉢ 사회상태는 동정심과 정의의 원칙보다 탐욕과 야심, 악이 지배하는 대립상태가 되었고, 부를 소유한 사람들은 힘을 이용해 사유재산은 옹호하는 법을 제정하고 정부를 수립함으로써 근대국가에 이르러 불평등의 제도화가 이루어지게 된다.

⑤ 자유롭고 평등한 사회
- ㉠ 모든 사회구성원이 정치적 소외와 불평등으로부터 벗어나 진정한 자유를 획득하기 위해서는 모두가 참여하는 의사형성과정(민주적 자치)이 수립되어야 한다.
- ㉡ 이것은 자기 입법에 의해 제정된 법을 스스로 준수함으로써 자유와 정치적 복종을 상보(相補)적인 관계로 재구성하는 것을 의미한다.
- ㉢ 사회계약을 통해 각 구성원은 자신의 인격과 모든 권력을 일반의지의 최고지도하에 두고 구성원 모두는 전체의 나누어질 수 없는 부분이 된다.

⑥ 일반의지
- ㉠ **일반의지** : 공동체 내부에서 구성원이 공동의 이익과 평등을 지향하는 의지로 공동체의 구성원 모두가 원하는 것을 의미한다.
- ㉡ **전체의지** : 사익을 염두에 두는 개별의지의 총화
- ㉢ 일반의지는 일반적이고 동시에 인민 전체를 대상으로 하는 공익을 추구하기 때문에 항상 정당하며 오류가 있을 수 없다. 따라서 일반의지에 대한 복종은 절대적이고 무조건적이어야 한다.
- ㉣ 시민이 일반의지에 복종하도록 강제되지 않는다면 사회계약은 공허한 것이 된다. 따라서 개인은 자유롭도록 강제되어야 하며, 이러한 사회계약을 통해 인간이 상실하는 것은 무제한적이지만 불확실한 자연적 자유이고, 그 대가로 얻는 것은 공동체 내의 모든 구성원이 동등한 가치와 권리를 부여받는 평등한 시민적·도덕적 자유이다.

⑦ 주권 및 정치원리
- ㉠ 일반의지는 무오류의 절대적 인민주권을 형성하며, 사회계약에 참여한 모든 인민은 주권자가 되며 일반의지를 형성한다.
- ㉡ 일반의지를 나타내는 주권은 어느 누구에게도 양도될 수 없으며, 나누어질 수 없다.
- ㉢ 일반의지가 표현되는 형식은 법률이며, 입법권자는 주권을 가진 인민이다.
- ㉣ 정부는 국가와 인민 사이의 연락을 담당하는 주권의 대리인일 뿐이며, 시민의 덕성 함양을 위한 공공교육의 역할을 담당하고, 인민의 생존에 필요한 공공필요를 충족시켜야 한다.
- ㉤ **시민종교의 필요성 주장** : 시민 종교는 법에 힘을 부여하고 사회의 통일성을 창출하는 역할을 수행한다.

원전 분석

"인간은 자연인으로 태어났지만 어디서나 쇠사슬에 묶여 있다."
"자유로운 시민은 복종은 하지만 예종(隸從)하지는 않으며, 지도자를 두지만 주인을 두지는 않는다."
"자연인은 사회적 제약이 없는 상태에서 완전히 자기 자신을 위해 생존하는 자기 목적적인 존재이다."
"인간은 태어날 때부터 자유롭지만 온갖 속박으로 가득 찬 세상에 살고 있다. 개인을 보호할 것으로 여겨졌던 국가가 일단 세워지고 나면 개인을 예속하고 주인 노릇을 하기 때문이다. 한편, 국가 성립 이후에도 개인이 자유를 보존할 수 있는 길은 국가의 명령이 각 개인의 의지로부터 나오게 하는 것이다. 이를 위해 개인은 공동체에 자기 자신을 완전히 이양하고 공동체의 일부분이 되어야 한다. 이런 과정으로 만들어진 일반의지는 공동선을 결정함에 있어서 항상 옳으며, 어떠한 경우에도 실수하지 않는다."
"주권은 양도될 수 없는 것과 같은 이유로 대표될 수 없다. 따라서 대의원은 인민의 대표자가 아니며 대표자가 될 수도 없다. 그들은 인민의 심부름꾼에 불과하기 때문에 최종적인 결정을 내릴 수 없다. 인민이 직접 승인하지 않은 법률은 모두 무효이고 결코 법률이 아니다."
"영국 국민은 자신들이 자유롭다고 생각하고 있지만 크게 착각하고 있는 것이다. 그들이 자유로운 것은 오직 의회의 대의원을 선출할 때뿐이다. 대표 선출이 끝나자마자 그들은 노예가 되어버리고, 아무것도 아닌 존재가 되고 만다."

홉스, 로크, 루소의 주장을 아래 빈칸에 정리해 보자.

주장 \ 사회 계약론자	홉스	로크	루소
자연 상태			
정치 체제			

(비상 교과서 p18)

4. 몽테스키외

(1) **로크의 권력 분립론**

로크는 영국의 정치 형태가 2권 분립(의회의 입법권과 군주의 집행권과 동맹권)으로 나뉘어야 한다고 주장하였다.

(2) **몽테스키외의 권력 분립론**

① 권력의 통합은 무한대의 권력을 만들 것이고, 이것은 개인의 자유와 안전을 곧바로 침해한다. 따라서 권력을 분립해야만 진정한 자유가 확보될 수 있다.

② 만일 입법자가 곧 그것을 집행하는 집행자가 된다거나 입법자가 자신이 만든 법을 가지고 판단하는 재판관이 된다면 자유란 존재하기 어려워지며, 집행을 하는 이가 집행의 자의성을 자신이 판단한다면 한 사람에게 과도한 힘을 부여함으로써 결국 자유를 압살할 수 있는 기회를 제공하게 된다. ⇨ 한 사람 혹은 한 단체가 이 세 가지 힘을 공유한다면 안전과 자유는 상실될 수밖에 없다.

③ 따라서 몽테스키외의 권력 분립은 기능적 분립의 원칙을 따라 입법과 집행과 판단이라고 하는 3권 분립을 주장하는 것이다.

(3) **견제와 균형의 원리**

① 기능적 권력분립이 자유 보장의 필요충분조건이라 할 수 없다. 만일 분립된 권력의 일부가 강력한 힘을 지니게 된다면 이 또한 기능적이고 형식상의 권력분립일 뿐이다.

② 따라서 분리된 기능은 힘의 균형을 반영하는 것이어야 하며, 힘의 평형을 맞추게 될 때 전제적 권력의 행사는 어려워지게 된다. 힘의 균형을 위해서는 각 권력이 독단적으로 힘을 사용하지 못하게 하는 '견제'가 필요하다. 즉, 상호간에 영향력 행사를 통해 일정 부분 힘의 완화와 중화 작용을 할 수 있어야 한다.

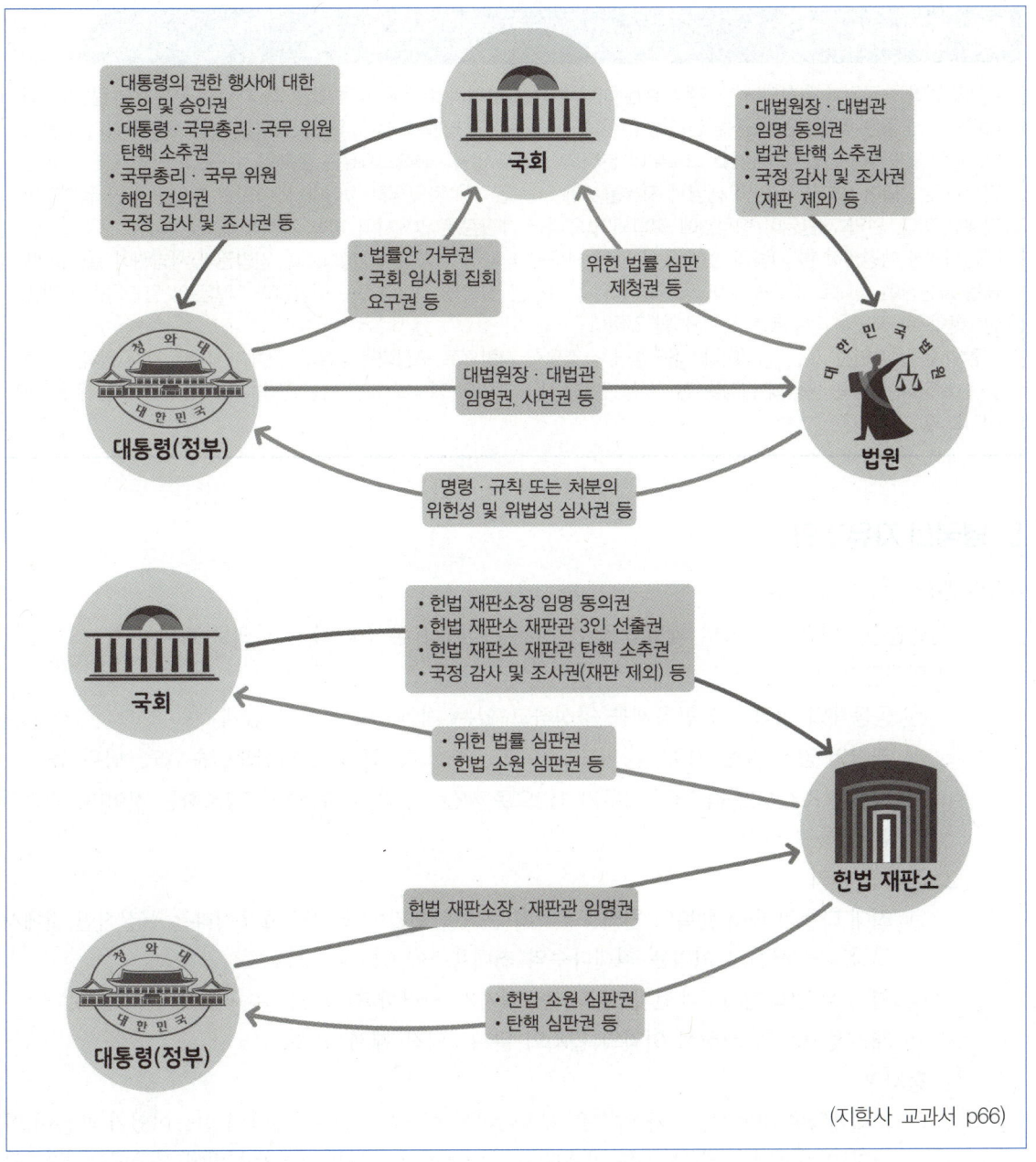

📖 **원전 분석**

"입법권이 행정권과 결합되어 한 사람 혹은 하나의 행정 단체의 수중에 놓여 있을 때 자유는 존재하지 않는다. 왜냐하면 사람들은 전제적인 법률을 만드는 군주 또는 원로원이 법률을 전제적으로 집행할 것을 두려워하기 때문이다. 또한 재판권이 입법권과 행정권으로부터 분리되어 있지 않을 때에도 자유는 존재할 수 없다. 만약 재판권이 입법권과 결합되어 있다면 시민의 생명과 자유를 지배하는 권력은 자의적일 것이다. 왜냐하면 재판관이 곧 입법자이기 때문이다. 만약 재판권이 행정권에 결합되어 있다면 재판관은 압제자의 힘을 가지게 될 것이다."

"입법권과 행정권이 한 사람의 손에 있을 때에 난폭한 법률이 시행될 위험이 있고, 입법권과 사법권이 결합될 때에는 재판관이 멋대로 법을 만들어 국민의 생명과 재산을 짓밟을 것이다. 또, 행정권과 사법권이 결합되면 재판관이 폭력으로 국민을 억누르는 정치를 할 것이다."

"만약 동일한 인간, 또는 귀족이나 시민 중에서 주요한 사람으로 구성되는 동일한 단체가 이 세 가지 권력, 즉 법률을 제정하는 권력, 공공의 결정을 집행하는 권력, 죄나 개인의 쟁송을 심판하는 권력을 행사한다면 모든 것은 상실되고 말 것이다."

5. 영국의 자유주의

(1) 벤담
① **인간관** : 인간은 자기의 쾌락만을 추구하는 이기적 본성을 가진 것으로 파악한다.
② **양적공리주의**
  ㉠ **공동체의 이익** : 그 공동체를 구성하고 있는 개인들의 이익의 합계
  ㉠ **쾌락의 양적 계산 기준** : 강열도, 지속도, 확실도, 신속도, 다산도, 순수도, 범위 등
  ㉢ **사회를 조직하는 각 개인 모두가 1인으로 계산** : 인간의 평등성을 강조하는 것이며, 귀족계급의 특권 약화 도모
③ **공리의 원리**
  ㉠ **최대 다수의 최대 행복의 원리** : 통치의 근거를 인간에 있어서 효용이라는 실질적인 것에서 구함. → 사회의 이익은 최대다수의 최대행복에 있다.
  ㉡ **자기 우선의 원리** : 개인의 행복이란 각자가 판단하고 그것을 추구해야 한다는 것
  ㉢ **개인적 이익과 사회적 이익의 합치의 문제** : 외적 제재 선호
④ **정치관**
  ㉠ **사회계약론 비판** : 군주가 약속을 지켜야하는 이유는 그것이 계약의 산물이었기 때문이 아니라 인간에게 공리(功利)를 가져다주기 때문이며, 시민이 국가의 법에 복종해야 하는 근거는 그것이 불복종이 가져다주는 공리보다 크기 때문이다.
  ㉡ **국가** : 구성원의 행복에 기초하는 공리 때문에 존재하는 것이다.
  ㉢ **정치권력과 법** : 강제라는 악의 성격을 갖고 있으므로 통치의 영역은 작으면 작을수록 좋은 것이며, 개인의 행복 추구의 자유가 보장되어야 한다.
  ㉣ **민주주의 옹호** : 정규적인 선거와 투표에 의해 구성되는 민주주의 정부가 피지배자들에게 가장 적은 고통을 주는 정치체제이다.

⑤ 평가 및 영향
  ㉠ 당시 사회에 잔존하고 있었던 귀족과 토지소유계급의 전근대적 체제를 청산하고 산업혁명이 가져온 문제를 입법 활동이나 의회개혁을 통하여 해결하고자 하였다.
  ㉡ 정치적으로는 선거권의 확대, 경제적으로는 자유방임의 경제정책 등에 영향을 주게 된다.

> **원전 분석**
>
> "자연은 인류를 쾌락과 고통이라는 두 주권자의 지배하에 두어왔다. 우리들이 무엇을 하지 않으면 안 되는가를 지시하고 또 우리들이 무엇을 할 것인가를 결정하는 것은 다만 쾌락과 고통뿐이다. 한편으로는 선악의 기준이, 다른 한편으로는 원인과 결과의 연쇄가 이 두 개의 옥좌에 묶여져 있다. 고통과 쾌락이란 우리들이 하는 모든 것에 대해서 우리들을 지배하고 있는 것으로, 이와 같은 종속을 벗어버리고자 아무리 노력해도 그 노력은 이와 같은 종속을 증명하고 확인하는 데 기여할 뿐이다."
>
> "인간 행위의 기준은 '유용성의 원리'이다. 오직 이 원리만이 쾌락과 고통이 우리의 삶을 지배하는 사실과 조화를 이룰 수 있다. 유용성은 측정 가능한 것이며 따라서 양적이고 과학적이며 객관적인 것이다."
>
> "다른 사람을 위해 희생함이 없이 그 자신의 이익을 추구하는 개인에게 만족을 줄 수 있는 쾌락만이 쾌락다운 유일한 쾌락이다."
>
> "국가는 그 구성원의 행복에 기초하는 공리 때문에 존재하는 것이다. 그리고 모든 인간은 그 자신의 행복의 판단에 관한 한 그 자신이 최선의 판단자이므로 각 개인에게는 행복추구의 자유가 보장되어야 한다. 따라서 강제와 통제를 그 특징으로 하는 국가는 그 자체가 하나의 악이 아닐 수 없고, 따라서 권력행사는 불가피한 영역에 한정되어야 하는 것이다. 국가의 행위가 인정될 수 있는 경우는 국가의 기능에 의해 더 큰 악이 제거될 수 있는 경우에 한하게 되는 것이다."

(2) **밀(J. S. Mill)**
  ① 질적 공리
    ㉠ **인간관** : 벤담이 인간을 근본적으로 이기적인 존재로만 파악한 것과는 달리 인간은 이타적 성향과 사회적 성격을 가진 것으로 파악한다.
    ㉡ **쾌락의 질적 차이를 강조** : "만족한 돼지가 되는 것보다는 불만족한 인간이 되는 것이 낫다." → 인간은 단순한 물질적 이익만을 추구하는 존재가 아니라 타인을 배려하는 사회성을 가진 존재이며, 이를 바탕으로 자유, 평등, 인권, 정의와 같은 숭고한 가치를 우선적으로 추구할 수 있는 존재이다.
    ㉢ 개인적 이익과 사회적 이익의 합치의 문제 : 양심에 의한 내적 제재 선호한다.
  ② 정치적 주장
    ㉠ **대의정부** : 최선의 정부형태로 민주주의국가 및 대의제를 주장 → 진정한 민주주의는 다수의 수와 함께 소수의 지식과 지성이 갖추어질 필요가 있다.
    ㉡ 대의제의 전제조건으로써 보통선거제의 실시를 주장했다.
    ㉢ **지적이며 도덕적인 엘리트의 영향력 강조** : 비례대표제, 복수투표제 주장 → 민주주의가 갖는 다수에 의한 소수의 억압을 방지하기 위해 비례대표제를 제안하고, 무지한 사람들이 지식인층을 억누르는 것을 방지하기 위해 복수 투표, 즉 차등 투표제를 도입해 교육받은 사람이 추가 표를 행사해야 한다.

㉣ 교육과 빈민구제에서의 국가 개입 필요성을 인정하고 있다.
③ **자유론**
  ㉠ 인간에 있어 자유는 본질적인 것이다.
  ㉡ 자유의 억압은 전제정치이며 이러한 억압은 1인에 의한 것뿐만 아니라 다수(여론에 의한 대중의 횡포)에 의해서도 나타날 수 있다. → 여론의 전제(다수의 폭정)로부터의 개인의 자유가 방위되어야 한다.
  ㉢ 사상의 자유를 바탕으로 대화와 토론을 통한 잠정적 진리의 발견 과정은 인류의 발전을 위한 광범위한 공리를 가져오게 된다.
  ㉣ **여성의 평등 강조** : 남자가 지적으로 우월하며 가부장적인 권위를 가지는 것이 당연하다는 당시의 사회적 주장에 반대하였다.

📖 원전 분석

"쾌락이란 결코 비난자들이 생각하는 저속한 쾌락을 의미하는 것이 아니다. 두 쾌락 중에서 양쪽을 경험한 사람이 모두가, 혹은 거의 모두가 도덕적 의무감과 관계없이 결연히 선택하는 편이 보다 바람직한 쾌락인 것이다. 양쪽을 잘 아는 사람들이 두 쾌락 중의 한쪽을 훨씬 높게 평가하여, 다른 쪽보다 큰 불만이 수반된다는 것을 알면서도 선택하는 한, 선택된 쾌락이 질적으로 우세하여 양을 압도하기 때문에 비교할 때에는 양을 거의 문제 삼지 않아도 좋다고 생각해도 무방한 것이다."

"무식과 지식이 동일한 정치권력을 향유한다는 것은 원칙상 잘못된 것이기 때문에 훌륭하고 현명한 사람의 영향력이 상대적으로 더 커야 한다."

"좋은 정부는 두 가지의 측면은 다음과 같다. 그 하나는 시민들의 현재의 도덕적·지적·활동적 능력을 활용하여 사회의 일을 잘 경영하는 것이고, 다른 하나는 인간의 정신과 의식에 영향을 미침으로써 공동체의 일반적인 정신적 진보를 꾀하는 교육적 목적을 추구하는 것이다."

"단 한 사람을 제외한 모든 사람이 같은 의견을 가지고 있고, 단 한 사람만이 다른 의견을 가지고 있다고 해도, 그 한 사람에게 침묵을 강요할 권리는 없다. 다른 의견을 가지고 있던 그 한 사람이 권력을 장악했을 때 다른 모든 이들을 침묵하게 할 권리가 없는 것과 마찬가지다."

"소수의 의견이 거칠고 폭력적이라고 비난하지 말라. 다수의 의견은 이미 상식이나 통설을 통해 더 이상 말하지 않아도 될 만큼 널리 알려져 있다. 다수의 의견은 대중들에게 공감이나 연대를 불러일으키면서 의심을 거두고, 소수의 의견이 재고될 틈조차 봉쇄하는 경우가 있다. 소수의 의견이 날카롭고 거친 이유는 이런 다수의 의견이 가지는 폭력을 뚫기 위해서이다."

(3) **그린(T. H. Green)**
  ① **개요** : 개인과 그 개인이 구성원으로 있는 사회적 공동체가 이루고 있는 상호의존성에 관심을 두고 있다.
  ② **고전적 자유주의 비판** : 고전적 자유주의가 추구한 무제한적인 이윤추구는 새로운 형태의 심각한 빈곤문제와 사회적 부정의를 만들었다고 본다.
  ③ **적극적 자유 주장**
    국가의 불필요한 강제와 간섭으로부터 자유를 의미하는 소극적 자유를 비판하고, 인간이 자기를 스스로 지배하며 능동적으로 자기실현을 추구하는 적극적 자유를 주장한다.

④ 인간성의 완성
  ㉠ 다른 사람의 존재, 즉 사회적 맥락에 대한 인식을 전제로 한다.
  ㉡ 한 개인이 다른 사람의 방해를 받지 않더라도 실질적이고 능동적인 능력을 발휘할 수 없다면 진정으로 자유로운 존재가 되지 못하는 것이다.
⑤ 국가의 적극적 역할 강조
  ㉠ 개인이 적정 수준의 삶의 질을 유지할 수 있도록 국가는 개입해야 하며, 일반복지 혹은 적극적 자유에 기여되는 경우 국가는 적극적인 기관으로 이용되어야 한다. → 개인이 인격을 완성하는 데에 있어서는 국가와 정부의 존재가 필요할 뿐 아니라 유용할 수 있다.
  ㉡ 그러나 국가의 효과적인 행위, 즉 법을 통한 활동은 반드시 자아실현의 장애물을 제거하는 것에 국한되어야 할 것이다.

📖 복지 국가

복지 국가는 국가로부터의 자유 보장, 사적 영역에 대한 국가의 방임, 야경국가 등의 징표로서 특징지어지는 근대 헌법 국가에 대한 수정 원리로서 등장한 국가의 개념이다. 이러한 개념의 복지 국가는 사적 영역에 대한 국가의 방임을 최선으로 하는 국가가 아니라 적극적으로 개입하고 관여하는 것을 헌법적으로 요구하는 국가, 즉 국가가 국민의 자유와 권리를 소극적으로 보장하는 기능뿐만 아니라 적극적으로 국민의 자유를 실현할 수 있도록 그 전제를 형성하는 기능으로서 기능이 확대된 국가를 의미한다.
- 표명환(2013), 『사회 복지 국가 실현과 헌법-사회 국가의 헌법적 의무와 그 실현을 중심으로』, 법학 연구, 50, pp.1~27

(천재교육 지도서 p56)

📖 원전 분석

"사회의 성원들이 도덕적으로 동등하게 만나며, 서로가 서로를 존경으로 대하고 모든 사람이 자유롭게 스스로 생각하고 행동하며, 그리고 그들의 사고와 행동이 완전한 도덕적 책임감에 의해서 인도되고 통제되어야 한다. 모든 사람들에게 최대한의 능력을 발휘하며 그와 같은 생활을 실현할 수 있는 기회가 제공되어야 한다. 따라서 진정한 자유 사회란 적어도 모든 사람에게 도덕적 자결에 대한 조건인 동시에 도덕적 존엄성에 대한 권리를 부여함을 목적으로 할 수밖에 없는 것이다."

"상대적 박탈감을 느끼고 건강하지 못하며 무지한 국민들은 어떤 의미에서건 자유롭지 못하며, 그러므로 도덕적, 자율적 존재로서 제대로 행동하지 못한다 (…) 국가와 다른 사회·정치 제도들은 선 자체를 위해 존재한다. 국가나 사회 또는 인류의 어떠한 진보나 개선 또는 발전을 논하는 것은 어떤 더 위대한 가치와 관련된 경우가 아니라면, 단어들을 의미 없이 사용하는 데 불과하다."

6. 칸트

(1) 인간관
　① 인간 : 자유롭고 평등한 도덕적 존재
　② 자아의 구성요소
　　㉠ **경험적 자아** : 인과적 필연성의 세계 내에 존재하며 물질적 이해의 주체이며 각 개인의 특수성의 근거
　　㉡ **선험적 자아** : 인과성의 제약으로부터 벗어난 보편적 자유의 표상으로 규정되며 각 개인의 보편적 도덕적 규범론의 근거
　③ 선의지와 정언 명법
　　㉠ **선의지** : 그 자체로 선한 유일한 것으로 행위의 결과를 고려하는 마음이나 자연적인 경향을 따라서 옳은 행동을 하려는 의지가 아니라, 단순히 어떤 행위가 옳다는 바로 그 이유 때문에 그 행위를 택하는 의지
　　㉡ **정언 명법** : 어떤 다른 목적을 달성하기 위한 수단으로서의 명령인 가언 명령이 아니라 그 자체가 목적인 명령으로 모든 사람에게 무차별적이고 무조건적으로 적용되는 절대적인 법칙 → 인간에게 의무로서 부과된 도덕적 명령이며 인간이면 누구나 조건 없이 따라야 할 당위 법칙

(2) 정치관
　① 이성의 자율성
　　㉠ **도덕적 자율성** : 스스로 도덕법칙을 부여하고 그 법칙에 스스로 복종하는 것을 의미함.
　　㉡ **정치적 자율성** : 외부에서 주어지는 국가의 법률을 따르는 것을 의미함. 법률은 공동체의 삶에서 자유의 공존을 불가능하게 하는 행위에 대한 구속만을 규정하게 됨
　② **국가의 수립** : 법의 지배를 받는 일련의 사람들의 결합으로 자연 상태에서 벗어나 서로간에 의사소통이 이루어지는 결사체를 형성하고 나아가 공적인 강제력을 갖는 법의 외적 제약에 복종한다는 원칙을 수용함으로서 형성
　③ **3권 분립론** : 입법, 집행, 사법의 3권 분립을 인정 → 개인의 권리와 자유의 보장을 위해 권력의 분립을 주장 → 만일 일체 시에는 전제정치로 전락
　④ **이상적 정치체제** : 대표자 공화주의

(3) 영구 평화론
　① 국가 간의 영구평화를 위한 예비조항
　　㉠ 장차 전쟁의 화근이 될 수 있는 재료를 암암리에 유보한 채로 맺어진 어떠한 평화 조약도 결코 평화 조약으로 간주되어서는 안 된다.
　　㉡ 어떠한 독립 국가도(크고 작고에 관계없이) 상속·교환·매매 혹은 증여에 의해 다른 국가의 소유로 전락될 수 없다.
　　㉢ 상비군은 결국 완전히 폐지되어야 한다.
　　㉣ 국가 간의 대외적 분쟁과 관련하여 어떠한 국채도 발행되어서는 안 된다.

ⓜ 어떠한 국가도 다른 국가의 체제와 통치에 폭력으로 간섭해서는 안 된다.
ⓑ 어떠한 국가도 다른 나라와의 전쟁 동안에 장래의 평화 시기에 상호 신뢰를 불가능하게 할 것이 틀림없는 다음과 같은 적대 행위, 예컨대 암살자나 독살자의 고용, 항복 조약의 파기, 적국에서의 반역 선동 등을 해서는 안 된다.

② 국가 간의 영구평화를 위한 확정조항
㉠ 모든 국가의 시민적 정치체제는 공화정체이어야 한다.
㉡ 국제법은 자유로운 국가들의 연방체제에 기초하지 않으면 안 된다.
㉢ 사람들은 지구 땅덩어리를 공동으로 소유함의 권리를 갖는다.

③ 추가조항
㉠ 조항 1 - 영구평화의 보증에 대하여
자연이 인간으로 하여금 시민적 체제를 만들게 하고 영구평화의 목적에 접근한다고 봄
㉡ 조항 2 - 영구평화를 위한 비밀조항
공적인 평화의 실현가능한 조건에 대한 철학자들의 준칙을 전쟁을 위해 무장한 여러 국가들은 충고로서 받아들여야 하지만, 법률가의 발언보다 철학자의 원칙에 우위를 두어야 한다고 주장하는 것은 아니다. 법률이라고 하는 학문은 학문적으로 낮은 단계이지만, 법률가는 권력의 비호를 받는다.

(4) 평가 및 의의
① 칸트는 정치를 도덕률의 실천이라는 이상주의적 견지에서 바라본다. 따라서 그에게 있어 도덕과 정치는 상호 대립적이거나 양립할 수 없는 것이 아니다. 그리고 정치는 권력의 획득이나 이해의 조정을 의미하지 않는다.
② 이상과 현실, 당위와 존재의 괴리는 실천이성이 처한 세계의 본질적 모습이며, 그는 이상과 당위의 내용을 규정하고 절대적 기초 위에서 이를 정당화함으로써 현실과 존재를 비판적으로 평가하기 위한 기준을 설정하려 한다. 이상주의와 현실주의의 대립의 장이라는 관점에서 볼 때, 칸트철학은 이상주의의 현실적 존립을 정당화하는 시도로 평가할 수 있는 것이다.

원전 분석

"이 세계에서 또는 이 세계 밖에서까지라도 아무런 제한없이 선하다고 생각될 수 있는 것은 오직 선의지뿐이다. 선의지는 그것이 생기게 하는 것이나 성취한 것으로 말미암아 선한 것이 아니라 그 의욕함으로 말미암아 선한 것이다."

"타인을 수단으로서가 아니라 그 자체로서 목적으로 대하라는 도덕률은 도덕적 지상명령이 된다. 이 주장은 정치 세계를 관할 할 보편적인 원리로서의 권리체계를 포함하는 보편적인 법체계로 전환되어짐으로써 자유주의적 법치국가의 핵심적인 특징을 이루게 된다."

" 각자의 자유가 타인의 자유와 공존할 수 있게 하는 법칙에 따른 인간의 최대자유에 대한 이해는 적어도 헌법을 처음 제정할 때뿐만 아니라 모든 법률의 바탕이 되어야 하는 필연적인 이념이다…. 법은 주체들이 공동생활을 영위함에 있어서 서로의 자유의 실현을 위해 근본적으로 필요한 누구에게나 해당되는 의무를 규정하는 것이므로 선험적이고 이성적이어야 한다."

"인간은 이성의 보편적인 도덕률보다는 일시적인 성향이나 충동에 따라 행위할 수 있는 가능성이 있다. 그 경우 타인들의 자유가 크게 침해될 가능성이 있다. 현실적인 정치질서 속에서는 행위에 대한 외적인 제약이 불가피하다. 그러나 제약은 자기입법에 따르는 능력으로서의 자율성의 실현을 방해하지 않도록 최소화되어야 한다."

"완전한 시민 조직체를 건설하는 문제는 법적인 외적 국가 관계의 문제에 의존하며, 후자의 해결 없이는 전자도 해결될 수 없다."

"공존하여 사는 인간 간의 평화상태는 자연 상태가 아니다. 평화상태는 자연적으로 주어지는 것이 아니라, 인간 자신에 의해 구축되어야 하는 것이다."

7. 헤겔

(1) **칸트 비판**
   ① 정언명법의 전제인 자율적 주체는 고립되어 있고 비상호적이며, 따라서 도덕적 행위가 타인의 인정을 받지 못하고 주관적 만족에 그칠 수 있다는 것
   ② 개인의 자유는 객관적 법과 주관적 도덕성을 통일한 인륜적 체계(정치적·사회적 제도의 체계) 속에서만 가능하며, 인륜적 체계에 의해 도덕성은 그 구체적 실현을 할 수 있음

(2) **사회계약론 비판**
   사회 계약론자들은 국가와 시민사회의 개념을 혼동하고 있다고 비판함. 사회 계약으로 성립된 것은 국가가 아닌 시민 사회이며, 이러한 시민사회는 사유재산의 원리에 입각한 자의적 의지의 산물임. 따라서 국가(또한 가족)와 시민사회를 분리 고찰할 필요가 있으며, 국가는 인간 계약에 의한 인위적 창조물이 아님

(3) **시민 사회**
   ① 정의 : 구성원이 개별자로서 자신의 이익을 추구하는 욕구의 체계
   ② 특징 : 근대인들만이 갖고 있는 사회경제적 삶의 터전으로 사유재산의 원리를 기초로 '자기 이익 극대화'라는 개인성이 표출되며, 이 개인성을 근대성 그 자체로 간주함.

(4) 국가

① 발생
　㉠ 국가는 합리적 존재로서 인간의 내적인 특성 때문에 형성되며, 스스로 형성되고 존재하게 됨
　㉡ 국가는 역사 발전의 최종적 단계에서 등장한 필연적 산물이며, 가족·시민사회의 불완전성으로 인해 등장하게 된 것임

② **목적** : 국가는 최고의 인륜체이며 최고의 선을 실현할 수 있는 장소임. 국가의 목적은 시민사회의 목적인 자유와 재산의 보호에 있는 것이 아니라, 개인들이 국가를 통해 보편성, 공공성을 획득하여 자기완성에 이르게 하는 것임. 따라서 인간은 국가를 떠나서는 살아갈 수 없게 된다.

(5) 변증법

① 모든 사물들은 사물 내에 존재하는 보편적인 전환요인, 즉 모순에 의해 질적인 전환을 일으키게 됨
② 자기모순에 의해 가족 → 시민사회 → 국가의 정·반·합으로 역사 발전

📖 **원전 분석**

"모순과 부정은 어떤 역동적인 성질을 갖는데, 그것은 현실의 모든 영역 내에서 합리적인 종합의 단계에 도달할 때까지 더욱 심화된 발전을 한다."

"자유는 객관적 법과 주관적 도덕성을 통일한 인륜적 체계 속에서만 가능하며, 인륜성의 체계에 의해 도덕성은 그 구체적 실현을 할 수 있다. 인륜성이란 자유의 실천을 통한 특수한 주관적 의지에 근거한 보편적인 것으로서의 법이라고 할 수 있다. 역사 속에서의 사회 형태는 이성의 실현단계에 따라 자유의 실현과 정신의 실현과정을 보여준다. 그에 따라 인륜성의 체계는 가족, 시민사회, 국가라는 사회 형태로 변증법적 발전의 경로를 겪게 된다."

시민사회는 자유의 표현에 대하여 가치 있는 관점을 제공기는 하지만, 이성적 자유의 최종적·자기충족적 모델은 아니다. 근대 사회에서는 시민사회에서 생성된 긴장을 해소하고 사회적인 정체성을 제공하기 위하여, 정치적 국가가 필요하다.

"역사는 이성적인 절대 정신의 자기 실현 과정이며, 이성의 본질인 자유를 증대시키는 것을 목적으로 하고 있다 (…) 국가는 윤리적 전체이며 자유를 실현한 최고의 것이고, 인간 세계 속에서 의식을 갖고 자기를 실현하는 정신이다."

제 4 절　현대 정치사상

1. J. Rawls의 정의론과 정치적 자유주의

(1) 문제제기
① 사회를 하나의 협동체계로 간주하고, 이 협동체계를 공정하게 관장할 수 있는 정의의 원칙을 모색하려 함.
② 사회혼란이 사회의 가치 및 이해갈등에서 비롯된 것이라면, 이들의 상반된 이해관계를 수렴할 수 있는 어떤 규범을 통해 해결하려 함. 그는 사회구성원 모두가 합의가능한 정의의 원칙을 통해 해답을 찾고자 했음.

(2) 정의론
① 원초적 입장
　㉠ 합의 당사자의 특징 : 자유롭고 평등하며 합리적이며, 상호무관심한 존재로 규정
　㉡ 무지의 베일 : 개인들은 자신의 타고난 재능과 자산을 모르며, 자신의 심리성향 및 가치관을 모르며, 자신의 사회경제적 지위를 모르는 상태.
　㉢ 이러한 원초적 입장은 공정한 합의를 도출하기 위한 가상적 상황임.
② 정의의 원리
　㉠ 내용 : 원초적 입장의 당사자들은 다음과 같은 협동의 체계인 자신들의 사회의 기본구조를 운영하는 정의의 두 원칙에 합의하게 될 것이다. 첫째, 각자는 다른 사람들의 유사한 자유의 체계와 양립할 수 있는 가장 광범위한 기본적 자유에 대하여 평등한 권리를 가져야 한다. 둘째, 사회·경제적 불평등은 다음 두 가지 조건을 만족시키도록 조정되어야 한다. (a) 그 불평등이 모든 사람에게 이익이 되리라는 것이 합당하게 기대되고, (b) 그 불평등이 모든 사람에게 개방된 직책과 직위에 결부되게끔 편성되어야 한다.
　㉡ 해석
　　• 첫 번째 원칙 : 평등한 기본적 자유를 보장하는 것으로 평등한 자유의 원칙이라고 할 수 있다. 즉, 모든 사람은 기본적 자유(정치적 자유, 언론·집회·결사, 사상, 양심의 자유, 신체의 자유, 등)를 동등하게 지닌다는 원칙
　　• (a) : 차등의 원칙 → 사회적·경제적 불평등은 모든 사람에게 이익이 되는 한 허용된다는 것
　　• (b) : 기회균등의 원칙 → 직위와 교육 등에서 공정하게 기회의 균등이 확보되어야 한다는 것
　㉢ 함의 : 사회의 최대수혜자가 불평등을 누릴 수 있는 것은 최소수혜자의 편익을 증대시키는 것을 수반하는 조건에 한하여 가능하다는 것을 주장한 것으로 자유시장을 기본 전제로 하면서도 최소수혜층을 위한 복지증진의 정당화를 추구한 것임.
　㉣ 계서적 서열 : 제1의 원칙과 2원칙은 계서적 관계로서 2원칙은 1원칙을 위반할 수 없게 함으로써 기본적 자유의 우선성을 강조하고 있음.

(3) 정치적 자유주의
    ① 정의론의 계승과 수정
        ㉠ 원초적 입장과 정의의 두 원칙의 개념을 계승함. 그는 이러한 자신의 정의관을 공정으로서 정의라 하며, 합의의 공정한 절차에 의해 그 정당성을 주장하고 있음.
        ㉡ 그러나 정의의 원칙에서 공정한 기회균등의 원칙이 차등원칙에 앞서 기술함.
    ② 정치적 자유주의의 문제의식
        자유민주사회의 항구적인 특징으로서 합당한 다원주의 현실에서 발생할 수밖에 없는 도덕적 불일치의 문제를 어떻게 해결할 것인가? 즉 자유롭고 평등한 그리고 전 생애를 통해 사회의 완전한 협력적 성원으로 간주되는 시민 상호간에 세대에 걸친 사회적 협력의 공정한 조건은 무엇인가?
    ③ 민주사회의 정치문화의 근본적 특징으로서 합당한 다원성
        ㉠ 정치적 인간 : 자유롭고 평등한 인간으로서 자신의 합리적 이익이나 가치관을 형성할 수 있는 능력을 갖추며, 정치적 문제에 대해 자신의 견해를 갖는 도덕적 판단능력을 소유한 인간
        ㉡ 사회관 : 합당하지만 화해 불가능한 교리들이 공존하는 다원주의적 상태에서 정치적 정의관에 의해 효과적으로 규제되는 질서 정연한 사회를 구성하는 것
        ㉢ 질서 정연한 사회 : 정의에 대한 합리적 견해를 모든 개인이 자발적으로 합의를 통해 수용하고, 이러한 정의의 원리가 공적 기본구조에 실현되는 사회
    ④ 공적 이성과 중첩적 합의
        ㉠ 공적 이성 : 각 개인은 자신의 이해관계를 떠나 전체 시민의 입장에서 공중의 이익과 관련된 문제를 풀어나가는 데 있어서 적용되는 이성
        ㉡ 중첩적 합의 : 사회의 다원성을 전제로 모든 신념들이 인정할 수 있는 최소의 영역
    ⑤ 국가 중립성
        ㉠ 자유주의 정치질서의 원칙 : 행복에 대한 논쟁적인 관념들에 대하여 정치권력이 중립을 유지할 것
        ㉡ 규범적 기반(실천 원리) : 공적인 토론이 합리적 대화와 평등한 존중의 규범에 따라 이루어져야 함.
    ⑥ 함의
        롤즈의 정치적 자유주의에서의 공적 이성에 입각한 합의(입헌적 합의)는 사회의 다원성을 전제로 사회의 주요 결정이 공적 이성에 입각한 합의에서 도출된 정의 원칙에 부합되어야 한다는 것

원전 분석

"우리는 어떻게든 사람들을 불화하게 하고 그들의 사회적, 자연적 여건을 그들 자신에서 유리하게 하도록 유혹하는 특수한 우연성의 결과를 무효화시켜야 한다. 그러기 위해서는 그들의 특정한 처지와 그것이 어떠한 영향을 끼칠지 몰라야 하며 일반적인 고려 사항만을 기초로 해서 원칙들을 평가해야만 한다."

"불평등을 규제할 원칙을 정하기 위해서는 우리는 최소 수혜자의 대표라는 관점에서 그 원칙을 바라보게 된다. 이러한 관점에서 불평등이란 최소 수혜자 집단의 장기적인 기대치를 극대화하거나 적어도 그에 기여할 경우에 허용될 수 있다."

"나의 목적은 사회계약의 전통적 이론을 보다 일반화하고 추상화하는 것이다. 그러기 위해서 우리는 원초적 계약을 어떤 사람이 특정 사회를 택하거나 특정 형태의 정부를 세우는 것으로 생각해서는 안 된다. 오히려 핵심적인 생각은 사회의 기본 구조에 대한 정의의 원칙들이 원초적 합의의 대상이라는 점에 있다. 그것은 자신의 이익 증진에 대한 관심을 가진 자유롭고 합리적인 사람들이 평등한 최초의 입장에서 그들 조직체의 기본 조건을 규정하는 것으로 채택하게 될 원칙들이다."

정치적 자유주의의 관심 문제는 "자유롭고 평등한 시민들이 양립 불가능한 종교적, 철학적, 그리고 도덕적 교의들에 의해 나누어진 경우, 지속적인 안정과 정의가 유지되는 사회가 어떻게 가능할 수 있는가? 다시 말해, 합당하긴 하나 상호 대립적인 포괄적 교의들이 공존하면서 이들 모두가 입헌정부체제라는 정치적 개념의 정당성을 인정하는 것이 어떻게 가능한가? 그러한 중첩적 합의를 통한 지지를 얻어낼 수 있는 정치적 개념의 구조와 내용이 무엇인가?"라는 질문이다 (…)

정치적 자유주의(political liberalism)의 핵심 이념은 '중립성(neutrality)'으로 규정된다. 행복한 삶에 대한 다양한 견해들의 출현에서 비롯되는 "이성적인 불일치(reasonable disagreement)"의 상황에서 정치적 결사체를 구성하고 공존과 안정을 유지할 수 있는 조건을 제시하려는 것이 정치적 자유주의의 목표이다. 자유주의 정치질서의 원칙은 행복에 대한 논쟁적인 관념들에 대하여 정치권력이 중립을 유지할 것을 요구한다.

정치적 중립성의 원칙은 여전히 도덕적 정당화의 틀로부터 자유로운 것은 아니다. 따라서 정치적 자유주의는 최소한의 공통된 도덕관에 의존하여야 하며, 그 정당화의 규범적 기반은 "합리적 대화(rational dialogue)"와 "평등한 존중(equal respect)"이다. 두 규범은 최소주의적인 특징을 가진다 (…)

정치적 자유주의가 지향하는 "질서 정연한 사회(a well-ordered society)", 이상적 민주사회는 '포괄적인 종교적, 철학적, 도덕적 교의'에 의해 지배되는 공동체와는 달리 전체적 통합에의 열망에 의해 지배되지 않는다. 감성에 의존하는 공동체적 귀속감과 통합은 자유민주주의적 원리에 근거하는 입헌주의적 통합과는 다르며, 공동체적 통합은 기본적 민주주의의 원리에 의해 정당화될 수 없다.

2. 공동체주의

(1) 공동체주의의 의미와 특징

① 의미 : 공동체주의는 근대 개인주의의 보편화에 따른 윤리적 토대의 상실, 즉 정치적 공동체의 와해와 이기적 개인주의의 팽배에 의한 원자화 등의 현상에 대한 불만의 이론적 표출이다. 공동체주의는 공동체를 보다 통합되고 상호의존적인, 개인의 삶에 의미를 부여하는 정서적으로 풍요로운 장으로서 재개념화하고 복원시키려 한다.

② 특징
  ㉠ 윤리적 규범의 사회성과 역사성을 강조 : 실천적 제안으로서 전통의 재활성화 또는 공동체적 유대의 강화를 위한 제도적 기반의 조성을 촉구한다.
  ㉡ 시민공화주의의 전통 계승 : 진정한 인간의 자기실현과 자유의 확보는 자치적 정치공동체의 '시민'으로서 행위할 때 가능하다는 것이다. 따라서 공동체주의에서는 공공선, 시민덕목, 애국심, 정치 참여 등이 강조된다.
  ㉢ 공동체적 유대와 가치관의 중요성 강조 : 모든 사람은 공동체의 구성원으로서 존재하며, 개인의 자유도 상호의존적인 공동체들의 틀을 벗어나서는 지속적으로 유지될 수 없다. 공동체는 또한 그 구성원들의 관심과 헌신적 기여가 없이는 유지될 수 없다. 배타적 사익의 추구는 사회적 관계망을 침해하며, 모두가 실현하고자 하는 민주적 자치에 폐해적인 결과를 초래한다. 따라서 개인의 권리는 공동체주의적 관점에 의거하지 않고는 오래 유지될 수 없다.
  ㉣ 개인의 참여와 공화주의적 자유(인격 형성의 정치) : 공동체주의는 자치의 실현을 위한 정치적 참여를 강조하는 '공화주의적 자유'의 관념에 기반하고 있다. 공화주의적 자유의 실현은 시민들로 하여금 '공공의 일에 대한 지식과 귀속감, 전체에 대한 관심, 공동체와의 도덕적 유대'를 필요로 한다. 이러한 능력과 자질이 시민적 덕성을 구성하며, 공화주의적 자유는 이러한 시민적 덕성을 함양시키는 인격 형성의 정치를 필요로 한다. 그리고 인격형성의 정치는 자유주의가 옹호하는 정치와 달리 시민들이 주장하는 가치관과 덕목에 대해 중립적일 수 없는 특징을 갖는다.

(2) 자유주의와의 비교

구분	자유주의	공동체주의
핵심가치	개인의 자유, 권리, 자율성	사회적 책임, 연대성, 공공선
개인관	원자론적 자아 (자아의 형성은 개인의 자율적 선택의 결과)	상호구성적 자아 (공동체와의 상호작용으로 형성)
사회관	개인의 공동체에 대한 우선성 강조	개인과 공동체의 상호작용 강조
국가관	국가는 개인의 생존과 권리를 보장하기 위해 존재(국가 중립성 강조)	좋은 삶을 위한 필수적 공동체

(3) 공동체주의의 자유주의 비판

① 자유주의적 개인주의 문화는 공동체적 귀속의 상실과 가치의 상대성으로 말미암아 삶의 지표와 근본과 사회적 통합성을 상실한다. 따라서 고립적이고 파편적 개인, 이기심의 만연, 이혼율의 증가, 정치적 무관심, 상업주의적이고 감각주의적 탐닉의 만연, 폭력적인 대중문화 등 다양한 도덕적 실패를 노정한다.

② 자유주의는 가족 혹은 지역공동체를 경시 또는 무시함으로써 인간의 가치 있는 삶에 대한 중요하고도 대체할 수 없는 구성요소인 공동체를 손상한다. 정치적 결합을 단순히 도구적인 가치만을 가진 것으로 과소평가함으로써 정치적 공동체에 대한 적극적인 참여가 인간의 가치 있는 삶에 대해서 갖는 중요성을 망각한다.

③ 자유주의는 자율성을 가지고 있다고 상정하는 개인적 자아가 선택의 대상이 아닌 공동체적 삶과 가치를 수용하며 그러한 방식으로 자아가 형성된다는 것을 인식하지 못함으로써 자아에 대한 불완전한 개념을 가지고 있다.

④ 자유주의는 다양한 개인의 가치관에 대해서는 반완전주의적 중립성을 유지하고 정의의 원칙을 통한 절차주의적 통괄만이 도덕과 국가의 우선적 임무라고 생각하는 편협한 권리중심적인 도덕체계와 국가관을 가지고 있다.

⑤ 자유주의는 개인적 권리의 보장과 정의 원칙의 실현을 모든 사회를 평가할 수 있는 보편적인 정당화 기준으로 제시함으로써 한 사회와 공동체가 가지고 있는 특수적이고 다원적인 역사적 상황을 무시한다.

(4) 공동체주의의 주요 주장자

① 맥킨타이어(Alasdair Mcintyre)
  ㉠ 근대철학 비판 : 근대 자유주의 철학은 현대사회 혼란의 원인을 제공하였으며, 인간관계의 수단화를 가져온 오류를 범하고 있음.
  ㉡ 아리스토텔레스 철학의 부활 주장 : 인간적 삶의 고유한 목적인 행복은 한 개인이 자신의 공동체 내에서의 규정된 역할을 수행하는 과정과 도덕적 습관화의 총체인 덕의 실행을 통해 성취되는 것 → 목적론적 존재로서의 인간관의 부활 및 정치적 공동체 삶의 중요성 강조
  ㉢ 대안 : 도덕적 전통의 공동체 속에서 인간적 덕의 실현을 완성시키기 위해서는 시민성과 지적·도덕적 삶이 가능한 지방적 형태의 소규모 공동체 구상(국가는 대안이 될 수 없다.)

② 샌들(Sandel)
  ㉠ 롤즈 비판 : 차등의 원리는 상호연대성을 요구하는 것이며, 롤즈가 가정한 무연고적 자아관으로는 실현 불가한 것이다. 즉 원초적 입장, 무지의 베일을 가정한 상태에서 도출되는 정의의 원칙, 특히 차등의 원리(최소극대화의 원칙)은 실제 국가에서 운영하는 소득의 재분배의 과정 및 복지정책에서 개인의 소유권을 침해할 수 있기 때문에, 사회적 연대감이라는 관념이 존재하지 않는다면 효과적 실현이 불가능하다는 것
  ㉡ 자기해석적 존재로서의 인간과 상호구성적 자아관 : 인간이란 어떤 가족, 공동체, 민족의 성원, 국가의 시민으로서의 특정한 인간으로 이해되며, 이때 자기해석적 존재인 인간은 자신의 욕구에 대한 본질적 판단과 자기반성을 통해 자신의 정체성을 구성하게 됨. 이는 타인

과의 상호연대와 연관성 속에서 보다 강하게 형성되며, 공동체속의 참여로 완성된다.
ⓒ 공공선을 추구하는 참여의 정치 강조 : 자유주의는 공동체적 유대감을 형성시키지 못하고, 시민의 참여를 확보하는 데 실패함으로써 현대의 정치적 위기 상황을 초래함. 따라서 대안적으로 기존의 자유주의적 개인의 권리(이익)추구의 정치가 아닌 자치의 실현을 위한 정치적 참여를 강조하는 공화주의적 자유의 관념을 통해 자유주의적 한계를 극복하려 함.

③ 왈저(Walzer)
㉠ 재화 특수적 해석 : 보편주의 거부, 모든 재화는 사회적 가치의 반영이다.
분배적 정의의 대상이 되는 모든 재화와 가치들은 본질적으로 사회적 재화 또는 가치들로서 그 의미 자체도 다양한 것임. 따라서 상이한 사회들은 각기 상이한 의미와 가치들을 가지며, 이러한 문제제기는 분배적 정의에 대한 롤즈 및 보편적 진리를 추구하는 접근법이 가지는 문제점을 지적하기 위함
㉡ 복합 평등의 달성 : 상이한 가치는 상이한 주체에 의해 상이하게 배분되어야 한다.
복합평등은 사회 각 영역의 상이한 가치는 상이한 주체에 의해 상이한 기준으로 배분되어야 달성 될 수 있다는 것임. 이것은 한 영역에서의 성공이 다른 영역에서도 우세한 것이 될 가능성을 봉쇄하자는 것이며, 특히 경제영역에 머물러야 할 부(富)가 다른 모든 영역에 침투하는 현상을 경계하는 것임. 이러한 주장은 다양한 관념들 사이에서 중립성의 유지를 통해 평등한 존중과 합리적 대화를 보장한다는 롤즈의 정치적 자유주의의 일반론적인 주장과 보편적 분배원칙만을 강조하는 정의의 원칙은 추상적 원리에 불과한 단순평등이라고 비판하는 의미를 갖고 있는 것

④ 바버(Benjamin Barber)의 '강한 민주주의'
㉠ 대의민주주의 : 개인의 사적, 소극적 자유에 매몰된 얇은 시민권 개념에 기초해 있는데, 이러한 관점은 기본적으로 시민을 마치 시장에서의 고객과 같은 지위를 가진 존재로 이해한다는 점에서 근본적인 한계가 있다. 선거를 통해 정치권력을 견제하면 정부의 책임성은 어느 정도 달성될 수 있을지 모르지만, 이것만으로 시민들을 진정으로 자유롭다고 부를 수 있는 근거는 없다.
㉡ 단일제 민주주의 : 공동체와 공공선에 대한 강력한 요청이 시민들의 자율성을 억압하고 순응주의와 강요된 합의를 불러올 위험성이 있다. 이 측면이 강조된 직접민주주의는 자칫 전체주의의 방향으로 흐르기 십상이다.
㉢ 바버의 강한 민주주의 : 이 두 극단 사이에서 균형을 찾고자 한다. 강한 민주주의는 자유와 권리의 의미가 전(前)정치적으로 주어진 것이 아니라 정치를 통해 형성된다는 점을 강조한다. 인간이 본성상 상호의존적으로 살 수 밖에 없다면, 시민으로서의 삶은 그 관계를 정당한 것으로 만들어내는 데에 필수적이다. 시민권은 의제의 설정에서부터, 입법, 정책의 집행에 이르는 과정에 지속적으로, 또 다양한 방식으로 참여함으로써 확인되고 고양되는 '행사(exercise)'의 개념이다. 따라서 그가 말하는 강한 민주주의는 대의제를 제거한 순수한 직접 민주주의나, 모든 사안과 모든 수위에서의 참여를 뜻하지는 않는다. 그러나 참여의 통로는 다층적이고 실질적으로 열려 있어야 하며, 특히 중차대한 국사가 결정되고 권력 행

사가 이루어지는 국면에서는 더욱 그러해야 한다는 것이 바버의 주장이다. 민주주의가 자치와 자율성을 빼놓고 이해될 수 없다면 참여는 그 필수적인 구성요소이기 때문이다.

(정치학의 이해 2판 – 박영사 p27~28)

⑤ 자유주의의 공동체주의 비판
  ㉠ 집단을 개인보다 중시하고 공동체를 위한다는 명목 하에 개인의 희생을 강요하는 현상이 나타날 수 있다(개성과 창의성 억압).
  ㉡ 공동체를 우선하여 개인의 자유와 권리가 억압받는 정치체제의 등장 가능성, 즉 전체주의로 나아가기가 쉽다.
  ㉢ 공동체의 덕목과 그 실천을 강조하는 입장은 기존 사회 질서에 대한 존중과 안정을 강조하는 보수주의적 관점을 내포할 수 있다.

자유주의와 공동체주의

권리를 중시하는 정치와 공동선을 중시하는 정치 사이의 실질적인 차이는 무엇인가? 몇 가지 쟁점과 관련하여 이 두 이론은 흡사한 정책에 대해 서로 다른 주장을 펼칠 수 있다. 예를 들어, 1960년대의 민권 운동에 대해 자유주의자들은 인간의 존엄성과 인간에 대한 존중을 위한 것이었다고 정당화할 수 있을 테고, 공동체주의자들은 국가라는 공동의 삶에서 부당하게 제외된, 같은 시민들의 시민 자격을 인정해 주는 것이었다고 정당화할 수 있을 것이다. 또한 공교육의 경우, 자유주의자들은 학생들이 스스로 자신의 목적을 선택하고 그것을 효과적으로 추구할 수 있는 자율적인 개인으로 성장하게 하겠다는 바람에서 공교육을 지지하는 반면, 공동체주의자들은 학생들이 공적인 부분에 대한 숙고 및 연구에 의미 있게 기여할 수 있는 바람직한 시민이 되게 하겠다는 바람에서 공교육을 지지할 수도 있을 것이다.

– 마이클 샌델, 『정치와 도덕을 말하다』, 2016, p.229
(천재교육 지도서 p43)

CHAPTER 02 정치사상과 이데올로기

📖 원전 분석

"인간이성에 대한 신뢰를 바탕으로 한 계몽주의적 기획이 갖는 추상적 개인으로부터의 개인주의의 결과 공동체와 덕성, 문화가 상실되었고, 현대 서구사회의 도덕적 혼란과 위기가 초래되었다."

"현대 윤리학설에는 '니체인가? 아니면 아리스토텔레스인가?'라는 오직 두 가지의 선택지 밖에 없다. 즉 계몽주의적 개인주의를 영웅적인 그러나 도덕적 허무주의로 소진시키는 도덕철학이거나, 아니면 공동체의 개념, 공유된 가치관, 인생의 목적, 설화, 관행과 전통에 근거하는 도덕철학이라는 두 가지 선택지밖에 없다."

"롤즈의 정의론은 논리모순이다. 복지국가가 개인적 권리를 보장할 것을 약속하지만, 이는 개인의 소유권을 침해한다는 점에서 시민들에게 높은 정도의 상호연대성을 요구한다. 차등의 원칙에 입각한 재분배를 추구하는 과정에서 가치를 박탈당해야 하는 특정인이 이를 수용하는 것은 사회적 연대감이 존재할 때에야 가능하기 때문이다. 하지만 권리에만 주목하는 개인주의적 자아상은 그러한 상호연대성을 유지할 수가 없다."

"인간이란 어떤 가족, 공동체, 민족의 성원, 국가의 시민으로서의 특정한 인간으로 이해되며, 이때 자기해석적 존재인 인간은 자신의 욕구에 대한 본질적 판단과 자기반성을 통해 자신의 정체성을 구성하게 된다."

"민주주의는 문화적 산물로서 진리추구보다는 구성원의 의지나 의견과 관련되는 것이다. 공동체의 특수성을 초월하는 철학자의 보편적이고 객관적인 관점은 전통과 관습의 차이에 따른 다원적 진리를 억압하고 획일적 진리를 강요하는 결과를 초래한다."

"상이한 재화는 상이한 이유에 따라 분배되어야 한다. 복합적 평등은 분배될 재화가 속하는 고유한 분배영역의 특수한 기준에 따라 분배되어야 한다. 중요한 것은 각 영역에 적합한 분배의 원칙을 위배하지 않는 것이며, 경제적 부처럼 한 영역에서의 성공이 다른 영역에서도 우세한 것이 될 가능성을 봉쇄하는 것이다. 이러한 복합적 평등은 특정 영역의 국지적 불평등을 일반적 불평등으로 확대하는 것을 방지해줄 것이다."

제 5 절   정치적 이데올로기

1. 보수주의(E. Burke)

(1) 버크(E. Burke)의 사상
  ① 시대 상황 : 영국적 정치운용이 프랑스 혁명 등에 도전받자 의회 과두제를 옹호하는 이론 제시
  ② 인간관
    ㉠ 인간은 감정의 동물이며 항상 합리적이지 않음. 비합리적인 열정을 다스리기 위해서는 전통, 제도 등이 필요하며 이러한 제도들을 급진적으로 해체하는 것은 혼란을 초래하는 것임
    ㉡ 개인은 사회 의존적인 본질을 지니고 있으며 인간은 사회적으로 부과된 의무를 완수할 때 자유로워짐(사회중심적 관점)
  ③ 사회관
    ㉠ 사회는 인간의 전통과 경험의 산물이며, 전통과 관행은 인류 역사의 축적된 지혜와 경험이 내재된 것. 이를 통해 기존 제도를 유지, 개선할 때 참다운 진보가 가능하며 이를 급진적으로 바꾸려는 혁명은 '악'이다.
    ㉡ 사회 구조의 불평등성을 인정하고 인위적인 평등은 자연적 질서를 왜곡시킬 가능성이 있는 것으로 봄
  ④ 국가
    ㉠ 이성에 기초한 것이 아니라 감성이 역사화되어 성립한 전통
    ㉡ 국가의 권위는 개인들 간의 계약을 통해 이루어지는 것이 아니라 자연적 필요에 의해서 생겨나는 것으로 위로부터 아래로 부과되는 것임. 권위는 필수적인 것이며 사회발전에 이로운 것이라 인식
    ㉢ 국가는 통치 엘리트에 의해 의회제의 기반 속에 운영되어야 함(의회과두제 옹호)

(2) 전통적 보수주의
  ① 개념 : 기존의 체계와 제도를 큰 변화 없이 유지하려는 정치 이데올로기
  ② 핵심 구성 내용
    ㉠ 전통 보존 : 변화에의 거부와 기존 질서의 보존을 통하여 이미 사회에 뿌리 내린 전통, 관습, 제도 등은 유지하고 보존되어야 함 → 전통, 관습, 제도 등은 오랜 역사를 통해 점진적으로 개선되고 유지되어 온 것이고, 개인에게는 소속감이나 유대감을 형성해 주는 것이므로 반드시 있는 그대로 유지되어야 함
    ㉡ 비합리적 인간관 : 자유주의는 합리성을 신뢰하지만 보수주의는 인간의 연약함과 비합리성 그리고 이기심을 강조함. 또한, 인간은 심리적으로 의존적인 생명체로 혼자 고립되어 있으면 불안감을 느끼고 도덕적으로도 불완전하다는 것
    ㉢ 사회 우선적인 시각 : 인간 개개인은 사회 밖에 따로 떨어져 홀로 존재할 수 없으며, 그렇기 때문에 사회적으로 부과된 의무를 완수할 때 자유로워짐.

ⓔ **권위의 인정** : 자유주의는 국가의 권위는 개인들 간의 계약을 통해 이루어지는 것이라고 보는 반면, 보수주의는 권위는 자연적인 필요에 의해서 생겨나는 것으로 위로부터 아래로 부과되는 것이며 모든 인간 사회와 제도에 존재하는 것으로 봄 → 권위는 필수적인 것이며 사회발전에 이로운 것으로 인식

원전 분석

"우리 정치 체제의 유일한 권위는 그것이 태고로부터 존재해 왔다는 점에 놓여 있다. 하나의 국가가 오랫동안 존속되어 왔고 그 국가 아래서 번영해 왔다는 사실은 어떤 시험받지 않은 계획보다는 기존의 정부 구조를 지지하게 하는 근거가 된다. 이것은 하루아침에 이루어지거나 한 무리의 사람들이 내린 선택이 아니요, 시대와 세대를 거치면서 이루어진 신중한 것이다."

"전통은 실제로 시간에 의해 검증되고, 작동했던 것이 입증되었던 과거의 축적된 지혜, 믿음들 그리고 관례들을 반영하고 있다. 사람들이 전통을 무시한다면 그들은 사실상 초기의 세대들(다수)로부터 참정권을 박탈하는 셈이 되고 이들 세대의 기여와 지성은 단지 무시될 뿐이다."

"자유! 내가 의미하는 유일한 자유는 질서와 연결된 자유뿐이다. 자유는 질서와 덕에 따라 존재할 뿐만 아니라 이들 없이는 결코 존재할 수도 없다. 자유는 그 본질과 생생한 원리에 내재해 있듯이 선하고 안정된 정부에 내재한다."

"당신들은 실제로 한명의 의원을 선택합니다. 그러나 당신이 그를 선택하였을 때, 그는 브리스톨의 의원이 아니라, 그는 의회의 한 구성원입니다. … 당신의 대표는 당신들에게 그가 지닌 성실이 아니라 그의 판단에 빚지고 있습니다. 그가 여러분들의 의견을 위해 그의 판단을 단념한다면, 그는 당신들에게 봉사하는 것이 아니라, 당신들을 배신하는 것입니다."

2. 미국의 신보수주의

(1) 기본 개념
① **미국의 자유주의** : 뉴딜정책에 기반한 소득재분배 정책, 사회보장제 등의 복지정책과 국가의 경제 개입정책 등을 옹호하는 정치적 입장
② **미국의 보수주의** : 자유방임을 옹호하고 시장에 대한 국가의 개입을 반대하는 시장주의적 입장

(2) 등장 배경
1960년대 베트남전에서의 미국의 유화적 태도와 계속된 케네디, 존슨 대통령 시기의 진보적 개혁 정책들(사회보장제, 소수자들을 위한 정책 등)이 초래한 정치적 활성화에 대한 보수주의적 대응

(3) 주요 특징
① **국내 경제** : 신자유주의를 지지하여 조세증대, 예산확대, 기업규제 등을 반대(작지만 강한 정부 지향)
② **사회 문제** : 미국 문화의 상업성과 세속성 등을 비판하고 전통적 가족 가치, 남녀 성가치, 종교적 경건성과 도덕성을 새롭게 강조
③ **국제 문제** : 도덕적 선명성과 종교적 선악관을 바탕으로 미국 중심의 적극적 외교와 군사적 우월성하에 강력한 개입 주장

3. 자유주의

(1) **고전적 자유주의**
   ① 배경 : 절대왕권의 횡포를 막아내고 귀족들의 기득권에 대한 저항과 극복 대안으로 등장
   ② 주요 주장 및 특징
      ㉠ 개인의 자유와 생명, 권리(특히 재산권)는 자연권으로 천부적인 것이며 그 누구도 침해할 수 없으며, 개인은 국가나 조직 혹은 어떤 이데올로기의 수단이 되어서는 안 됨.
      ㉡ 개인의 자유를 침해하는 가장 위협적인 존재로 국가를 상정함.
      ㉢ 합리적인 개인이 서로 자신의 이익을 위해 경쟁하더라도 사회전체는 조화롭게 발전한다는 가정에 기반함.
      ㉣ 개인의 생명권, 재산권, 저항권 등은 가장 기본적인 인권으로 반드시 중시되어야 함.
   ③ 주요 사상가 : 로크, 애덤 스미스

(2) **근대 자유주의(개혁적, 사회적, 수정적 자유주의)**
   ① 배경 : 19세기 이후 시장의 자기조정 능력의 상실이 가져온 독과점의 등장과 빈부 격차의 심화 등 자본주의와 자유방임주의의 문제의 발생
   ② 주요 주장자 및 특징
      ㉠ 밀(J. S Mill) : 교육과 빈민 구제에서 국가의 개입 필요성 주장
      ㉡ 그린(T. H Green) : 고전적 자유주의가 추구한 무제한적인 이윤추구는 새로운 형태의 심각한 빈곤문제와 사회적 부정의를 양산하기 때문에 국가는 개인이 적정 수준의 삶의 질을 유지할 수 있도록 개입해야 함을 주장.
      ㉢ 케인즈(Keynes) : 국가는 유효수요 관리를 통해 완전고용을 추구하고, 완전고용의 추구는 노동자의 일자리를 창출하고 소득을 늘려 결국 소비를 촉진하고 이 결과 투자가 활성화되어 경제가 성장한다고 주장.
   ③ 핵심 구성 요소 : 적극적 자유, 복지주의, 케인즈주의 경제학

(3) **신자유주의**
   ① 배경 : 1970년대 이후 세계경제가 장기 불황의 여파에 휘말리면서 전 세계적으로 실업률과 인플레이션이 고조되고 경제침체가 심화되자, 국가의 시장 개입이라는 근대 자유주의의 핵심내용과 케인즈주의의 실효성에 대한 회의감과 불신이 증폭
   ② 주요 주장
      ㉠ 복지제도의 축소와 철폐
      ㉡ 탈규제와 자유화
      ㉢ 공공지출 축소
      ㉣ 공기업의 민영화, 세율 인하 등 친기업 정책
   ③ 주요 정책 및 주장자 : 대처리즘이나 레이거노믹스 정책노선, 하이예크, 프리드먼

(4) **자유지상주의 : 노직(Noziek)**
① **개요** : 사유재산권 중심의 개인의 자유를 보호하기 위한 최상의 정치체제가 최소국가이며, 국가의 역할은 살인, 절도, 사기 등으로부터 개인을 보호하는 기능과 계약이행의 강제나 계약불이행에 대한 보호 등과 같은 기능에 한정되어야 함을 주장
② **국가의 발생** : 자연 상태에서의 불완전함을 제거하기 위하여 국가가 설립되었다는 사회계약론자의 주장에 대하여 그 중간에 아무런 매개물도 없이 곧장 개인으로부터 국가로의 전환은 불가능하다고 비판함. 그 중간의 매개물로서 '권리보호협회, 상호보호결사'를 제시
③ **소유에 관한 정의의 원리**
  ㉠ 소유물의 최초 취득의 원리 : 어떤 사물을 소유할 때 최초로 그 사물을 취득하는 과정이 정의로워야 정당한 소유가 시작된다는 것
  ㉡ 소유물 이전의 원리 : 정당하게 소유한 경우 그 대상물을 자유의사에 따라 자유롭게 교환, 증여 등을 통해 이전될 수 있다는 것
  ㉢ 부정의 교정 원리 : 소유에 있어서의 부정의의 교정을 말하며, 소유물이 앞의 두 원리를 위반한다면 정당한 소유물이 아니므로 정당한 상태로 되돌려져야 한다는 것
    → 소유가 수단과 방법에서 정당한 것이라면, 그 결과가 불평등한 것이더라도 정의로운 것이며, 이러한 개인 재산권에 대한 침해는 사회 정의에 대한 침해임.
④ **주요 주장**
  ㉠ 복지국가에 의해서 대표되는 '확대국가'는 소유물에 대한 권리를 침해함이 없이는 적극적인 기능을 수행할 수 없게 되어 있음. 따라서 확대국가화는 부당하며 최소국가야말로 정당화될 수 있는 최선의 국가임.
  ㉡ 국가의 역할은 살인, 절도, 사기등으로부터 개인을 보호하는 기능과 계약이행의 강제나 계약불이행에 대한 보호 등과 같은 기능에 한정되어야 함.

신자유주의 하이에크(Friedrich A. Hayek)

사회의 질서와 문화는 인간이 의도적으로 고안해낸 것이 아니라 무수한 판단과 행위의 계기들, 시행착오와 우연이 복잡하게 뒤얽힌 불투명한 과정 속에서 자라나온다는 관점이다. 정치질서를 포함하는 사회는 인간의 의도적 개입을 하나의 요인으로 포함하면서도 그것을 훨씬 뛰어넘는 보다 상위의 진화과정을 통해 생성되는데, 이것을 개념화한 것이 바로 '자생적 질서(spontaneous order)'라는 표현이다. 제도나 규범을 통해 사회를 구성해내려는 시도는 대체로 의도한 결과를 가져오는 데에 실패할 뿐만 아니라, 오랜 세월 동안 누적적으로 형성되어 온 자생적 질서를 교란할 뿐이라는 것이 하이에크의 주장이다.

바로 이 이유 때문에 하이에크는 복지정책 등을 통해 사회정의를 달성하고자 하는 당시 민주주의 국가들의 개입주의를 강하게 비판한다. 그 의도는 선한 것이었을 수 있지만 결국 정부의 권력을 팽창시키는 무책임하고 자의적인 정치적 시도라는 것이다. 이러한 시도는 또 '민주주의'라는 말의 심각한 오염을 초래했다고 한다. 정치인들이 선거에서의 승리를 위해 사회의 특정 계층이나 집단의 부분적 이해관계를 무차별적으로 수용하고 각종 특혜와 자원을 투여하는 것이 곧 '민주적'인 정치로 이해된다는 것이다. 이런 의민의 무차별적인 민주주의는 결국 정치권력의 무한한 팽창을 가져오는 '노예로의 길(road to sefdom)'에 다름 아니라는 것이 그의 주장이다.

하이에크의 초점은 민주적인 과정을 통해 형성된 정부의 권력을 법에 의해 통제하는 것에 있다. 헌법을 포함한 법규범을 제정하는 과정은 별도의 독립된 기구에 위임되어야 한다고 주장한다. 이러한 과정을 통해 제정된 일반규범에 의해 다스려질 때 개인의 자유가 부당한 정치권력으로부터 최대한의 자유를 확보할 수 있다고 보는 것이다. "무제한적인 민주주의 정부는 비민주적이지만 제한된 정부보다 훨씬 못하다."

(정치학의 이해 2판 – 박영사 p23~24)

자유 민주주의

슘페터에 따르면 민주주의란 단지 시장 메커니즘일 뿐이며, 투표자는 소비자요 정치가는 기업인이라는 것이다. 즉, 수요와 공급의 균형을 가져오는 안정된 정부를 선출하게 된다고 슘페터는 말한다. 그에 따르면 자유 민주주의는 자유주의와 민주주의의 물리적 결합이다. 자유주의는 몸통이요, 민주주의는 다리다. 자유와 사유 재산의 성역을 침해하지 않는 민주주의만이 자유주의의 하위 동맹자가 될 수 있었다고 한다. 자유 민주주의 모형은 슘페터의 『자본주의, 사회주의 그리고 민주주의』에서 다원적 엘리트 모형으로 처음 체계적으로 나타났다. 프란시스 후쿠야마는 「역사의 종언(1992)」에서 자유 민주주의야말로 가장 발전된 인류 최후의 이데올로기라고 선언한다. 자유 민주주의가 가장 중시하는 것은 인권의 보호이다. 이와 함께 인간의 존엄성 등 인격의 발달, 자유와 평등, 자유 경제 체제의 유지와 다수결, 복수 정당제, 대의 제도의 기능 등이다. 한국의 자유 민주주의는 세계적/보편적 원칙으로서 서구 자유 민주주의의 근본이념들을 변증법적으로 한국의 여건과 실정에 맞게 자율이고 창조적으로 적용시키고 계속 발전시키려는 하나의 이념 체계이다.

– 이춘구(2011), 「자유 민주주의의 공법적 고찰」, 법학 연구, 34, pp.375~40
(천재교육 지도서 p55)

4. 공화주의

① 개념
- ㉠ **일반론** : 공화주의가 무엇인지 획일적으로 규정하기는 어렵다. 공화주의는 일반적으로 군주제가 아닌 시민들이 통치자를 선거를 통해 선출하는 제도로 이해되거나, 행정부의 집행권과 입법부의 의결권이 분리된 국가권력구조로 쉽게 이해되기도 한다.
- ㉡ **정치철학적 개념(모리치오 비롤리. 2006)** : 공화주의는 법치주의를 통해 개인의 동등성과 평등성을 강조하면서, 동등한 시민들 간의 자발적인 의무와 권리행사를 통한 공공의 이익을 개인의 이익보다 우선시하고 중시하는 정치 이념을 뜻한다(공화주의의 핵심 가치: 공공선, 법치주의, 정치적 평등).

② 특징
- ㉠ 공화주의는 동등한 시민들이 참여하는 공회(public council)에서 자연스럽게 나타나는 사고체제와 정치체제이다.
- ㉡ 공화주의는 한 사람이 아닌 여러 사람이 권력을 나누어 갖는 정치제도이자 정치이데올로기로서 다수에 의한 지배와 법에 의한 지배를 핵심으로 한다.
- ㉢ 공화주의에서는 사회적 약자도 강자에게 당당할 수 있게 법이 제도화되어 있어야 하며, 이런 측면에서 공화주의의 핵심은 법의 지배라고 볼 수 있다.

③ 함의
공화주의적 공동체는 빈부 격차나 인종 차이, 권력의 유무를 떠나 모든 시민이 동등성과 평등성을 지닌 친구로 지낼 수 있는 공동체이다. 공화주의는 법의 지배와 법 앞의 평등을 통한 시민의 동등성과 평등성을 추구하는 정치제도이자 정치이데올로기인 것이다.

> **이데올로기 비교**
>
> (가) 봉건적 공동체의 속박으로부터 벗어나 개인의 자유를 존중한다. 시민은 사적 이익을 추구하는 개인으로서 국가와 다른 시민에 대하여 소극적 자유와 권리를 갖는다. 정치를 사회의 다양한 이익을 수렴하여 공적인 행정기구를 통해 중재하는 것으로 이해한다.
> (나) 복수의 주권자가 통치하는 정치 이념으로서 군주제에 상대되는 개념이다. 권력이 국민에게 있고 국민들이 선출한 대표들이 권력을 행사하는 정부형태이다. 시민은 국가에 대하여 정치적 참여와 의사소통의 권리를 포함하는 적극적 자유와 권리를 갖는다. 정치를 시민들에 의한 자기입법의 실천으로 이해한다.

5. 사회주의 이론

(1) 마르크스의 사상

① **변증법적 유물론**
인간사에 있어 중요한 결정요소들은 생산수단과 그의 분배 및 사용에 따라 나타나는 생산 관계이며, 역사에 의미를 부여하고 변화를 유도하며 본질을 구성하는 것은 생산 수단과 생산관계를 포괄하는 물질적 조건들이다.

② **토대와 상부 구조**
 ㉠ 토대 : 물질적인 것으로 생산력과 생산 관계로 구성된 생산 양식
 ㉡ 상부 구조 : 토대 위에 구성된 이데올로기, 법률, 종교 등과 같은 사회의 모든 비물질적인 것들로서 생산력을 통제하는 지배 계급에 의해 장악되는 것으로 파악한다. 따라서 상부 구조는 지배 계급의 지속적인 지배를 유지하기 위해 기능하게 된다.

③ **역사 발전 5단계설과 계급 투쟁설**
 ㉠ 역사관 : 모든 인류의 역사는 생산 양식의 모순 때문에 나타나는 계급 투쟁의 역사이며, 그러한 투쟁은 인류 역사의 발전을 가져오게 됨을 주장
 ㉡ 전개 과정 : 원시공산제 → 고대 노예제 → 중세 봉건제 → 근대 자본주의 → 공산 사회
 ㉢ 근대 자본주의 : 생산 양식의 속성상 자본과 노동 간의 대립된 이해관계 때문에 자본가와 노동자들 간의 계급 투쟁은 불가피하게 나타나게 되며, 자본주의가 내포하고 있는 본원적 모순들 즉 착취, 소외 및 독점 등은 결국 자본주의 자체의 소멸을 가져올 것이라 주장
 ㉣ 프롤레타리아 혁명과 독재 : 노동자 계급이 혁명을 통하여 자본가 정치권력을 무너뜨리고 정치적 승리를 거두어 수립하는 지배 권력을 말하며, 자본주의로부터 계급 없는 공산주의 사회로 이행하기 위한 과도기로서 "부르주아 저항을 분쇄"하는 데 목적을 둠

④ **상부구조로서의 국가**
국가는 근본적으로 사회에 있어서 특정계급이 다른 계급을 지배하는 도구로 간주하고, 물리적 강제력을 바탕으로 독자적으로 기능하는 어떤 실체라기보다는 단순히 사회 내의 지배계급의 이익을 도모하는 하나의 상부구조로 규정

📖 원전 분석

"역사적으로 알려진 모든 형태의 경제 조직의 운명을 결정하는 것은 다음과 같은 사실이다. 즉 생산력이 발전하면 기존의 생산 관계는 이러한 생산력의 보편적 이용에 장애물이 되고 따라서 점차적으로 쓸모없게 된다. 그러므로 새롭게 발전된 생산력에 걸맞은 새로운 생산 관계가 필요하게 되며, 이는 새로운 생산 양식으로의 변화, 즉 새로운 사회로의 변화를 의미한다."

"자본주의 생산 관계는 사회적 생산 과정의 '마지막 적대적 형식'이다. 이 적대는 개인적 적대가 아니라 개인들의 사회적 생활 조건에서 생겨나는 적대를 뜻하고, 자본주의 사회의 품 안에서 발전하는 생산력은 동시에 이 적대의 해소를 위한 물질적 조건을 창출한다. 따라서 자본주의 사회 구성체와 함께 인간 사회의 전사(前史)는 종결된다"

"공산주의자의 당면 목적은 다른 모든 프롤레타리아 당들의 당면 목적과 같다. 즉 프롤레타리아를 계급으로 형성시키고 부르주아의 지배를 뒤엎으며 프롤레타리아의 손으로 정치권력을 장악하는 것이다."

(2) 사회민주주의(社會民主主義, social democracy)
  ① 개요 : 사회주의와 민주주의가 결합된 용어로 정치적 차원에서는 혁명 대신 선거와 의회제도 및 입법 과정을 중시하고 경제적 차원에서는 자본주의의 모순 중 하나인 계급 간 빈부 격차의 완화와 복지체제를 추구함.
  ② 베른슈타인의 수정주의에 기초
    ㉠ 한계이론의 수용 : 소비자의 욕구에 상응하는 상품의 효용이 상품의 가치를 결정하므로 노동가치론과 절충할 필요가 있다고 주장
    ㉡ 중산계층의 증가 : 자본주의가 진행되면 될수록 경제적 중산층이 늘어나는 현실에 주목하고, 노동의 경향이 육체적 노동에서 정신적 노동으로 변해가는 것 역시 계급의 극단적 분극화를 막게 된다는 것
    ㉢ 선거와 의회제도 입법 과정 중시 : 노동자 정당이 선거를 통해 국가 기구를 접수하여 자본주의 국가를 노동자 국가로 전환시키는 게 가능하다고 봄
  ③ 1951년 프랑크푸르트선언
    ㉠ "자유 속에서 민주주의적인 수단에 의하여 새로운 사회를 건설하려고 노력한다. … 민주정치는 인민의, 인민에 의한, 인민을 위한 정치이다.… 정치적 민주주의를 옹호하는 것은 인민의 중대한 관심사이며 이것을 견지하는 것은 경제적·사회적 민주주의를 실현하기 위한 조건이다."
    ㉡ "모든 독재정치는 그것이 파시스트와 공산주의자의 어느 쪽에 의한 것이든지 각 국민의 자유와 세계의 평화에 위험하다."
    ㉢ "공유형태 자체를 목적으로 볼 것이 아니고, 사회의 경제생활과 복지를 떠받치고 있는 기초산업과 공공사업의 관리수단으로서, 또 비능률적인 산업의 합리화와 사적(私的) 독점이나 카르텔의 민중착취를 막는 수단으로 보아야 한다. 사회주의적 계획은 전 생산수단의 공유화를 예상하지 않으며, 농업·수공업·소매업·중소기업 등 중요한 부문의 사적 소유와 양립한다."
    ㉣ "공산주의가 사회주의 전통을 계승하고 있다는 것은 잘못이다. 사실 공산주의는 사회주의의 전통을 알아볼 수 없을 만큼 왜곡시켜 버렸다.…국제공산주의는 새로운 제국주의의 도구이므로 그것이 정권을 장악한 곳에서는 어디서나 자유와 자유를 획득할 기회가 파괴되고 있다. 공산주의는 군국주의적 관료주의와 공포경찰제도에 기초를 두고 있다. 부(富)와 특권의 뚜렷한 대조를 보여 새로운 계급사회를 만들어 냈다."

원전 분석

"근본주의적 사회주의가 공동소유주의를 옹호하고 있는 반면에, 사회민주주의는 시장과 국가, 개인과 공동체 사이의 균형을 지지한다. 사회민주주의의 핵심에는 부를 생산하는 데 있어서 유일하게 신뢰할만한 메커니즘으로 자본주의의 수용과 다른 한편으로 시장보다는 도덕적 원칙에 따라 부를 분배하고자 하는 욕망 사이에서 하나의 타협이 존재한다."

"러시아에서의 볼셰비키 혁명 이래로 공산주의는 국제 노동 운동을 분열시켰으며, 많은 나라에서 사회주의 실현을 수십 년 동안 후퇴시켰다. 공산주의는 그릇되게도 자신들이 사회주의 전통을 계승하고 있다고 주장한다. 하지만 실제로 공산주의는 사회주의 전통을 알아볼 수 없을 만큼 왜곡시켜 버렸다. 이것은 군국주의적 관료제와 테러를 일삼는 경찰 제도에 기반하고 있으며, 강제 노동은 이 조직에서 중요한 역할을 하고 있다. 하지만 사회주의는 이와 같은 전체주의적 방법으로 달성되는 것이 아니다. 사회주의는 모든 사람들의 직접적인 기여를 필요로 한다."

"오늘날 사회민주주의 혹은 민주사회주의는 민주주의를 수단인 동시에 목표로 간주하면서 사회주의와 민주주의의 불가분의 관계를 역설하는 이념 체계를 일컫는다. 이러한 관념의 바탕에는 명백히 베른슈타인의 수정주의적 신념이 깔려 있다. 그는 민주주의를 사회주의를 쟁취하기 위한 투쟁에서 수단인 동시에 사회주의가 실현되면 이를 수용할 형태로 인식하였다. 즉 민주주의는 사회주의의 수단이자 최종 목표였다 (…) 이는 혁명을 통해서가 아니라 사회의 각 부문 및 조직의 꾸준한 민주적 성장을 통해 사회주의를 점진적으로 구현할 수 있다고 보는 것이다."

— 박호성, "사회민주주의의 역사와 전망"

 교과서 분석

1. **민주주의의 이념상 구분**
   (1) 자유민주주의
      ① 의미 : 자유와 평등이 대립하거나 충돌할 때 자유를 우선시하는 민주주의
      ② 특징 : 신분제나 종교, 국가 권력 등에 의해 개인의 권리가 억압되고 침해당하지 않고 이를 극복하기 위한 이념으로서 '자유'의 요소를 강조하며, 근대사회 이후 오늘날에 이르기까지 많은 국가들이 채택하고 있는 이념
   (2) 사회민주주의
      ① 의미 : 생산 수단의 사회적 소유와 관리를 중시하고, 평등을 자유에 우선하는 가치로 보는 민주주의의 한 유형
      ② 등장 배경 : 19세기 이후 자유로운 경쟁을 기본 원리로 하는 시장 경제, 즉 자본주의 경제가 발전하면서 빈부의 격차가 심화되고 사회적 갈등, 환경오염 등의 문제가 확대·심화되는 현상
      ③ 특징 : 사회 정의와 국민 복지에 많은 관심을 가지며 사회적 평등을 중시 → '국가에 의한 자유'를 뜻하는 적극적 자유(사회권) 강조

6. 제3의 길

(1) 개요

"이 사상은 좌파 이데올로기와 신자유주의 요소를 접목한 기든스(A. Giddens)의 이론을 근거로 한다. 정치적으로는 좌우를 초월하는 실용 노선으로 볼 수 있고, 경제적으로는 자본주의와 낡은 사회주의를 초월하는 새로운 혼합 경제의 시도로 볼 수 있다."

(2) 주요 주장

① **정부의 개편** : 빠르게 변하는 세상에 대응하기 위해서 능동적 정부가 필요하지만 상의하달식 관료주의를 극복하고 역동적인 경영과 행정의 도입으로 공공 영역을 보호할 필요가 있다.

② **시민사회의 활성화** : 정부와 시장만으로는 후기 근대 사회의 문제를 해결하는 데 역부족이다. 국가와 시장 영역밖에 존재하는 시민사회가 강화되어 양자가 함께 조율해야 한다.

③ **복지국가의 개혁** : 복지 서비스를 제공하여 약자를 보호하는 것이 필수적이지만 효율을 향상시키기 위해서 복지국가는 개혁되어야 한다.

④ **경제 개편** : 제3의 길은 정부 규제와 탈규제를 적절히 조화시킨 새로운 혼합 경제를 추구한다. 자유와 성장을 위해서는 탈규제만이 유일한 길이라는 신자유주의자의 견해를 배척한다.

⑤ **생태학적 근대화** : 제3의 길 정치는 경제 발전과 환경 보호가 양립 불가능하다는 견해를 배척한다. 환경을 보호하면서 동시에 일자리를 창출하고 경제 성장을 이룰 수 있는 다양한 방법들이 존대한다는 것이다.

⑥ **세계 체제의 개혁** : 세계화의 시대에 제3의 길 정치는 새로운 형태의 세계 기구를 추구한다. 초국적 기구들을 통해 한 나라의 범위를 벗어나서 민주주의를 정착시킬 수 있으며 취약한 세계 경제를 조정할 수 있다.

THEME 02 | 정치사상과 이데올로기

08-08

01 ㉠, ㉡에 알맞은 용어를 쓰고, ㉢의 구체적인 내용을 쓰시오.

- 마라톤의 승리 2년 뒤에 민중이 궐기하여 처음으로 '도편추방제'를 실시하였다. 그리고 바로 그 다음해 테레시노스 아르콘(참주) 때에는 데모스 사람들에 의해 예비 선출된 500명 중에서 각 부족별로 9명의 아르콘이 (㉠)(을)를 통해 선출되었다. 이와 같은 제도는 참주제 실시 이후에 처음으로 이루어진 것이며, 그 이전에는 제한된 계층만이 아르콘으로 선출될 수 있었다.
- 소크라테스는 민주정치의 나쁜 점을 거리낌 없이 폭로하고 특히 관리 선출 방식에 반대하면서 다음과 같은 주장을 하였다. "아들의 마술(馬術) 선생을 정하려는 아버지도 가능한 한 실력이 뛰어난 사람을 찾는데, 하물며 나라의 운명을 맡기는 관리를 (㉠)(으)로 뽑고도 태연한 것은 우스운 일이다."
- "민주화의 과정에서 독재자가 사라지면 대중 지배의 시대가 등장합니다. 이 경우 대중의 지배는 점차 선동적으로 변해갑니다. 포퓰리즘이 지배적인 정치적 현상이 되면 민주주의는 (㉡)의 형태로 타락하게 되고 결국에는 무정부 상태가 됩니다. 아리스토텔레스도 민주주의의 이러한 문제점을 인식하고 이에 대한 ㉢해결 방안을 제시한 바 있습니다."

- ㉠ :
- ㉡ :

- ㉢ 해결방안 :

✓ 2008년 공통사회

02 다음은 세 가지의 정치 이데올로기를 설명한 글이다. ㉠, ㉡, ㉢에 들어갈 정치 이데올로기를 각각 쓰고, 신자유주의의 주요특징을 2가지만 쓰시오.

- (㉠)은(는) 시장과 국가, 개인과 공동체 사이의 균형을 지지한다. 이것은 부를 생산하는데 있어서 신뢰할 만한 메커니즘으로서 자본주의를 수용하는 동시에, 시장보다는 도덕적 원칙에 따라 부를 분배하고자 한다. 이것은 20세기 초 독일의 베른슈타인(Bernstein) 같은 수정주의적 마르크스주의자의 영향 하에서 태동되었으며, 복지주의, 재분배, 사회정의 등과 같은 원칙에 기초하여 국가개입을 통한 자본주의의 인간화를 추구한다.
- (㉡)은(는) 사회주의가 생명력을 잃었다고 믿지만, 정부는 중요한 경제사회적 역할을 수행해야 한다고 인식한다. 이것은 사회주의적 평등주의와 결별한 대신, 기회와 실적에 근거한 자유주의적 이념을 수용한다. 즉, '너 자신이 스스로 일어나라.'는 신자유주의적 태도나 '요람에서 무덤까지'라는 복지국가의 공약이 아니라, '그들 자신을 돕는 사람을 돕는다.'는 슬로건으로 노동복지국가(workfare state)를 지향한다.
- (㉢)은(는) 미국에서 등장한 정치 이데올로기로, 기독교, 가족, 성, 권위 등과 같은 전통적 가치로의 회귀를 중시한다. 이것을 추종하는 많은 이들은 과거에는 자유주의자였으나, 케네디(Kennedy)와 존슨(Johnson) 대통령 시기의 진보적 개혁정책들이 실패했다고 보고, 미국의 리버럴리즘에 많은 거부감을 느끼면서 이데올로기적으로 변화한 것이다. 이것은 또한 상대주의를 비판하며 미국의 일방주의적 외교에 기여했다.

✓ 10-17

03 다음과 같이 주장한 사상가의 생각으로 옳지 않은 것은?

> - '자유'라고 불릴 만한 가치가 있는 유일한 자유는, 우리들이 다른 사람의 행복을 빼앗으려고 하지 않는 한, 또는 행복을 얻으려는 다른 사람의 노력을 방해하지 않는 한, 우리들이 좋아하는 방식으로 우리들 자신의 행복을 추구하는 자유이다.
> - 어떤 종류의 쾌락이 다른 것들보다 더 바람직하고 가치 있다고 하는 사실을 인정하는 것은 효용의 원칙과도 잘 조화된다.
> - 대의민주주의가 이상적인 최선의 정부 형태이다. 그것은 개인을 가장 효과적으로 보호하고 개인들로 하여금 존엄하고 자립적이면서 동시에 다른 공동체 구성원들의 이해에 동정적이 될 수 있도록 많은 능력들을 계발(啓發)하고 행사하도록 해주기 때문이다.

① 민주주의가 '다수의 폭정'을 유발할 우려가 있다.
② 정신적 쾌락이 육체적 쾌락보다 더 중요할 수 있다.
③ 소수의 천재성, 창의력, 자질 등이 인류 진보에 기여한다.
④ 대의민주주의의 발전을 위해 평등선거제도의 확립이 필요하다.
⑤ 자유가 가치 있기 위해서는 남성뿐 아니라 여성도 자유를 누려야 한다.

✓ 2014 전공A 서술형 3.

04 다음은 근대 정치사상가인 갑과 을의 국가 성립에 관한 주장이다. 갑과 을이 각각 누구인지 밝히고, '자연 상태에서의 자연권'이 무엇인지에 관한 두 사상가의 견해 차이를 서술하시오.

> 갑 : 자연 상태는 인간이 견딜 수 없을 만큼 참담한 상태이다. 인간 행위의 동기는 자기 이익과 공포이며, 권력추구이다. … (중략) … 인간의 결합은 동의나 화합 이상의 것이며, … (중략) … 하나의 동일한 사람으로서의 진정한 결합이다. 계약에 의해 이러한 결합이 이루어져 다수가 한 사람으로 통합되면… (중략) … 그것이 주권자의 탄생이며, 주권자는 법과 자신의 막강한 힘으로 국가의 질서를 유지하게 된다. … (중략) … 선한 법을 제정하는 것은 주권자의 소관이다. 법은 주권자에 의해 만들어지며, 그렇게 모두에게 인정받는 법을 부정의(不正義)하다고 말할 수 없다.
> 을 : 자연 상태란 사람들이 타인의 허락을 구하거나 그의 의지에 구애받지 않고 자연법의 테두리 안에서 스스로 적당하다고 생각하는 바에 따라 자신의 행동을 규율하고 자신의 소유물과 인신을 처분할 수 있는 완전한 자유의 상태이다. 그것은 또한 평등의 상태이기도 한데, 거기서 모든 권력과 권한은 호혜적이다. … (중략) … 사람들은 사회에 들어갈 때, 그들이 자연 상태에서 가졌던 평등, 자유 및 집행권을 사회의 선이 요구하는 바에 따라 입법부가 처리할 수 있도록 사회의 수중에 양도한다.

2015 전공 A 3.

05 다음 (　) 안에 공통으로 들어갈 정치적 이념을 쓰시오.

> - (　　)은/는 개인주의적이고 합리주의적인 자유주의에 대한 비판의 사조로서 도덕적 사회의 와해와 이기주의 팽배 등의 현상에 대한 불만을 이론적으로 표출한 것이다. 개인이 사회적 의무와 도덕적 책임에 의해서 제약받지 않고, 자신의 이익과 권리만을 고려하도록 허용되는 사회는 도덕적인 공백 속에서 와해된다. '권리의 정치'는 '공동선의 정치'에 의해 대체되어야 한다.
> - (　　)은/는 개인의 인간적 존엄성과 인간 존재의 사회적 성격을 모두 인정한다. 개인의 자유는 '시민사회의 제도들'을 적극적으로 유지하려는 노력에 의해 보장될 수 있다. 시민들은 시민사회 속에서 상호 존중의 가치를 배우고, 자신과 타인의 권리에 대한 인식뿐만 아니라 시민적 책임 의식도 함양하게 된다.

2016 전공 B 2.

06 (　) 안에 들어갈 내용을 쓰고, 그 내용을 근거로 '누진세율의 인상'이 사회 정의에 부합할 수 있는 조건을 서술하시오. [4점]

> 롤즈(J. Rawls)의 사회 정의에 대한 두 원칙은 다음과 같다.
> 1원칙 : 모든 사람은 다른 사람들의 유사한 자유와 양립할 수 있는 가장 광범위한 기본적인 자유에 대해서 동등한 권리를 가져야 한다.
> 2원칙 : 사회·경제적 불평등은 다음과 같은 조건을 만족시키도록 배분되어야 한다.
> (a) (　　　　　　　　　　　　　　　　　　　　　　　　　　　　).
> (b) 공정한 기회 평등의 조건 아래서 직위와 공직들이 모든 사람들에게 개방되어야 한다.

▼ 2017 전공B 서술형 3.

07 어떤 사상가의 이론에 관해 갑과 을이 대화하고 있다. ㉠, ㉡에 들어갈 용어를 쓰고, ㉢에 적합한 내용을 서술하시오.

> 갑 : 자연 상태에서 개인들의 이해관계가 서로 다른데 어떻게 사회를 구성하지?
> 을 : 그래서 (㉠)을/를 체결하는 거야.
> 갑 : 어떤 사회를 만들자는 거야?
> 을 : 모든 사람과 결합을 맺고, 자기 자신 외에는 복종하지 않으며, 이전과 다름없이 자유로울 것을 보장하는 사회를 만들려는 거야.
> 갑 : 그 사회는 어떤 방식으로 통치해야 해?
> 을 : 모든 사람의 힘과 신체를 공동의 것으로 삼고, 이를 (㉡)의 최고 지도 아래에 두어야 해. 그러면 사회는 구성원들을 전체에서 분리될 수 없는 일부로 받아들이지.
> 갑 : 그 (㉡)을/를 거부하는 사람은 어떻게 돼?
> 을 : 사회 전체가 그에게 복종을 강요해야 해.
> 갑 : 그러면 그 사람은 억압받는 거야? 자유로워지는 거야?
> 을 : 자유로워져. 왜냐하면 자신의 의지가 포함된 (㉡)에 복종하는 것은 곧 자기 의지에 복종하는 것과 같다고 할 수 있지. 그리고 자연적 자유를 잃어버리지만 (㉢).

08 다음 글을 읽고 <작성 방법>에 따라 서술하시오. [4점]

> 공공선(the public good)이 무엇인지에 대해서는 다양한 견해가 있다. 루소(J. J. Rousseau)는 공공선을 일반의지와 연관하여 설명하였다. 루소가 생각하는 일반의지는 항상 옳고 정의로우며, 공익을 위한 것이다. 루소에 따르면, ⊙ 일반의지(general will)는 나 자신과의 자발적 계약으로 만들어진 산물이기 때문에 그것에 따라 행동하는 한, 나는 항상 자유롭고 동시에 타인의 자유도 보장할 수 있다. 그 안에서 개인의 자유는 시민적 자유의 형태로 발전하며, 공공선이 실현된다.
> 한편 (ⓒ) 입장에서는 공공선을 모두 또는 다수에게 좋은 것을 의미하는 것으로 본다. 이러한 관점에서 공공선은 어떤 사회의 총체적 효용(aggregate utility)을 극대화하는 것이다. 그러므로 공공선 실현을 위한 정부의 정책과 제도의 목표는 '최대 다수의 최대 행복'을 증진시키는 데 두어야 한다.
> 이와는 달리 숙의 민주주의 입장에서는 시민들의 사려 깊은 토론과 민주적 절차를 거쳐 정당한 결정에 도달하는 과정에서 공공선이 실현된다고 본다. 이와 관련하여 하버마스(J. Habermas)는 '의사소통적 상호작용이 이루어질 수 있는 사회적 삶의 영역'을 의미하는 개념인 (ⓒ)을/를 제시하면서, 시민들의 적극적 참여와 토론을 가능하게 해 줄 (②)의 활성화를 제안하였다.

<작성 방법>

○ 밑줄 친 ⊙의 관점에서 '법에 관한 시민의 이중적 지위'에 대해 "시민은 ~이면서 ~이다."라는 방식으로 서술할 것.
○ 괄호 안의 ⓒ에 해당하는 관점과 괄호 안의 ⓒ에 해당하는 용어를 순서대로 쓸 것.

THEME 03 | 정치권력론

제1절 정치권력에 대한 이론적 기초

1. 정치권력에 대한 이론적 기초

(1) 권력의 개념

① Weber : "권력은 사회적 관계 내에서 자신의 의지를, 저항이 있다 할지라도(혹은 타인의 의사에 반해), 관철시킬 수 있는 기회 혹은 힘을 의미한다." → 즉 권력이란 어떤 의사가 다른 의사를 지배할 수 있는 힘, 즉 다른 사람을 복종시킬 수 있는 힘이다.

② 라스웰 : "권력은 결정에의 참여"
권력관계의 전제를 사회에 있어서 여러 가치의 존재로 설정하며, 이 때 권력은 이 같은 가치를 획득하기 위한 수단이자 하나의 가치로서 "인간과 인간 사이에 어떤 행동양식의 수행의 명령에 위반했을 경우에는, 어떤 중대한 가치박탈이 부과될 것이 기대되는 것과 같은 경우에 비로소 권력관계의 존재를 이야기할 수 있는 것"으로 보았다.

③ Bachrach & Baratz : 권력의 세 가지 개념적 요소를 제시한다. 첫째, 개인·집단들 상호간에 존재하는 이익 혹은 가치에 대한 갈등을 전제로 한다. 둘째, 특정 개인·집단이 보유하고 있는 힘(효과적인 제재력)과, 셋째, 이로 인한 반대되는 개인·집단의 순응행위를 야기한다는 것이다.

(2) 구별 개념

① 힘(force)
  ㉠ 가치의 갈등을 수반하지만 위협을 통해서 상대가 순응하지 않음에도 불구하고 자신의 목적을 달성하려는 것(상대방의 순응이 강압적으로 이루어졌다면 그것은 힘의 행사임.)
  ㉡ 폭력 : 신체에 가해지는 물리적인 힘
  ㉢ 권력의 원천적인 토대라고 볼 수 있으며, 국가는 물리적인 힘(폭력)의 합법적 독점을 통해서 권력을 행사함.
  ㉣ 정치권력과 폭력의 비교

구분	정치권력	폭력
공통점	강제력을 가지고 있음	
차이점	정당성을 지닌 조직화된 물리적 강제력 국민들이 권위 인정 국민들이 자발적으로 복종	정당성 없는 강제력(물리적 힘에 의존) 국민들이 권위를 인정하지 않음 국민들이 반발, 저항함

② 권위(Authority)
  ㉠ 권위는 가치갈등을 수반하지 않으며, 자발적 동의를 이끌어 낼 수 있는 힘이라 할 수 있음.
  ㉡ 권위는 특정인의 요구를 아무런 저항 없이 자발적으로 받아들이려하는 마음 상태로부터 발생
  ㉢ 베버는 권위를 권력의 한 형태로 다루며 정당한(legitimate) 권력이라고 칭함. 따라서 그 사회의 권력이 권위에 의존할 때 권력 관계는 안정적일 수 있음

③ 영향력(influence)
  ㉠ 물리적 강제력과 대비되는 심리적 강제력을 의미
  ㉡ 영향력은 위인전의 인물이나 토론에서 특정인이 영향력을 준 경우에서와 같이 제재라는 위협을 사용하지 않고 다른 사람의 행동에 변화를 가져오는 것을 말함. 영향력은 존경심이나 상대가 원하는 것을 보유함으로 인해서 행사됨.
  ㉢ 상대를 외적으로 강제하는 힘을 권력이라고 한다면, 상대의 생각이나 느낌과 같은 심리적 요소를 움직임으로써 발휘될 수 있는 힘은 영향력임. 영향력은 권력보다 더 포괄적이고 광범위한 개념

📖 권력과 유사 개념의 상관 관계

구분	가치 갈등이 있음	가치 갈등이 없음
자발적 순응	권력(power)	권위(authority)
강압적 순응	힘(force)	

	강제성 있음	강제성 없음
정당성 있음	A	B
정당성 없음	C	D

2. 정치권력의 차원 : 가시적 권력과 비가시적 권력

(1) 일차원적 권력 : 결정으로서 권력

가시적인 갈등을 해결해낼 수 있는 능력. 이는 주로 갈등의 현실화되어 나타난 상황 하에서의 행태에 초점을 맞추고 있다는 점에서 행태적 권력이라고도 불림. 즉, 이 권력 개념은 실재적이고 관찰 가능한 쟁점들을 둘러싸고 이루어지는 의사결정을 분석함으로써 누가 권력을 가졌는가에 관해 판단을 내리게 됨.

(2) 이차원적 권력 : 의제설정으로서 권력

행위자들 간에 명백한 갈등이 있지만, 그 갈등이 의제로 부각되는 것을 조직적으로 억제할 수 있는 능력. 즉, 어떤 사항을 논의하고 논의하지 않을 것인지를 결정하는 사안의 선택과 배제를 결정할 수 있는 권력을 의미.

(3) 삼차원적 권력 : 사상통제로서 권력
이데올로기나 사회화 그리고 교육 등을 통하여 사회구성원들의 인지적 차원을 통제할 수 있는 능력. 이데올로기에 의한 지배와 같이 개인의 이익과 취향의 형성에 영향을 미치는 제3의 권력이 존재하며, 따라서 이것은 이데올로기적 교화 혹은 심리적 통제로 표현되는 권력이라고 할 수 있음.

3. 정치권력의 본질 : 권력의 실체설과 관계설

(1) 실체설
① 권력을 하나의 실체로 생각하여, 이러한 실체를 가진 소수의 사람들이 권력 장악자가 되어 다수의 사람들을 지배한다고 주장.
② 치자와 피치자의 지배·복종 관계 수직선
③ 권력의 강제적 요소가 중시
④ 피치자의 동의를 무시 내지 경시

(2) 관계설
① 권력을 하나의 실체로 보지 않고 인간과 집단들의 다른 인간과 집단들과의 관계, 구체적으로 치자와 피치자의 관계에서 나타나고 행사되는 것이라고 파악
② 치자와 피치자의 지배·복종 관계를 비교적 수평적 상호관계로 파악
③ 피치자의 동의와 지지 강조
④ 권력 관계에 있어서의 강제의 계기를 무시 내지 경시

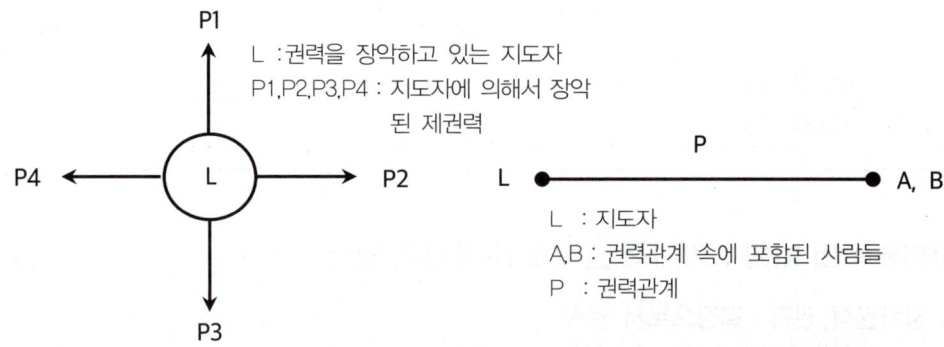

> **권력의 제로섬 개념과 비제로섬 개념**
>
> 1. zero-sum 개념 : 정치권력이 수탈한 것과 수탈당한 것을 평균하면 결국 제로, 즉 권력자가 빼앗는 이익과 복종자가 빼앗기는 이익은 플러스(+) 마이너스(-) 제로가 된다는 의미
> 2. 非 zero-sum 개념 : 정치권력의 존립 자체는 사회공통의 이익을 낳는다고 보는 것

4. 정치권력의 특징

(1) 정치권력의 특징

① **일반성** : 정치권력은 사회 권력의 일종이지만, 다른 사회 권력에 비해 그 힘이 미치는 범위 및 내용이 일반적임 즉, '국가 영토' 내에 포괄적으로 행사되는 권력임

② **집중성** : 정치현상 자체가 그 사회를 통합적으로 관여 또는 지배하는 것. 이와 마찬가지로 정치권력은 다양한 사회권력 관계를 지배·통합하여 집중시킴.
정치권력의 집중성은 정치권력 내부에서도 당연히 발생함. 즉, 정치권력은 하나의 최고 권력을 정점으로 통합·집중됨.
삼권분립의 원리를 채택하면서도 그것이 구현되지 않고 특정 권력의 우위로 나타나는 현실이 바로 정치권력의 이러한 특성을 대표적으로 보여주는 것임.

③ **잔존성** : 정치사회의 존재는 정치권력의 존재와 함께 하는 것이며, 그 주체는 바뀔지라도 권력은 지속됨. 정치권력이 위기에 처하면 그것은 직접적 폭력의 동원으로 나타나며, 붕괴되더라도 권력담당자가 바뀌어 지속되면서 잔존함.

④ **강제성** : 정치권력의 강제성은 다른 사회 권력과 비교하여 정도의 차이뿐만 아니라 성질에서도 차이가 있음.
정치권력에서는 그것에 복종하지 않을 때 직접적인 처벌까지도 가할 수 있고, 다른 여타 권력도 궁극적으로는 정치권력의 물리적 수단에 의존함

⑤ **통합성** : 사회의 대립, 갈등, 분쟁 등을 사회 전체의 이익을 위해 균형과 안정으로 통합시키는 측면

(2) 정치권력의 운동법칙

① **권력의 확장운동** : 현재 이상의 권력을 얻지 않으면 현재의 권력조차 보존할 수 없기 때문에 권력의 확장 추구. 이는 권력의 절대화를 초래하여 권력의 제한이 요청됨

② **권력의 집중 운동** : 권력의 효율성을 높이기 위해 권력이 소수에게 집중되는 경향으로 모스카의 '소수지배 원칙'이나 미헬스의 '과두제의 철칙'은 이러한 현상을 설명. 권력의 집중 운동은 권력의 과두화를 초래하며, 권력 분산이 요구됨

③ **권력의 지속 운동** : 모든 권력은 오래 지속되는 경향이 있으며 이를 위해서는 권력의 안정화가 필요함. 권력의 지속 운동은 권력의 영구화를 초래하며, 권력의 변경이 요청

5. 권력의 정당성

(1) 정치권력의 정당성

① **권력 정당화의 필요성**
권력은 통치자와 피통치자의 동의에 의해 행사되는 관계적 속성이 있음. 권력이 관계적 속성이 있기 때문에 권력을 행사하려는 지배자는 반드시 피지배자의 자발적 복종, 즉 정당성(legitimacy)을 확보해야 함.

정치권력의 정당성

권력은 통치자와 피통치자의 동의로 행사되는 관계적 속성이 있다. 근대 국가는 구성원이 국가에 권력을 일임하는 대신 구성원에게 그에 상응하는 보상을 해 주었다. 영토 내에서 개인의 자유와 안전을 보장해 주기 위해 대외적으로는 외부의 침입으로부터 국민 개개인을 보호하는 국가 안보 기능과, 대내적으로는 법과 질서 속에서 평화와 안전을 보장하는 치안 유지 활동을 한다. 이러한 관계적 속성 때문에 권력을 행사하려는 지배자는 반드시 피지배자의 자발적 복종, 사회적인 승인, 즉 정당성을 확보해야 한다. 정당성은 피치자가 치자에 대한 도덕적인 판단, 즉 '현재 존재하는 정치 제도가 사회를 위해 가장 적합한 것이라는 신념을 지속할 수 있는 능력'으로 정의 내릴 수 있다. 다시 말해 현존하는 권력에 복종하는 사람들이 그것을 자연스럽게 받아들이는 것을 의미한다.

(미래앤 지도서 p25)

② 정당성의 요건
㉠ 사회적 타당성 : 정치권력의 사회적 타당성이란 특정의 권력자가 실정법을 제정·적용·집행하는 것이 사회적으로 타당하다고 인정받고 있는가의 여부와 관련된 정당성을 말함. 이것은 현실의 정치권력이 타당하게 형성되었는가의 사실문제에 속하는 것임.
㉡ 윤리적 정당성 : 정치권력이 윤리적으로 정당하게 집행되고 있는가, 즉 부당한 지배를 하고 있지 않은가의 여부와 피치자의 저항권은 어떠한 경우에 시인될 것인가를 규명하는 문제. 윤리적 정당성은 현실권력이 마땅히 해야 할 일을 하고 있는지를 묻는 피치자의 권리문제이기도 함.

 윤리적 정당성의 전제 요건

- 안전과 질서의 확보.
- 일반복지의 구현.
- 윤리적 법원칙 또는 윤리적 정의

(2) 베버의 정당화 근거
① 개요 : 베버는 권력이 정당한 것으로 인정되는 권위를 지녀야 한다고 규정함. 정당성은 '전통적 권위', '카리스마적 권위', '합리적·법적 권위'라는 세 가지 권위에 의해 실현됨.
② 주요 내용
㉠ 전통적 권위
- 옛날부터 통용되어 오는 전통의 신성성과 그 전통에 의해서 권위가 부여된 자의 정당성에 대한 일상적 신앙에 기인되는 권위
- 근거 : 전통과 관습. 오랜 시일에 걸친 전통과 관습을 그 배후에 가지고 그와 같은 오랜 역사적 전통에 대한 신뢰가 치자의 지배에 정통성의 근거 부여
- 사례 : 가부장적 지배, 종족사회의 족장, 봉건영주, 전제군주의 권력행사
- 한계 : 점진적인 사회변화의 정상적인 상황에서는 질서를 유지할 수 있지만, 사회적 격변기에는 전통이나 관습만으로 정치적 권위를 유지할 수 없음.

- ⓒ 카리스마적 권위
  - 어떤 특정한 인격자의 신성성·영웅적 권력·이상적 모범성 및 그에 의해서 계시 또는 창조된 질서의 신성성 등에 대한 열렬한 신뢰에 기인하는 권위
  - 사례 : 히틀러, 티베트의 달라이 라마
  - 한계 : 본질적으로 불안정하며, 오래 지속되기 어려움. 따라서 빨리 전통적 유형이나 합법적 유형으로 전환되어야 함.
- ⓒ 합리적·법적 권위
  - 법규화된 질서의 합법성과 또한 그것으로서 지배권 행사의 권리를 부여받은 자의 규칙에 의한 적합한 지배이기 때문에 정당하다고 승인되는 권위. 즉, 법에 따라서 정책이 결정되고 법에 따라서 정치권력이 행사되기 때문에 정당한 것으로 받아들이는 것
  - 사례 : 법의 지배 원리에 의해 관료가 행하는 것과 같은 지배
- ③ 함의 : 세 가지 유형은 이상형이며, 현실을 보다 단순하고 쉽게 이해하기 위한 지표임. 또한 이 세 가지 통치 유형은 한 사회에서 동시에 나타날 수 있음.

(4) 메리엄의 상징조작에 의한 정당화 : 미란다와 크레덴다

① 미란다
- ⓐ 의미 : 피치자의 정서적·비합리적 측면에 호소함으로써 권력을 신성화·미화시키는 것으로 동일시의 상징을 이용하여 피치자를 규합시키려 하는 방법
- ⓑ 방법 : 정치적 상징 조작
  - 각종 기념일의 설정 : 국민적 사기와 국민통합의 의식을 앙양
  - 공공장소의 설립과 기념적인 건조물의 건립 : 국민적 자부심과 위압감 등을 갖게 함
  - 특정 음악의 장려와 금지 : 음악은 인간의 정서적인 면에 직접적으로 호소할 수 있는 상징으로서 매우 중요한 효과를 발휘
  - 여러 가지 예술적인 의식의 제작(이를테면 깃발, 장식물, 제복, 동상, 우표 등) : 국기와 당기와 같은 것은 국가적 및 집단적 통일의 가장 중요한 상징
  - 일화와 역사의 미화 : 권력집단의 어느 인물이나 권력 상황 그 자체를 위한 숭배심 조성.
  - 집단적 의식의 장엄한 거행 : 공식적 관심을 강력히 자극하여 국민적 일체감을 조성시킴
  - 대중적 시위 : 정치적 적대자에게 심리적 압력을 가하는 기술

② 크레덴다
- ⓐ 의미 : 인간의 이성적·합리적 측면에 호소함으로써 권력을 합리화·정당화시키는 것으로 합리화의 상징을 이용하여 피치자에게서 정당성을 획득하는 방법
- ⓑ 방법 : 정부에 대한 존경, 복종, 희생, 합법성의 독점

제 2 절 정치권력과 지배구조(정치권력에 대한 엘리트론과 다원론)

1. 통치엘리트 권력론

(1) 모스카(Gaetano Mosca)의 엘리트론
  ① 개요 : 모스카는 "정치계급"으로 표현되는 엘리트의 핵심적 속성은 그들이 조직화된 소수라는 것임. 그리고 그들은 소수이고 조직화되어 있기 때문에 강력한 힘을 행사할 수 있는 집단이 됨.
  ② 주요 주장
    ㉠ 엘리트의 보충문제 : 모스카는 또한 소수자의 조직을 효과적으로 움직여 나가기 위해 어떻게 엘리트를 비엘리트 사이에서 보충할 것인가의 문제를 중시
    ㉡ 보충 방식
      • 귀족주의적 경향 : 지배계급의 모든 성원이 기존의 지배 계급의 자손으로부터 보충되는 것
      • 민주주의적 경향 : 지배계급이 피지배계급으로부터 보충되는 것
      • 이 두 경향이 각각 극단에까지 추진될 경우에는 지배하는 계급과 지배되는 계급사이의 균형을 파괴할 위험이 존재
    ㉢ 엘리트의 교체 : 지배계급은 하위등급들을 포용하고 개방하여 계급의 구성을 수정해 나감. 이것은 전체적인 계급혁명과는 전적으로 다른 것이며, 오히려 이런 방법은 새로운 요소들을 기존의 지배계급 속으로 흡수시키는 것임. 따라서 이런 변화과정은 결코 대변동일 수 없음.

> **모스카의 정치 계급**
>
> 모든 사회는 두 개의 계급, 즉 '지배하는 계급'과 '지배되는 계급'으로부터 구성된다. 제1의 계급은 언제나 그 수는 적지만 권력을 독점하고 그 권력이 가져다주는 여러 가지 이익을 향유한다. 이와는 반대로 제2의 계급은 그 수는 많지만 합법적으로 또는 자의적·폭력적인 방법으로 제1의 계급에 의해서 지도되며 지배된다.
> 그리고 이 제2의 계급은 지배자들에게 생활 수단과 국가의 유지에 필요한 여러 가지 수단을 공급한다. 지배 계급을 구성하는 시민들의 전체 국민에 대한 비율은 가변적이지만 일반적으로 그것은 국민의 수에 반비례한다. 즉 다수의 국민을 갖고 있는 국가일수록 상대적으로 소규모의 지배계급을 가지게 되는 경향이 있다.
> 적어도 국가가 존립하는 곳에서는 언제나 지배하는 소수자와 그 지배하는 소수자에 의해 지배 되어지는 다수자가 존재한다.

(2) 파레토(Vilfredo Pareto)의 엘리트 순환론
  ① 이론 구축의 배경
    ㉠ 엘리트를 인류역사를 통해 언제나 존재해온 인간속성의 결과로 파악
    ㉡ 마르크스의 계급 투쟁사관에 대한 비판 : 인류의 역사는 소수 엘리트 사이의 투쟁의 역사에 지나지 않으며, 프롤레타리아의 승리에 의한 계급 없는 사회의 도래는 환상에 지나지 않는 것. 즉, 사회는 소수 엘리트에 의해서 줄곧 지배되어왔으며, 또한 지배되어진다고 봄

② 사회 구성원의 구분
   ㉠ 사회 구성원을 엘리트(인간 활동의 여러 분야에서 월등한 능력과 기술을 보유한자)와 비엘리트(일반대중)으로 구분
   ㉡ 일반적인 사회 엘리트 중에서 특히 정치적 지배에 직·간접적으로 상당한 역할을 수행하는 집단을 통치 엘리트라 하고, 나머지를 비통치 엘리트로 구분
③ 엘리트의 순환 요인
   ㉠ 인간 행위의 배후에 있는 힘을 잔기라고 하며 이는 6가지의 종류로 구분됨 : 결합본능(제1류), 집합체 유지본능(제2류), 활동, 사교성, 성실, 성 → 이중 엘리트 이론에서 중요한 것은 제1류와 제2류 잔기임
   ㉡ 제1류 '결합의 본능' : 상상력을 행사하여 여러 가지 관념을 결합시키려는 충동에 대응하는 것으로 제1류 잔기가 지배적인 엘리트 집단은 중상주의적, 유물주의적, 주지주의적, 혁신적 경향을 가지며 "책략에 의한 정치"를 감행
      ⇨ 정치와 관련해 볼 때 제1류 잔기로부터 정치적 연합이나 권모술수가 생기며, 1류 잔기에 대응하는 통치 엘리트는 머리가 뛰어난 교활한 사람들로 설득의 기술에 능함(마키아밸리의 여우형에 대응)
   ㉢ 제2류 '집합체유지의 본능' : 일단 확립된 상태를 견고하게 만들려는 성향에 대응하는 것으로, 제 2류 잔기가 지배적인 엘리트 집단은 중농주의적, 관료주의적, 관념주의적, 보수주의적 경향을 가지며 "힘에 의한 지배"를 감행
      ⇨ 정치와 관련해 볼 때, 2류의 잔기로부터 연대, 규율, 질서 등이 생기며, 2류 잔기에 대응하는 통치 엘리트는 힘과 견실함과 고결함을 갖춘 사람들로서 강제력의 행사에 뛰어난 재주를 가지고 있음(마키아밸리의 사자형에 대응)
④ 엘리트의 순환
   ㉠ 제1류 잔기의 엘리트가 어떤 위기에 직면해서 제2류 잔기의 엘리트에 의해 몰락되고 이에 제1류적인 새로운 요소들(개인들)이 엘리트 계층에 서서히 침투하여 그것을 제1류 잔기의 엘리트로 변화시키는 과정이 되풀이됨으로써 엘리트의 순환이 이루어지게 됨
   ㉡ 엘리트의 여우적인 접근(제1류)은 점진적으로 이루어지는 반면 사자적(제2류)인 엘리트는 갑작스러운 혁명적 봉기에 의해 권력을 획득함.

(3) 미헬스(Robert Michels)의 과두제의 철칙
① 과두제의 철칙의 내용
   ㉠ 『정당론』에서 과두제의 철칙을 주장.
   ㉡ '조직운영의 효율성'을 위해 위계 구조를 기초로 한 관료화가 불가피하며, 이러한 관료화로 인해 소수에 의한 과두지배의 경향을 필연적으로 탄생시킨다는 것
   ㉢ 정당이라는 조직조차 본질적으로 조직위계제의 상층부로부터 권력이 행사되는 엘리트적 조직이라는 것임

② 이론 제시의 목적
과두제를 통한 소수 엘리트의 권력남용을 부각함으로써 이로 인한 민주주의의 쇠퇴를 경고하기 위함.

> **미헬스의 과두제의 철칙**
>
> "정당이라는 조직조차 본질적으로 조직위계의 상층부로부터 권력이 행사되는 엘리트적 조직이다. 조직화는 정당발전의 필수불가결한 특징이며, 이와 같은 조직화는 관료화를 낳게 되고, 관료화는 소수에 의한 지배의 경향을 필연적으로 탄생시키는 것이다."

(4) 밀즈(C. W. Mills)와 헌터(F. Hunter)의 권력엘리트론

① 개요
  ㉠ 대중에 의한 정치권력의 행사의 가능성을 부정하는 '신마키아밸리적' 통치이론과 마르크스의 지배계급 개념을 결합하여 사회학자들이 개발한 권력이론.
  ㉡ 이 권력론은 개인 간의 관계가 피라미드형으로 구조를 이루고 있다는 것이며, 이 피라미드형의 권력구조 속에서 최상층부를 차지하고 있는 성원이 통치엘리트라는 것임.
  ㉢ 이러한 각 사회집단 내의 권력 관계는 그대로 여러 사회집단 간에도 적용되어 여러 사회집단을 둘러싸고 있는 하나의 지역사회 또는 국가 내에도 이 피라미드형의 권력구조가 형성된다는 것임. 즉, 여러 사회집단 간에 권력이 균등하게 배분되어 있지 않고 불균등하게 분배되어서 통치 엘리트 집단은 다른 사회 집단을 지배, 정책형성 과정에 비교적 많은 영향력을 행사한다는 것.

② 헌터의 권력론
  ㉠ **방법론적 특징** : 명성 방법(reputational method)에 의존 → 미국 조지아주의 애틀랜타시의 저명인사록에서 여러 정치사회집단의 지도자들을 정선하여 연구
  ㉡ **결론** : 미국 전역의 권력 구조의 최상층부는 미국의 경제계인사로 구성되어 있음.

③ 밀즈의 권력론
  ㉠ **방법론적 특징** : 지위 방법(positional method)에 의존 → 미국 전역을 조사
  ㉡ 권력 구조
    • **권력엘리트** : 정부집행권자, 군부, 기업가로 구성된 통일된 권력집단으로 이들 삼자는 삼위일체가 되어 미국의 중요한 국가정책을 결정하고 있음
    • **권력의 중간층** : 다원화되고 균형된 이익집단들로 구성
    • **대중사회** : 권력을 갖지 못하고 비조직화되어 있으며, 원자화된 사람들로 구성됨. 미국 국민의 대다수는 전적으로 무기력한 대중일 뿐임
  ㉢ 결과
    • 기업, 군부 및 정부 집행기관의 이익의 증진
    • 공중(公衆)토론 정치의 쇠퇴
    • 책임 있는 권력의 쇠퇴 및 민주주의의 약화

2. 다원권력론

(1) R. Dahl의 다원주의적 권력론 : "누가 통치하는가?(Who Govern?)"

① 개요
New Haven시의 지역사회 정책분석을 통해 권력은 소수 엘리트에 집중되어 있지 않고 다양한 집단에게 분산되어 있다고 주장

② 고전적 엘리트 이론과 밀즈의 헌터의 실증적 권력 엘리트이론을 비판
㉠ 축소주의
- **권력의 범위** : 권력개념을 정확히 파악하기 위해 집단 간의 자율성의 정도를 파악해야 함
- **실제적 권력** : 권력의 개념을 잠재적 권력과 실제적 권력으로 구분하고, 실제적으로 행사되는 권력만을 대상으로 연구를 해야 한다고 주장
- **공공분야에 한정** : 권력엘리트가 영향력을 미칠 수 있는 분야를 공공분야에 국한시킴.

㉡ 권력의 합법성
권력에의 복종은 단순히 가치박탈이 두려워서만 일어나는 현상이 아니고 복종자의 이익에도 부합되기 때문에도 일어남.(권력관계를 위계적인 것이 아니라 상호관계의 관점에서 파악)

㉢ 권력자
정치자원을 가진 사람 가운데서도 정책형성과정에 참여할 의사가 있으며, 또 자기가 원하는 정책을 관철시킬 수 있는 능력까지도 가지고 있는 자 혹은 집단인 것

③ 결론
㉠ 한 사회 내에서 권력은 다양한 집단들에 분산되어 있으며 이들은 각기 고유한 이익을 추구하기 위해 정책 결정에 그들의 권력의 자원을 활용함. New Haven시의 강력한 집단(권력엘리트)이 권력의 자원을 보유하고 있다 할지라도 실제 행사되는 영역은 자신들의 이해관계가 있는 일부에 한정되며, 다른 부분은 타 집단에 의해 행사된다는 점에서 지역사회가 특정 집단에 의해 지배되고 있지 않다고 결론 내림. 즉, 엘리트는 모든 정책영역에서 지배적인 권력을 행사하는 것은 아님.

㉡ 정부의 의사결정체제는 그 복잡성에도 불구하고 개방적이고 투명하게 항상 다수의 의지에 반응함. 정부의 의사결정은 영향력을 행사하지만 대중적 통제를 받음. 정부는 유권자의 이익에 민감하게 반응하며, 유권자의 요구가 사회경제적 명망가들의 요구와 상치될 경우 유권자의 요구를 우선적으로 수용할 수밖에 없는 것임. 따라서 이러한 체계에서는 권력엘리트층이나 특정한 지배집단은 존재할 수 없게 됨.

④ 다두체제(polyarchy)
㉠ 다원적 권력 구조에서는 모든 조직화된 이익들이 체제에 접근할 수 있고, 이들의 요구에 대해 정부가 어떠한 독립적 판단도 내리지 않는 것이 필수적이며, 바람직하다고 주장 → 사회적 공익은 다양한 요구들이 혼합된 결과로 정의함
㉡ 권력구조를 아래에서 위로 영향력을 미치는 권력과정으로 보고 영향력의 원천을 다원화시킬 때 민주주의를 가장 효과적으로 보장한다고 주장

3. 신통치엘리트 권력론

(1) **배경**

"Bachrach & Baratz"는 달(Dahl)의 다원주의적 엘리트 연구를 비판하면서 신통치엘리트 이론을 주장.

(2) **주요 주장**

ㄱ. 다원권력론은 정책결정과정에 참여하는 자가 권력행사자이고 그렇지 않은 자는 권력 행사자가 아니라 주장함. 이에 비해 신통치엘리트 권력론은 어떤 결정은 권력 때문에도 이루어지지만 권력과 유사한 개념인 힘, 영향력, 권위 때문에도 이루어지게 된다고 함.

ㄴ. 권력엘리트는 직접 정책결정과정에 참여해서도 그 정책을 자기가 원하는 방향으로 인도할 수 있지만 직접 정책결정과정에 참여하지 않고서도 힘, 영향력, 권위에 의해 정책을 자기가 원하는 방향으로 인도할 수 있는 것임. 이때 전자를 '결정' 이라하고, 후자를 '무결정(non-decision)'이라 함. 이렇게 권력은 반드시 양면성을 띠고 있음을 주장.

ㄷ. 일반시민 또는 대중의 대다수가 정치에 무감각한 비정치인이 된 것은 권력엘리트가 조작해 낸 것이며, 조작을 통해서 정치 전반을 자기들이 원하는 방향으로 이끌고 감

4. 반결정주의 권력론(D. Held)

(1) **개요 : 다원권력론과 신통치엘리트 권력론에 대한 비판**

다원권력론은 정책결정이 이루어질 때의 권력행사 방식에 분석의 초점을 맞추고, 신통치엘리트 권력론은 정책결정 뿐 아니라 무결정의 상황에서 권력이 행사되는 방식에 관심을 기울임. 그러나 이 두 관점은 개인능력의 관점에서 분석일 뿐이고, 정치사회적인 제도의 편견 즉 체제의 편견은 권력행사의 분석에서 무시될 수밖에 없다고 비판함. 즉, 권력엘리트의 이익과 대중의 이익 간에는 갈등이 있게 마련이지만, 체제의 편견에 의해 대중들이 권력엘리트의 이익을 당연한 것으로 받아들이게 됨을 간과한다는 것

(2) **배경**

1960년대 뉴레프트 운동, 반전 운동 등에서 표출된 기존 자유민주주의 체제(대중의 객관적 이익이 권력엘리트에 의하여 실현될 수 있다는 믿음에 기초하여 권력소유의 비대칭문제를 당연한 것으로 인정하는 추상적 합의의 정치)에 대한 공격과 도전은 권력의 소리 없는 체제적 속성의 분석에 관점을 돌리게 함.

(3) **주요 주장**

① 권력의 두 가지 접근법(결정, 무결정)은 개인과 집단이 개인과 집단이 자신의 이해관계와 이익을 명확하게 인식하며 행위한다는 전제에 입각함. 그러나 반결정주의 권력론은 합리적이고 자율적 행위자로 개인을 바라보지 않으며 모든 사람이 가지고 있는 선호와 의견은 사회적인 경험에 의해서 구조화되고 형성되는 것임을 주장

② 이데올로기나 사회화 그리고 교육 등을 통하여 사회구성원들의 인지적 차원을 통제할 수 있는 능력. 이데올로기에 의한 지배와 같이 개인의 이익과 취향의 형성에 영향을 미치는 제3의 권력이 존재함
③ 무행동(inaction)이 진정한 권력행사의 증거가 될 수 있다고 주장함. 자본주의 사회에서 국가가 기업의 자본축적에 구조적으로 의존하고 기업이익을 보호하는 것은 효과적인 정책결정을 위하여 당연한 것이라고 전제하고 있다면 기업은 구태여 정치적 참여를 시도할 필요가 없게 됨. 이때, 거대 기업은 소리 없는 권력을 행사하는 것임

THEME 04 | 국가론

제 1 절 국가란 무엇인가?

1. 국가의 성립과 본질

(1) 국가의 의미와 구성 요소

의미	일정한 영역 내에서 물리적 강제력을 독점적으로 행사할 수 있는 권위를 가진 정치 공동체
기능	사회 질서 유지, 개인의 자유와 안전 보장, 공동체의 목표 달성 등
3요소 — 국민	• 국가의 구성원 • 선천적, 후천적으로 국적을 획득한 사람 • 혈통주의(속인주의) : 어디서 태어났든 부모의 국적에 따라 출생자의 국적을 인정하는 원칙(우리나라, 독일, 프랑스 등) • 출생지주의(속지주의) : 부모가 어느 나라 사람이든 상관없이 그 나라 영토 안에서 태어난 사람에게 국적을 부여하는 원칙(영국, 미국 등)
3요소 — 영토	• 한 국가의 주권이 미치는 지역적 범위 • 영토, 영해, 영공을 포함
3요소 — 주권	• 국가의 의사를 최종적으로 결정하는 최고 권력 • 대내적으로 최고 권력이면서, 대외적으로 자주성과 독립성을 갖는 권력

(2) 주권 이론

① **군주주권론(마키아벨리, 보댕, 홉스)** : 주권의 내용인 절대성과 최고성을 군주에게 부여함으로써 어떤 전제군주를 중심으로 한 전제국가의 결성을 의도.

② **국민주권론(로크, 루소)** : 절대전제국가를 타도하고 이른바 시민에 의해 결성되어야 할 민주국가를 옹호하는 주권론.

③ **국가주권론, 법주권론(옐리네크)** : 군주주권과 국민주권과의 타협을 꾀하는 의도에서 주장.

④ **단체주권론** : 주권을 국가에게만 인정하는 것을 부정하고 사회 내에 존재하는 각종 사회집단들도 국가와 마찬가지로 주권을 갖는다고 하는 다원적 국가론의 입장.

2. 국가 성립 이론과 근대 국가의 등장

(1) 국가 성립 이론
① **족부권설(H. Maine)** : 국가의 기원을 가족에서 구하고 가장의 지배권이 발달하여 군주권이 되었다고 보는 견해
② **정복설(L. Gomplowicz, G. Ratzenhofer, F. Oppenheimer, L. F. Ward)** : 국가의 발생을 집단과 집단 간의 투쟁의 결과 우세집단이 열세집단을 실력으로 정복하여 지배한 데서 찾는 것
③ **신권설(James Ⅰ세, Bossuet)** : 국가는 신이 정해서 설립(신에 의한 국가 성립), 왕권신수설로 발전
④ **자연설(아리스토텔레스, 영국의 이상주의학파)** : 국가를 인간과 불가분리의 것으로 생각하며, 인간 생존을 위한 필요 및 '선한 생활'을 실현하는 장소(국가는 인위적 창조물이 아님)
⑤ **계급설(마르크스, 엥겔스)** : 국가는 지배계급이 피지배계급을 착취하는 도구
⑥ **사회계약설(홉스, 로크, 루소)** : 인간이 타의에 의해서가 아니라 의식적이고 자발적인 자유의지로 국가 권력에 복종하겠다는 계약을 맺음으로서 국가가 형성되었다는 주장

(2) 근대국가의 형성의 특징
① 자원의 절대량을 증가시킴에 있어서 근대사회는 자본주의와 산업화를 통해 노동의 질을 증가시킬 수 있었음(자본주의의 수용).
② 국가는 전문 관료 집단을 구성하여 인민으로부터 직접 세금을 추출함으로써 효율성을 추구할 수 있었음(전문 관료제의 등장).
③ 국가는 폭 넓은 시민권의 부여를 통해 자원을 추출할 수 있는 대상을 넓힐 수 있었음(시민권 확대).

(3) 근대국가의 기능적 특성(전근대국가와의 비교)
① 국가에 의한 강권(물리적 강제력)의 합법적 독점
  ㉠ **근대국가** : 정치적 지배층과 경제적 지배층 및 국가권력과 다른 사회 권력들과의 분리가 이루어지게 되며, 물리적 강제력을 행사할 권한은 국가에 의해 합법적으로 독점.
  ㉡ **전근대국가** : 국가권력과 다른 사회 권력들과의 직접적인 융합체제.
② 사회로부터 위임된 권력으로서의 형태성
  ㉠ **근대국가** : 사회구성원들이 국가권력을 '위임된 권력'으로 인정함과 동시에 그러한 권력에게 요구되는 적합한 권력행사방식이 정통성의 근거.
  ㉡ **전근대국가** : 국가권력을 '신이나 하늘로부터 부여받은 권력', '혈통에 의해 세습된 권력'등으로 정당화.
③ 비인격적·법적 지배체제로서의 형태성
  ㉠ **근대국가** : 국가에 위임되는 권력의 내용 및 권력행사방식 등이 법적으로 확정된 가운데 행사.
  ㉡ **전근대국가** : 최고권력자가 법의 구속을 받는 존재가 아니라 법을 초월하고 법을 만드는 권한 보유.

④ 정치와 경제 및 국가와 시민사회의 형태적 분리
  ㉠ 근대국가 : 경제과정은 당사자들 간의 시장 메커니즘에 의해 매개되고(비정치적 영역), 정치과정은 사회구성원 모두로부터 분리된 특수한 권력체인 국가를 중심으로 하여 이루어짐(정치적 영역). 따라서 정치 및 경제 영역은 각자에 대해 서로 상대적 자율성을 지님.
  ㉡ 전근대국가 : 경제와 정치의 기본적 융합, 경제 이외의 사회영역 활동도 국가생활과 크게 구분되지 않음.

제 2 절 국가의 본질 : 국가에 관한 제 이론

1. 국가와 사회 : 정치사회학적 접근

(1) **일원적 국가론**
  ① 기본 관점
    ㉠ 일정한 영역위에 성립하는 전체사회로 보고 이러한 국가에다 절대적인 의의를 부여함으로써 국가 권력의 윤리적 의의를 강조하는 입장
    ㉡ 정치적 격동기에 있어서의 국가 활동의 확대에 따라서 각종 사회문제에 적극적으로 개입하는 것을 정당화 시키는 입장
  ② 주요 주장
    ㉠ 헤겔
      "인간은 그 자신이 갖는 모든 가치, 모든 정신적 현실성은 오직 국가를 통해서만 비로소 갖게 된다는 것을 알지 않으면 안 된다.... 따라서 개개인의 최고의 의무는 국가의 성원이 되는 일이다."
    ㉡ 그린
      • 일반복지 혹은 적극적 자유에 기여되는 경우 국가는 적극적인 기관으로 이용되어야 함.
      • 적극적 자유는 국가 안에서만 구현될 수 있으므로 개인은 그의 자유를 위하여 국가에 복종하고 법을 준수해야 함.

(2) **다원주의 국가이론**
  ① 사상적 배경
    ㉠ 일원적 국가론에 대한 반발
    ㉡ 근대 초기의 계몽사상가들이 출발점으로 했던 "개인 vs 국가"의 도식을 부정하고, "집단 vs 국가"라는 새로운 도식으로부터 출발하여 국가를 파악하려 함

② 주요 주장
  ㉠ 국가와 사회의 엄격한 구별 강조
    국가는 전체사회의 입장에서 보면 그 기능의 일부를 분담하는 부분사회에 지나지 않는 것으로 봄. 바커는 국가를 "법적 결사"로 규정하고, 전국민을 성원으로 하고 법질서의 형성과 유지라는 목적을 위하여 존재하며 최후에는 법적 강제력을 행사하는 특수한 결사라고 설명.
  ㉡ 중립적 국가
    다원주의적 관점은 정치 과정을 갈등보다는 조화라는 관점에서 접근함. 국가는 중립자로서 규칙을 설정하고, 그 위반에 대한 제재를 담당하는 역할을 수행. 즉, 국가의 주요 기능은 다양한 이익집단의 요구를 종합하여 사회적 합의를 도출하는 것임.
    다원주의 체제 하에서는 정부의 정책방향을 결정짓는 유일한 요인은 집단의 압력임. 이들 다양한 집단들이 그들의 이익을 내세우고 갈등·대립하는 과정에서 국가는 단지 그 분쟁을 조정하고 해결하는 중재자임. 그리고 집단의 차원에서 보면 국가란 그들의 이익을 달성하기 위해서 이용할 수 있는 중립적 도구에 불과함.
  ㉢ 분산된 권력 : 주권의 복수성과 가분성(可分性)
    국가는 다양한 이익집단의 요구를 수동적으로 정책에 반영하는 기구이며, 국가의 사회 개입은 규칙을 유지하는 수준에서만 이루어짐. 이러한 점에서 다원주의에서의 국가의 본질은 '경합하고 중첩된 사회조직들이 활동하는 장'으로 규정될 수 있음.
    따라서 정치권력은 한 사회 내의 특정 계급이나 엘리트가 아닌 여러 집단에 분산되어 있으며, 따라서 국가의 주권도 절대적인 것도 단일불가분의 것으로 보지 않으며, 복수 또는 가분적인 것으로 파악함.

(3) 계급주의 국가이론
① 상부구조로서의 국가(마르크스)
  ㉠ 계급주의 국가 이론은 근본적으로 국가를 사회에 있어서 특정계급이 다른 계급을 지배하는 도구로 간주하는 입장. 마르크스에 의하면, 국가는 물리적 강제력을 바탕으로 독자적으로 기능하는 어떤 실체라기보다는 단순히 사회 내의 지배계급의 이익을 도모하는 하나의 상부구조임.
  ㉡ 국가는 경찰, 군대 등 공식적 조직과 학교, 가족 등 비공식적 조직을 이용하여 기존 계급관계를 유지하고 재생산하는 것을 주요 기능으로 하며, 그 본질은 자본가 계급의 이익을 실현하는 사회 반영체(도구주의) 혹은 정치적으로 제도화된 사회적 관계(구조주의)이다.
② 도구주의적 국가론 : 밀리반트(Ralph Miliband)
  ㉠ **국가** : 생산수단을 소유하고 통제하는 지배계급의 강압적인 도구에 불과한 것으로 규정
  ㉡ **자본가 지배계급** : 생산수단을 소유하고 통제하며 이에 따라 주어진 경제력에 의해 국가를 사회지배를 위한 도구로 사용할 수 있는 계급으로 규정
  ㉢ 근거 : 국가 관료는 중상류 계층인 자본가 계급에서 충원되고, 국가 관료는 자본가 계급과 빈번한 접촉이 있으며, 공공정책을 수행함에 있어서 국가 관료는 자본과 계급의 협조에 의지함

② 주장 : 국가는 어느 계급이든 국가를 장악하기만 하면 그러한 계급의 목적과 이익을 위해 봉사하게 되는 강제와 행정의 도구가 될 수 있음. 따라서 노동계급이 중심이 된 사회주의 정당이 국가를 장악하게 되면 노동계급의 이익을 도모할 수 있을 것이라고 간주함.

③ 구조주의적 국가론
㉠ 개요 : 겉으로 보이는 사회적 관계의 배후에는 '보이지 않지만 존재하는' 구조가 자리 잡고 있어서 국가의 행위는 국가 권력을 장악하고 있는 사람들보다는 자본주의 사회구조에 의해 결정된다는 이론.
㉡ 도구주의 비판
  • 도구주의는 겉으로 보이는 사회관계의 현상에만 집착하는 오류를 범하고 있음
  • 도구주의는 국가가 자본의 일반적 이익을 위해 때로는 특정 자본가의 이익에 반하는 행위를 할 수 있다는 점(이것은 국가의 상대적 자율성의 개념으로 이어짐)을 인식하는 데 실패했음.
㉢ 상대적 자율성
국가가 지배 자본가 계급의 직접적인 통제로부터 어느 정도 자율성을 확보하고 있다는 것을 의미하는 개념. 국가가 상대적 자율성을 가지는 이유는 국가의 궁극적 기능이 자본축적을 돕고 계급투쟁을 완화하여 자본주의 체제를 유지하는 것이기 때문
㉣ 주요 주장자
  ⓐ 풀란차스(Nicos Poulantzas)
    • 국가의 '상대적 자율성'을 인정하고 있으며, 지배계급의 도구로서 인식하는 도구적 종속의 관점에서 벗어나 도구적 자율성을 인정하고 있음.
    • 그러나 국가가 자본주의 체제에서 구조적 종속 상태를 벗어나는 절대적 자율성은 존재하지 않는 것으로 봄
    • 국가가 친노동계급의 정당에 의해 장악된다 하더라도 자본의 사적소유로부터 나오는 구조적 제약으로 인해 국가의 자본에 대한 구조적 종속은 지속될 수밖에 없음.
  ⓑ 알튀세르(Althusser)
    • 사회의 구조는 생산력과 생산관계로 나눠지는 경제적 하부구조와 정치, 법, 이데올로기로 구성됨 상부구조로 나뉘어 짐.
    • 자본주의의 지속적 발전을 위해서는 생산관계의 재생산의 중요한데 이러한 기능은 상부구조의 일부인 국가가 담당하는 것
    • 국가는 억압적 기제(관료, 법원, 경찰, 군대)를 동원하여 국가 권력을 쟁탈하려는 노동자 계급을 폭력적으로 억압하여 자본주의적 정치적 조건을 조성하고, 이데올로기적 기제(교회, 학교, 정당, 노조, 매스컴)를 동원하여 자본주의에 적합한 사회적 규범을 생산함.
  ⓒ 오페(Offe) & 오코너(O'Connor)
    • 자본주의 사회에서 국가는 자본축적과 정당화의 기능을 수행하게 됨. 이러한 과정에서 정부지출의 확대는 자본주의체제의 유지를 위해서 필수적인 것임

- **자본축적** : 이윤을 창출할 수 있는 조건을 형성하는 것으로 사회적 투자와 사회보장을 위한 사회적 소비의 형태로 이루어짐
- **정당화** : 사회 내 질서와 통제의 유지를 의미하는 것으로 경찰기구를 활용한 억압뿐만 아니라 교육 등을 통해서 자본가 지배에 대한 자발적 동의를 유도하는 것을 포함함. 이러한 공공지출을 사회적 경비라고 규정
- 자본축적과 정당화의 두 기능은 근본적으로 상호모순 관계에 있는 것으로 국가는 이와 같은 상충하는 목표를 동시에 추구하기 위하여 급격하게 지출을 하게 됨. 따라서 결국 자본주의 사회에서 국가는 필연적으로 재정위기에 봉착하게 됨을 주장

(4) 국가주의 이론

① **다원주의와 마르크스주의 국가이론 비판** : 다원주의와 마르크스주의 국가이론은 국가를 사적 이익세력(이익집단 혹은 지배계급)의 이익을 반영하는 존재로 파악할 뿐 국가의 독자적 역할을 간과한다고 비판함.

② **국가관**
  ㉠ 국가는 단지 사회 세력의 이익을 반영하는 기구가 아니며 특정 사회 세력과 무관하게 자신의 독자적 이익과 자신이 선호하는 가치를 가지고 있으며, 국익이라는 명목 하에 그것을 실행할 수 있는 능력을 가진 조직체임.
  ㉡ 국가 자율성을 국가의 본래적 특성으로 전제한 후, 강제력과 행정의 통제권을 보유하고 있는 국가관리자가 지배계급이나 기타 사회세력에 대해서도 그들의 이익에 반하여 국가의 정책목표를 추구하는 것은 당연한 것임.
  ㉢ 국가의 자본편향적 성격을 인정하지 않으며, 노동세력도 자본세력과 거의 동일한 정치경제적 성격을 갖는 것으로 봄. 따라서 노동계급은 체제의 위협이나 도전의 세력으로 간주되지 않음
  ㉣ 국가주의 이론의 연구범위는 단순한 국가의 상대적 자율성의 범위를 벗어나 상대적 능력을 측정하는 연구로 발전함. 이를 통해 국가의 상대적 능력이 높고 낮음에 따라 강한 국가와 약한 국가로 구별하는 작업을 시도하여 제3세계 국가의 산업정책과 경제발전 연구에 응용함.

③ **발전국가이론**
  ㉠ **발전국가** : 고도의 자율성과 강한 능력을 지닌 국가로, 사회가 지향해야 할 목표를 수립하고 그 달성을 위해 정책을 집행하는 국가를 의미함.
  ㉡ **동아시아 산업화의 동인** : 사회 세력으로부터 자율성을 지닌 강력하고 권위적인 국가의 역할에 있었음. 동아시아의 국가는 그 능력과 자율성을 바탕으로 해외자본으로부터 국내 자본가 세력을 보호하는 동시에 장기 발전에 따른 전략목표를 설정하고 경제 발전을 선도해 나감.
  ㉢ **세계체제론과의 비교** : 경제발전이 자본주의 세계체제에 의해 규정되지 않으며, 후발국가일지라도 국가의 역량에 따라 경제발전이 가능한 것임.
  ㉣ **대표적 사례** : 일본, 한국과 대만의 경제 발전 역시 발전국가의 틀 속에서 설명 가능함.

📖 국가 유형의 비교

	사회의 공공이익 실현	특수 이익 실현
국가 자율성 없음	다원주의 국가	도구주의 국가
국가 자율성 있음	중상주의 국가 동아시아 발전국가	구조주의 국가 관료적 권위주의 국가

2. 국가와 경제 : 정치경제학적 접근

(1) 최소국가론
① 개념 : 경제는 시장적 조절메커니즘에 의해 충분히 작동될 수 있기 때문에 국가는 시장경제의 외적 조건만을 확보하는 일을 맡아야 한다는 견해
② 주장자 : 스미스(A. Smith)등의 초기 자유주의자 및 20세기 후반의 신자유주의자
③ 신자유주의 : 1970년대 중반 이후 자본주의의 구조적 불황이 전세계적으로 진행되는 조건 속에서 국가의 사회복지적 개입을 최소화하고 기업활동에 가해진 제반규제의 해체를 주장함. 그러나 국가의 시장주의적 개입에는 반대하지 않음.
④ 공공재국가 : 최소국가론을 주장하면서도 경제에 대한 국가개입을 일정하게 인정하는 견해로서 국가를 시장관계에 의해 확보되지 않는 공공재의 공급자로 보는 견해

(2) 사회적 시장경제론 : 케인지언 거시경제안정국가
① 개념 : 시장에 개입하는 국가의 역할을 강조하는 견해로 국가를 사적 시장의 활동을 적극적으로 규제하거나 촉진시키는 도구로 보는 견해
② 고전주의 경제학의 완전경쟁 균형모델을 일정하게 수정하면서 시장경제가 작동하도록 시장실패를 교정하는 국가의 역할을 중시
③ 주장 : 시장이 그 자체만으로 최적할당이나 지속적인 완전고용상태를 가져오지 않지만, 잘 규제될 경우 그러한 최적상태를 가져온다는 전제에 입각하여, 재정정책·통화정책 등을 통한 가격안정화정책과 시장 효율성의 유지책을 제시함.

(3) 재분배국가론 : 적극국가론 또는 사회권익국가
① 개념 : 시장의 결과를 사회정의의 구현과 같은 규범적 목표에 적응시키는 것을 강조하며, 분배 정의를 실현하는 데에 있어 국가의 적극적인 역할을 강조하는 입장
② 시민권 의식의 심화 과정 : 18세기 국가의 자의적 권력의 행사로부터 시민들의 권리를 보호하기 위해 등장한 시민적 시민권과 19세기 선거를 통해서 정치권력에 참여할 수 있는 정치적 시민권, 20세기 경제적 복지와 안정을 누릴 수 있는 권리로서의 사회적 시민권으로 확장
③ 오늘날 사회적 시민권을 보장해주는 국가로 나타났으며, 이러한 역할을 지향하는 정치체제는 사회민주주의라고 볼 수 있음.

(4) 발전국가
  ① 개념 : 발전국가는 경제성장이 국가의 적극적 경제개입에 의해 가능하다고 봄.
  ② 특징 : 투자의 사회화를 강조 → 불확실성 하에서 기업들이 신규투자를 주저하는 경우 국가의 대규모 사회투자를 통해 기업투자를 유도하며, 이는 국가의 경쟁력을 향상시킬 것이라고 봄.

(5) 사회주의 국가
  ① 개념 : 시장경제는 사회적 빈부 격차를 심화시켜 불평등을 초래할 뿐 아니라, 인간의 기본적 신념 체계마저 무너뜨리는 비인간적이기 때문에 근본적으로 통제해야 한다고 보는 입장
  ② 주장 : 불평등과 소외는 사유재산의 폐지를 통해서 극복이 가능하며, 생산수단의 사적 소유가 폐지되는 경우 사회 구성원들은 강력한 국가 없이도 경제활동을 조직하고 통제할 수 있을 것이라 봄

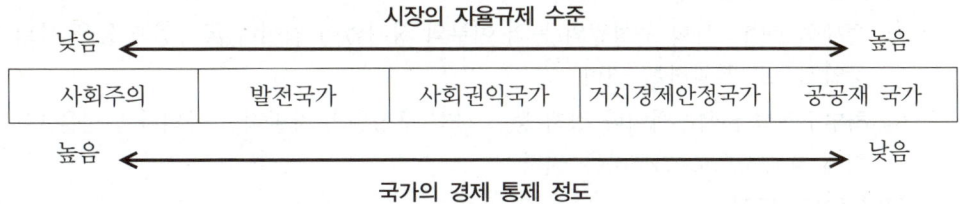

📖 정치 경제 모형

구분		자원 배분과 조정의 주체	
		국가	시장
정책 우선 순위	성장	발전국가	최소국가
	재분배	사회주의국가	사회민주주의 국가

3. 기타 국가 이론

(1) 조합주의(coporatism) 국가론
  ① 의의
    ㉠ 조합주의(Coporatism)는 이익대표체제(利益代表體制)의 한 유형으로서, 국가가 사회에서 이익을 대표하는 여러 단체들을 강제적·위계적으로 제한된 몇 개의 조직체로 편성하여 특정 분야에서는 허가받은 조직체만이 이익을 대표할 수 있도록 독점권을 부여하는 대신, 조직체의 지도자 선정 및 요구와 지지의 내용 등에 대해 통제를 하는 이익대표체제
    ㉡ 국가가 사회의 여러 구성단위들을 직업별. 산업별. 부문별로 조직하여 기능상으로는 독립하여 국가의 정책결정에 참여케 하면서도, 국가의 전체 이익을 위해서는 조정·통제하는 중심적 역할을 하는 체제.

② 특징
　㉠ 각 구성단위(이익집단)의 특징 : 단일성(단일조직), 강제성, 비경쟁성(조직 내 비경쟁)
　㉡ 각 구성단위는 제한된 범주 내에서 계서적인 위상을 갖음(전체계의 위계적 조직화).

(2) 엘리트주의
① 공공정책은 일반 공중의 요구를 반영하는 것이 아니라 엘리트의 선호를 반영하는 것이며, 적극적인 엘리트들은 무관심한 일반 공중으로부터 별로 영향을 받지 않는다는 것
② 엘리트이론에서는 일반 공중을 무감각하고, 수동적이며, 정보에 어둡다고 가정.
③ 통치엘리트 권력론을 주장하는 모스카(G. Mosca), 파레토(Pareto), 미헬스(Michels) 등

(3) 신국가이론(M. Mann)
① 국가 권력의 유형
　㉠ 전제적 권력 : 사회 구성원의 동의 여부와 상관없이 법이나 국가정책 등을 사회구성원에게 강압적으로 부과하는 권력
　㉡ 하부구조적 권력 : 법이나 정책 등이 사회 구성원의 자발적인 동의나 인정을 받음으로써 사회에 효과적으로 침투하는 권력
② 근대국가의 특징
근대 국가발전에서 두드러지게 나타나는 일반적인 특징은 국가의 권력이 사회에 효과적으로 침투할 수 있는 하부구조적 권력이 발달되어 있다는 것임. 전근대국가는 일반적으로 사회침투 능력이 결여되어 있었기 때문에 국가가 필요로 하는 자원을 추출하기 위해서 전제적 권력을 주로 사용함.

국가 권력의 두 차원

구분		하부구조적 권력	
		낮음	높음
전제적 권력	낮음	중세 봉건제 국가	근대 관료-민주주의 국가
	높음	17~18세기 유럽의 절대주의 국가	근대 권위주의 국가

제 3 절 국가관의 변천과 현대 국가

1. 국가관의 변천 과정

구분	17세기	18~19세기	20세기	20세기 후반
지배자 (지배계급)	군주, 관료	부르주아 (부·권력 독점, 노동자·농민·빈민·여성 배제)	대중 (보통선거 실시)	대중
국가관	절대주의 국가	야경국가	복지국가 (행정국가)	신자유주의 국가
정치사상	왕권신수설 군주주권론	사회계약설 국민주권론 소극적 자유 자유권	적극적 자유 사회권 실질적 평등	신자유주의 사회권 축소 조직·재정규모 축소 규제 완화
경제체제	상업자본주의	산업자본주의 → 독점자본주의	수정 자본주의	신자유주의
경제사상	중상주의	자유방임주의 (애덤 스미스)	수정자본주의 (케인즈)	신자유주의
특징	경찰국가 (국민 감시·통제)	작은 정부 소극적 국가 시장 실패	큰 정부 적극적 국가 정부 실패	작고 효율적인 정부 노동 시장 유연화 공기업 민영화 경제적 규제 완화

2. 현대 국가의 기능 확대

(1) 현대 국가의 기능 확대 배경

① **정치적 요인** : 보통선거제의 실시는 비합리적인 대중을 정치의 주체로 등장하게 했고 근대 자유주의를 질적으로 변화시킴. 다양한 대중의 정치 요구와 비합리적인 행태는 행정기구의 급격한 확대와 민주주의의 낙관적 발전론을 붕괴시킴.

② **경제적 요인** : 자본주의의 고도 발전과 자본의 독점화는 빈번한 경제 불황을 초래. 격심한 빈부의 대립과 노동자의 발언권의 증대로 실업구제와 생활보장이 국가의 중요한 임무가 되자 경제에 대한 국가의 관여와 통제가 증가.

③ **사회적 요인** : 공업화와 도시화의 진전에 따른 생산 양식과 의식의 변화는 국민의 정치적 이해를 다원화시키고 집단의 분출(eruption of the group) 초래. 이는 전국적 이해집단의 조직화를 촉진시키고, 분쟁을 정치화함으로써 이를 조정하는 국가의 기능을 대폭 확대시킴.

(2) 현대 국가 기능의 특징

① **국가관의 변화** : 야경국가, 소극국가, 작은 정부 → 복지국가, 적극국가, 큰 정부

② **적극적 자유관 등장** : 근대 국가의 국가권력을 제한함으로써 개인 자유의 영역을 최대한으로 확보하려는 '국가로부터의 자유'나, 국가권력 그 자체를 자기 수중에 넣음으로써 완전한 자유를 확보하고자한 '국가에의 자유'에 만족하지 않고, 국가가 개인의 자유를 만들어 주는 주체가 되어야 하는 '국가에 의한 자유(freedom by the state)'까지 주장하게 됨(T.H.Green).

③ **국가와 사회의 동일화 현상** : 현대 국가의 역할 증대로 인하여 사회의 제 분야가 정부에 의존하는 정도가 커지고, 국가에 의한 사회 영역의 침투에 따른 국가와 사회의 동일화(identification)현상이 초래된다. 사회 속에서 사회 자신의 능력으로 해결할 수 없는 문제, 예컨대 정치 영역에서 제외되었던 노조와 사회주의 정당을 통한 대중의 등장에 따른 정치적 대립의 격화가 증대하여 국가의 사회생활에의 적극 개입이 요청됨에 따라 사회는 국가화 되며, 국가는 사회의 거의 모든 문제를 자신의 과제로 다루게 됨으로써 그 조정자의 역할을 담당하게 된다(H.Finer).

(3) 국가 기능 확대의 문제점

① **의회주의의 위기**
  ㉠ 의미 : '합의의 지배'를 원칙으로 하는 대의제, 의회주의에서 합의의 의미가 약해지는 현실을 의미
  ㉡ 내용 : 행정권이 강화됨에 따라 관료기구가 사실상 국가권력의 핵심체가 되고, 행정 관료는 국민들의 통제에서 벗어나 '영원한 정치가(permanent politician)'로 변질됨.
  행정국가에서는 '개인 → 선거 → 의회 → 법률 → 정부'라는 민주적 정치과정의 도식이 형해화(形骸化)되기 쉬움.

② **통치의 정당성 문제** : '복지국가'를 표방하는 현대 국가는 복지 기능의 확대라는 명목 하에 개인의 사생활을 침해하고 위협할 뿐만 아니라, 정권 유지와 현정권의 통치과정을 정당화하는 수단으로 이용할 수도 있음.

③ **개인의 창의성과 자유가 축소될 위험**
  ㉠ 정부의 복지와 사회정책은 수혜자의 의타심을 조장하고 개인의 창의성을 감퇴시킬 우려
  ㉡ 정치영역의 확대로 인해 사회영역이 극소화되고 개인의 자유와 권리가 국가권력에 의해 침해될 수 있는 가능성
  ㉢ '국가로부터의 자유(freedom from the state)'가 선행되지 않을 때, '국가에 의한 자유(freedom by the state)는 전체주의 체제의 등장 가능성 상존

📖 행정 국가화 현상의 의미와 문제점은 무엇일까?

오늘날 사회가 복잡화·다양화되면서 각종 사회 문제의 해결에 국가 권력이 적극적으로 개입하게 되었다. 이 과정에서 입법권·사법권에 비해 행정권이 크게 강화되는 현상이 나타났는데, 이처럼 국가 권력이 행정권으로 집중되어 가는 현상을 행정 국가화 현상이라고 한다.

행정 국가화 현상은 현대 사회에서 피할 수 없는 현상이기는 하지만, 한편으로는 여러 가지 문제를 낳기도 한다. 먼저 국가 권력이 행정부에 지나치게 집중되어 삼권 분립에 따른 견제와 균형이 깨질 수 있다. 또한 국민이 직접 선출하는 의회 의원에 비해 국민의 통제가 상대적으로 어려운 행정 관료가 정책 결정을 주도함으로써 국민 주권주의의 원칙이 훼손될 우려도 있다.

행정 국가화 현상의 문제점과 해결 방안

행정 국가화 현상의 문제점을 해결하기 위한 노력은 크게 두 가지 방향에서 이루어지고 있다. 첫째는 의회의 기능과 역할을 강화하려는 방향이다. 예를 들어 법률의 제정은 의회가 지닌 중요한 기능이지만, 우리나라의 경우 정부가 제출한 법률안 가결률이 국회 의원이 제출한 법률안 가결률보다 훨씬 높다. 이러한 문제점을 해결하기 위해 우리나라는 국회 입법 조사처를 신설하고 전문 위원 제도를 도입하는 등 입법 지원 기구를 강화하는 노력을 기울여 왔다.

둘째는 행정부에 대한 직접적인 감시 및 통제를 강화하려는 방향이다. 옴부즈맨(ombudsman)이라는 개인 혹은 기관이 정부의 부당한 행정 조치를 감시하고 조사하는 옴부즈맨 제도가 대표적이다. 우리나라는 행정 옴부즈맨 제도의 하나로 국민 권익 위원회를 두고 있다. 국민 권익 위원회는 국민의 고충 민원을 처리하고 불합리한 행정 제도를 개선하며, 위법하거나 부당한 행정 처분으로부터 국민의 권리를 보호하는 등의 업무를 수행하고 있다.

(미래앤 교과서 p63)

THEME 04 | 국가론

▸ 96-20

01 메리암(C.E.Merriam)은 정치권력의 상징 조작 수법에는 미란다와 크레덴다라는 두 가지 측면이 있다고 하였다. <보기>에서 미란다에 해당하는 것만 고른 것은?

보기
㉠ 각종 기념일 설정　　　　　　㉡ 특정 음악 장려
㉢ 군대의 경례 제도 실시　　　　㉣ 대중적 시위
㉤ 사회 계약론에 의한 복종　　　㉥ 왕권 신수설에 의한 합법성

① ㉠, ㉡, ㉢　　② ㉠, ㉡, ㉣　　③ ㉢, ㉤, ㉥　　④ ㉣, ㉤, ㉥

▸ 2005년 공통사회

02 막스 베버(Max Weber)는 권위를 3가지 유형으로 구분하였다. 그 중에서 다음 글에 묘사된 파라오 세티의 권력이 근거하고 있는 권위의 유형을 2가지만 쓰시오. [2점]

> '승리의 황소'라고 불리는 이집트의 파라오 세티는 열 발자국쯤 떨어진 곳에 서 있었다. 그의 모습을 보기만 해도 적들은 꼼짝 못하고 몸이 굳어버린다고 사람들은 말했다. …… 큰 키, 근엄한 얼굴, 높은 이마, 매부리코, 툭 튀어나온 광대뼈. 세티는 권위의 화신이었다. 존경과 두려움의 대상인 그는 이집트에 과거의 영광을 되돌려준 군주였다. …… 야생동물과 파라오, 과연 어느 쪽이 더 두려운 존재일까? 황소와 왕에게서는 모두 강력한 힘이 흘러나왔다. …… 이야기꾼들이 말하지 않던가? 황소는 다른 세계의 불로부터 힘을 얻는 천상의 동물이라고. 그리고 파라오는 신들의 형제라고 말이다.　　－람세스

CHAPTER **04** 국가론

∨ 07-09
03 권력의 3대 운동법칙 중 다음 글에 나타나는 2가지를 적고, 그 각각을 제어하기 위한 방법을 1가지씩 쓰시오.

> 카이사르는 국내 계급투쟁을 해소하고 광대한 로마세계를 효율적으로 통치하기 위해서는 의사결정기관이 600여 명으로 구성된 공화정보다 단 한 사람으로 이루어진 제정이 더 적합하다고 생각했다. 기원전 44년 '딕타토르 페르페투아'가 된 카이사르는 지난 450년 동안 존속된 공화정에서 6개월로 제한되었던 단독 행정직의 권한을 무기한 누리며 금융, 행정, 사법, 복지 등 여러 분야에 걸쳐 대폭적인 개혁을 추진할 수 있게 되었다.

• 권력의 운동 법칙 : ＿＿＿＿＿ • 제어 방법 : ＿＿＿＿＿

• 권력의 운동 법칙 : ＿＿＿＿＿ • 제어 방법 : ＿＿＿＿＿

∨ 06-11
04 다음은 권력의 정당성에 관한 대화이다. ㉠에 들어갈 정당성 개념의 요소를 쓰시오.

> 갑 : 과거 정권은 국가 안보, 경제 성장을 내세워 국민의 자유와 권리를 공공연히 제약하였고, 정권의 정당성을 확립하지 못한 권위주의적인 통치를 하였습니다.
> 을 : 과거 정권은 당시의 헌법과 법률이 정한 절차에 따라 개헌하였고, 그에 따라 치루어진 선거를 통해 집권하였으므로 정당성을 확보하지 못했다는 주장은 타당하지 않습니다.
> 갑 : 권력의 정당성은 단지 법이 정한 절차를 거쳤다고 확보되는 것이 아니라, (㉠)(이)라는 요건까지 갖추었을 때 확보되는 것이지요.

✓ 2008 일반사회

05 (가)는 국가와 시장 간의 관계, 성장과 재분배 간의 관계를 네 개의 정치경제 모형으로 단순화한 것이다. ㉠과 ㉡에 해당하는 모형을 쓰고, (나)에서 ㉠과 ㉡의 특징에 해당하는 번호를 3개씩 쓰시오. [4점]

(가) 정치경제 모형

구분		자원 배분과 조정의 주체	
		국가	시장
정책 우선 순위	성장	㉠	㉡
	재분배	사회주의국가	사회민주주의 국가

(나) 특징

① 효율적, 독립적, 자율적인 관료 조직이 정책을 주도한다.
② 유치산업을 보호하고 성장산업을 지원하는 정책을 쓴다.
③ 산업국유화에 반대하고 복지 수단을 강조한다.
④ 개인의 자유를 강조하고, 공공지출과 복지정책을 축소한다.
⑤ 혁명을 통해 노동계급의 목적 달성이 가능하다고 생각한다.
⑥ 신중상주의와 보호주의적 무역정책을 추진한다.
⑦ 자유시장경제가 효율성, 성장, 번영을 가져다 준다고 믿는다.
⑧ 탈규제, 공기업 민영화, 포괄적 세금인하정책을 시행한다.

✓ 2013-14

06 (가)~(다)는 엘리트 지배에 대한 다양한 관점이다. 이에 대한 적합한 설명을 <보기>에서 골라 옳게 연결한 것은?

(가) 엘리트는 경쟁적 집단과 이익집단의 지도적 인물들로 구성되지만 분열되어 있고, 이들 간의 선거 경쟁이 민주적인 지배를 보장한다. 선거 결과는 민주주의적 책임을 측정하는 척도가 된다.
(나) 민주주의와 사회주의 이념에 담긴 평등주의적 가치를 비판하며, 소수 엘리트에 의한 지배가 바람직하다고 주장한다. 엘리트 지배의 근거를 정치·사회·경제상황과 필요, 국민의 선택, 정치제도, 정치문화 등이 아닌 엘리트의 재능과 심리적인 특성에서 찾는다.
(다) 정치과정에서 '대통령을 둘러싼 정치집단, 대기업, 군부'로 구성된 응집적인 권력 엘리트(power elite)가 다수 국민을 배제한 채 국가를 지배하는 것이 민주주의 현실이다.

보기

ㄱ. 인간을 감정이나 본능에 따라 비논리적으로 행동하는 존재로 보거나, 일반 대중을 자치능력이 없어 엘리트에 의해 지도받아야 하는 존재로 간주한다.
ㄴ. 민주주의는 정치평등, 대중참여, 자유 등의 가치와 원칙을 추구하는 정치체제가 아닌 하나의 정치적 방법으로 간주된다. 이 관점은 시장경제원리를 응용하여 정치관계를 기업가로서의 정치가와 소비자로서의 투표자 관계로 설명하는 이론을 발전시킨다.
ㄷ. 선거로 표출되는 유권자들의 압력은 의회, 주정부, 지방정부 같은 '중간 수준의 권력'에 흡수되고, 노동자·소기업·소비자 단체들은 정치과정에서 주변적인 영향력만 행사하는 데 주목한다.

	(가)	(나)	(다)
①	ㄱ	ㄴ	ㄷ
②	ㄱ	ㄷ	ㄴ
③	ㄴ	ㄱ	ㄷ
④	ㄴ	ㄷ	ㄱ
⑤	ㄷ	ㄴ	ㄱ

▼ 2018 전공 A 1번

07 ( ) 안에 공통으로 들어갈 개념을 쓰시오.

> 권력이란 일반적으로 타인을 내가 원하는 바대로 움직이게 하는 힘을 의미한다. 권력이 없는 자는 권력을 가진 자의 의도대로 움직이게 된다. 권력은 합리적 설득을 통해 일어나는 영향력과는 달리 처벌하거나 보상하는 것과 같은 강제나 조작에 가깝다고 할 수 있다. 한편, (   )은/는 어떤 강요나 조작의 형태라기보다는 복종에 대한 승인된 의무에 기초를 두고 있기에, 정당성 혹은 적법성 속에서 행해지는 권력이라고 할 수 있다. 이스턴(D. Easton)은 현대 민주주의의 원칙과 권력의 속성을 고려하여 정치를 사회적 가치의 (   )적 배분 행위라고 정의하기도 하였다.

▼ 2021 전공 A 7번

08 다음 글을 읽고 <작성 방법>에 따라 서술하시오.

> 정부의 통치 행위는 권위(authority)에 기초해야 한다. 사회 구성원들이 정부의 결정을 정당한 것으로 받아들이고 기꺼이 따르고자 할 때 정부의 통치 행위는 권위를 가지게 된다. 베버(M. Weber)는 이러한 권위의 유형을 3가지로 분류했다. 첫째는 (㉠) 권위이다. 이는 역사적으로 전해 내려오는 관습 등에 기반한 것이다. 항상 존재하는 것이기 때문에 당연한 것으로 받아들여진다. 둘째는 법적-합리적 권위이다. 정부의 정책 결정과 집행이 법에 따라 행해지기 때문에 권위가 있는 것으로 받아들여진다. 현대 국가들에서 기능하고 있는 전형적인 권위이다. 셋째는 카리스마적 권위이다. 이는 국민들로부터 직접 지지와 복종을 확보할 수 있는 초인적인 자질을 갖춘 지도자의 개인적 힘에 의존한 권위이다. 그러나 ㉡ 카리스마적 권위는 현대 국가와 양립하기 어렵다. 오늘날 많은 국가들이 ㉢ 제한 정부(limited government)의 실현을 추구하고 있기 때문이다. 이러한 이념은 ㉣ 고전적 자유주의에 기반한 근대 국가에서부터 현대 복지국가에까지 이어져 오고 있다.

<작성 방법>

○ 괄호 안의 ㉠에 해당하는 용어를 쓸 것.
○ 밑줄 친 ㉢의 의미를 서술하고, 이를 활용해 밑줄 친 ㉡의 이유를 1가지 서술할 것.
○ 밑줄 친 ㉣에서 주장하는 정부의 역할을 1가지 서술할 것.

2022 전공A 7번

09 다음 글을 읽고 <작성 방법>에 따라 서술하시오.

민주주의가 실제로 어떻게 작동하는지에 대한 논쟁이 계속되고 있다. '엘리트주의'에 의하면 지배를 위해 필요한 자원은 항상 불평등하게 배분된다. 따라서 모든 사회에서 소수 엘리트 집단이 다수 피치자 집단을 지배하는 현상이 나타난다. 물론 한 사회의 엘리트 집단은 영속적인 것이 아니다. 파레토(V. Pareto)는 (㉠) 이론에서 엘리트 집단은 피치자 집단으로부터 보충되거나 총체적으로 교체되는 과정을 겪기도 한다고 설명한다.

반면, 달(R. Dahl)을 포함한 (㉡) 관점의 옹호론자들은 정치권력이 사회 집단에 균등하게 배분되어 있다고 주장하면서 엘리트주의를 비판한다. 이들에 의하면 다양한 이익을 대표하는 집단들이 상호 경쟁을 통해 정책 결정에 영향을 미치고 있다는 것이다.

그러나 이러한 주장도 '합리적 선택 이론'에 의한 비판에 직면한다. 예를 들어 올슨(M. Olson)은 환경, 인권 등과 같이 공익을 추구하는 사회 집단의 경우, 개인에게 자발적 참여와 활동의 동기를 부여할 수 있는 유인이 약하다고 주장한다. 왜냐하면 이들 집단이 추구하는 목표의 공공재적 특성으로 인해, 개인은 비용을 지불하지 않고도 혜택을 누리는 (㉢) 기회를 부여받기 때문이다. 그 결과 이들 집단의 조직화 정도와 정책 결정 과정에서의 영향력은 다른 집단에 비해 낮다.

<작성 방법>

○ 괄호 안의 ㉠, ㉢에 해당하는 용어를 순서대로 쓸 것.
○ 괄호 안의 ㉡에 해당하는 용어를 쓰고, ㉡의 관점에서 주장하는 국가의 역할을 1가지 서술할 것.

THEME 05 | 민주주의론

제1절 민주주의의 기본 원리

1. 민주주의의 의미

(1) 민주주의(democracy)의 어원
  ① 어원 : demos(민중)＋kratos(권력, 지배) → 민중의 힘, 민중의 지배·통치체제
  ② 의미
    ㉠ 다수의 민중이 지배하기도 지배받기도 하는 정치 형태(치자와 피치자의 동일성)
    ㉡ 통치자와 피치자가 동일한 일원적 정치체제
    ㉢ 민중이 권력을 가지는 동시에 또한 그 권력을 스스로 행사하는 정치형태

(2) 민주주의의 개념 분류(M. Rejai)
  ① 규범적 개념
    ㉠ **이론가** : 로크, 루소, 제퍼슨, 밀과 같은 고전적 민주주의 이론가
    ㉡ **기본 입장** : 민주주의를 현실적인 정부형태나 정치제도로 보지 않고, 민주주의가 달성해야 할 도덕적 가치, 궁극적 이상, 지향하는 목표와 관련지어 규정하는 입장
    ㉢ 자연법, 천부인권, 일반의사 등 초월적 가정을 전제로 하여 인간이 달성해야 할 궁극적인 이념을 상정하고 그것을 민주주의 개념의 핵심 요소로 삼음
  ② 경험적 개념
    ㉠ **이론가** : 슘페터, 프리드리히, 다알, 립셋 등
    ㉡ **기본 입장** : 민주주의를 근본적으로 하나의 정치현실로 보고, 그것에 대한 체계적 분석이나 설명에 의하여 개념이 구성되어야 한다는 입장
    ㉢ 정치제도, 구조, 형태 중시
    ㉣ **슘페터** : 민주정치란 국민으로부터 보다 많은 득표를 얻어 집권하려는 복수 지도층의 경쟁체제
    ㉤ **다알** : 민주주의의 최소한 조건은 지도자보다 일반시민이 더 큰 권리행사를 할 수 있는 절차. 민주주의란 다수결에 의한 다원주의 정치체제(polyarchy)
  ③ 종합적 개념
    ㉠ **이론가** : 린제이, 바커, 듀이, 매키버, 사르토리
    ㉡ 자유, 평등, 박애, 인간 존엄성 등의 민주주의적인 가치와 규범의 절대성을 인정하면서도 정치현실의 실재적 요소에 대한 체계적 분석과 설명에도 관심을 가지는 입장
    ㉢ **사르토리** : '자유민주주의는 자유주의의 본질인 자유와 민주주의의 본질인 평등이 결합된 것이고, 그러한 자유민주주의는 다수결원칙과 소수권리의 존중을 보장하는 정치제도라야 함'

(3) 맥키버(R. M. Maciver)의 참민주주의와 거짓민주주의 구별 기준

언론·집회·결사의 자유, 투표의 자유 보장 여부	사람들이 정부의 시책에 대해서 자유롭게 또는 전면적으로 반대 의사를 표명한다 할지라도 그 전과 다름없이 심신의 안전을 보장받을 수 있는가?
	정부의 시책에 반대되는 조직을 자유롭게 조직할 수 있는가?
	집권당에 대해 자유롭게 반대투표를 할 수 있는가?
정권의 평화적 교체 가능	만일 집권당을 반대하는 투표가 대다수를 차지하게 되었을 경우, 그 투표로써 정부를 권력의 자리에서 물러나게 할 수 있는가?
민주적 선거절차의 확립	선거가 일정기간 또는 일정조건하에서 실시 될 수 있는 입헌적인 조치가 되어 있는가?

(4) 민주주의의 의미

(1) 정치 형태로서의 민주주의
  ① 어원적 설명 : 민주주의(democracy)= 민중(demos)+지배(kratos)를 뜻하는 것으로 민주주의는 민중 혹은 다수의 지배를 의미한다.
  ② 고대의 민주주의 : 모든 시민이 다스리기도 하고, 다스림을 받기도 하는 정치 형태 → 치자와 피치자가 동일한 정치 형태
  ③ 일반적 의미 : 개인이나 소수의 지배가 아닌 다수 국민에 의한 지배 형태 → 국민이 주권을 가지고 행사하는 정치 형태

(2) 생활 양식으로서의 민주주의
  ① 의미 : 민주적 의사 결정 방식을 정치 생활에만 한정시키지 않고, 모든 생활 영역으로 확대시킨 사회 생활의 실천 원리 → 타인을 신뢰하고 타인의 인격과 의사를 존중하면서, 모든 문제를 구성원들의 합의나 다수 의사에 따라 해결하는 원리
  ② 민주적 생활 양식

비판	• 어떤 일, 주장의 정당성이나 타당성을 검토하는 것 • 합리적 기준에 비추어 다른 사람의 의견의 적합성을 따져보는 자세
타협	• 각자의 처지를 서로 조정함으로써 대립 관계를 해소하는 기술 • 민주주의 자체를 위협하는 행위, 인간의 존엄성, 자유·평등에 위배되는 행위는 타협의 대상이 아님.
관용	• 자기와는 다른 타인의 이질성을 받아들이고 용인하는 것 • 타인과의 공존을 인정할 뿐만 아니라, 다른 사람의 의견도 수용하는 능동적이고 개방적인 자세(다원주의 사회 운영의 기초)
다수결의 원리	• 다양한 견해의 대립이나 이해관계의 충돌을 합리적으로 조정하기 위한 방법 • 전제 조건 : 의사 결정에 참여하는 사람들의 평등 보장, 의사 결정 방법에 관한 합의, 의사 결정에 앞선 자유로운 토론과 타협, 다수의 의사가 절대적이거나 영구적인 것이 아니라는 사실 인정, 소수 의견 존중 등 • 한계 : 도덕적인 선, 인간의 근본 가치, 정의, 종교, 과학적 진리 등의 문제는 다수결의 대상일 수 없음 • 잘못된 다수에 의한 민주정치는 '중우 정치'나 '다수의 횡포'로 전락할 수 있음.

민주적 의사 결정의 한계

① 만장일치 의사 결정의 한계 : 만장일치의 의사 결정 원리는 전원 일치의 상황에서만 집단적 의사가 결정되는 원리이므로 모든 사람에게 거부권을 부여하는 결과를 초래하게 된다. 따라서 소수의 독재적 결정이 될 수 있다. 예를 들어 만장일치로 결정하는 상황 하에서 총 100명의 구성원 중 99명이 찬성하고 1명이 반대하면 1명의 반대한 의견 때문에 전체 의사결정이 반대로 귀결된다. 즉 99명이 회식에 찬성하고, 1명이 반대하면 1명의 반대 의견 때문에 회식을 하지 못하게 된다. 이는 집단적 의사로 결정되는 것이 99명의 의견이 아니라 1명의 의견이 채택되는 것을 의미하고, 이를 다른 표현으로 소수의 거부권을 인정하는 것이라고 말하는 것이다.

② 투표의 순환

순위 \ 투표자	A	B	C
1	x	y	z
2	y	z	x
3	z	x	y

가정 : A는 x>y>z, B는 y>z>x, C는 z>x>y를 선호한다.
- x와 y는 2 : 1로 x가 선호된다.
- y와 z는 2 : 1로 y가 선호된다.
- z와 x는 2 : 1로 z가 선호된다.

- x-y 승자와 z의 대결에서 z가 채택된다.
- y-z 승자와 x의 대결에서 x가 채택된다.
- z-x 승자와 y의 대결에서 y가 채택된다.
→ 다수결 투표가 순환성을 가져올 때 투표의 역설이라고 하는 것으로, 투표의 역설이 발생하면 투표 순서에 따라 다른 결과가 나타날 수 있어 의사진행조작이 발생할 우려가 있다.

③ 종다수결의 문제점

```
A, B, C, D :  x y z
E, F, G :     y z x
H, I :        z y x
```

다수결의 원리와 필리버스터(filibuster)

의회주의는 다수결의 원칙에 의해 운영되는 다수결 정치를 의미하고, 다수결 원칙은 의회주의의 요체이다. 그런데 다수가 소수의 의견을 무시하고 일방적인 강행을 고집하면 다수의 횡포가 될 수 있기에 이에 대한 견제 수단이 필요하다.

무제한 토론(필리버스터)이란 의회에서 소수파 의원들이 다수당의 독주를 막기 위해 장시간 연설이나 질의 등을 통해 합법적으로 의사 진행을 방해하는 것을 말한다(국회법 제106조의 2). 소수파의 의견을 보호한다는 긍정적인 측면도 있으나 다수결의 원칙에 역행하는 부작용도 있다.

― 홍성찬, 『법학 원론(제4판)』
(미래앤 지도서 p53)

2. 민주주의의 이념

(1) 인간의 존엄성

① 의미
   ㉠ 인간은 인간이라는 그 자체만으로 존중받을 가치가 있으며, 수단이 아닌 목적 자체로 인정받아야 함
   ㉡ 신분, 성별, 신체조건, 시공을 초월하여 누구에게나 보편적으로 인정되는 절대적 가치

② **인간 존중의 역사** : 시민혁명이 인간 존엄성 존중의 중요 계기

③ 실현 방안
   ㉠ 자유와 평등을 비롯한 기본적 인권의 보장
   ㉡ 헌법을 통해 인간 존엄성을 구체적으로 보장해야 한다는 입헌주의 원리 정립 → 참정권, 청구권, 행복추구권, 사회권 등의 기본권을 헌법으로 보장

> **📖 세계 인권 선언**
>
> 1948년 12월 10일 국제 연합(UN) 총회에서는 세계 인권 선언을 채택하여, 모든 인간의 천부적 존엄성은 세계의 자유 · 정의 · 평등의 기반임을 인정하였다. 세계 인권 선언은 모든 인간이 열망하는 기본권, 즉 생명, 신체의 자유 및 안전에 대한 권리, 인간다운 생활을 할 권리, 박해를 피해 외국으로 망명하여 살 수 있는 권리, 사유 재산권, 의견과 표현 자유의 권리, 교육받을 권리, 사상 · 양심 및 종교의 자유, 그리고 고문과 굴욕적 대우로부터 자유로울 권리에 대하여 명시하고 있다. 이러한 권리는 지구촌의 모든 사람이 누려야 할 천부적인 권리임을 밝히고 있다.
> – 국가 인권 위원회 누리집(http://www.humanrights.go.kr/)
> (천재교육 지도서 p76)

(2) 자유

① **의미** : 외부로부터 각종 구속이나 타율적인 강제를 받지 않고 자신의 의지에 따라 선택할 수 있는 자연법상의 권리

② 자유의 의미 변화

소극적 자유	국가로부터의 자유	• 자연권 보장을 위해 국가권력으로부터 간섭을 받지 않을 자유 • 어떠한 권력으로도 제한할 수 없고 적극적으로 보장해야 할 절대적 가치를 지님
적극적 자유	국가에의 자유	• 국정에 적극적으로 참여하는 자유로 확대·발전됨 • 공동체나 국가의 운영에 참여하는 권리 → 참정권 형태로 보장
	국가에 의한 자유	• 인간다운 삶을 살아갈 수 있는 자유 → 사회권 형태로 보장 • 국가의 법률과 예산에 의해 보장되는 권리

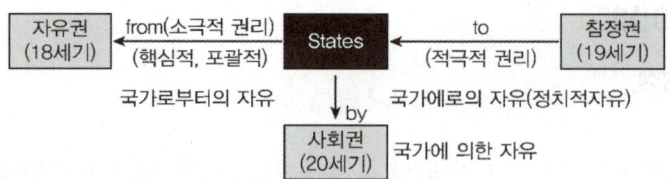

③ 자유의 전제조건 : 책임
④ 자유의 한계 : 타인의 자유와 권리를 침해하지 않는 한도 내에서만 인정되는 권리
⑤ 자유의 역설 : 인간은 사회적 존재이므로 인간이 누리는 자유도 '사회에서의 자유'일 수밖에 없음 → 자유의 실현을 위해서는 사회 공동체의 유지를 해치지 않는 범위 내에서만 허용되어야 함 → 개념적으로 사회적 구속을 지양하면서, 현실적으로는 타인과의 관계에서 자유를 보장받기 사회적인 구속에 의존함 (예 재산권 행사의 자유 제한)

(3) 평등
① 의미 : 불합리한 차별을 받지 않고, 균등한 기회 속에서 능력에 따라 동등한 대우를 받는 권리

법 앞의 평등 (법치주의)	법 앞에서 신분, 종교, 성별 등에 의한 차별을 받지 않고 동등한 인격체로 대우 받음
기회 균등의 원리	모든 사람이 똑같다는 것이 아니라 모든 사람에게 능력을 발휘할 기회를 균등하게 부여한다는 의미
상대적·비례적·실질적 평등	선천적·후천적 차이를 부정하는 기계적·형식적 평등이 아니라 업적과 능력에 따른 합리적 차별을 인정하는 것

② 우리 헌법의 평등
㉠ 법 앞에서 모든 사람을 동등하게 대우하여 성별, 종교, 사회적 신분 등에 의한 차별을 하지 않고 균등하게 기회를 부여하는 것(헌법 제11조 1항)
㉡ 합리적 근거나 정당한 이유가 있는 차별은 평등의 이념에 반하지 않는 것으로 인정 → 실질적 평등을 실현하기 위한 합리적 차별을 인정

③ 평등의 종류

구분	절대적·획일적 평등	상대적·비례적 평등
의미	선천적·후천적 차이를 고려하지 않고 모든 사람을 절대적으로 동등하게 대우하는 것	성별, 연령 등의 선천적인 조건이나 재산, 교육수준, 직업 등의 후천적 차이를 고려하는 평등
사례	인간적 가치에 있어서의 평등, 선거권이나 피선거권에서의 평등(1인1표) 등	성과급 지급, 누진세 부과 등
영역	정치적·시민적 권리에서의 평등	사회·경제적 생활에 있어서의 평등

> **📖 적극적 우대 조치**
>
> 적극적 우대 조치란 차별로 인한 불평등한 결과를 시정하여 실질적 평등을 실현하기 위한 조치를 말한다. 이것은 단순히 차별을 철폐하고 똑같은 대우를 하는 것보다 좀 더 적극적인 성격의 사회 통합 정책으로 인종, 피부색, 종교, 성별 등에 따라 발생할 수 있는 과거와 현재의 차별을 철폐하기 위해 마련된 정책이다. 차별을 받아온 집단에 혜택을 부여하는 점에서 긍정적 차별이라 할 수 있다.
>
> (미래앤 지도서 p39)

④ **역사적 발전**

신 앞에서의 평등(중세) → 법 앞에서의 평등(근대이후) → 실질적 평등(현대 복지국가)
　　　　　　　　　　　　절대적·형식적·산술적 평등　　상대적·비례적·실질적 평등
　　　　　　　　　　　　　　　평균적 정의　　　　　　　　　배분적 정의
　　　　　　　　　　　　선·후천적 차이를 고려×　　　선·후천적 차이 고려○

(4) **자유와 평등의 관계에 대한 인식**

① **자유와 평등의 긴장**

㉠ **평등에 의한 자유의 위협**

평등을 추구하는 시민의 충동적 속성은 다수가 개인이나 소수를 억압하고, 심지어 민주주의 자체를 전복시키거나 포기하는 다수독재를 가져올 수 있음.

㉡ **자유에 의한 평등의 위협**

부르주아적 자유주의는 실제 형식적 의미의 평등 이상을 의미하지 않음. 경제적 자유가 자원 분배에 있어서 심각한 불평등을 야기시키고, 이것이 권력의 분배에 영향을 미치는 경우 민주주의를 심각하게 위협할 수 있음.

② **자유와 평등의 조화를 위한 관계의 모색**

㉠ 평등과 자유가 민주주의를 지탱하고 있는 두 개의 지주라고 하는 것은 절대화한 자유나 평등이 아니라 상대적 이념으로서의 자유와 평등을 말함. 따라서 원만하고 조화 있는 민주주의 실현을 기하기 위해서는 종래의 소극적 자유, 즉 국가로부터의 자유(freedom from the state)를 바탕으로 국가에 의한 자유의 구현이 병행되어야 함. 이러한 자유의 확대가 사회 구성원들에게 경제적·사회적 평등의 실현으로 작용할 때, 현대적 민주주의는 보다 더 참되게 실현되는 것이라고 할 수 있음.

㉡ **롤즈의 정의론** : 사회의 최대수혜자가 불평등을 누릴 수 있는 것은 최소수혜자의 편익을 증진시키는 것을 수반하는 조건에 한하여 가능하다는 것을 주장한 것으로 이 원칙은 자유주의의 핵심 요소인 자유시장을 기본 전제로 하면서도 최소수혜층을 위한 복지증진의 정당화를 주장했다는 점에서 평등주의의 자유주의적 합리화로 이해될 수 있음.

3. 민주정치의 기본원리

(1) **국민 주권의 원리**

① 의미 : 국가의 의사를 최종적으로 결정할 수 있는 주권이 국민에게 있고, 국가권력의 성립과 행사는 국민의 동의에 의해 가능하다는 것

② 주권 개념의 변천 : 군주 주권론(보댕) → 국민 주권론(로크, 루소)

구분	군주 주권론	국민 주권론
주권소재	군주	국민
배경	왕권신수설	사회계약설
내용	절대주의 시대 때 중앙 집권적 통일 국가 형성에 기여	절대 군주의 전제 권력을 타도한 시민 혁명의 이론을 제공
학자	보댕, 홉스	로크, 루소

(2) **대의제의 원리**

① 의미 : 국민이 대표를 선출하여 간접적으로 주권을 행사하는 제도, 국민이 선출한 대표들이 정부를 구성하고 국민은 참여를 통해 국가 의사를 결정

② 필요성
  ㉠ 근대 이후 국가의 규모가 확대되고 인구가 많아짐에 따라 국민 개개인이 직접 정치에 참여하는 것이 현실적으로 불가능해짐
  ㉡ 사회가 복잡화·전문화됨에 따라 전문적이고 효율적인 정책의 결정을 위해 국정에 대한 전문적 지식이나 자질이 요구됨

③ 문제점
  ㉠ 정치적 무관심의 확대
  ㉡ 대표가 국민의 의사를 정확하게 반영하지 못하는 문제 발생
  ㉢ 행정부의 역할 강화에 따라 의회제를 통한 국민 자치의 원리 훼손
  ㉣ 정당 정치의 발달로 권력이 집중된 정당 수뇌부에 의해 결정되는 당론에 의해 의원들의 의사가 구속됨

④ 해결방안
  ㉠ 직접 민주정치 요소의 도입(국민투표, 국민발안, 국민소환)
  ㉡ 의회의 효율성·전문성 제고 : 전문 정책 보좌관제의 활성화 및 정당 산하 연구소의 정책 자문 활성화를 통한 입법 지원 기능의 강화
  ㉢ 정당 기능의 강화 및 정당민주화 : 정당의 조직과 정당 내부 민주화를 위하여 상향식 의사 결정 구조를 확립하고 의원의 자유투표를 보장
  ㉣ 비례대표제 및 직능대표제의 시행 : 유권자의 사표를 방지하고 다양한 소수자들의 이익을 대변할 수 있고 전문성이 있는 의원이 선출되기 위한 비례대표제의 실시 및 각 직능의 대표자로서 의회를 구성하기 위한 직능대표제의 도입
  ㉤ 시민의 주체적 참여 유도 : 참여민주주의 및 지방자치 활성화

⑤ 의회의 구성 방식

구분	장점	단점
단원제	• 국론 통일 • 책임소재가 명확함 • 신속한 의안 처리, 비용 절감	• 경솔, 부당한 입법 가능성 • 다수당의 횡포 우려
양원제	• 신중한 정책 결정 가능 • 다수당의 횡포 방지 가능 • 의회와 정부의 충돌이 완화됨	• 불필요한 국론 분열 • 시간과 비용의 과다 소모 • 책임소재 불명확

⑥ 폴스비의 의회유형론
  ㉠ 기준 : 사회적 요구를 법률로 전환하는 능력, 즉 변형 능력
  ㉡ 전환형 의회
    • 어떠한 사회적 문제 또는 요구를 법률로 전환할 수 있는 독자적인 능력을 발휘할 수 있고 또한 실제로 빈번하게 발휘하고 있는 의회
    • 의회에서는 의안을 실제로 법률로 전환시키기 위해 논쟁을 전개하며, 거의 대부분의 법안이 의원입법의 형태로 처리되기 때문에 의회에서 정당의 역할보다는 의원 개개인의 역할이 중심이 된다.
    • 발달 조건 : 원내 다수파의 구성에서 정당 간 연합의 폭과 유동성이 클 것, 원내 정당이 비중앙집권적일 것, 위원회 활동의 발달
    • 대표적 사례는 미국
  ㉢ 경합장형 의회
    • 입법보다는 정권을 둘러싼 여야 간의 논전(論戰)에 의정활동의 중심이 놓여지는 유형으로 의회는 주요 정치세력의 상호작용을 가능케 하는 공식화된 장소로서 기능
    • 선거를 통해 정당의 세력비율이 정해지면 그것이 법안의 귀추를 결정하게 되며, 이후 의회는 정부안의 신속한 통과를 노리는 집권당과 이를 저지하려는 반대당의 논쟁의 장이 된다.
    • 이러한 의회유형에서는 정당의 역할이 의회운영의 중심에 자리하게 되며, 정당 규율이 엄격한 중앙 집권적 모습을 보이게 된다.
    • 발달 조건 : 의회 내 위원회 활동이 미발달되어 있고, 정책 결정의 중심이 의회의 외부에 있으며, 원내 정당은 정부에 인재를 제공하는 역할을 함
    • 대표적 사례는 영국

(3) 입헌주의의 원리
  ① 의미 : 국민의 기본권을 보장(국가권력 제한, 남용 방지)하기 위해 헌법을 만들고, 그 헌법의 규정에 따라 국민의 기본권을 보장해야 한다는 원리
  ② 헌법 : 국민의 자유와 권리를 보장하고 국가 기관의 조직과 권한을 정하는 최고의 법
  ③ 배경 : 절대군주들의 통치 권력을 제한하려던 근대 시민혁명 과정에서 정립됨
  ④ 목적 : 정치권력의 남용을 방지하여 국민의 기본권을 보장하려 함

입헌주의

입헌주의(constitutionalism)란 헌법에 의한 통치를 말한다. 즉, 헌법을 통해 국민의 자유와 권리를 규정하고, 자유와 권리가 국가 권력에 의하여 침해당하지 않고 보호되게 하기 위해 국가 권력 작용이 헌법에 구속되도록 견제하고 균형을 이루게 하는 통치 원리를 입헌주의라 하는 것이다. 헌법은 국민의 자유와 권리를 침해하는 권력 남용을 방지하기 위한 목적에서 권력 행사에 대해 제한을 가하기 위한 수단으로 만들어졌다. 결국, 입헌주의는 국민의 자유와 권리를 보장하기 위한 것이라 할 수 있다.

– 김철수, 『헌법 개설』, 2013, pp.3~5
(천재교육 지도서 p60)

 입헌주의와 법치주의의 관계 교과서

입헌주의(constitutionalism)란 주권자인 국민의 뜻을 바탕으로 국가 권력의 범위와 한계를 국가 기본법으로서의 헌법에 규정하고, 국가 권력의 구성과 운영이 국민의 자유와 권리를 최대한 보장하는 방향으로 헌법에 따라 이루어져야 한다는 원리이다. 이는 미국의 독립 혁명, 프랑스 혁명을 통해 역사적으로 구현된 정치 원리이자 법 원리이다.
반면, 법치주의(rule of law)란 국가 기관의 구성과 운영을 법에 따라 해야 한다는 원리를 말한다. 법치 국가의 목적은 국민의 자유와 권리의 보장이고, 제도적 기초는 권력 분립이며,
그 내용은 법률의 우위, 법률에 의한 행정, 법률에 의한 재판이다. 따라서 국민의 자유와 권리를 제한하거나 국민에게 새로운 의무를 부과할 때에는 반드시 국민의 대표 기관인 국회가 제정한 법률로써 해야 하고, 행정은 법률의 존재를 전제로 그에 의거하여 행해져야 하며, 사법도 법률의 존재를 전제로 법률에 따라 행해져야 한다.
역사적으로 양자의 기원은 다르지만 국가 권력을 법에 구속되게 하여 시민의 자유와 권리를 지키도록 하겠다는 의도는 같다. 그리고 헌법은 법의 한 종류이다. 이러한 공통점에 주목하여 현대 헌법 이론을 정립할 때 입헌주의는 법치주의의 한 요소로 포섭하여 체계화할 수 있다. 이 교과서에서는 현대 헌법 이론의 관점에서 입헌주의를 법치주의의 한 요소로 설명하였다.

(비상교육 지도서 p48)

 민주주의와 법치주의의 관계

'국민의 지배'를 의미하는 민주주의는 인간 존엄성의 바탕 위에서 모든 사람이 평등하게 대우받으며 자유롭게 살아가는 것을 이념으로 한다. 또한 '법의 지배'를 의미하는 법치주의는 국가 작용이 헌법과 법률을 통해 이루어지게 함으로써 국민의 자유와 권리를 보장한다. 민주 국가에서 권력 행사의 근거가 되는 법률은 국민의 대표로 구성된 입법부에서 제정된다. 따라서 법률에 따른 지배는 곧 국민의 지배이며, 법치주의가 민주주의 이념을 실현해 준다는 점에서 민주주의와 법치주의는 상호 보완적인 관계라고 할 수 있다.
한편 국민의 의사는 시대와 상황에 따라 변화하므로 국민의 의사에 따라 이루어지는 민주주의는 동적인 성격을 갖는다. 이에 비해 법치주의는 법이라는 제도적 틀 안에서 사회 질서를 유지하려는 정적인 성격을 지닌다. 이로 인해 변화를 바라는 여론과 기존의 법질서가 일치하지 않아 민주주의와 법치주의 간에 대립이 발생할 수도 있다. 그러나 국민의 대표가 모인 의회에서 법을 제정하거나 개정함으로써 민주주의가 법치주의의 틀 안에서 실현되도록 하여 이러한 긴장과 갈등을 해소할 수 있다.
이처럼 민주주의와 법치주의 간에는 **상호 보완적인 관계와 긴장과 대립의 관계가 공존**하지만, 법치주의는 민주주의의 실현을 목적으로 하고, 민주주의는 법치주의의 틀 안에서 운영됨으로써 양측이 조화롭게 발전할 수 있다.

(미래앤 교과서 p22)

> **여기서 잠깐**
> Q. 민주주의와 법치주의가 상호 보완적으로 작용하도록 돕는 제도에는 무엇이 있나요?
> A. 위헌 법률 심판, 탄핵 심판, 국민 참여 재판 등의 제도들이 있어요.
>
> (비상 교과서 p19)

(4) 권력 분립의 원리

① 의미 : 국가 권력을 여러 국가기관에 나누어 분배하고 이들 국가기관이 서로 견제와 균형을 취하도록 하는 것
② 목적 : 국가 권력의 분산 → 견제와 균형(자의적인 권력 남용 방지) → 국민의 자유와 권리 보장(기본권 보장)
③ 권력 분립 이론

구분	로크	몽테스키외
권력 구분	2권 분립	3권 분립
담당 기관	• 입법권-의회 • 집행권과 동맹권(외교권)-군주	• 입법권-의회 • 집행권-행정부 • 재판권-사법부
특징	의회의 기능이 강조된 영국의 정치 상황 반영, 의원 내각제 국가에 영향을 미침	삼권의 견제와 균형의 원리를 강조하는 대통령제 국가에 영향을 미침

로크(Locke, J.)는 『시민 정부 2론』이라는 책에서 주권을 최고권이라고 표현하고, 그 핵심이 입법권이라고 보았다. 군주의 절대적 권한을 견제하기 위해 의회가 공동의 이익을 위한 법을 만드는 것이야말로 주권 행사의 가장 중요한 내용이라고 본 것이다. 이러한 그의 사상은 국가 권력을 입법부와 행정부(군주)로 분리하는 이권 분립론으로 나타났으며, 이는 영국에서 의회를 중심으로 하는 정부 형태, 즉 의원 내각제가 성립하는 데 큰 영향을 미쳤다.
몽테스키외(Montesquieu, C. L.)는 『법의 정신』이라는 책에서 국민의 자유와 평등을 보장하는 방법으로 견제와 균형에 입각한 삼권 분립을 주장하였다. 그에 따르면 국가에는 세 가지 권력, 즉 입법권과 집행권, 사법권이 있다. '동일한 인간 또는 동일한 집단의 수중에 입법권과 집행권이 결합하여 있을 때' 또는 '재판권이 입법권과 집행권으로부터 분리되어 있지 않을 때' 자유가 존재할 수 없다고 본 그는 엄격한 삼권 분립에 입각한 정부 형태가 필요하다고 보았다. 이러한 그의 사상은 미국에서 입법부와 행정부의 독립성과 상호 견제가 강조되는 정부 형태, 즉 대통령제가 성립하는 데 큰 영향을 미쳤다.

– 박현모, 『현대 정치학』
(지학사 교과서 p48)

(5) 지방 자치의 원리
① 의미 : 일정지역의 자치 단체나 주민이 지역의 공공문제를 자주적으로 해결하기 위한 정치방식
② 유형 : 지방 자치를 지방 자치 단체와 국가(중앙정부)와의 관계라는 측면에서, 즉 지방자치단체의 자치권을 중심으로 이해할 때 이를 단체 자치라 하고, 지방 자치를 지방 자치 단체 안의 정부와 주민과의 관계라는 측면에서, 즉 주민의 자치운영에의 참여에 중점을 두고 이해할 때 이를 주민 자치라고 한다.

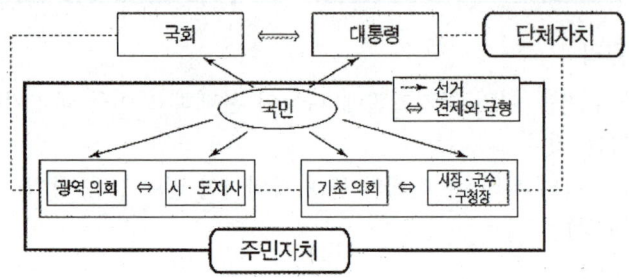

주민 자치와 단체 자치

구 분	주 민 자 치	단 체 자 치
자치의 의미	정치적 의미	법률적 의미
자치권의 근거	주민의 고유한 권리	국가에 의해 부여된 권리
자치권 인정주체(학설)	주민(고유권설)	중앙정부(전래설)
중시하는 권리	주민의 권리	자치단체의 권능
중앙과 지방의 관계	기능적 협력관계	권력적 감독관계
사무의 구분	고유 사무	고유 사무 + 위임 사무
자치의 중점	지방정부와 주민의 관계	중앙정부와 지방정부의 관계
우월적 권능	의결권능	집행권능
발달한 국가	영국	프랑스, 독일, 일본

중앙 정부와 지방 자치 단체(지방 정부)의 관계

일반적으로 '중앙 정부와 지방 자치 단체의 관계'라는 표현에는 양자의 관계를 수직적인 관계로 보는 관점이 들어 있다. 이러한 면에서 지방 자치 단체를 지방 정부라고 칭하는 경우에는 중앙 정부와의 관계를 수평적인 것으로 받아들이려는 관점이 들어 있다.

지역 사회의 주민이 자신들의 책임하에 정치적 결정을 하고 지역 사회를 운영해 가는 것을 지방 자치라고 하지만, 지방 자치의 정도는 중앙-지방 관계에 의해 규정된다. 이 경우 자치권이 기본적 인권과 마찬가지로 불가침의 권리라고 하는 고유설과 자치권은 국가가 부여함으로써 성립한다고 생각하는 전래설이 있다.

중앙-지방 관계의 방향은 국가에 따라 다양하지만 그 양식은 크게 중앙 집권과 지방 분권으로 구분된다. 중앙 집권은 중앙 정부에 권한과 책임이 집중되어 있는 경우를 말하고, 일반적으로 중앙 집권 국가에서는 중앙 정부가 인정하는 범위 내에서 일정한 권한이 지방 정부에 허용(부여)된다. 또한 중앙 집권 국가의 경우에는 지방 정부의 자치 확대의 요구가 정치 문제가 되는 경우가 많다. 이에 비해 지방 정부에 권한과 책임이 분산되어 있는 경우를 지방 분권이라고 하는데, 지방 분권을 대폭 인정하고 있는 국가는 연방제를 채용하고 있는 경우가 많다. 연방제 국가의 경우에는 일반적으로 헌법에 중앙 정부 및 지방 정부의 권한이 규정되며 지방 정부에 대폭적인 자치의 권한이 인정된다. 그런데 중앙 정부가 지방 정부에 어느 정도의 권한을 인정하는가는 국가에 따라 다르며, 특히 20세기에 들어서부터 행정 국가화, 복지 국가화 등을 통한 중앙 정부의 통제가 일반적으로 강화되고 있다.

– 정치학 대사전 편찬 위원회, 『21세기 정치학 대사전』
(천재교육 지도서 p120)

③ **목적** : 중앙 권력의 남용 방지, 지역 실정에 익숙한 주민이 직접 문제 해결에 참여 → 풀뿌리 민주주의의 실현 : 민주주의의 교실(브라이스)
④ **우리나라의 지방 자치 제도**
  ㉠ 지방 자치 단체의 종류
    - 일반 지방 자치 단체 : 광역 지방 자치 단체(특별시, 광역시, 도, 특별 자치도, 특별 자치시), 기초 지방 자치 단체(시, 군, 구-자치구)
    - 특별 지방 자치 단체 : 교육감
  ㉡ 지방 자치 단체의 기관
    - **지방 의회** : 지방 자치 단체의 의결 기관 → 주민에 의하여 직접 선출된 의원으로 구성되며, 법령의 범위 안에서 조례를 제정함.
    - **지방 자치 단체장** : 지방 자치 단체의 집행 기관 → 주민에 의하여 직접 선출된 지방 자치 단체장이 법령과 조례의 범위 안에서 규칙을 제정함.
  ㉢ 우리나라의 주민 참여 제도
    - 직접 민주 정치의 요소 : 주민 투표 제도, 주민 발안 제도, 주민 소환 제도
    - 주민 감사 청구 제도 : 주민은 지방 자치 단체와 그 장의 권한에 속하는 사무의 처리가 법령에 위반되거나 공익을 현저히 해친다고 인정되면 감사를 청구할 수 있다.
    - 주민 소송 제도 : 재정에 대한 감사를 청구한 주민이 감사 결과 등에 불복하는 경우에는 법원에 소송을 제기할 수도 있다.
    - 주민 참여 예산 제도 : 주민은 지방 자치 단체의 예산 편성 과정에 참여하여 사업 제안

등 의견을 제시할 수 있다.
- 청원 제도 : 주민은 지방 자치 단체가 마련하기를 바라는 정책이나 조치 등을 지방 의회에 문서로써 청원할 수 있다.

(지학사 교과서 p72)

ㄹ. 우리나라 지방 자치의 문제점
- 지방 자치 단체의 독립성과 자율성이 부족 : 지방 자치 단체에 대한 중앙 정부의 지도와 감독, 법률을 통한 통제는 헌법과 법률에 부합하는 지방 자치를 시행하는 데 기여하지만 지방 자치 단체의 자율적인 사무 처리와 조례 제정을 저해하는 부작용도 있다.
- 지방 자치 단체 간에 발생하는 갈등을 해결하기 곤란 : 각 지방 자치 단체가 자기 지역의 이익만 우선시하여 발생하는 갈등을, 양보와 타협을 통해 해결하기는 쉽지 않다.
- 지방 자치 단체의 재정 자립도가 낮고, 그 차이가 크다는 점 : 대부분의 지방 자치 단체는 중앙 정부의 지원에 의존하고 있다. 이는 지방 자치 단체의 독립성과 자율성을 약화하고 지역 간 균형 발전을 저해하는 문제로 이어지기도 한다.
- 지방 정치가 중앙 정치에 예속되고, 지방 자치에 대한 주민의 관심과 참여가 부족한 점 : 자기 지역의 문제를 스스로 해결하기 보다 중앙 정부에 의존하여 해결하려는 경향이 존재하는 것이다.

ㅁ. 우리나라 지방 자치의 발전 방안
- 중앙 정부와 지방 자치 단체 간 조화로운 역할 분담과 협력 관계의 구축 : 중앙 정부에 적합한 역할과 지방 자치 단체에 적합한 역할을 합리적으로 조정하고, 서로 긴밀하게 협력함으로써 국가의 이익과 지역 이익 간의 조화를 추구할 필요가 있다.
- 지나친 중앙 집권으로부터 탈피하여 지방 분권을 강화할 필요 : 지방 자치의 본래 목적을 달성하기 위해서는 중앙 정부에 집중된 권한을 줄이고 지방 자치 단체에 입법, 행정 등에 있어서 충분한 자율성을 보장해야 한다.
- 지방 자치 단체 간의 갈등 조정을 위한 제도의 강화 : 이를 위해서는 지방 자치 단체들이 자율적으로 분쟁을 해결할 수 있는 제도나 절차를 강화하고, 중앙 정부의 합리적인 갈등 조정 역할을 확립해야 한다.
- 지방 자치 단체의 재정 자립도를 높이고, 그 격차를 완화하기 위한 노력 : 이를 위해서는 재정이 열악한 지방 자치 단체에 대한 지방 교부세와 같은 중앙 정부의 재정 지원 강화나 지방 자치 단체의 수입 확대를 위한 제도 개선이 요구된다.
- 지방 자치 단체의 각 기관과 주민 간의 소통 및 주민 참여를 활성화할 수 있는 제도의 강화 : 지방 자치의 발전을 위해서는 근본적으로 이루어져야 하는 것으로 주민의 관심과 참여가 없다면 지방 자치의 발전은 불가능하다.

(지학사 교과서 p73~74)

📖 지방 자치 제도와 연방 제도의 구분

연방 제도란 독자성을 가진 각 주 또는 지방국(支邦國)이 결합하여 하나의 국가를 이루는 국가 구성 제도이다. 권력을 각 주에 분산하는 분권주의를 그 배경으로 하며, 미국, 독일 등이 이와 같은 형태를 취하고 있다. 이는 권력을 중앙에 집중시키는 집권주의를 배경으로 하는 단일 국가 제도와 대비되는 개념으로, 우리나라, 일본, 프랑스 등이 단일 국가 형태를 취하고 있다. 그러나 현대에 들어 단일국도 지역의 문제를 스스로 해결하는 것이 바람직하다는 관점, 지역 주민의 정치의식과 책임 의식을 고양하기 위한 풀뿌리 민주주의의 관점 등에서 고양된 수준의 분권을 하려는 추세이며, 그 주요한 방법이 지방 자치 제도의 강화이다. 프랑스가 대표적인 예이다.

헌법이 국가 구성 제도로서 연방 제도를 채택하는 것과 단일 국가 형태를 취하면서 지방 자치 제도를 채택하는 것은 이론적으로 차이가 있다. 연방 국가에서는 연방을 구성하는 주 또는 지방국이 국가로서의 독자성을 가지고 있으므로 연방 국가와 별도로 독자적인 입법부·사법부·행정부를 가지고 있는 것이 일반적이다. 그리고 일반적으로 이러한 점이 헌법으로 보장된다. 예를 들어 미국에는 연방 의회, 연방 법원, 연방 행정부와 별도로 주 의회, 주 법원, 주 행정부가 있으며, 이러한 사항이 미국 헌법에 보장되어 있다. 이와 비교하여 단일 국가에서 지방 자치 제도를 채택하는 경우는 지방 자치 단체의 사법권 등은 인정하지 않고 중앙 정부의 집행 기능에 대한 지역 자치와 주민 참여만을 보장한다. 그리고 이러한 점이 헌법이 아니라 법률로 규정되는 것이 일반적이다.

– 전광석, 『한국헌법론』, 권영성, 『헌법학원론』, 전훈, 『프랑스 지방분권법』
(비상교육 지도서 p90)

5. 국민 자치 구현 방식

(1) **직접 민주 정치**
 ① 의미 : 모든 구성원이 그 사회의 중요한 정책을 결정하는 데 직접 참여하는 정치 형태
 ② 조건 : 모든 시민이 일정한 장소에 모여서 공공의 문제를 결정할 수 있을 정도의 사회가 단순하고 규모가 작아야 함
 ③ 사례 : 고대 그리스의 소규모 도시 국가, 스위스·미국 등의 자치 단체
 ④ 장·단점
  ㉠ 장점 : 민주 정치의 본질인 국민 자치의 원리를 가장 충실하게 실현할 수 있음
  ㉡ 단점 : 영토가 좁고 인구가 적은 나라에서만 실현 가능, 대규모 집단에서는 실현이 곤란

(2) **간접 민주 정치**
 ① 의미
  ㉠ 시민이 선출한 대표들이 통치권을 행사하는 정치 형태
  ㉡ 직접 민주 정치에 상대되는 것으로, 오늘날 각국에서 행해지는 의회 제도가 그 전형적인 형태임
 ② 발생 배경
  ㉠ 영토의 확대, 인구 증가 등에 의해 국가의 규모가 커짐으로써 모든 시민이 한 자리에 모이는 것이 불가능해졌음
  ㉡ 사회의 복잡화·전문화로 인해 공공정책에 대한 전문적 지식을 갖춘 사람들이 필요해짐

ⓒ 영국을 시작으로 하는 근대 국가의 등장과 함께 의회제가 채택되었고, 오늘날에는 간접 민주제를 곧 의회제로 생각하게 됨
③ 장·단점
  ㉠ 장점 : 영토가 넓고 인구가 많은 대규모 집단에서도 효율적으로 실시할 수 있음
  ㉡ 단점 : '대의제의 위기' 즉 시민 참여의 제한, 국민의 정치적 무관심(관객 민주주의)을 초래하여 국민 의사를 왜곡할 수 있음

(3) **혼합 민주 정치**
  ① 의미 : 원칙적으로 간접 민주 정치를 실시하면서, 보충적으로 직접 민주 정치의 요소를 도입하여 그 단점을 최소화하려는 정치 형태
  ② 대의제에서 사용되는 직접 민주 정치 제도

국민 투표	• 헌법 개정이나 국가의 중요한 일 등을 국민의 표결에 붙여 최종적으로 결정하는 제도 • 우리나라는 1987년 9차 개헌에서 헌법 개정안과 대통령이 부의한 중요 정책에 대한 국민 투표제가 채택됨
국민 발안	• 일정한 수의 국민이 헌법 개정안이나 법률안을 의회에 직접 발의할 수 있는 제도 • 미국의 일부 주와 스위스 캔톤 등에서 실시 • 우리나라에서는 1962년 5차 개헌에서 헌법 개정에 대하여 국회의원 선거권자 50만 명 이상의 찬성으로 제안할 수 있게 했으나, 1972년 7차 개헌에서 폐지함
국민 소환	• 선거에 의하여 선출된 대표 중에서 유권자들이 부적격하다고 생각하는 자를 임기가 끝나기 전에 국민의 투표에 의해 파면시키는 제도 • 고대 그리스의 도편 추방제에서 유래, 오늘날 미국의 일부 주와 스위스캔톤 등에서 실시 • 재판이나 탄핵, 행정 처분에 의한 파면과는 다른 공직자에 대한 국민의 통제 방법임

📖 국민 투표제

1. **국민투표제의 종류**
  ① 레퍼렌덤(referendum) : 의회에서 제정한 법안이나 국가 안위에 관계되는 중요한 정책결정에 대한 승인 또는 거부를 국민 투표로 결정하는 방식
  ② 플레비사이트(plebiscite) : 정치적으로 중요한 사건을 국민 투표에 의해 결정하는 제도. 혁명이나 군사 정변을 통해 구성된 정부가 국민들에게 신임을 묻는 국민 투표가 이에 해당함.

2. **우리 헌법의 국민 투표 제도**
  ① 헌법의 개정(필수적) 헌법 개정안은 국회가 의결한 후 30일 이내에 국민투표에 붙여 국회의원 선거권자의 과반수의 투표와 투표자 과반수의 찬성을 얻어야 한다.(제130조 2항)
  ② 국민 투표 부의권(임의적) : 대통령은 필요하다고 인정할 때에는 외교·국방·통일 기타 국가 안위에 관한 중요 정책을 국민 투표에 붙일 수 있다.(제72조)

국민 투표제의 한계

국민 투표제는 국가의 중요 정책을 국민의 직접적인 의사를 물어 결정하는 제도이기 때문에 대의제의 한계를 극복할 수 있게 한다는 긍정적인 측면이 있다. 하지만 국민 투표를 통해서 이루어지는 국민의 결정이란 결국 제기된 문제에 대한 대답의 형태, 즉 수동적인 형태로만 형성될 수 있으므로 국민의 능동적 참여와는 거리가 있으며, 유권자의 정치적 무관심으로 기권율이 높을 때 소수의 의사를 국민 전체의 의사로 간주할 위험성이 있으므로 이를 통하여 국민 대표성을 확보할 수 있는가에 의문이 제기될 수 있다. 마지막으로 국민의 일반 의사에 배치되는 방향으로 여론을 조작할 수 있으며 이는 독재 권력에 정당성을 부여하는 수단으로 이용될 수 있다.

(미래앤 지도서 p41)

 ### 주민 소환제

의미	주민들이 지방 자치 단체의 행정 처분이나 결정에 심각한 문제점 등이 있다고 판단할 경우에 있어서 일정 수 또는 일정 비율의 선거인이 청원하면 선출직 공직자에 대해 투표를 통해 해임시킬 수 있는 제도로 우리나라는 2006년 지방자치법 개정으로 도입되었다.
소환 대상 및 청구 요건	• 특별시장, 광역시장, 도지사 : 주민소환투표청구권자 10%이상 서명 • 시장, 군수, 구청장 : 주민소환투표청구권자 15%이상 서명 • 지역구 지방의원 : 주민소환투표청구권자 20%이상 서명
해임 요건	• 투표권자 1/3 이상 투표, 유효투표의 과반수 찬성 • 소환 확정시 직위 상실, 보궐선거 실시
권한 행사의 정지	주민소환투표 대상자는 주민소환 투표안을 공고한 때부터 주민소환투표 결과를 공표할 때까지 그 권한 행사가 정지
청구 제한 기간	• 임기 개시일 부터 1년이 경과하지 아니한 때 • 임기 만료일 부터 1년 미만일 때
의의	• 대의제의 한계 보완(직접민주주의 요소) • 대표 감시, 감독 기능 강화 • 공직자의 책임정치 강화 • 정치적 무관심 감소 • 지방자치제도의 정착
한계	• 다수결의 폐해(다수의 횡포, 중우정치로 전락) • 지역이기주의를 관철하는 수단으로 악용 • 소환 남발에 의한 눈치행정의 가능성 • 지방정치의 불안과 공백 • 재정적 부담

(4) 전자 민주주의(원격 민주 정치)

의미	정보·통신매체를 활용한 전자민주정치 형태
특징	대의 민주주의의 한계를 극복하고, 정치 참여에 대한 개인적·사회적 비용을 줄이며, 일반 국민이 정보화 수단을 통해 정치권력을 감시할 수 있음
구체적 활동	인터넷을 통한 여론 수렴, 선거 캠페인, 온라인 투표, 사이버 국회, 전자 공청회, 여론 조사, UCC 등
장점	• 공간적 제약을 극복하고 자신의 의사를 표출할 수 있음 → 직접 민주제적 요소의 강화 • 정치 참여에 대한 개인적·사회적 비용을 줄임 • 전자 투표의 경우 선거 결과를 신속하고 정확하게 집계하여 선거 비용 절감 • 젊은 층의 정치적 관심 제고
단점	• 대표자와의 대면 접촉 기회 감 • 여론 조작 가능성 발생 • 정보화에 앞선 사람만을 위한 정치 발생 • 사이버 포퓰리즘의 등장 가능 • 젊은 층 중심에서 나오는 대표성 논란 문제 • 사이버상의 인신 공격과 사생활 침해 가능

제 2 절　민주 정치의 발전 과정

1. 고대 그리스 아테네 민주정치

(1) **정치 조건**
- ① **자연 조건** : 주변이 산지로 둘러싸여 외부와 차단된 지역적 특성
- ② **소규모 공동체** : 규모가 작고 인구가 많지 않음 → 시민이 직접 공동체의 일을 처리하는 것이 가능
- ③ **주민 생활** : 노예는 농사일, 여자는 가사 담당, 자유민인 성인 남자들은 외적 방어, 공무 집행, 재판 등 공적인 업무에 종사

(2) **정치 제도**

민회	• 지위 : 시민권을 가진 성인 남자가 참석하는 입법, 행정, 군사에 관한 최고 의결 기관 • 공공의 질서를 유지하기 위한 법률 제정 및 과세 결정, 도편 추방, 외교 업무 등을 시민의 자유로운 토론으로 결정
평의회	민회에서 추첨과 윤번제로 선출된 500명으로 구성, 50인 위원회는 민회에 법안 제출, 회의 주도
재판소	시민들 가운데 추첨에 의해 선출된 배심원들이 다수결로 재판 진행
도편 추방제	• 의미 : 시민들이 민회를 열어 국가에 해를 끼칠 위험한 인물을 도편이나 조개껍데기에 비밀 투표하여 국외로 추방했던 제도. 참주(독재자) 출현 방지 수단으로 등장. 오늘날 국민 소환제의 기원이 됨 • 한계 : 충분한 토론을 거치지 않고 결정, 후에 정적 제거 수단으로 변질·악용됨

(3) **아테네 민주 정치의 특징**
- ① 직접 민주 정치(치자와 피치자가 동일한 정치형태)
- ② 공직자를 추첨제로 선임하고 윤번제를 적용(공직에의 진출 기회가 평등)
- ③ 제한적 민주정치 : 성인 남성에게만 시민으로서의 권리인 참정권이 주어짐 → 여자, 노예, 외국인 등은 공동체의 정치적 의사결정에서 제외됨.

📖 **고대 그리스 아테네의 정부 형태 및 운영**

아테네는 직접 민주제를 실현하기 위한 기본 원리에 따라 정부를 구성하였다. 오늘날 유권자에 해당하는 모든 시민(주권자)으로 구성된 민회에서 공공 정책에 관한 최종 결정이 이루어졌다. 시대에 따라 다소간의 차이가 있기는 하지만 대체로 민회를 구성하는 시민은 50,000명 내외를 유지했다. 직접 민주제를 적용하기에는 현대 사회의 선거구 규모나 지방 자치 단체 규모에 비해 적은 수로 볼 수 없다. 다만 오늘날 의회와 같은 성격을 지닌 평의회를 구성하고, 공공 정책에 대해 평의회가 먼저 심의하여 민회에 제출하도록 하였다. 오늘날 숙의 민주주의를 위해 임시로 구성하는 위원회와 같은 기능을 수행한 셈이다. 평의회의 구성은 민회를 대표할 수 있도록 추첨으로 이루어졌다. 추첨 방식은 대의제에서 채택하는 선거가 국민을 대표하는 데 한계를 지닌 것과 비교해 민의를 대표하는 데 있어 보다 높은 신뢰성이 담보된다는 점에서 의의를 지닌다. 오늘날 행정부에 해당하는 행정관의 구성 역시 기본적으로 추첨 방식을 적용하였다.

(천재교육 지도서 p95)

2. 시민혁명과 근대 민주정치

(1) 시민혁명의 사상적 배경

사회 계약설	사회 구성원들이 계약을 통해 국가 권력을 창출했다는 입장
천부 인권설	인간은 태어나면서부터 불가침의 자연법상의 권리를 갖고 있다는 입장
계몽주의	• 무지와 불합리한 구습으로부터 인간을 해방시키는 것을 기본정신으로 함 • 많은 사람들을 각성시켜 사회의 모순에 대해 눈을 뜨게 하는 데 기여함

(2) 시민 혁명의 경과

구분	영국 명예 혁명(1688)	미국 독립 혁명(1776)	프랑스 혁명(1789)
원인	제임스 2세의 전제 정치에 대한 반발	영국의 식민지 지배에 대항	신분제를 근간으로 하는 구체제에 대한 부르주아의 반발
문서	권리 장전 승인(1689)	독립 선언 발표(1776)	인권 선언 발표(1789)
의의	입헌 군주제 확립 의회 정치의 발달	민주 공화정 수립 대통령 중심제 정부 형태의 발달	자유와 평등의 이념 확립 시민 계급의 정치적 주도권 확립
공통점	경제적 자유와 신분적 평등을 요구하는 시민 계급이 절대 왕정을 타도한 정치적 변혁 → 자유와 평등의 이념에 기초한 근대 민주 정치의 성립		

CHAPTER 05 민주주의론

> **[참고자료 1] 권리장전(權利章典; bill of Rights - 1689)**
> 영국에서 명예혁명 다음해인 1689년에 공포된 법률을 말한다. 그 내용은 의회의 승인 없이 법률의 정지나 면제, 금전 징수, 상비군(常備軍)의 유지를 할 수 없으며, 의회 안에서의 언론의 자유, 왕위 계승의 순서와 자격 등을 규정했다.
> 제1조 국왕이 의회의 동의를 받지 않고 왕권으로 법의 효력을 정지하거나 법의 집행을 정지 할 수 있는 권력이 있다는 주장은 위법이다.
> 제4조 국왕의 대권을 구실로 의회의 승인 없이 국왕이 금전을 징수하는 것은 위법이다.
> 제5조 국왕에게 청원을 하는 것은 국민의 권리이니, 그러한 청원을 했다고 구금되거나 박해를 하는 것은 위법이다.

> **[참고자료 2] 미국 독립 선언서(Declaration of Independence - 1776)**
> 인류의 역사에서 한 민족이 다른 민족과의 정치적 결합을 해체하고 세계의 여러 나라 사이에서 자연법과 신의 법이 부여한 독립, 평등의 지위를 차지하는 것이 필요하게 되었을 때, 우리는 인류의 신념에 대해 엄정하게 고려해 보면서 독립을 요청하는 여러 원인을 선언할 수밖에 없게 되었다.
> 우리들은 다음과 같은 사실을 자명한 진리로 받아들인다.
> 모든 사람은 평등하게 태어났고, 창조주는 몇 개의 양도할 수 없는 권리를 부여했으며, 그 권리 중에는 생명과 자유와 행복의 추구가 있다. 이 권리를 확보하기 위하여 인류는 정부를 조직했으며, 이 정부의 정당한 권력은 인민의 동의로부터 유래하고 있는 것이다. 또 어떤 형태의 정부이든 이러한 목적을 파괴할 때에는 언제든지 정부를 개혁하거나 폐지하여 인민의 안전과 행복을 가장 효과적으로 가져올 수 있는, 그러한 원칙에 기초를 두고 그러한 형태로 기구를 갖춘 새로운 정부를 조직하는 것은 인민의 권리인 것이다.

> **[참고자료 3] 인권 선언(Declaration of the Rights of Man - 1789)**
> 인권에 대한 무지와 소홀함과 경멸이 공공 재난과 정부 부패의 유일한 원인이라고 믿는, 국민의회로 조직된, 프랑스 민중의 대표자들은 사회의 모든 구성원들이 언제나 그들의 권리와 의무를 상기하고, 입법권과 행정권 행사가 언제라도 모든 정치적 제도의 목적과 대상에 부합되는지를 비교하여 좀 더 신중하게 행사되도록 하고, 앞으로는 단순하면서도 의심할 바 없는 원칙에 기초하여 시민들의 불편과 고충을 해결하기 위해 헌법이 유지되고 만인의 행복이 증진되도록 하기 위해, 인간이 갖는 빼앗길 수 없는 신성한 자연권을 선언하기로 결정했다. 그러므로 국민의회는 절대적 존재의 후원 아래 인간과 시민의 다음과 같은 권리를 인식하고 선언한다.
> 제1조 : 인간은 권리에 있어 자유로우며 평등하게 태어나고 생존한다. 사회적 차별은 오직 일반적인 선에 기초하여 마련된다.
> 제2조 : 모든 정치적 단결의 목적은 소멸될 수 없는 인간의 자연권을 보존하기 위한 것이다. 이들 권리란 자유 재산권, 안전 및 억압에 대한 저항을 뜻한다.
> 제3조 : 모든 주권의 원리는 본질적으로 국민에게 있다. 어떤 단체나 개인을 막론하고 국민으로부터 직접 유래하지 않는 어떠한 권한도 행사할 수 없다.
> 제4조 : 자유란 다른 사람을 해치지 않는 한 뭐든지 할 수 있다는 것을 의미한다. 그러므로 각 개인의 자연권 행사는 사회의 다른 구성원도 동등한 권리를 누릴 수 있다는 점을 제외하고는 어떤 제한도 받지 않는다. 이러한 제한은 오직 법에 의해서만 정해진다.
> 제5조 : 법은 오직 사회에 해로운 행위만을 금지한다. 법에 의해 금지되지 않는 한 아무 것도 방해받지 않으며, 누구도 법에 의해 규정되지 않은 일을 하도록 강요받지 않는다.
> 제6조 : 법은 일반 의지의 표현이다. 모든 시민은 직접 또는 대표자를 통하여 법의 제정에 참여할 권리를 가진다. 법이 보호하는 것이든 금지하는 것이든, 모든 경우에 똑같다. 모든 시민은 법 앞에 평등하며, 그들의 품성이나 능력을 제외하고는 아무런 차별 없이 능력에 따라 직업을 택하고, 공직을 맡고, 모든 지위를 얻을 수 있는 동등한 자격이 있다.

(3) 시민 혁명의 의의와 한계

① 시민 혁명의 특징
㉠ 부르주아들에게 정치 참여가 허용됨 → 국가의 의사 결정에 직접 영향력을 발휘함
㉡ 절대 왕정의 전제 정치를 타파하고 국민 주권, 법치주의를 확립함
㉢ 입헌주의에 기초한 근대 민주주의 확립, 인간의 존엄성과 자유, 평등의 이념 확립

② 시민 혁명의 한계
정치적 시민권을 가진 계층은 부르주아들로 한정되어 있었으며, 농민이나 도시 하층민에게는 참정권에 많은 제한이 가해짐

📖 보호민주주의 VS 방어적 민주주의

(1) 보호(적) 민주주의
① 시민을 지배자의 억압으로부터 해방하고 보호한다는 소극적 자유 개념을 바탕으로 한 개념
② 지배자의 자의적 억압으로부터 시민을 보호하기 위해 지배자에게 헌정적, 법적 한계를 부과하는 '자유 헌정주의'에 기초함
③ 로크가 최초의 주창자인 자유주의적 입헌주의(Liberal Constitutionalism)의 전통이 지배적인 시대에 등장
④ 주된 관심 : 정부와 개인 간의 관계에 있어서 개인의 이익을 정부로부터 어떻게 보호하느냐의 문제와 국가는 개인의 이익과 자유를 보장하기 위하여 어떠한 정부 형태를 취해야 하는가의 문제

(2) 방어적 민주주의
① 개념
민주적, 법치국가적 헌법질서를 침해하는 적으로부터 민주주의를 방어하기 위한 자기방어적, 자기수호적 민주주의를 뜻함.
② 배경
민주주의는 가치상대주의에 따라 자유로운 사상과 이념의 표현자유가 허용되어야 하지만, 민주주의 이념과 가치를 부정하는 적에게까지 자유가 허용된다면 민주주의 자체가 붕괴된다. 따라서 민주주의를 수호하기 위한 제도가 필요한 것이다.
③ 성격 및 기능
방어적 민주주의는 민주주의 이념과 가치를 전제로 가치 지향적 성격을 지니며 다수결 원리에서 소수를 보호하는 기능을 수행하고 헌법에 대한 적대적 시도로부터 헌법을 사전 예방적으로 수호하는 기능을 한다.
④ 수단
민주적 기본질서를 부정하는 정당을 해산시키고 기본권을 실효시킴으로써 헌법을 수호한다. 정당뿐 아니라 자유 민주적 기본질서를 침해하는 자의 기본권도 실효시킨다.
⑤ 한계
• 방어적 민주주의는 적으로부터 진정한 민주주의를 수호하기 위한 수단이어야 함.
• 방어적 민주주의의 명분하에 국민주권, 법치국가 등 헌법의 기본원리 본질을 침해해서는 안됨
• 정치적 기본권을 제한하기 위한 수단으로 악용되어서는 안됨
• 방어적 민주주의를 적극적으로 적용하면 표현의 자유와 정당의 자유를 침해할 가능성이 크므로 소극적, 방어적으로 행사되어야 함.
⑥ 사례
• 독일 : 기본권 상실제, 위헌정당해산제도 도입(1949년)

- 독일연방헌법법원의 판례 : 사회주의국가당의 위헌판결(1952), 독일공산당의 위헌판결(1956), 급진주의자 판결(1975. 공직취임 제한)
- 우리나라 헌법재판소와 법원 : 국가보안법 위반 사건시 자유민주주의를 헌법의 최고 이념으로 규정하면서, 이를 수호하기 위한 수단으로 방어적 민주주의를 인정하는 판결을 내림.

형식적 법치주의와 방어적 민주주의

1930년대 독일에서는 민주주의를 다수에 의한 의사 결정이라는 형식적 원리로만 인식하고, 민주주의의 불가침적 내용이나 진정한 가치에 관해서는 관심을 두지 않았었다. 그로 말미암은 폐해는 히틀러의 나치스 독일에서 극적으로 나타났는데, 마틴 루서 킹 목사는 '히틀러의 만행이 당시 합법이었다는 것을 잊지 말아야 합니다.'라며 이를 단적으로 지적하였다. 즉 법을 오직 통치의 수단으로써만 이용하고 개인의 자유와 권리를 탄압함으로써 '법률적 불법'을 낳은 것이었다. 제2차 세계 대전 후 이에 대한 반성으로 민주주의가 스스로 존립을 유지하기 위해서는 민주주의의 이름으로 민주주의 그 자체를 파괴하거나 자유의 이름으로 자유의 체계 그 자체를 말살하려는 세력으로부터 어떠한 방어책을 마련하지 않으면 안 된다는 요청에 따라 방어적 민주주의라는 개념이 등장하였다. 방어적 민주주의란 민주주의의 형식 논리를 악용하여 민주주의를 파괴하는 것으로부터 민주주의를 지키기 위하여 나타난 개념을 말한다.

(미래앤 지도서 p31)

3. 현대 민주정치

(1) 현대 민주 정치의 성립

① 보통 선거 실시 : 부르주아 민주주의 → 대중민주주의
   ㉠ 참정권을 확보하기 위하여 노동자, 농민, 여성, 흑인 등 모든 사람들이 치열하게 투쟁함
   ㉡ 차티스트 운동, 여성 운동, 흑인 민권 운동 등의 결과 오늘날 보통선거 정착
   ㉢ 대중이 정치생활의 주체로 등장함

[참고자료 1] 차티스트 운동

<인민헌장 6가지 요구 사항>
- 21세 이상의 모든 남성에게 선거권을 부여하라.
- 비밀 투표를 원칙으로 하라.
- 하원 의원 출마자의 재산 자격을 없애라.
- 하원 의원에게 봉급을 지급하라.
- 선거구를 동등하게 하라.
- 선거를 매년 시행하라.

> 차티스트 운동은 1838년 5월 런던의 급진주의자 윌리엄 러벳(Lovett, W.)이 기초한 법안인 인민헌장(People's Charter)의 이름을 딴 것으로, 1838년부터 10년 동안 이루어진 영국 노동자 계급의 참정권 확대 운동이다. 이 운동은 기존 선거법의 폐지와 인민헌장에서 제시한 6개 조항을 받아들일 것을 주장하였다.
> 차티스트 운동은 그 성격과 규모 면에서 영국의 새로운 산업 질서의 산물인 사회적 불의에 대항해 일어난 최초의 전국적인 노동 계급 운동이었다. 차티스트 운동은 당시에는 실패하였지만, 결과적으로는 노동자가 선거권을 쟁취하는 데 이바지하여 오늘날의 대중 민주주의 형성에 중요한 역할을 하였다.
>
> (미래앤 교과서 p18)

[참고자료 2] 영국의 선거권 확대 과정

	내각(정당)	요점	유권자의 비율
1차(1832)	그레이(휘그당)	신흥 산업 자본가, 중산층에 선거권	5.9%
2차(1867)	더비(보수당)	도시의 노동자, 일부 자치농에 선거권	14.5%
3차(1884)	글래드스턴(자유당)	농업·광산 노동자에 선거권	29.3%
4차(1918)	조지(자유당)	21세 이상 남자 보통 선거 30세 이상 여자 보통 선거	74.8%
5차(1928)	볼드윈(보수당)	21세 이상 남녀 보통 선거	95.5%

(2) **현대 민주정치의 특징**
  ① 대중 민주주의 : 사회적 특권 계급을 부인하고, 모든 국민의 정치 참여를 보장하는 정치형태
  ② '국민의(국민 주권)', '국민에 의한(국민 자치)', '국민을 위한(국민 복지)' 정치
  ③ 대의 민주 정치의 보편화 : 시·공간적 제약, 사회의 복잡화·전문화 → 직접 민주 정치가 불가능하여 시민이 선출한 대표들이 국정 담당
  ④ 혼합 민주 정치 : 대의 정치를 근간으로 하면서 직접 민주 정치의 방법을 도입하고 시민의 참여 보장

(3) **다른 수단에 의한 정치(정치의 사법화)**
  ① 의미 : 사법부가 사회의 모든 분야의 갈등이 해결되는 장소가 되면서 사법부가 사회적 관심의 핵심 대상이 되고 있는 현상
  ② 원인
    ㉠ 정당의 쇠퇴와 선거 기능의 약화
    ㉡ 정치 세력 간 사법적 절차에 따른 정치적 투쟁의 일상화
    ㉢ 정치 과정에서의 언론의 역할 증대
  ③ 문제점
    ㉠ '대표와 책임'의 원리를 기초로 구현되는 민주주의의 기초를 위협 ⇨ 국가 기구 내의 검찰이나 사적 영역 내의 언론은 유권자들에 대해 책임성을 갖지 않는 기관이며, 유권자들에

대한 폭로와 조사, 기소의 증가는 다시 선거의 유용성을 감소시키고 정당의 역할을 축소시키는 악순환의 고리를 형성하게 됨.
  ⓒ 정치에 대한 부정적 인식의 팽배와 탈정치화 현상 초래
④ 해결 방안
  ㉠ **정당 정치의 복원** : 정당이 국민과 대의제 기구 사이의 거리를 좁히는 역할을 충실히 수행하고, 정당 간 타협과 설득에 기반한 정치의 복원
  ㉡ 대의 기구의 정상적 작동을 위한 노력
  ㉢ **성숙한 시민의식** : 사법기구에 문제해결의 판단을 요구하는 태도를 지양하고, 정당과 대의제 기구를 신뢰하는 민주적 시민의식이 필요함.

(세계화 시대의 정치학 - 홍익표, 진시원 - 오름)

제 3 절 민주주의 이론

1. 다수제 민주주의와 합의제 민주주의

(1) 개요

레이파트(A. Lijphart)의 구별로서 민주정부란 기본적으로 일반국민들의 의사나 이익에 반응하는 정부라고 규정하고 그의 양태와 규칙성을 바탕으로 두 가지 모델을 제시함.

(2) 다수제 민주주의

① 개념 : 영국 의회제에서를 바탕으로 도출되어 웨스트민스터 모델(Westminster)이라고도 불리우며, 누가 지배하며 국민들이 어떤 쟁점들에 대한 견해를 달리할 때, 정부는 누구의 이익에 반응해야 할 것인가 하는 데 대한 해답으로 다수결지배의 원칙을 내세우는 것

② 특징
  ㉠ **집행권의 집중** : 선거 결과 어느 한 정당이 다수의석을 차지하여 집행권을 행사하며, 소수 야당은 권력으로부터 배제되어 비판의 역할을 수행함.
  ㉡ **권력의 융합** : 집행권과 입법권의 융합을 특징으로 하며, 내각이 의회의 신임을 바탕으로 집행권을 행사
  ㉢ **불균형의 양원제** : 상원보다는 하원이 실제적으로 모든 입법권을 장악하고 있는 형태
  ㉣ **양당제**
  ㉤ **일차원적 정당제** : 유권자들의 정당선택은 대체로 좌우익의 구분에 기초한 사회경제적 정책들의 차이에 의해 달라짐. 종교와 지역 및 인종 등의 차이가 선거에서 후보 선택의 중요한 기준이 되지 못함
  ㉥ **소선거구 다수대표제**
  ㉦ **집권화된 정부** : 지방정부는 재정적으로 중앙정부에 의존하게 되며, 지방정부의 권한이 헌법적으로 보장되어 있지 않음.
  ㉧ **불문헌법과 의회주권** : 구체화된 성문헌법을 갖고 있지 않으며, 의회가 최고 주권을 소유하고 행사하는 형태
  ㉨ **배타적 대표민주주의** : 의회가 국민의 대표기관으로 주권을 갖는 반면, 국민투표와 같은 직접민주주의 요소가 배제됨.

(3) 합의제 민주주의

① 개념
스위스나 벨기에와 같은 유럽대륙의 약소국가들의 민주주의 제도와 과정을 중심으로, 정부의 구성과 주요 정책결정에 있어서 이해관계 당사자들 간의 토론과 설득과정을 통해 어떤 합의에 도달하도록 하는 유형

② 특징
  ㉠ **집행권의 분할** : 연립정부의 수립을 통해 주요 정당들로 하여금 집행권을 공유하도록 함.

- ⓒ **권력의 분립** : 입법부와 집행부의 관계의 권력의 분립을 강조
- ⓒ **균형된 양원제** : 상·하원의 동등한 권리와 의무 보장
- ⓔ **다당제**
- ⓜ **다차원적 정당제** : 종교·언어·이데올로기·사회경제적 조건 등의 다원적 요소가 정당선택과 후보자 선택에 영향을 미침.
- ⓗ **비례대표제**
- ⓢ **연방제와 분권화**
- ⓞ **성문헌법과 소수거부권** : 성문헌법을 채택하고 있으며, 헌법의 개정은 국민투표를 거치도록 되어 있음.

2. 슘페터의 민주주의 경쟁이론

(1) **개요**
① 민주주의의 고전적 학설을 비판하고, 지도자의 선출이나 정치적 경쟁에 중점을 두는 새로운 민주주의 이론 구축
② **민주주의의 경제적 이론** : 사적인 효용을 극대화하려는 합리적인 경제적 인간인 정치가와 시민들의 시장적 교환의 결과가 정치적 공동체의 복지를 극대화하는 결과를 낳는다고 봄

(2) **고전적 민주주의학설에 대한 비판**
① 민주주의 하에서는 인민 스스로가 문제의 결정을 하고 그것을 통해서 공익을 실현시킨다고 하지만 원래 모든 사람들이 의견의 일치를 이루게 할 수 있는 규정된 공익이라는 것은 존재하지 않음.
② 공익이라는 것이 만인에게 승인될 수 있다고 하더라도 그것은 개개의 문제에 대해서 똑같이 명확한 해답을 주는 것이 아님.

(3) **주장 및 특징**
① **민주주의적 방법** : 정치적 결정에 도달하기 위하여 개개인이 인민의 투표를 획득하기 위한 경쟁을 행함으로써 결정력을 얻는 것과 같은 제도적 장치에 있음.
② **민주주의의 원칙** : 단순히 정부의 고삐를 경쟁자 누구보다도 많은 지지를 받는 사람에게 넘겨야 함을 의미함.
③ 경쟁적 시장 체제에서 사적인 이윤 동기가 사회적으로 효율적인 자원 배분을 가져오듯이, 자기 이익에 의해 동기화되는 정치가들의 경쟁이 사회적으로 바람직한 결과를 가져올 것임.
④ **바람직한 민주주의 운영을 위한 선결 조건**
   ㉠ 충분히 많은 유능한 정치가, 즉 정치 분야의 엘리트들이 존재해야 함.
   ㉡ 중요한 결정이 유권자나 정치인들의 단기적인 관심에 좌우되지 않도록 정치적 결정의 범위를 제한해야 함.
   ㉢ 잘 훈련되고 존경받는 관료가 있어야 함.
   ㉣ 시민들은 정부가 실수할 때마다 즉각적으로 비판하기보다는 인내심을 가지고 기다려주는 민주적 자기 통제를 행사해야 함.

ⓜ 사회 전반적으로 이견에 대한 관용도가 높아야 함.

(4) 평가
① 과정의 이론을 크게 개량하는 '수속론' 또는 '제도론'으로서의 민주주의 발달에 기여함.
② 정치행동도 경쟁이라는 개념에 의해서 파악될 수 있음을 제시.
③ 리더십 개념을 중시 : 민주주의적 방법의 성공조건으로 '정치에 있어서의 인적 소재' 강조.

3. 로버트 달의 폴리아키론(광범한 시민에게 정치참가를 허용하는 경쟁적 정치시스템)

(1) 민주주의 하에서 시민이 갖는 세 가지 기회
① 자신의 요구를 명확하게 형성할(공식화시킬) 기회
② 그 요구를 개인적 내지 집단적 행동을 통해서 동료시민이나 정부에 명시할 기회
③ 그 요구가 차별 없이 동등하게 다루어지게 할 기회의 부여

(2) 제도상의 요건
① 조직을 형성하여 그것에 가입할 자유
② 표현의 자유
③ 투표의 권리
④ 공직에의 피선거권
⑤ 정치지도자들이 민중의 지지와 투표를 얻기 위하여 서로 경쟁할 권리
⑥ 다양한 정보원
⑦ 자유롭고 공정한 선거
⑧ 정부의 정책이 투표 또는 기타의 요구의 표현에 의거해서 형성되게 하기 위한 제도

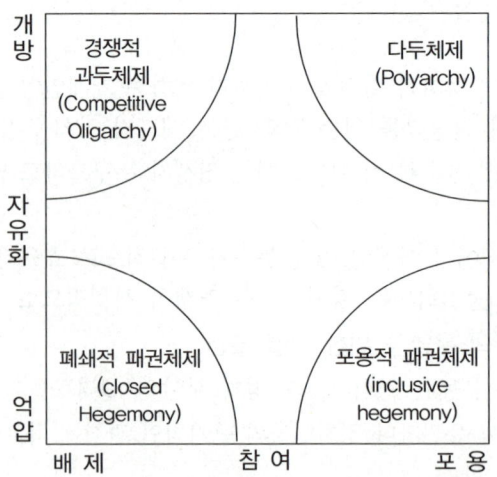

(3) 폴리아키(다원주의 정치 체제)
- ㉠ 민주주의의 이상에 근접한 가장 현실적 체제는 다원주의 정치체제이며, 민주주의의 최소한의 조건은 지도자보다 일반시민이 더 큰 권리행사를 할 수 있는 절차가 마련되는 것임.
- ㉡ 다원적 권력 구조에서는 모든 조직화된 이익들이 체제에 접근할 수 있고, 이들 요구에 대해 정부가 어떠한 독립적 판단도 내리지 않는 것이 필수적이며 바람직함. 따라서 사회적 공익은 다양한 요구들이 혼합된 결과로 정의할 수 있음.

(4) 폴리아키를 실현 또는 저해시키는 조건
① 사회적·경제적 질서의 집중의 정도와 사회경제적 발전의 레벨
- ㉠ 정부가 억압을 위하여 이용할 수 있는 자원(군대, 경찰, 경제적 자원, 정보기관, 교육 등의 사회적 통제수단)이 대항세력의 그것에 비해 상대적으로 적어짐에 따라서 정부의 태도가 관용적으로 되어질 가능성은 높아짐.
- ㉡ 따라서 사회적 통제수단이 소수의 집단에 중앙집권적으로 집중되지 않고 널리 여러 집단에 분산되어 있는 '다원적 사회질서'가 경쟁적 정치(민주화)에 유리
- ㉢ 사회경제적 발전이 고도화됨에 따라서 경쟁적 정치시스템의 성립가능성은 높아지지만 다원적 사회질서와 경쟁적 정치체제는 소유의 형태(사적 소유에 기초를 두는 경쟁적 경제체제)와는 관계없이 비집권적인 경제체제가 유지되고 있는 나라에서도 존재할 수 있다고 결론지음.

② **평등과 불평등** : 일반적으로 불평등의 정도가 낮은 편이 폴리아키에는 유리하지만, 불평등이 존재한다 할지라도 그것이 집중적이 아니라 분산적으로 보여지고 전체적으로 균형이 잡혀진다면 폴리아키에 반드시 저해요인으로 작용하지는 않음.

③ **하위문화의 분열의 정도** : 하위문화의 다원주의는 자주 관용이나 상호간의 안전에 대해서 심각한 긴장을 초래하기 때문에 원칙적으로는 분열의 정도가 낮은 편이 폴리아키에 유리함.

④ **외국의 지배** : 외국의 지배가 반드시 폴리아키 형성에 불리하게 작용하는 것은 아니나 일반적으로 외국의 지배가 장기간에 걸쳐 강압적으로 실시되어온 경우에는 폴리아키 형성에는 불리한 조건이 됨.

⑤ **정치활동가의 신념** : 정통성, 권위, 효과성, 신뢰, 협조적 경쟁, 타협 등

4. 참여민주주의

(1) 개념
① 대의제 민주주의 하에서 시민의 참여가 형식화됨에 따라 시민의사의 공적 반영이 어려워지는 현실을 비판하면서, 의사결정 자신의 삶과 관련된 모든 영역에서 일반 시민들의 광범위한 직접 참여와 민주적 통제가 보장된 민주주의를 지칭함.
② 국가행정 및 삶의 영역에서 나타나는 억압적 관료주의와 위계적 권위구조를 거부하고 자유로운 참여를 주장
③ 민주주의의 범위를 선거에 정기적으로 참여하는 것으로부터 작업장과 지역공동체 등과 같은 삶의 모든 영역의 결정에 참여하는 것으로 확대시켜야 함.

(2) 주요 주장자

① 맥퍼슨
  ㉠ 개요 : 낮은 참여수준과 사회적 불평등 사이에는 밀접한 연관성이 있음. 따라서 보다 평등하고 인간다운 사회로 나아가기 위해서는 참여주의적인 정치체제가 필요함.
  ㉡ 참여민주주의의 실현을 위한 전제조건
    • 민중의 의식이 자기 자신을 본질적으로 오직 소비자로 생각하고 행동하는 태도로부터 스스로를 자기 자신의 잠재능력의 행사와 개발의 행사자로 생각하고 행동하는 태도에로 변화되는 것
    • 참여민주주의를 실천하기 위해서는 사회적·경제적 불평등의 현저한 완화가 필수적임.
      → 인민의 의식 변화와 사회·경제적 불평등의 완화는 참여민주주의의 전제조건이 되면서도 또 참여민주주의를 조건으로 해서만 달성될 수 있는 것임.

② 달(R. Dahl)
  ㉠ 사상적 배경 : 50~60년대 다원주의 접근을 주도했던 달은 70년대에 들어 다원주의적 접근의 결함을 인정·평가하고, 경제민주주의 및 참여민주주의 이론을 옹호하게 됨.
  ㉡ 경제 민주주의
    • 의미 : 효율성의 원리가 우선시되어 온 경제영역에 민주적 원리를 적용시키는 것을 통해 소유와 경영에서 비롯된 불평등을 축소시킴으로써 정치적 평등과 민주주의의 강화를 시도하는 것
    • 인식상의 바탕 : 경제적 자원이 정치적 자원으로 전환될 수 있는 데서 경제적 불평등이 존재한다면 정치적 평등도 결코 달성될 수 없다는 것
    • 주요 주장 : 기업의 민주적 운영, 종업원 참여에 의한 자주경영, 대기업의 민주적 통제 및 경제력의 집중 및 불공정 거래 행위에 대한 국가의 개입 등

(3) 장점 및 의의

① 인간 발전을 장려하고 정치적 효용성을 고양하며 권력 중심으로부터의 소외감을 감소시킴.
② 집단적 문제에 대한 관심을 가질 수 있는 적극적이면서도 통찰력 있는 시민의 형성에 도움을 줌.
③ 불완전한 민주주의 현실에서 더 많은 민주주의를 향유할 수 있게 함.
④ 지배 권력으로 하여금 쌍방 통행적 정치를 통해 민주적 정통성을 구축하게 함.

(4) 비판 및 한계

① 시민들은 개별적으로 이기심을 최대로 추구하는 사람이며 특수한 조건에서만 공익지향적인 협력을 한다는 점을 간과한 지나친 낙관적이며 비현실적인 인간상의 제시
② 광범위한 민주화가 소수 혹은 다수 전체의 위험을 증가시킬 수 있다는 점.
③ 갈등과 불안정의 양산 및 정치적 결정의 질적 저하 문제의 가능성.

(5) 대의제 민주주의와의 바람직한 관계 설정

대의제 민주주의와 참여 민주주의는 더 많은 민주주의를 위한 양 날개라 할 수 있음. 의회 또는 대의제 구조를 민주주의의 이상에 맞게 개선하려는 것뿐만 아니라 시민사회 내에서 아래로부터의

광범위하고 자발적인 사회운동에 기초하는 참여민주주의의 실천을 내용으로 하는 이중적 민주화가 요청됨(D. Held).

5. 숙의(심의/토의) 민주주의(deliberative democracy)
(1) **간접적이고 선호집합적인 대의제 민주주의 비판**
① 대의제 민주주의에서 인민의 의사가 실현되기 위한 조건
  ㉠ 인민의 대표가 인민의 완벽한 대리인이어야 할 것
  ㉡ 대표를 통해서 표출되는 인민의 의사는 집단적인 인민의 합리적 선택이어야 할 것
② 대의제 민주주의의 현실적 문제점
  ㉠ 대표의 실패 문제
    - 대의제 민주주의 하에서 민주적으로 선출된 대표가 시민의 완벽한 대리인으로 행동하지 않고 자신의 사익을 추구할 가능성은 상존하나, 선거는 주인인 시민과의 약속을 위반한 대표들을 처벌하기에는 미흡한 장치라는 것이 드러나고 있음.
    - 선거는 정책의 선택이 아니고 인물 또는 정당의 선택이며, 설사 인물, 또는 정당의 선택이 특정 정책의 선택으로 연결된다는 것을 인정한다 하더라도 다음 번 선거에서 시민들은 특정한 정책들을 개별적으로 평가해서 처벌과 보상을 내릴 수 없게 됨.
  ㉡ 엘리트 민주주의의 운영
    - 대의제 민주주의 하에서 주인인 시민과 대리인인 대표 간의 거리는 좁혀지지 않고 확장되는 경향이 있음. 정책의 선택은 대표에게 일임할 수밖에 없다는 것이 대의제 민주주의가 안고 있는 기본적 제약인 것임.
    - 시민과 대표 간의 정치적 분업은 시민들의 정치적 소외감, 냉소주의를 강화하고 있음. 따라서 시민과 대표들 간의 거리는 더욱 넓어지고, 정치전문가들이 주권자인 시민을 대체하는 기술 관료적 민주주의가 강화됨.
  ㉢ 이익집단의 민주적 토론과정의 지배
    대의제 민주주의 하에서 강력하게 조직되고 발언권이 강한 특수 이익집단이 민주적 토론과정을 지배할 가능성이 크며, 이러한 경우 특수이익의 지배를 제어하고 시민공동체의 이익을 추구하도록 압력을 가할 수 있는 공론의 형성 장치는 미흡할 수밖에 없음.
  ㉣ 다수결주의의 문제
    다수결주의는 '다수의 독재'를 심화시키고, 소수파의 배제를 초래함. 소수파의 의사가 공동체의 의사형성에서 경청될 수 있는 공간이 존재하지 않을 때 민주적 공동체는 심각한 해체의 위기에 직면할 것임.
  ㉤ 공공선 개념의 부족
    - 현재의 대의제 민주주의는 기본적으로 선호를 집합하는 선호집합적 방식에 의한 정치적 과정을 채택하고 있음. 이러한 선호집합적 민주주의 하에서 민주주의는 공공적 이성에 의해서 공공선을 추구하는 과정이 아니라 서로 상충되는 선호를 가진 개인들이 갈등을

해결하기 위해 흥정, 협상을 통해서 타협을 모색하는 과정임.
- 고대 그리스의 민주주의가 광장에서의 토론과 심의를 통해서 공공선을 발견하고 이를 실현하려는 민주주의였다면, 현대의 선호집합적 민주주의는 분산적 경쟁을 통해서 갈등하는 사적인 이기적 이익(선호)간의 균형을 추구하는 시장 민주주의인 것임.

(2) 숙의민주주의의 개념
사적인 효용을 극대화하려는 합리적인 경제적 인간인 정치가와 시민간의 시장적 교환의 결과로서의 선호집합적 민주주의와는 달리 시민들의 선호가 고정되어 있지 않고 항상 대화, 토론, 심의를 통하여 변화할 수 있다고 가정하며, 자유롭고 평등한 합리적 행위자들 사이에 상호 발견과 설득, 교정의 과정을 통해 공공의사 또는 집단적 의사를 형성해가는 민주적 과정을 의미함.

(3) 자유주의적 공정성과 공화주의적 의사형성 요소의 수용과 통합
① 자유주의는 소극적 자유와 권리에 의해 시민의 지위를 규정하고 민주주의는 타협의 관점에서 이해되는 것에 비해, 공화주의는 정치적 참여와 의사소통의 권리를 포함하는 적극적 자유를 강조하고 시민들에 의한 자기 입법의 실천을 강조함.
② 이에 대해 숙의 민주주의론은 자유주의 모델은 현실적이지만 규범적 내용이 약하고 공화주의 모델은 민주주의에 대한 강한 열망을 반영하지만 과도한 윤리적 부담을 지우는 지나치게 이상적인 견해라고 비판. 즉, 공화주의의 장점에 그 한계를 자유주의의 입헌 원리를 통해 보완하는 절차적 민주주의론으로서 의사소통의 절차와 조건의 제도화를 강조.
③ 공론장은 무엇보다도 여론이 형성될 수 있는 사회적 삶의 영역을 의미한다. 그리고 모든 시민들은 공론장에 참여할 권리를 보장받는다. 사적인 개인들이 모여 하나의 공동체를 형성하는 모든 대화의 형태 속에 공론장의 한 부분이 발생하여 존재하게 된다. 이러한 공론장은 하버마스의 이론적, 실전적 기획 전체의 중심이 되는 의사소통적 상호작용 개념의 제도적 기반이다.
(현대 정치사상 연구 – 인간사랑 p180)

(4) 숙의의 조건
① **평등의 조건** : 평등한 시민들의 자유로운 공적 변론이 필수적이기에, 기존의 권력과 자원이 숙의에 기여할 수 있는 기회 구조에 영향을 미치지 않아야 함.
② **자유의 조건** : 양심과 사상의 자유 등에서 더 나아가 자신의 정체성과 관계없이 표현할 수 있는 표현의 자유, 언론의 자유로운 보장이 확보되어야 함.
③ **이성의 조건** : 숙의 참가자가 제도와 프로그램을 옹호하거나 비판할 때, 동료시민이 받아들일 수 있는 이유를 제시하여야 함.

(5) 숙의민주주의의 특징과 유용성
① 선호를 주어진 것으로 보는 대의민주주의와 달리 의사결정참여자들이 상호작용의 과정 중에 각자의 선호를 기꺼이 변화시킬 수 있다는 점을 전제로 함. 따라서 투표에 의한 잘못된 집단적 선택을 바로잡을 수 있음.

② 민주주의의 목적은 단순히 대의민주주의가 가진 정치적 균형을 달성하는 것이 아니라 집단적인 문제, 공적인 문제를 해결하고 또한 문제해결방식에 대한 정당성을 획득함으로써 공공성(publicness)을 추구하는 것임.

③ 숙의민주주의는 공적 담론의 성격을 선호의 집합에서 공동의 문제해결 모색으로 전환함으로써 현재 대의제 민주주의가 직면하고 있는 조정의 딜레마를 극복할 수 있는 장점이 있음.

④ 숙의민주주의는 시민과 대표 간의 민주적 대화를 촉진하여 대표와 시민 간의 거리를 좁힘으로써 토론을 통한 시민적 합의를 통해 집단적 의사를 형성함으로써 결정된 민주적 결정의 정당성을 높여줌.

⑤ 숙의의 과정은 시민문화(civic culture)를 활성화시키고 시민들은 민주적 가치와 규범을 내면화할 수 있는 기회를 가짐.

⑥ 숙의과정에서 상대방을 설득시키기 위해서는 사익이 아닌 상대방의 이익이나 공동선의 관점에서 토론하게 됨. 즉, 이타주의적이고 공동체 지향적인 행동을 장려함으로써 공공선을 지향하는 정치가 번성하게 될 수 있음.

(6) 숙의민주주의의 한계

① 숙의를 통해 보다 나은 결정에 도달한다는 것도 개연성은 있다 하더라도 보장된 것은 아님. 이는 국가적 차원에서 국민의 의사를 형성하고 국가정책을 결정하는 데에 적합지 않을 수 있음. 따라서 숙의민주주의가 대의제 민주주의의 결함을 보완해 줄 수 있으나 대의제 민주주의를 대체할 수는 없다는 것이 민주주의 이론가들의 일반적인 견해임.

② 숙의의 과정에서 사적 선호를 표출할 뿐 타인의 선호를 고려한 선호는 표출되지 않는 경향이 있음. 숙의참가자의 지대추구행위(rent-seeking)나 숙의에 참가하지 않은 자를 결과로부터 배제할 수 없는 숙의불참자의 무임승차(free riding)행위를 차단할 수 없음.

③ 숙의는 평등한 사람들의 자유로운 숙의를 전제하는데 현실세계는 많은 자원을 가진 자들에 의한 이데올로기적 지배현상이 나타나 강자와 다수파의 견해가 지배하게 되고 과잉대표될 가능성이 존재함.

④ **평등하고 자유로운 숙의에 대한 공간적·규모적 제약 존재**: 숙의는 의사소통이 가능한 지리적으로 좁은 지역의 소규모의 시민들 사이에서만 가능.

⑤ **비용과 시간이라는 관점에서의 난관 존재**: 집단의 규모가 커질수록 숙의비용과 시간은 기하급수적으로 증가한다는 점. 시급한 결정을 내려야 하는 상황에서 합의를 목표로 하는 숙의는 한계를 가질 수밖에 없음.

(7) 숙의민주주의의 실험 사례

미국의 3대 도시 중 하나인 시카고 시의 주민들은 기능적으로 특수한 위원회를 구성하고 있다. 1988년 일리노이 주 의회는 시카고 시의 초·중·고등학교 행정을 분권화, 개방화하는 법을 통과시켰다. 시카고 시의 교육제도 디자인은 이 원칙에 기초하고 있다. 560개의 초등학교와 고등학교에 6명의 학부형, 2명의 공동체 회원, 2명의 교사와 교장으로 구성된 2년 임기의 '지방학교 위원회'를 조직하고 학교행정을 교장과 중앙교육기관으로부터 이 숙의기구로 이전하였다. '지방학교 위원회'는 교장의 선임과 해임, 교장의 수행능력 평가보고서 제출, '학교개선계획' 작성, 예산승인

등의 권한을 법에 의해서 위임받고 있다. 매년 5000명의 학부형, 주민대표, 교사들이 학교를 운영하기 위한 대표로 선출되고 있다. 일리노이 주의 관리들은 지방학교위원회에서 극소수에 지나지 않는다.

시카고 시는 또한 '공동체 경찰' 제도를 실험하고 있다. 시카고 시는 CAPS에 의거에서 공공 치안 유지의 부담을 경찰청으로부터 수백 개의 경찰과 주민의 공동 파트너십으로 이전하였다. 시는 280개의 주민 순찰소를 설치하고 공공치안과 안전의 문제에 관해 주민이 감시, 참여, 지시할 수 있도록 개방하였다. 한 달에 한 번 열리는 지역순찰소모임에서 주민과 경찰들의 심의를 통해 공공 안전 문제에 관한 전략, 실행방안 등이 마련된다.

6. 민주주의와 시장 경제

(1) 시장 경제와 민주주의의 친화성
① 민주주의를 기본적으로 권력이 시장적으로 배분되는 체제로 규정하고, 민주주의가 요구하는 자유는 분산적 시장경쟁에 의해 보장될 수 있다고 믿음. 정치적 자유는 경제적 자유와 상호 강화하는 관계에 있으며, 민주주의를 정치적 자유주의의 맥락에서 이해함.
② 자본주의 시장 경제와 정치적 민주주의는 동일한 작동 원리에 기초하고 있음. 자본주의 시장 경제는 소비자주권이 작동하게 되며, 경쟁적 정치체제인 민주주의 하에서는 인민주권이 작동함. 민주주의 하에서 정치권력을 장악하려는 정치인은 투표로 계산되는 인민의 지지를 극대화해야 하고, 인민의 지지를 극대화하기 위해서는 인민이 집단적으로 가장 선호하는 정책을 제공해야 함. 결국, 민주주의 하에서 인민의 선호가 정치과정을 지배하게 된다는 것
③ 시장경제가 창출하는 경제적 풍요가 시장과 민주주의 간의 친화력의 원천을 제공해 줄 수 있음. 시장경제는 경제발전을 촉진함으로써 민주주의를 번성케 함. 경제적 풍요가 관용, 화해, 타협을 선호하는 민주적 정치문화의 형성에 기여하게 되는 것임.

(2) 민주주의와 시장 경제의 긴장
① 시장의 비민주성
  ㉠ 자유화된 시장경제가 추구하는 자원배분의 목표와 민주적 과정이 추구하는 자원배분의 목표가 다름. 정의, 안전, 연대는 민주주의 하에서 집단적 다수가 추구하는 목표이나 그러한 목표는 시장에 의해서 추구되지 않음.
  ㉡ 시장교환의 결과로 일어나는 소득 분배는 초기 부존자원의 크기에 의존하기 때문에 집단적으로는 정의롭지 못할 수도 있음. 시장은 경제행위자간의 강한 불평등을 인정하고 조장하지만 민주주의는 기본적으로 모든 시민들의 평등한 권리에 기초하고 있음.
  ㉢ 시장은 위험으로부터 인민의 안전을 보장하지 않음.
  ㉣ 경쟁을 원리로 삼는 시장은 민주적 공동체의 연대를 확보하는 데는 부적절한 기구임. 시장은 참여자간의 연합이나 담합을 저지하며 이기심을 장려하나, 민주주의는 시민들 간의 연합, 공동의 운명체라는 공감을 장려함.

ⓜ 시장적 교환에는 강제성이 은폐되어 있음. 시장주의자들은 시장적 교환이 엄격하게 자발적 교환이라고 주장하지만, 예를 들어 임금노동 교환체제 하에서의 노동자들은 노동시장 자체로부터 이탈할 수 있는 자유는 사실상 존재하지 않음.
ⓗ 시장에서의 투표는 일인일표가 아니라 일불일표(一佛一票)의 원리에 의해 이루어짐.
ⓢ 시장 내에서의 권력관계의 불평등은 자본의 구조적 힘에 의해서 더욱 심화됨. 사적 소유제도는 권력자원 동원능력에서 자본가들에게 선취점을 안겨줌으로써 권력 자원에 대한 동등한 접근이라는 민주주의의 원칙을 침해하게 됨.

(3) 민주주의와 시장경제의 병행발전의 조건 : 불완전한 시장을 보완하는 민주화된 국가

국가에 대한 민주적 통제를 통해 국가경영자들의 사익을 추구하고 이익집단과의 담합을 통해 지대를 추구하는 '약탈국가'에 의한 '나쁜 개입'을 최소화하고, 시장을 바르게하고 시민들의 사회적 복지를 극대화하는 민주화된 국가에 의한 '좋은 개입'을 최대화하여야 함.

(세계화 시대의 민주주의 - 임혁백 - 나남)

제 4 절 전체주의와 권위주의

1. 전체주의

(1) **전체주의의 정의**

개인 또는 개별 사회 집단보다도 사회 또는 국가 전체를 우위에 두는 사상 운동, 그리고 그러한 원리를 바탕으로 하는 정치체제.

(2) **전체주의적 독재체제의 요소(Friedrich & Brzezinski)**

① 관제 이데올로기 : 과거의 사회형태와 정치형태를 부정하고, 전적으로 새로운 사회질서와 새로운 인간이 만들어질 모델을 제시
② 독재자 한 사람에 의하여 영도되는 단일 대중정당
③ 폭력적 경찰 통제 제도
④ 유효한 매스미디어의 독점
⑤ 군부 세력의 독점
⑥ 경제 전반에 대한 중앙 집권적 통제

(3) **민주주의와의 비교**

구분	민주주의	전체주의
권위의 원천	자발적 동의	지배자의 우월성
권력의 배분	다원주의	일원주의
정책결정과정	결정자 선임(선거), 정책에 대한 비판가능	비공개, 폐쇄적 → 일방적 수용

(4) **권위주의**

① 정의 : 단일 권력 보유자가 정치권력을 독점하고 국민들로 하여금 정책 결정 과정에 효과적으로 참여할 수 없도록 권력을 독점적으로 행사하는 정치체제(뢰빈슈타인)
② 특징(전체주의와의 비교)
  ㉠ 이데올로기를 갖고 있으나, 그것은 모호한 것이며 결정적 역할은 아님
  ㉡ 일당(一黨)에 의하여 운영되는 경우가 많지만, 전체주의 체제처럼 단일 정당제를 고수하지 않음.
  ㉢ 제한된 다원주의 용인
  ㉣ 통제 경제(계획경제)를 채택하는 경우가 많으나 사기업의 존재가 허용됨.

③ 신대통령제
  ㉠ 의미 : 형식상으로는 자유민주주의제도가 구비되어 있는 입헌주의적 정부형태이나, 실제로는 견제세력이 없어 헌법상 국가의 원수인 동시에 행정부의 수장인 대통령이 입법부나 사법부의 권한까지 장악하게 되는 미국식 대통령제와는 전혀 다른 제도.
  ㉡ 의의 : 신대통령제 하에서는 시민이 국가의사형성에 참여할 기회를 제한당하고 있다는 점에서 권위주의적 정부형태라 볼 수 있음.
  ㉢ 특징 : 뢰벤슈타인에 의하면 신대통령제에 있어서는 권력분립의 원리가 채택되고 있지만 그것이 단지 부분적·불균형적으로 채택되어 있고, 대통령의 권력행사에 대한 통제와 권력남용을 방지하기 위한 제도가 마련되어 있지 않거나, 마련되어 있는 경우에도 그러한 제도가 실효를 거두고 있지 못한 것이 특징
  ㉣ 사례 : 나세르 치하의 이집트, 장제스 치하의 중화민국, 후안 페론 치하의 아르헨티나, 이승만, 박정희 치하의 대한민국

> **독재, 권위주의, 전체주의**
>
> 냉전 시기에는 전체주의를 권위주의와 구분하여 정의하는 연구자들이 있었으나, 소련 및 동구 공산권 붕괴 이후 전체주의 체제가 거의 소멸되면서 개념적 유용성이 떨어진 전체주의라는 용어를 구별하여 사용하는 연구는 드물어졌다. 그러나 역사적 실체로서의 전체주의는 '자유'의 부정 정도에서 극단적인 체제였음을 인지할 필요가 있다. 예를 들어 마오쩌둥 시기 공산당 독재와 장개석 시기 국민당 독재는 모두 권위주의 체제였지만, 대약진운동 및 문화대혁명으로 상징되는 마오쩌둥 시기 중국은 자유 억압의 측면에서 극단적인 '전체주의' 정권이었다. 중국의 자유주의자 추안핑이 간파했듯이, 국민당 통치하에서의 자유는 많고 적음의 문제이지만 공산당 집권하에서는 자유가 있느냐 없느냐의 문제로 변했다. 마찬가지로 냉전시대 남북한에는 두 개의 권위주의 체제가 병존했지만 자유 부정의 정도에서는 매우 달랐다. 남한의 군사독재 정권들은 언론의 자유, 신체의 자유, 경제 활동의 자유 등을 원칙적으로 부정하지 않았지만, 북한의 전체주의 정권은 이런 기본적 자유를 말살했고 훨씬 더 폭력적이었다.
>
> (정치학의 이해 2판 - 박영사 p313)

THEME 05 | 민주주의론

기출문제

✓ 01-12

01 ① 주권의 대내적 성질을 밝히고, ②와 같은 문제점을 극복하기 위하여 다수결의 원리가 충족시켜야 할 전제 조건을 3가지 쓰시오. [4점]

> 민주주의를 운영함에 있어서 국민들의 다양한 의사를 통합해 가는 의사결정 방법이 다수결이다. 다수결은 성원간의 다양한 의견이나 이해관계의 대립을 조정·통합하여 ① <u>주권자로서의 국민의 통일적 의견을 형성할 수 있는 방법이다.</u>
> 다수결의 원리는 다수 국민의 결정을 국민 전체의 합의로 인정하여 모든 국민이 여기에 복종함을 의미한다. 그러나 다수결에도 여러 가지 문제점이 있을 수 있다. 예를 들어, ② <u>잘못된 의견이 다수에 의해 지지를 받을 경우 민주주의는 다수의 횡포나 중우정치로 전락하고 만다.</u>

✓ 98년 일반사회

02 다음 내용을 읽고 물음에 답하시오.

> 민주적 정당성에 바탕을 두고 구성된 국민대표기관이 입법 활동을 통해 국가의 의사를 결정하는 정치 원리를 의회주의라 한다. 이러한 원리에 따라 의회가 통치의 중심이 되는 정치 형태는 영국, 독일, 프랑스 등의 의원 내각제 정부형태에서 뚜렷이 나타났다.
>
> 그러나 현대 사회로 넘어오면서, 의회가 국정 운영의 중심기관으로서의 기능을 제대로 수행하지 못하는 현상이 나타나고 있다. 의원 내각제 정부 형태를 취하고 있는 나라에서조차도 의회주의 정치 원리가 점점 그 빛을 잃어 가는, 이른바 <u>의회주의 약화현상</u>이 나타나고 있는 것이다.

2-① 밑줄친 의회주의 약화 현상이 나타나게 된 원인 두가지를 각각 150자 이내로 설명하시오.

2-② 이러한 현상에 대응하여 의회 기능을 활성화할 수 있는 대책 두 가지를 각각 100자 내외로 서술하시오.

03 다음 글은 어느 학자가 쓴 현대 민주주의에 관한 글이다. 물음에 답하시오.

> 민주주의의 이상과 현실이 불일치를 가져오게 된 이유는 18세기에 형성되어 그 당시에는 타당한 것으로 인정되었던 자유의 사상이 오늘날 우리 시대에 그대로 적용될 수 없게 된, 자유 그것이 가지고 있는 성격 때문이다. 18세기에 인간이 당해야 했던 가장 심각하고도 명백한 억압은 (㉠   )(으)로 나타났다. … (중략) … 그러나, 우리들 시대에는 기술 사회의 점증하는 복합성의 결과로 (㉠   )(으)로 나타난 억압에서의 해방 자체가 오히려 ㉡또 다른 억압을 불러오게 하는 여지를 만들어 내고 말았다. 구체적으로, 시민 대다수를 위한 자유는 경쟁적인 기업 활동에 대하여 정부가 적극적으로 관여하고 통제함으로써만 성취될 수 있게 되었다. 다시 말하면 전통적인 자유의 사상이 더 이상 그대로 유지될 수 없는 영역이 바로 경제 분야였다.

3-① (㉠   )에 들어갈 적절한 내용을 20자 이내로 쓰시오.

3-② ㉡의 또 다른 억압은 민주주의의 어떤 이상적 가치를 목적으로 한 것인가? 두 글자로 쓰시오.

3-③ ㉡의 또 다른 억압을 가져온 역사적 변화의 내용을 20자 이내로 쓰시오.

✓ 02-03

04 다음은 입헌주의의 기본 요소 중 하나와 관련된 글이다.

> 오랜 기간에 걸친 경험에 의하면 권력을 장악한 이것을 남용하는 경향이 있다. …(중략)… 권력을 남용할 수 없게 하기 위해서는 권력의 억제가 필요하다. …(중략)… 왜냐하면 동일한 군주 또는 원로원이 포악한 법률을 제정하여 이를 난폭하게 집행할 우려가 있기 때문이다. …(중략)… 사법권과 입법권이 한 사람의 수중에 장악될 경우에는 시민의 생명과 자유에 대한 권력행사가 자의적으로 이루어질 것이다. 왜냐하면 재판관이 곧 입법자로 될 것이기 때문이다. 그리고 사법권과 집행권이 한 사람의 수중에 장악될 경우에는 재판관은 압제자의 힘을 가질 수가 있을 것이다. 이러한 일을 막기 위해서는 헌법에서 각 국가 기관들이 고유의 권한을 가지는 한편, 〈㉠ 서로 경계하여〉 균형을 이루도록 하는 장치를 마련하여야 할 것이다.

4-① 윗 글에 나타난 입헌주의적 기본 요소를 10자 이내로 쓰시오.

4-② < ㉠ >의 견제 방법 중에서 대법원이 정부(대통령과 행정부)를 견제할 수 있도록 우리 헌법이 규정하고 있는 권한을 15자 이내로 쓰시오.

✓ 07-10

05 다음 ㉠의 내용을 정치제도와 정치의식 측면에서 1가지씩 적고, 대의제 민주주의에서 ㉡을 위한 가장 근본적인 절차 원리는 무엇인지 쓰시오. [3점]

> 1990년대 들어서면서 ㉠ 대의제 민주주의의 위기를 극복하기 위한 대안으로 숙의 민주주의(deliberative democracy) 논의가 매우 활발하게 전개되어 왔다. 이 논의에 따르면, 대의제 민주주의는 투표나 대의제 같은 제도를 통하여 우리의 ㉡ 선호(preference)나 이익을 집합적 의사결정에 결집하는 데에서 민주주의의 이상을 찾는다. 대의제에서는 '대표에 의한 결정'이 곧 그 결정의 정당성을 의미하므로, 대표를 선출한 대중으로서의 시민은 그 결정에 복종하여야 한다. 그러나 숙의 민주주의 이론가들은 민주적 정당성의 본질이 진정한 숙의에 참여하는 모든 개인의 능력 또는 기회에 있다고 본다. 숙의에 참여하는 개인들은 그 결정이 그들에게 정당화될 때에만 받아들여야 한다. 숙의 민주주의 이론에서는 민주주의의 본질을 투표나 이익결집, 헌정상의 권리, 자치 등이 아닌 숙의라고 본다.
>   '토론 민주주의', '토의 민주주의', '협의 민주주의' 등으로도 번역된다.

• ㉠ 정치제도의 측면 : _____ , 정치의식 측면 : _____

• ㉡ 절차원리 : _____

✓ 05-12

06 다음 글은 특정한 정치체제를 풍자한 우화소설의 일부이다. 내용을 읽고 물음에 답하시오.

> 동물들은 공포에 질려 아무 말도 못하고 창고로 슬금슬금 돌아왔다. 개들도 재빨리 뛰어 돌아왔다.…(중략)… 나폴레옹은 개들을 이끌고 높은 단상으로 올라갔다. 그는 앞으로 일요일 회합은 중지한다고 선언했다. 그런 회합은 불필요하고 시간 낭비라고 말했다. 앞으로 농장의 운영에 관한 모든 문제는 자신이 의장직을 맡고 있는 돼지들의 특별위원회에서 결정하겠다는 것이었다. 이 회의는 비밀회의로 하며 결정된 사항은 후에 다른 동물들에게 전달한다는 것이었다.

6-① 카알 프리드리히와 브레진스키는 이러한 체제가 현대 공업사회에서도 나타날 수 있으며, 일정한 정치적 요소들(features)을 지니고 있다고 설명하고 있다. 이 체제의 정치적 요소들 중 4가지만 쓰시오.

07 로크(J. Locke), 벤담(J. Bentham) 등의 사상으로 대표되는 17~18세기의 민주주의는 '방어적 민주주의(또는 보호 민주주의)'로 일컬어지고 있다. 다음을 참고로 하여 방어적 민주주의에서 '방어'란 무엇을 무엇으로부터 보호하는 것을 의미하는지 쓰시오.

> 인간은 태어날 때부터 모두 자유롭고 평등하며 독립되어 있으므로, 어느 누구도 자기 자신의 동의 없이 이러한 상태로부터 추방되어 다른 사람의 정치권력에 예속될 수는 없다. 인간이 이 세상에 태어나면서부터 갖게 되는 자연적인 자유를 포기하고 시민사회의 구속을 받게 되는 유일한 길은 다른 사람과 결합하여 하나의 공동사회(공동체)를 형성하는 데 동의하는 것이다. 이렇게 하는 목적은 각각 자신의 소유물을 안전하게 향유하며, 또한 그 공동사회에 속하지 않은 자에 의한 침해에 대하여 더 공고한 안정성을 보장받음으로써 서로 안락하고 안정된 평화로운 생활을 보내려는 데 있다. — 로크, 『시민정부론』

08 다음 A국과 B국의 의회에 대한 설명으로 옳은 것을 <보기>에서 고른 것은?

> A국 의회와 같은 '말하는 의회(talking assembly)' 혹은 '무대 의회(arena parliament)'에서는 본회의 토론이 가장 중요한 활동이다. 본회의에서는 주요 이슈에 대한 토론이 이루어짐으로써 의회는 대표 기능을 충실히 수행한다.
> B국 의회와 같은 '일하는 의회(working assembly)' 혹은 '전환 의회(transformative parliament)'에서는 의회의 중심 활동이 위원회에서 이루어진다. 위원회에서는 법률안을 심도 깊게 토론하고, 이를 법률로 전환함으로써 의회는 입법기능을 보다 충실히 수행한다.

<보기>

ㄱ. A국과 B국에서 법안에 대한 최종 의결은 본회의에서 이루어진다.
ㄴ. A국 의회에 비해 B국 의회가 의회의 정책 결정을 위한 전문성을 강화하기 쉽다.
ㄷ. A국 의회에 비해 B국 의회가 정당 규율이 엄격하고, 정당정치가 강한 국가에서 보다 잘 발전할 수 있다.
ㄹ. A국 의회에 비해 B국 의회가 '포크배럴(pork-barrel)'이나 '로그롤링(log-rolling)'과 같은 개별 의원들 사이의 협상과 타협이 어렵다.

① ㄱ, ㄴ ② ㄱ, ㄷ ③ ㄴ, ㄷ
④ ㄴ, ㄹ ⑤ ㄷ, ㄹ

✓ 10-20

09 다음은 최근에 실시된 주민 참여 프로그램이다. 이 프로그램의 토대가 되는 민주주의론의 이론적 전제로 옳은 것을 <보기>에서 고른 것은?

- 2004년 캐나다 브리티시 컬럼비아주의 정부는 선거제도 개혁을 위한 시민의회(Citizen's Assembly)를 구성하였다. 주정부는 시민의회에 새로운 선거제도를 마련해 줄 것을 요청하였다. 주정부는 '자유롭고 평등한 시민들 간의 토론을 통한 의사결정'을 보장하기 위하여 무작위 추출로 선발된 160명의 시민으로 시민의회를 구성하였다. 시민의회는 50회의 공청회를 개최하였고, 총 3,000여 명의 시민들이 참석하여 활발한 토론을 전개하였다. 시민의회는 공청회 결과를 토대로 여섯 차례의 주말 내부 토론을 통해 단기 이양식 투표제를 새로운 선거제도로 추천하였다.
- 2001년 2월 호주 국립방송은 전체 국민을 대상으로 무작위 선발된 사람들을 캔버라에 집결시켜 3일 동안 '토착 원주민과의 화해 정책'에 관한 토론을 실시하였다. 토론 결과 원주민들의 불이익을 인식한 사람이 51%에서 82%로, 원주민과의 화해가 호주가 직면한 중요한 이슈임을 인식한 사람이 31%에서 63%로, 원주민들에 대한 사과가 필요하다는 의견이 46%에서 68%로 급증하였다.

보기

ㄱ. 민주주의의 의사결정 방식으로 투표보다 토론이 더 합당하다.
ㄴ. 민주주의는 다양한 이익의 수렴과 제도화된 대의기구를 통한 중재과정이어야 한다.
ㄷ. 민주주의는 이해관계를 단순 반영하는 '선호집약'보다 '선호전환'을 추구하여야 한다.
ㄹ. 개인선호 충족의 측면에서 보면 민주주의의 유권자와 시장 소비자의 선택행위는 동일하다

① ㄱ, ㄴ ② ㄱ, ㄷ ③ ㄴ, ㄷ
④ ㄴ, ㄹ ⑤ ㄷ, ㄹ

▽ 2012 2차 문제

10 다음 (가)의 밑줄 친 제도에 부합하는 민주주의 유형의 주요 원리 및 다른 민주주의와 구분되는 독자적 의의를 설명하고, 그것을 근거로 (나)에 해당하는 민주주의의 현실적 문제점들을 비판하시오.

> (가) ○○시의회는 행정자치국장으로부터 행정체제 개편 방안을 보고받고, 보다 폭 넓은 시민의 공감대를 구축한 후 관련 정책을 추진할 것을 요구하였다. ○○○ 의원은 과거 향토 축제 폐지 당시에도 여론조사를 했지만 공정성과 객관성에 논란이 생겼다며 논란을 사전에 없애려면 즉흥적 여론조사 말고 주민 참여와 토론에 근거한 <u>공론조사나 합의회의, 시민배심원제</u> 등을 적극적으로 검토해 볼 만하다고 제안했다. 우리나라에서 합의회의는 1998년 유네스코 한국위원회가 주최한 '유전자식품의 안전성과 생명윤리에 관한 합의회의'가 처음이며, 시민배심원제는 2004년 울산광역시 북구 음식물자원화시설 건립 과정에서 발생한 행정 갈등에 최초로 적용되었다.
>
> (나) 이익집단은 민주주의의 토대이자 공공 정책의 결정 방식을 이해하는 열쇠이다. 왜냐하면 자유로운 결사체로서 이익집단의 경쟁은 정부의 부당한 간섭과 규제로부터 개인을 보호하며, 정부의 반응성을 제고시키기 때문이다. 공공 정책은 상이한 견해와 이해관계를 대표하고 있는 다양한 집단들간의 협상과 흥정을 통해 이루어지며, 정부는 이러한 과정을 매개하고 중재하는 공정한 심판자이다. 달(R. Dahl)은 다두제(polyarchy)라는 개념을 통해 미국 사회에서 다양한 집단들간의 자유로운 경쟁이 정치권력의 폭 넓은 분산과 균형을 가져왔음을 해명한 바 있다.

▽ 2014 전공A 4.

11 다음 대화에 근거하여 ( ) 안에 들어갈 개념을 쓰시오.

> 갑 : A국의 국가 권력구조는 두 개의 정부 수준이 존재하는 형태야. 상위 단위인 중앙정부와 하위 단위인 주(州)정부가 서로 침해할 수 없는 권한의 영역을 가지고 있는 형태이지. 이것은 중앙 정부와 주 정부 모두 국민으로부터 주권을 위임받는다는 원리에 기초하고 있어.
>
> 을 : A국 중앙 정부의 입법부는 인구 비례 원칙에 기초해 선출된 대표로 구성된 의회와 주별로 선출된 대표로 구성된 의회로 이루어져있지. 이런 입법부 형태를 ( )(이)라고해.

✓ 2014 전공B 서술형 2.

12 다음은 교사와 학생의 대화이다. ㉠이 무엇인지 쓰고, ㉡의 내용을 구체적으로 서술하시오.

> 교사 : 우리 헌법은 제1조에서 국민 주권 이념에 기초한 민주주의 원리를 채택하고 있습니다. 그런데, 이를 구현하는 방법으로는 국민이 국가 의사를 직접 결정하는 직접민주제와 국민이 선출한 대표가 국가 의사를 결정하는 대의제가 있습니다.
> 학생 : 선생님, 그런데 우리나라는 인구가 많아서 모든 국민이 모여 국가의 의사를 직접 결정하는 것이 사실상 불가능하지 않을까요?
> 교사 : 그래요. 그래서 우리 헌법은 대의제를 채택하여 일상적으로는 국민이 선출한 대표가 국가의 의사를 결정하도록 하면서, 특별한 두 가지 경우에만 ㉠ '이 제도' 를 통하여 직접 민주제를 구현하고 있어요. 이 두 가지 경우는 헌법 제72조와 제130조에 각각 명시되어 있답니다. 그럼 두 가지 경우는 어떻게 다를까요?
> 학생 : 우리 헌법의 규정에 따르면 두 가지 경우는 ㉡ 대상에 있어서 차이가 있습니다.

✓ 2017 전공A 기입형 4.

13 다음은 민주주의를 바라보는 다양한 관점 중 하나에 대한 설명이다. 이 관점의 명칭을 쓰시오.

> 이 관점은 분화된 현대 사회의 특성을 반영하고 있다. 사회 내에 다양한 집단이 존재하고, 이 집단들이 상대적으로 자율적이며, 정치 과정에서 대체로 균등한 영향력을 행사할 수 있다고 간주한다. 또한 사회 내의 집단들이 자신들의 이익을 실현시킬 수 있는 권력과 자원을 보유하고 있다고 전제한다. 이러한 전제 하에 정치 과정에 경쟁과 협상이라는 시장 원리를 적용하고, 절차상으로 그 과정에 모든 집단이 참여할 수 있다고 생각한다. 정치를 모든 집단이 실질적으로 동등한 기회를 갖는 집단적 협상 절차로 간주하는 것이다. 그러나 이 관점은 현실에서 집단이 보유한 자원의 불평등으로 인해 정치적 불평등이 야기된다는 반박을 받는다.

CHAPTER 05 민주주의론

> 2018 전공 A 2번

14 ( ) 안에 공통으로 들어갈 민주주의의 유형을 쓰시오.

최근 신고리 5·6호기 공론화위원회는 신고리 5·6호기의 공사 재개를 선택하였고 정부는 이를 수용하여 공사 재개를 결정하였다. 시민참여단은 찬성과 반대의 입장을 견지하고 있는 각각의 단체들로부터 정보를 제공받았으며, 이를 가지고 많은 논의의 과정을 거친 후 결정을 내릴 수 있었다. 상당수의 참가자들이 이러한 과정에서 자신의 의견을 바꾸게 된 것으로 알려졌다.
이러한 의사 결정 과정은 민주주의의 한 유형인 (   )의 현실적인 적용의 사례로 이해될 수 있다. 이는 공공의 이익을 정의하는 데 있어 담론과 논의의 필요성을 강조한다. 베셋(J. Bessette)이 1980년에 소개한 (   )에서는 자유롭고 평등한 시민들의 공적인 논의와 토론을 정당한 정치적 의사 결정이나 자치의 핵심 요소로 본다. 또한 정치적 정당성의 확보는 투표나 다수결 같은 제도에 달려 있는 것이 아니라, 공적 결정에 대해 옹호 가능한 이유와 설명을 제시하는 데 달려 있다고 한다. 피쉬킨(J. Fishkin)은 다양한 국가에서 (   )의 실천적 이행을 설계하여 제시하기도 하였다.

> 2020 전공 A 8번

15 다음은 직접 민주주의에 관한 글이다. <작성 방법>에 따라 서술하시오.

고대 아테네 민주주의에 관한 연구들에 따르면 고대 아테네의 민주주의는 직접 통치 원리에 충실했다. 무엇보다 고대 아테네에서는 정치적으로 중요한 사안에 대한 결정을 내리는 권한을 가진 민회(Ecclesia)를 ㉠<u>정치적 권리를 가진 시민(demos)</u> 전체로 구성하였다. 또한 민주정의 황금기엔 민회가 수행하지 않는 기능을 수행하는 대부분의 공직을 (㉡)을/를 통해 충원했다. 예컨대 민회의 의제를 준비하고 결정을 실행하는 책임을 맡았던 500인 평의회(Boule)도 시민들 중 (㉡)(으)로 충원했으며, 임기는 1년으로 중임 횟수는 제한되었다. 그리고 500인 평의회를 지도하는 50인 위원회는 500인 평의회가 윤번제로 1년 임기의 10분의 1씩 맡았다. 이처럼 고대 아테네에서는 시민이 직접 공직을 맡아, 시민(demos)의 지배(kratia)라는 민주주의의 의미 그대로 시민의 직접 통치를 실현하였다. 오늘날 대의 민주주의 국가 가운데 일부는 ㉢<u>국민투표</u>, 국민발안, 국민소환과 같은 직접 민주주의 제도를 일부 혹은 전부 실행하고 있다. 그럼에도 시민의 직접 통치라는 관점에서 대의 민주주의는 직접 민주주의와 거리가 멀다.

<작성 방법>

- 밑줄 친 ㉠에 해당하는 자격을 서술할 것.
- 괄호 안의 ㉡에 들어갈 용어를 제시할 것.
- 우리나라에서 밑줄 친 ㉢을 어떤 경우에 실시하는지 2가지를 서술할 것.

2024 전공 A 8번

16 다음을 읽고, <작성 방법>에 따라 서술하시오.

민주주의는 한 사람이나 소수에 의한 지배가 아니라 대중에 의한 지배를 일컫는다. 고대 아테네에서는 시민이 직접 의사 결정을 하는 직접 민주주의를 실행하였다. 하지만 직접 민주주의는 인구와 시간의 제약으로 인해 현대의 많은 국가에서 실행되기 어려웠다. 이러한 한계를 극복하기 위해 대표성의 개념이 도입되어 (㉠)(으)로 변화되었다. 또한 절대 군주의 자의적인 법 집행을 막기 위해서 국가 권력이 법에 따라 행사되어야 한다는 (㉡)이/가 확립되었다. 하지만 (㉠)은/는 국민의 의사가 정치에 반영되지 못하거나 국민의 정치적 무관심을 초래할 수 있다는 한계가 있었다. 이러한 문제를 보완하기 위해 국민투표, 국민발안, ㉢ 국민소환과 같은 직접 민주주의의 요소를 도입하기도 하였다.

민주주의 사회에서는 ㉣ 정당, ㉤ 이익 집단 등 다양한 행위자들이 정치 과정에 참여하고 있다. 또한 ㉥ 시민 단체 역시 이익 집단과 마찬가지로 시민들이 정치 과정에 영향을 미치기 위해 조직한 집단이다. 언론은 정치 문제에 대한 정보를 제공하고 여론을 형성한다.

<작성 방법>

○ 괄호 안의 ㉠, ㉡에 해당하는 용어를 순서대로 쓸 것.
○ 밑줄 친 ㉢의 정의를 서술할 것.
○ 밑줄 친 ㉤, ㉥과 달리 밑줄 친 ㉣이 추구하는 목적을 서술할 것.

2011 2차 논술형

17 우리나라는 헌법 제1조에서 밝히듯 민주공화국이다. 민주공화국이란 민주주의와 공화주의가 혼합된 국가라는 말이다. 우리와 같은 현대의 정치체제는 공화정으로 건설된 대의제가 대의민주주의로 발전한 것이다. 다음 글을 읽고 현대의 정치체제를 간단히 소개하고, 그 속에 민주정의 정치원리와 공화정의 정치원리가 어떻게 혼합되어 있으며, 그것이 왜 고대 아테네의 민주정보다 훌륭한지를 설명하시오.

> (가) 민주주의는 그리스어의 demokratia를 번역한 것인데, 이 말은 demos(인민)와 kratos(지배)가 합성된 것으로 '인민의 지배'를 뜻한다. '인민의 지배'를 실현하기 위하여 아테네의 민회에서는 국가의 주요정책을 '다수결'로 결정하였고, 민회를 운영하는 평의회위원을 비롯한 대부분의 관직을 '추첨'으로 선출하였다. 이렇게 독특한 정치제도를 운영했던 고대 아테네는 인류 역사상 가장 역동적으로 독창적인 문명을 만들어 냈다. 그렇지만 아테네의 민주정은 파벌싸움을 극복할 수 없는 단점을 가지고 있었다. 대부분의 경우 정치적 다수파가 자신들의 분파이익을 추구하고자 소수파나 정적들을 희생시켰던 것이다. 그래서 언제나 소란과 분쟁이 그치지 않았다.
>
> (나) 공화국은 라틴어의 res publica를 번역한 것인데, 이 말은 res(일)와 publica(공동의 또는 인민 모두의)가 합성된 것으로 '공동의 일'을 뜻한다. '공동의 일'은 인민 모두에 관계되므로 다수이든 소수이든 인민의 일부에 지나지 않는 사람들이 자의적으로 처리해서는 안 되는 것이다. 자의적 권력을 억제하려 했던 로마의 공화정은 아테네의 민주정과 권력구조가 달랐다. 아테네의 정치권력은 민회에 집중되어 있었지만, 로마의 정치권력은 집정관, 원로원 및 민회의 세 기관으로 분산되어 있었다. 그리스인이었던 폴리비우스(Polybius)는 로마의 정치체제를 보고 깜짝 놀랐다. 민주정이라는 단일요소의 순수정(simple government)이었던 아테네와 달리 로마는 민주정, 귀족정 및 군주정의 요소가 뒤섞인 혼합정(mixed government)이었던 것이다. 집정관은 군주정의 요소이고, 원로원은 귀족정의 요소이며, 민회는 민주정의 요소였다. 이들이 서로 견제와 균형을 이루어 로마는 오랫동안 안정과 번영을 누렸던 것이다.
>
> (다) 매디슨(Madison)은 미국헌법의 제정 시기에 대의제의 정치체제를 창안한 선각자 가운데 한 사람이다. 그는 대의제를 공화정(republic)으로 여기고 민주정과 구별하였다. 민주정과 대의제의 차이는 "고대 민주정부에서 인민의 대표가 통치로부터 완전히 배제되었던 데 있는 것이 아니라, 근대 공화정부에서 집단으로서 인민의 참여가 완전히 배제된다."는 데에 있다고 보았다. 이렇게 근대 대의제는 아테네의 민주주의와 무관하게 발전되었다. 그런데 19세기를 거치면서 대의제는 점차 변화의 조류에 휩싸였다. 이 조류는 바로 선거권의 확대로서 보통 선거권에 이르러 절정을 이루었다. 이러한 변화는 대의제가 새로운 정치체제로 진화하고 있다는 믿음을 불러일으켰다.

2025 전공B 6번

18 다음을 읽고, <작성 방법>에 따라 서술하시오.

> 정치 체제의 분류와 관련하여 아리스토텔레스는 두 가지 질문, 즉 '누가 지배하는가?(1인, 소수, 다수)'와 '어떤 이익을 추구하는가?(사익, 공익)'를 기준으로 6가지 정체(政體)를 제시하였다. 그는 이 중 폴리테이아(politeia, polity)를 현실적으로 실현 가능한 최선의 정부라고 생각하였다. 폴리테이아는 두 가지 의미를 담고 있다. 하나는 ㉠ <u>위 두 가지 질문의 조합으로부터 도출된 정체</u>를, 다른 하나는 '민주정과 과두정의 요소를 결합'한 (㉡)을/를 의미한다. 아리스토텔레스는 (㉡)을/를 통해 가난한 계층의 독단적 지배에 의한 폐해를 극복하고 부자들에게도 정치 참여의 공간을 제공함으로써 조화로운 공동체를 실현하고자 하였다.
>
> 한편, 연방제에 기반한 미국 헌법의 제정에 기여하였던 메디슨(J. Madison)은 파벌의 문제를 중심으로 민주정과 (㉢)(이)라는 두 가지 정체를 논의하였다. 먼저, 시민들이 직접 정부를 구성하고 운영하는 '순수한 민주주의'는 ㉣ <u>파벌의 폐단</u>이라는 중대한 문제를 안고 있다. 그에 따르면, 민주주의에는 공통된 열정 또는 이익을 지닌 전체의 다수가 약한 정당이나 개인을 희생시킬 수 있는 결함이 있다. 반면, 대의제 정부를 의미하는 (㉢)은/는 문제 해결의 새로운 가능성을 제공한다. 왜냐하면 (㉢)은/는 시민이 선출한 소수의 현명한 대표에게 권한을 위임하여, 더 많은 수의 시민들과 더 넓은 영역으로 통치를 확장할 수 있기 때문이다

<작성 방법>

- 밑줄 친 ㉠의 의미를 서술할 것.
- 괄호 안의 ㉡, ㉢에 해당하는 용어를 순서대로 쓸 것.
- 메디슨이 말한 밑줄 친 ㉣의 의미를 서술할 것..

THEME 06 | 정부제도론

제1절 정부 형태 일반론

1. 의원내각제와 대통령제의 일반적 비교

	의원내각제	대통령제
정부 구성	국회가 선출한 수상이 내각 구성 (입법부 ↔ 행정부: 수상 지명, 내각 불신임권, 의회 해산권 / 국민 선거)	국민이 선출한 대통령의 행정부 구성 (입법부 ↔ 행정부: 동의·승인권, 법률안 거부권 / 국민 선거)
성립 배경	영국에서 명예혁명을 통해 입헌 군주제를 바탕으로 한 의회 중심의 정부 형태 성립	몽테스키외의 삼권 분립론에 기초한 것으로 미국의 독립과정에서 성립
행정부 구조	• 형식적 국가 원수 : 군주 또는 대통령 • 실질적 행정부(행정부 수반) : 내각(수상)	• 대통령은 국가원수이자 행정부 수반
특징	• 권력 융합형, 의회중심주의 • 행정부의 의회에 대한 연대책임 • 정부의 의회 해산권 인정 • 의회의 내각 불신임권 인정 • 의원의 각료 겸직 가능 • 정부의 법률안 제안 인정	• 엄격한 권력 분립, 상호독립, 견제·균형 • 대통령은 국민에 대해 책임 • 내각불신임 및 의회해산권 부인 • 대통령의 법률안 거부권 인정 • 의회의 탄핵소추권 인정 • 의원의 각료 겸직 불가 • 정부의 법률안 제안 부정
장점	• 정치적 책임에 민감하고, 다양한 국민적 요구에 충실 • 의회와 내각의 협조가 용이하여 능률적인 정책 수행 가능	• 대통령의 임기 동안 정국 안정 • 정책의 연속성 • 다수당의 횡포 방지(법률안 거부권)
단점	• 다수당의 횡포 견제 곤란 　(과반수 정당 출현○) • 군소 정당 난립 시 정국 불안 우려 　(과반수 정당 출현× → 연립내각 수립 시)	• 정치적 책임에 민감하지 못함 • 강력한 대통령 권한으로 독재 정치 우려 • 의회와 행정부 대립 시 조정 곤란(여소야대)
대표 국가	영국, 일본, 독일 등	미국, 한국 등

2. 의원내각제 일반론

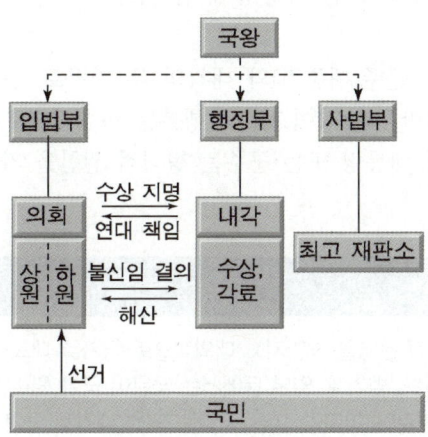

영국의 정치 구조

(1) 형성 과정
① 내각제는 미국 대통령제처럼 특정시기 대표자들이 한자리에 모여 제도를 창안해낸 결과로 생겨난 것이 아니라, 국왕과 의회간의 갈등과 타협의 역사적 과정을 거쳐 점진적으로 형성.
② 국왕이 행사해오던 권력을 민주주의의 발전과 함께 국민의 대표기관인 의회가 넘겨받게 된 과정이 내각제 출현의 역사임. 영국의 경우 명예혁명과 권리장전의 제정을 통해 국왕은 '군림하되 통치하지 않게' 되었으며, 총리가 이끄는 내각이 실제로 통치를 담당하게 됨.

> 1단계 군주제가 주도적인 가운데 의회가 자기의 존재를 확대해나간 단계
>
> ⇩
>
> 군주의 주도권에 도전하는 사람들의 집합체인 의회가 입법권을 갖게 된 단계
>
> ⇩
>
> 집합체인 의회가 행정부를 책임지는 의회가 되고 군주는 전통적으로 행해오던 권력을 대부분 상실하는 단계

(2) 의원 내각제의 요소와 특징
① 의회가 정통성을 지닌 유일한 정치기구(일원적 정통성)
  ㉠ 대통령제 하에서는 대통령과 의회가 별도의 선거를 통하여 구성되므로 민주적 정당성이 이원화되나, 의원내각제에서는 의회만이 선거를 통하여 구성되므로 민주적 정당성이 일원화됨.
  ㉡ 내각은 의회에 의해 구성되므로 성립과 존속은 의회에 의존하게 됨. 또한, 의회는 내각에 정치적 책임을 추궁할 수 있게 됨. 따라서 의회의 내각에 대한 불신임제도는 의원내각제의 본질적 요소임.

ⓒ 내각의 수반인 수상은 반드시 의원이어야 하는 것은 아니며, 의회에서 선출되고 형식적으로는 국가 원수인 군주 또는 대통령이 임명함.

② 집행부의 2원적 구조
의원내각제의 집행부는 군주(대통령)와 내각의 두 기구로 구성됨. 국가 원수는 대통령 또는 군주이고, 집행부의 수반은 수상이므로 집행부는 형식적으로는 이원적 구조를 특징으로 함. 그러나 의원내각제에서 대통령 또는 군주는 형식적 권한을 가지고 수상이 실질적으로 집행권을 행사하게 됨.

> **의원 내각제와 국가 원수**
>
> 의원 내각제 국가에서는 총리가 국정 운영을 책임지고 대외적으로 국가를 대표하는 역할을 하며, 보통 형식적으로 국가 원수가 존재한다. 영국, 네덜란드, 벨기에, 일본 등에서는 국왕이 국가 원수이다. 대통령이 존재하는 독일, 이탈리아, 인도 등은 얼핏 대통령제 국가로 보이지만, 이들 국가는 의원 내각제 국가로서 대통령은 형식적으로 국가 원수의 지위를 가진다. 상징적인 국가 원수인 국왕이나 대통령은 총리와 각료를 임명하는 등 형식적인 권한을 가지지만, 국정 운영이나 외교 등에 있어서 실질적인 권한은 없다. 하지만 국왕이나 대통령은 국민의 정신적 지도자로서 사회 통합 등을 이루는 데 중요한 역할을 하기도 한다.
>
> (지학사 교과서 p46)

③ 내각 불신임권과 의회 해산권
ⓐ 의회는 내각에 대한 불신임을 결의할 수 있기 때문에 의회는 행정 권력을 만들어내지만 동시에 실각시킬 수도 있음. 의회의 내각 불신임 권한은 대표성의 측면에서 볼 때 의회가 국민을 대신하여 행정부의 국정 운영의 책임을 묻는다는 점에서 민주적 책임성을 보장하는 것이라고 할 수 있음.
ⓑ 즉, 불신임 결의는 의회가 내각의 실정이나 무능에 대해 정치적 책임을 지도록 강요하는 것이므로, 불신임의 가능성이 상존하기 때문에 내각은 그만큼 더 여론의 향방과 요구에 적극적으로 대응하게 됨. 하지만 의회가 내각을 불신임하게 되면 총리가 의회를 해산하고 다시 총선을 치름으로써 의회구성을 변화시킬 수 있다는 정치적 부담도 의회에 동시에 안기게 됨.
ⓒ 건설적 불신임투표 : 다음 총리가 누가 될 것인가를 미리 결정해 놓은 후에만 불신임 결의안을 제출할 수 있도록 하여 정치적 불안정 및 국정의 공백상태를 예방하기 위한 제도. 독일과 스페인, 헝가리 등에서 실시하고 있음.

④ 입법부와 집행부간의 공화와 협조
내각의 구성원인 각료는 반드시 의원이어야 하는 것은 아니고, 각료와 의원은 겸직을 할 수 있음. 각료는 의회출석·발언권을 가지며, 집행부는 법률안 제출권을 가짐.

> **📖 권력 융합**
>
> 의원 내각제에서는 의회를 구성하기 위한 단 한 번의 선거만 시행하고, 이 선거의 결과에 따라 행정 권력도 동시에 결정된다. 의원 내각제에서 행정권은 입법권을 장악한 정당이 차지하며 내각을 이끄는 총리가 실질적이고 유일한 통치의 중심이 된다. 따라서 미국형 대통령제가 삼권 분립의 특징을 갖는다면, 의원 내각제는 행정권과 입법권이 통합된 권력의 융합이라는 특징을 가진다.
>
> (천재교육 지도서 p90)

⑤ 각료회의의 의결기관성
　의원내각제의 각료회의는 필수기관이고, 정부의 정책을 결정하는 의결기관임.

⑥ 내각의 집단적 책임의 원칙
　내각의 구성원인 각료들은 내각의 결정에 대해 집단적인 책임을 짐. 즉, 정부가 결정한 주요 정책은 해당 부서를 담당하는 개별 장관들이 결정하고 책임지는 것이 아니라 내각 전체가 집단적으로 공동의 책임을 지는 것임. 총리는 '동등한 사람들 중에서 제1인자(first among equals)'에 해당함.

> **📖 의원 내각제에서 정당의 역할**
>
> 의원 내각제의 특징 가운데 하나는 정당의 역할이 대단히 중요하다는 점이다. 대통령 1인이 집권하게 되는 대통령제와는 달리 내각제는 정당이 '집단적으로' 집권하는 것이기 때문이다. 즉 내각제는 집권의 주체가 특정 정치 지도자 개인이기보다 집단으로서의 정당이며, 집권당은 총리를 정점으로 하는 통치의 주체이다. 이처럼 내각제에서는 의회 내에서 다수 의석을 차지한 정당 혹은 정당 연합이 권력을 담당하게 되는 것이므로 정부 구성 역시 정당을 중심으로 이루어지며 정치적 책임 역시 내각이 공동으로 지게 된다. 이 때문에 내각의 각료는 집권당 소속 의원들이 참여하는 것이 일반적이다.
> 정당의 집단 책임을 잘 보여 주는 것이 내각제 국가의 '집단 책임의 원칙(collective responsibility)'이다. 이는 정부가 결정한 주요 정책은 해당 부서를 담당하는 개별 장관들이 결정하고 책임지는 것이 아니라 내각 전체가 집단적으로 공동의 책임을 진다는 원칙이다. 즉 내부적인 회의나 토론 과정에서는 개별 각료가 서로 다른 의견을 가질 수 있지만 대외적으로는 내각에서 결정한 주요 사항에 대해 각료들이 모두 한 목소리로 동조하는 모습을 보여야 한다는 것이다.
>
> — 강원택, 『대통령제, 내각제와 이원 정부제』
> (미래앤 지도서 p47)

⑦ 행정부의 의회에 대한 정치적 책임
　행정부는 의회에 대한 책임을 지기 때문에 유권자들에게는 간접적으로만 책임을 짐. 행정부는 유권자들이 직선을 통해 구성하는 것이 아니고 유권자들이 뽑은 대표들에 의해 간접적으로 구성됨. 또한, 내각의 각료들은 다음 선거 때 유권자의 심판을 받아야 하지만, 이들은 내각의 각료로 선거에 출마하는 것이 아니라 의회의원 후보로 출마하는 의미를 가짐.

의원내각제에서의 소수파 정부

1. 소수파 정부 구성의 예

구분	극우정당 A	강경우파 B	온건우파 C	중도정당 D	온건좌파 E	강경좌파 F	극좌정당 G
의석 비율	10%	15%	20%	25%	10%	10%	10%

※ 정당 C와 D의 연립정부가 형성

2. 소수파 내각의 출현이 가능한 경우
① 정당 간 의석 분포와 이념 분포에 따른 불가피한 경우 : 연립정부에 참여하지 않는 야당들 간의 이념적 거리가 너무 커서 반(反)연정으로 입장을 쉽게 통일할 수 없는 경우
② 소수파 내각이더라도 내각 불신임으로 인한 선거에 대한 부담이 각 야당이 서로 다르기 때문 : 불신임 투표가 통과되면 의회는 해산되고 총선을 다시 치르게 되는데, 당시의 여론 지지도나 정당 내부의 여러 가지 상황으로 인해 다가올 선거에 대한 정당의 전망이 불투명한 경우
③ 이념적으로, 정책적으로 매우 유사한 입장을 갖는 정당과의 연립을 통해 안정적인 과반 의석을 확보할 수 있지만 그 정당이 내각에 참여하기는 꺼리면서 외부에서 느슨한 형태로 지원해 주는 경우

(정치학의 이해 2판 - 박영사 p158~159)

3. 대통령제 일반론

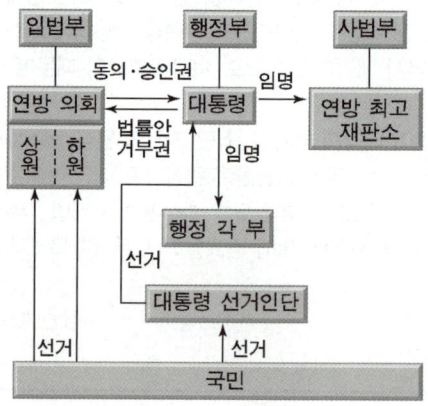

미국의 정치 구조

(1) 성립 과정
① 몽테스키외의 3권 분립론에 기초하여 미국 독립 과정에서 등장함
② 미국은 독립 혁명 당시 영국에서 독립한 주들이 모여 미국 연방 공화국을 만듦 → 영국의 왕에 맞설 수 있는 강력한 힘을 가진 대통령제 채택
③ 제2차 세계대전 이후 독립한 많은 신생국들이 독립 이후의 혼란을 수습하기 위하여 미국식 대통령제를 도입함.

(2) 대통령제의 요소와 특징

① **이원적 정통성**
   의회와 행정부는 각기 별도의 선거에 의해 구성됨. 특히 행정부는 국민의 선거로 선출된 대통령에 의해 구성. 따라서 행정부는 의회로부터 독립되어 있으며, 의회도 행정부로부터 독립되어 있음.

② **행정부의 일원적 구조**
   ㉠ 대통령은 국가원수와 행정부 수반의 지위를 가지므로 행정부는 일원적임. 부통령은 대통령 사고시 승계하는 지위에 있을 뿐임.
   ㉡ 대통령제는 대통령 개인의 단독 집행부로 대통령제 하에서 각료는 대통령의 보좌역이거나 부하에 불과하게 됨.

③ **임기의 고정성**
   ㉠ 대통령 당선 후 정해진 임기 동안 소신 있게 국정을 이끌어 갈 수 있음. 따라서 정치적 안정성을 보장할 수 있다는 장점을 가지게 됨.
   ㉡ 하지만 임기 중 대통령의 무능이 부각되거나 정책에 대한 커다란 실정을 저질렀을 경우 그리고 정치·경제·국제정치적으로 대통령 선출 시와 다른 상황이 도래하였을 때 이에 적절히 대응할 수 있는 다른 자질을 갖춘 지도자가 요구되는 상황이라면 임기의 고정성은 단점이 될 수 있음.

④ **행정부의 의회에 대한 정치적 무책임**
   국민의 정치적 지지를 받아 당선된 대통령과 대통령이 구성한 행정부는 정치적 책임을 국민에게 지기 때문에 의회에 대해 정치적 책임을 지지 않음. 따라서 의회의 행정부에 대한 불신임제도는 존재하지 않음. 다만, 법적인 책임을 추궁할 수는 있으므로 탄핵제도는 존재함.

📖 탄핵 제도

탄핵 제도는 일반 법원에 의해서는 소추가 어려운 정부의 고급 공무원 또는 법관과 같은 신분 보장을 받고 있는 공무원의 직무상 중대한 비위 또는 범법 행위에 대하여 국회의 소추에 의하여 처벌하거나 또는 파면하는 제도를 말한다. 이 제도는 영국에서 발생하여 그 후 여러 국가에 의하여 이어졌으나 그 내용과 절차가 일정한 것은 아니다. 예컨대 영국에서는 형벌까지 과할 수 있는 데 비하여, 미국에서는 파면함에 그친다. 또 보통의 경우는 하원이 소추하고 상원이 심판하는 것이나, 때로는 법원이 심판을 담당하는 경우도 있다[독일 바이마르 헌법 하(下)의 국사 재판소와 이탈리아 사르디니아 왕국의 1848년 헌법 하의 고등 법원].
우리 헌법도 대통령·국무총리·국무 위원·행정 각부의 장·헌법 재판소 재판관·법관·중앙 선거 관리 위원회 위원·감사원장·감사 위원 기타 법률에 정한 공무원이 그 직무 수행에 관하여 헌법이나 법률을 위배한 때에는 국회는 탄핵의 소추(국회 의원 3분의 1 이상의 발의로 그 재적 의원 과반수의 찬성에 의한 의결로, 다만 대통령에 대하여는 재적 의원 과반수의 발의와 재적 의원 3분의 2 이상의 찬성으로 의결)에 의해(헌법 제65조 제1·2항) 헌법 재판소가 심판하는 탄핵 제도를 인정하고 있다(제111조 제1항 제2호). 탄핵 소추의 의결을 받은 자는 탄핵 심판을 받을 때까지 그 권한 행사가 정지된다(제65조 제3항), 그리고 탄핵 결정은 공직으로부터 파면함에 그친다. 그러나 이에 의하여 민사상이나 형사상의 책임이 면제되지는 않는다(제65조 제4항).

— 이병태, 『법률 용어 사전』, 2016
(천재교육 지도서 p91)

⑤ 행정부와 의회의 상호 독립성
  ㉠ 의회해산권의 불인정 : 의회는 탄핵 외에는 대통령을 면직시킬 수 없으며 대통령도 의회를 해산할 수 없음. 따라서 의회와 행정부 사이에는 견제와 균형이 이루어짐.
  ㉡ 의회와 행정부구성원의 겸직 불가 및 행정부의 법률안 제출권 불인정
⑥ 입법부와 행정부의 상호 견제와 균형
  대통령은 법률안 제출권을 가지지는 못하나 법률안 거부권을 가지며 입법부를 견제할 수 있음. 또한 의회는 입법권의 독점, 국정조사, 탄핵소추권으로 행정부를 견제함.
⑦ 각료회의의 자문기관성
  대통령제의 각료회의는 임의기관이고 대통령에 대한 자문기관에 불과함.
⑧ 각료의 임명
  대통령은 장관을 임명하며 장관은 대통령에게 복종함. 그러나 대통령이 내정한 장관들은 의회의 승인을 얻어야 함(미국).

(3) **사르토리의 미국식 대통령제의 안정운영 조건**
① 이념적 대결의 완화
② 약한 정당 기율(당내민주화)
③ 지방 중심의 정치(지방분권화)

> 📖 **의원 내각제와 대통령제의 장단점**
>
> 의원 내각제에서는 의회와 행정부의 긴밀한 협조로 신속하고 능률적인 국정 처리가 가능하며, 의회의 신임을 잃은 내각은 사퇴해야 하므로 내각이 정치적 책임과 국민의 요구에 민감하다. 또한 내각 불신임이나 의회 해산을 통해 의회와 행정부의 정치적 대립이 비교적 신속하게 해결될 수 있다. 그러나 의회 다수당이 과반수 의석을 차지할 경우 **다수당의 횡포**를 견제하기 어렵고, 반대로 과반수 의석을 차지한 정당이 없어 **연립 내각**을 구성할 경우 정치적 책임 소재가 불명확해질 수 있다.
>
> 대통령제에서는 원칙적으로 대통령의 임기가 보장되기 때문에 대통령은 의원 내각제의 총리에 비해 국가 정책을 지속해서 추진할 수 있다. 또한 대통령의 법률안 거부권 행사로 의회 다수당의 횡포를 방지할 수 있다는 장점이 있다. 반면 대통령이 국민의 요구에 둔감할 수 있고 대통령에게 권한이 집중될 경우 독재 정치가 출현할 우려가 있으며, 의회와 행정부가 대립할 때 이를 해결하기 어렵다는 단점도 있다.
>
> (미래앤 교과서 p51)

4. 이원 정부제

(1) **개념**
① 집행부가 대통령과 내각의 두 기구로 구성되고 각기 집행에 관한 실질적 권한을 나누어 가지는 정부형태로 대통령제와 의원내각제의 혼합 또는 절충형.
② 지배적 정치세력이 형성되지 않고 복수의 정치세력이 정치권력을 분점하려 할 경우, 또는 대통령제와 의원내각제의 장점을 살려보려는 긍정적 시도의 일환으로 성립.

(2) 프랑스의 이원 정부제

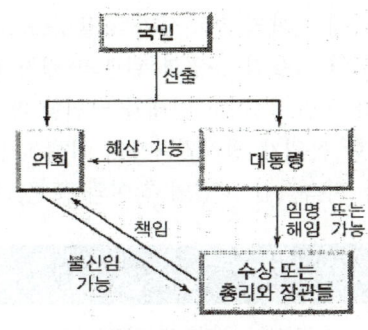

프랑스의 정치 구조

① 대통령은 국민이 직접 선출함(절대다수 대표제 : 결선투표제).
② 총리는 의회에서 선출 후 대통령이 임명
③ 장관은 총리가 추천하여 대통령이 임명하며, 장관과 의원의 겸직은 불가
④ 대통령은 국민투표 회부권, 국가비상시에 긴급권 등을 보유하고, 국방과 외교에 관한 헌법적 권한을 보유함. 또한, 국회에 대해 책임을 지지 않으며, 의회의 내각불신임권에 포함되지 않음.
⑤ 총리는 내각 선임 및 지휘 권한을 가지고 통상적 집행권을 행사함.
⑥ 의회는 내각에 대하여 불신임권을 가지며, 이에 대하여 대통령은 의회(하원)를 해산할 수 있음.
⑦ 국회는 하원 우위의 양원제
⑧ 중요 사안에 대한 대통령의 결정은 수상 또는 관계 장관의 부서를 요함.

📖 동거정부의 출현

대통령의 정당이 의회 내 소수당 또는 소수정파의 지위에 처하는 상황에서 대통령은 다수당 출신의 수상을 임명하게 되고, 대통령과 수상은 상호 견제와 경쟁의 관계를 형성하며 국정을 운영하게 되는 것을 의미함.

(3) 이원정부제의 적실성

① 장점
이원정부제는 운영이 잘되면 권력분산과 역할분담의 장점, 즉 대통령제가 범하기 쉬운 통치권력의 독재화를 방지하면서 대통령제의 장점인 안정성을 살릴 수 있음. 대통령의 중재기능에 의해 내각과 의회의 대립이 해소될 수 있고, 행정권의 이원화가 상황적 분담을 원칙이 잘 준수될 경우 국가비상시에 효율적으로 대처할 수 있음. 또한 내각책임제의 장점인 책임정치 실현과 정당정치의 발전을 기대할 수 있음.

② 단점
대통령중심제와 내각책임제의 단점이 복합적으로 나타날 위험이 있음. 대통령이 의회 다수파의 지지를 얻을 경우 대통령은 수상과 각료의 지명권을 이용하여 내각을 대통령의 보좌기관으로 전락시킬 수 있고, 반대로 대통령이 소수파 출신이고 수상이 다수파의 지지를 얻게 되면 내각이 상대적으로 강해지며, 대통령과 수상의 갈등이 심화될 수 있음.

③ 소결
어떠한 제도든지 정부형태 자체가 민주성과 효율성을 보장한다거나 제도화를 담보하지는 않음. 문제의 관건은 제도의 효율적 운영과 관행의 정착에 있는 것으로 일련의 제도를 꾸준히 지키고 가꾸려는 의지와 신념, 그리고 인내를 발휘할 때 효율적인 운영과 제도화가 가능한 것임. 이원집정부제에 대한 논의가 정치권력자의 이해 다툼이 아닌 민주정치 발전을 위한 고민이 되기 위해서는 결국 지속적인 국민의 참여와 토론, 비판 등이 함께 이루어져야 할 것임.

> **이원집정부제**
>
> 일반적으로 이원 집정부제는 행정부가 대통령과 총리로 이원화된 정부 형태로, 각각 외치, 내치로 구분하여 대통령은 외교·국방 분야를 전담하고 총리는 실질적으로 내각을 이끈다. 이는 대통령제와 의원 내각제를 절충한 형태로 볼 수 있는데, 대통령은 국민의 직접 선거로 선출되고 의회에 책임을 지지 않지만 내각은 의회에 책임을 진다. 또한 대통령에게 총리 임면권과 의회 해산권이 있고, 의회에 내각 불신임권이 있지만 대통령에 대한 불신임권은 인정되지 않는다. 이러한 이원 집정부제는 분권형 대통령제, 반대통령제, 준대통령제, 이원 정부제 등 다양한 명칭으로 사용되고 있다.
>
> 이원 집정부제에서는 대통령과 총리에게 권한을 분산하여 상호 견제하게 함으로써 권력을 제한할 수 있다는 장점이 있다. 그러나 대통령과 총리의 소속 정당이 같으면 독재로 흐를 위험이 있고, 소속 정당이 다르면 대통령과 총리가 대립하여 정치적 혼란이 발생하기 쉽다는 단점이 있다.
>
> (비상 교과서 p51)

5. 스위스의 정부 형태(집단합의제)

① 주의 권한이 강하며, 주의 권한을 일부 위임하여 연방 정부를 구성함.
② **연방협의회(집행부)** : 외교, 내무, 법무·경찰, 국방, 재무, 경제, 환경의 7부를 담당하는 각료로 구성
③ 연방협의회의 각료는 연방양원합동회의에서 개별적으로 선출. 임기는 4년, 의원 겸직 불가
④ 연방협의회의 각료 가운데에서 매년 수반과 부수반이 윤번제로 선출(수반은 국가원수의 역할 수행)
⑤ 연방협의회는 연방의회를 해산할 수 없으며, 연방 의회도 연방협의회에 대한 불신임권이 없음.

6. 정부 형태에 대한 논쟁적 주제

(1) **대통령제 하에서의 분점정부**(divided government)

① 의의
대통령과 의회의 의원을 국민이 직선하는 제도 하에서 대통령이 속한 정당과 의회의 다수 의석을 차지한 정당이 다른 경우를 의미한다. 한국의 경우 13대 총선에서 최초로 분점정부가 출현하였고, 이러한 현상은 이후로도 반복되었다. 그러나 대부분 이는 합당이나 연합 등 정치적 게임 규칙의 수정을 통한 의회 내 다수파의 확보로 인위적으로 단점정부화 되었다. 그러나 이는 대통령제 하에서 불가피한 분점정부의 문제의 해결을 회피하고 민의를 왜곡하며 정당정치의 불안정성을 심화시키게 되었다.

② 발생 원인
　㉠ 정치 구조적 특성 : 이원적 정통성(dual legitimacy)
　　의원내각제와는 달리 행정부의 수반인 대통령과 의회 모두가 국민에 의해 직선되고 견제와 균형의 원리에 의해 작동되는 대통령제의 이원적 정통성 하에서 본질적으로 분점정부의 출현은 불가피한 현상이다.
　㉡ 선거주기의 불일치
　　대통령 선거와 의회 선거가 일치하지 않으므로, 회고적(retrospective) 투표를 통해 대통령의 임기 중반에 지지도 하락에 따른 국회의원 선거 시의 대통령 소속정당의 의석이 감소할 수 있다. 또한 유권자들의 견제 심리가 작용하여 전략적으로 분리 투표 성향이 나타날 경우 분점정부의 출현 가능성이 높아진다.
　㉢ 지역주의 : 한국적 특수성
　　Duverger 명제에 따르면 단순 다수 대표제는 양당제를 창출하지만, Cox의 지적대로 '지역주의'라는 균열의 추가는 한국에서 다당제를 결과하고 있다. 지역 정당 체제 하에서 양당제의 구축이 어려워짐에 따라 대통령 소속 정당이 의회에서 과반수를 차지하는 것은 역설적으로 예외적인 일이 되는 것이다.
③ 분점정부의 순기능
　무엇보다 대통령의 독선을 견제하고 국회의 자율성을 증대시킴으로써 수평적 책임성을 확보하고 합의형 정치문화를 구현할 수 있다. 또한 신중한 정책결정을 통해 정책의 질을 제고할 수 있다.
④ 분점정부의 역기능
　J. Linz의 지적대로 국정 운영에 있어 책임소재의 불명확화를 야기할 수 있으며, 행정부와 의회간의 교착 상태로 인한 정부의 정책 산출 능력 저하와 기관 간 상호 적대감이 안정적 국정 운영을 위협할 수 있다. 또한 이로 인해 시민들의 정치에 대한 불신이 심화 될 수 있다.

(2) **의원내각제 예찬론(대통령제 비판론)**
　① 린쯔(Juan Linz)
　　㉠ 대통령제보다는 의원내각제가 민주정치의 안정화 가능성을 확대시킨다고 주장
　　㉡ '대통령제의 위험'
　　　• 의회와 집행부 사이의 갈등과 교착으로 인한 국가위기 발생의 가능성
　　　• 대통령제에서의 '이원적인 민주적 정통성(dual democratic legitimacy)'이 의회와 대통령간 대립의 소지를 제공할 가능성이 높음.
　② 오도넬(Guillermo O'Donnell)
　　㉠ 대통령제의 국민신임투표적(plebiscitary) 성격으로 인하여 대통령이 국민전체로부터 권력을 위임받았다는 것을 전제로 대의 민주주의를 무시하고, 이를 일반 국민에게 직접 호소하여 통치하는 위임민주주의(delegative democracy)로 변질시킬 우려가 있음을 지적함
　　㉡ 위임민주주의의 특징
　　　첫째, 대통령은 자신이 정당들 "위"에 군림하는 것으로 처신하며,
　　　둘째, 대통령은 의회나 사법부와 같은 제도들을 성가신 존재로 간주하며,

셋째, 대통령은 자신의 보좌진을 활용하여 정치의 모든 것을 관장하며,

넷째, 대통령은 자신 스스로를 기존의 모든 정치제도들로부터 고립시키고 독단적으로 정책을 결정하고 집행한다.

ⓒ 위임민주주의의 문제점: 국민의 대표 기관들 사이의 견제와 감독, 여론의 감시를 통한 책임성 기제가 무력화됨.

③ 레이파트(Lijphart)

㉠ 대통령제가 합의제 민주주의(consensus democracy)보다는 다수제 민주주의(majoritarian democracy)로 가는 경향이 있으며, 집행부의 독주를 초래하는 경우가 많다고 주장함.

㉡ 이것은 집행부내 권력집중, 대통령 정당의 단독적인 내각 구성, 정당체계를 단순화하는 경향 등이 권력분립의 효과를 상쇄하거나 압도하기 때문이다. 다수결에 의한 쟁점해결은 합의형성에 의한 쟁점해소보다 갈등과 교착을 초래할 가능성이 더 크다.

㉢ 의원선거와는 판이하게 대통령 선거에서는 오직 한 후보자와 단 하나의 정당만이 승리할 수 있다. 따라서, 승자독식(winner-take-all)의 논리에 기초한 대통령제는 정치를 양극적 제로섬(zero-sum) 게임으로 만드는 경향이 있다.

④ 대통령의 고정된 임기로 인하여 대통령제는 의원내각제보다 정치적으로 덜 유연하다고 주장된다. 대통령은 의회의 신임을 상실한 경우에도 그 직책을 지속적으로 수행한다. 대통령이 탄핵의 대상이 되는 예외적인 경우를 제외하고는 대통령을 임기중에 사퇴시키는 제도적 장치가 없는 것이다.

(3) 대통령제 옹호론(의원내각제 비판론)

① 슈가트(Shugart)와 캐리(Carey)

최고 집행권자인 대통령이 국민에 의하여 직선되어 국민으로부터 직접 책임을 부여받는 민주적 절차는 의원내각제가 갖고 있지 않은 대통령제의 장점이며, 이러한 절차는 집행권의 궁극적 책임 소재를 명확하게 함. 대통령제는 의원내각제보다 집행부의 민주적 책임성 확보에 유리한 것임.

② 권력분립의 원리에 기초한 대통령제는 의회와 집행부간의 상호 견제와 균형을 통해서 제한정부를 실현하기에 용이함. 대통령제에서는 의회의 자율성 유지가 가능. 의원들은 의안의 통과 여부를 내각의 존립과 해체에 연결시키지 않고 의안의 내용만을 바탕으로 의사를 결정하고 표결에 임할 수 있다. 대통령의 정당이 의석의 과반수를 점유하는 '통합정부(unified government)' 즉 여대야소 상황에서도 의회는 집행부를 견제할 수 있음.

반대로 의원내각제에서 의회의 집행부에 대한 자율성은 확보되기 쉽지 않음. 의원내각제에서는 수상을 비롯한 내각 또는 특정세력에 권력이 집중될 때에 견제할 수 있는 장치가 마련되어 있지 않음.

③ 집행부의 안정성

대통령제에서는 실질적인 집행권을 갖는 대통령이 고정된 임기를 보장받기 때문에 집행부가 안정됨. 반면 의원내각제에서는 의회의 신임 여부에 따라 내각이 존립하기 때문에 내각은 임기만료전이라도 사퇴할 수 있으므로 집행부가 불안정함.

7. 권력의 지리적 배분에 의한 정부 형태의 구분

(1) 개요
오늘날 모든 국가는, 민주주의적이든 권위주의적이든 전체주의적이든 간에 그 형태나 내용은 달라도 정치권력을 지역적으로 중앙과 지방 사이에 분배하고 있음. 대체로 국가의 정부 존립형태와 중앙정부의 권력이 어느 정도 강하게 행사되는가를 기준으로 단일제, 연방제, 국가연합제로 구분함.

(2) 집권화의 장점
① 국가적 단합의 용이
② 통일적 정책 수립의 용이성
③ 지역 및 지방 간의 불균형 해소
④ 경제 성장 및 번영에 유리

(3) 분권화의 장점
① 주민들의 정치참여의 기회 제공
② 반응성을 높여 민주적 책임성 담보
③ 정치적 정당성 수립에 용이
④ 중앙 정부와 지방 정부의 견제와 균형을 통한 개인의 자유의 보호

(4) 단일제
① 개념 : 중앙정부가 배타적으로 주권을 갖고 있으며, 다양성보다는 단일성을 우선시하는 중앙 집권적인 통제와 감독을 하는 정부
② 단일제를 채택하는 국가에서도 중앙정부가 지방에 광범위한 자치권을 부여하여 권력의 분산을 기할 수 있음. 그러나 지방정부의 권한은 중앙정부의 위임에 의해 이룩된 것이며 따라서 중앙정부는 지방정부에게 위임된 권력을 취소할 수 있음.
③ 사례 및 특징
영국, 프랑스, 스칸디나비아국가들, 중국, 일본 등 오늘날 대부분의 국가들은 단일제를 채택하고 있음.

(5) 연방제
① 개념 : 중앙정부와 지방정부 간에 정치권력을 헌법에 의하여 분할하는 통치 구조
② 특징
㉠ 일반적으로 국방, 외교, 화폐주조, 전국적 질서 등에 관한 권한은 중앙정부에 주어지고, 교육, 복지, 보건, 지방적 질서 등 지역적 문제는 지방정부의 권한이며, 양자의 권한은 예속이 아닌 대등관계를 유지함.
㉡ 중앙정부와 지방정부의 관계는 법적·제도적 입장에서 강조하는 독립성과는 달리 상호의존성이 두드러짐. 연방제 국가에 있어서도 지방정부의 재정수입은 중앙정부의 지원에 크게 의존하며, 국가경제관리를 위해서 지방정부와의 긴밀한 협조관계를 모색하게 됨.

③ 사례 : 연방헌법이 중앙정부가 보유할 권한을 열거하고 나머지 권한을 모두 지방 정부의 권한으로 선언하거나 간주하는 방법(스위스, 독일, 미국 등)과 헌법이 지방정부가 보유할 권리를 명시하고 나머지 권한을 중앙중부가 갖도록 하는 방법(캐나다, 인도, 베네수엘라 등)이 있음.

④ 연방제는 중앙정부의 권력남용의 견제라는 차원에서 지역 대표권을 보장하기 위해서 거의 양원제를 채택하고 있음. 양원제는 보통 지역민을 대표하고 직선제에 의해 선출되는 하원과 지방정부 행정단위를 대표하고 간선제에 의해 선출되는 상원으로 구성됨.

(6) 국가연합제

① 개념 : 주권을 보유한 영토적 구성단위 정부들의 느슨한 결합을 의미함.

② 특징

㉠ 중앙에 제한된 규칙제정권을 가진 공통의, 영구한, 정치적 기관을 수립하는데, 이 중앙정부는 일반적으로 구성단위 정부의 대표들로 구성된 하나의 회의체이며, 초국가적 국가와 민족을 창조하지 않음.

㉡ 연합의 구성단위인 정부는 주권을 보유하고 있으므로 탈퇴가 자유로움. 또한 중앙정부의 위치는 구성단위 정부가 위임하는 사항에 한하여 권한행사가 가능하기 때문에 주로 국방과 외교에 있어서만 협력, 조정하는 성격을 보여줌. 중앙정부는 구성단위 정부를 통해서만 연합에 속하는 개인들에게 통치력을 행사할 수 있음.

③ 사례 : 독일, 미국, 스위스 등이 오늘의 연방제를 채택하기 이전에 경험한 제도였으며, 구소련이 붕괴하고 이를 대체한 독립국가연합(CIS)과 국제연합(UN)이 이에 해당함. 유럽연합(EU)은 현재 국가연합을 넘어서 연방 방향으로 발전하고 있음.

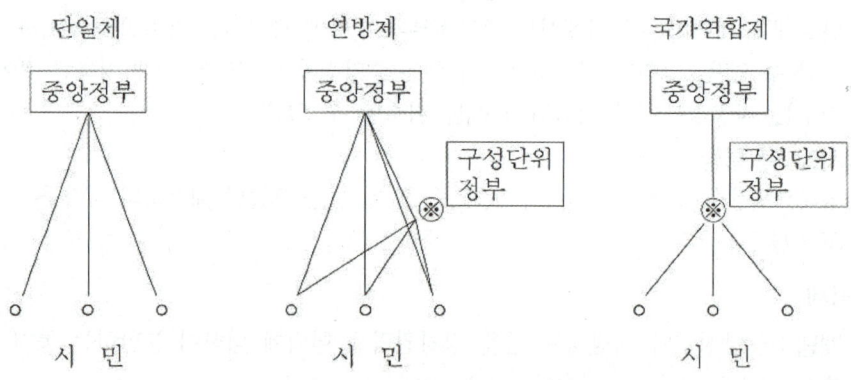

권력의 지리적 배분에 의한 구분

제2절 우리나라의 정부 형태

1. 정부 형태

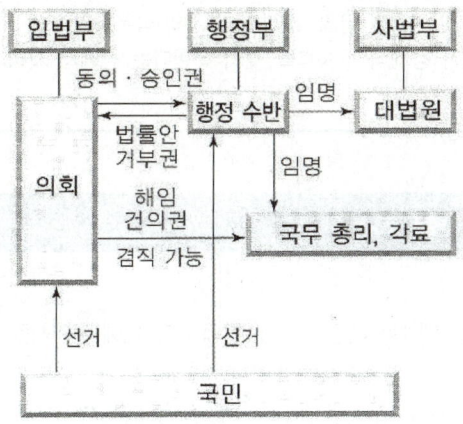

(1) 개요

우리나라의 권력구조는 순수한 대통령제적 특징에다 내각제적 요소를 가미한 변형된 대통령제임.

(2) 우리나라 정부 형태의 의원내각제적 요소

① 행정부 각료와 국회의원의 겸직 허용(장관과 의원의 겸직 허용)
② 행정부의 법률안 제출권
③ 행정 각 부를 통할하는 국무 총리제
④ 국무회의의 국정 심의
⑤ 국회의 동의를 통한 국무총리의 임명
⑥ 국회의 국무총리, 국무위원에 대한 해임 건의권

> 📖 **국무 회의의 성격**
>
> 우리 헌법은 국무 회의를 행정부의 권한에 속하는 중요한 정책을 심의하는 기관으로 정의하고 있다. 국무 회의의 결정은 대통령에 대하여 법적인 구속력을 갖고 있지 못하므로 의결 기관이 아니다. 그렇지만 헌법은 반드시 국무 회의를 거치도록 되어 있는 사항의 유형을 규정하고 있으며, 중요한 정책이 국무 회의를 거쳐 대통령의 재가를 얻도록 되어 있는 만큼 순수한 자문 기관으로 보기도 어렵다. 이런 의미에서 우리나라의 국무 회의는 심의 기관이라고 할 수 있다.
>
> (미래앤 지도서 p57)

📖 국무총리 또는 국무 위원 해임 건의권과 의원 내각제 요소

국회는 국회 재적 의원 3분의 1 이상의 발의에 의하여 국회 재적 의원 과반수의 찬성으로 국무총리 또는 국무 위원의 해임을 대통령에게 건의할 수 있다. 이러한 해임 건의는 의회가 내각의 정치적 책임을 묻는다는 점에서 의원 내각제에 존재하는 내각 불신임권과 성격이 유사하다. 그런데 의원 내각제에서의 내각 불신임권은 내각 전체의 사퇴를 요구하고, 강제적 구속력을 갖는 것과 달리 우리나라에서의 국무총리 또는 국무 위원 해임 건의권은 개별적인 인물에 한정되고, 대통령에 대하여 강제적 구속력을 갖지 못한다는 점에서 차이가 있다.

(지학사 지도서 p59)

📖 우리나라 정부 형태의 특징

제40조 입법권은 국회에 속한다.

제53조 ② 법률안에 이의가 있을 때에는 대통령은 제1항의 기간 내에 이의서를 붙여 국회로 환부하고, 그 재의를 요구할 수 있다. ……

제60조 ① 국회는 …… 조약의 체결·비준에 대한 동의권을 가진다.

제65조 ① 대통령 …… 기타 법률이 정한 공무원이 그 직무 집행에 있어서 헌법이나 법률을 위배한 때에는 국회는 탄핵의 소추를 의결할 수 있다.

제66조 ① 대통령은 국가의 원수이며, 외국에 대하여 국가를 대표한다.
④ 행정권은 대통령을 수반으로 하는 정부에 속한다.

위 헌법 조항들은 우리나라가 기본적으로 **대통령제를 채택**하고 있음을 보여 준다. 즉 입법부와 행정부의 역할이 명확히 구분되고, 대통령은 국가 원수의 지위와 행정부 수반의 지위를 동시에 가진다. 또한 대통령은 국회가 의결한 **법률안에 거부권을 행사**하여 국회의 활동을 견제할 수 있고, 국회는 **각종 동의권이나 탄핵 소추권의 행사**를 통해 대통령의 권한을 견제할 수 있다.

하지만 우리 헌법은 대통령제 요소 외에 **의원 내각제 요소**에 해당하는 내용도 담고 있다.

제52조 국회 의원과 정부는 법률안을 제출할 수 있다.

제62조 ② 국회나 그 위원회의 요구가 있을 때에는 국무총리·국무 위원 또는 정부 위원은 출석·답변하여야 하며, 국무총리 또는 국무 위원이 출석 요구를 받은 때에는 국무 위원 또는 정부 위원으로 하여금 출석·답변하게 할 수 있다.

제63조 ① 국회는 국무총리 또는 국무 위원의 해임을 대통령에게 건의할 수 있다.

제86조 ① 국무총리는 국회의 동의를 얻어 대통령이 임명한다.
② 국무총리는 대통령을 보좌하며, 행정에 관하여 대통령의 명을 받아 행정 각부를 통할한다.

위 헌법 조항에서 알 수 있듯이 우리나라는 전형적인 대통령제와 달리 **행정부의 법률안 제출권을 인정**하고 있으며 국회의 동의를 얻어 대통령이 임명하는 **국무총리**가 대통령의 명을 받아 행정 각부를 통할하도록 하고 있다. 또한 국회의 요구가 있을 때 국무총리나 국무 위원에게 국회에 출석하여 국정 처리 상황에 대해 답변하도록 하고 있다. 그 밖에도 **국회 의원이 국무총리나 국무 위원을 겸할 수 있으며** 국회는 대통령에게 **국무총리와 국무 위원의 해임을 건의**할 수 있는데, 이는 모두 의원 내각제 요소에 해당한다.

이처럼 우리나라는 대통령제를 기본으로 하면서도 의원 내각제 요소를 일부 가미한 정부 형태를 채택하고 있다.

(미래앤 교과서 p53~54)

> **📖 부통령 VS 국무총리**
>
> 전형적인 대통령제에는 부통령이 있다. 미국은 대선을 치를 때 대통령 후보와 그의 '러닝메이트'인 부통령 후보가 함께 나와서 국민의 선택을 받는다. 그러나 우리나라의 국무총리는 대통령이 국회의 동의를 받아 임명한다. 대통령의 자리가 비면 미국의 부통령은 남은 임기 동안 대통령을 대신하지만, 우리나라는 총리가 임시로 권한을 대행할 뿐이고 이른 시일 안에 새로운 대통령을 선출해야 한다.
>
> — 승지홍, 『까칠한 정치, 우직한 법을 만나다』
> (천재교육 교과서 p56)

(3) 정부 형태의 변화

① **이승만 정부(제1공화국)** : 대통령제 실시(간선제 → 직선제), 대통령의 장기 집권과 독재
② **4.19 혁명 이후의 제2공화국** : 의원내각제 채택
   ㉠ 의회는 민의원과 참의원 양원으로 구성되었고, 행정권은 민의원에서 선출된 국무총리를 중심으로 한 내각에 집중되었음.
   ㉡ 의회는 언제든지 내각을 불신임할 수 있었으나, 내각은 민의원의 정부불신임 결의에 한해 의회 해산권을 갖고 있었음.
③ **5.16 군사 정변 이후의 박정희 정부** : 대통령제, 장기 집권과 독재, 유신 체제
   ㉠ 유신체제 : 1972년 박정희 정부의 유신헌법 제정, 강력한 대통령제 추구, 통일주체국민회의에 의한 대통령 간접선거
   ㉡ 신대통령제(카알 뢰벤슈타인, 권위주의적 정부형태) : 권력분립 원리의 형식화, 대통령의 절대적 우월성과 통제 장치의 유명무실화, 폭력적 지배의 은폐
④ **전두환 정부** : 7년 단임의 대통령제, 대통령 선거인단에 의한 간선제 채택
⑤ **노태우 정부 이후** : 5년 단임의 대통령 중심제, 국민 직선제 → 현재까지 이어지고 있음

우리나라 정부 형태의 변천 과정

대한민국 정부 수립 이후 현재의 정부 형태가 나타나기까지 여러 차례 헌법이 개정되었다. 역대 헌법의 변화와 함께 우리나라 정부 형태의 변천 과정을 살펴보자.

대통령제를 중심으로 시작된 초대 정부
제헌 헌법(1948. 7. 17. 시행)
제31조 입법권은 국회가 행한다.
제32조 국회는 보통·직접·평등·비밀 선거에 의하여 공선된 의원으로써 조직한다.
제51조 대통령은 행정권의 수반이며 외국에 대하여 국가를 대표한다.
제53조 대통령과 부통령은 국회에서 무기명 투표로써 각각 선거한다.

짧은 기간 운영되었던 의원 내각제 중심의 정부
제3차 개정 헌법(1960. 6. 15. 시행)
제31조 입법권은 국회가 행한다. 국회는 민의원과 참의원으로써 구성한다.
제32조 ① 양원은 국민의 보통·평등·직접·비밀 투표에 의하여 선거된 의원으로써 조직한다.
제68조 행정권은 국무원에 속한다. …… 국무원은 민의원에 대하여 연대 책임을 진다.
제69조 …… 국무총리와 국무 위원의 과반수는 국회 의원이어야 한다. ……

다시 시작된 대통령제 중심의 정부
제5차 개정 헌법(1963. 12. 27. 시행)
제35조 입법권은 국회에 속한다.
제36조 ① 국회는 국민의 보통·평등·직접·비밀 선거에 의하여 선출된 의원으로 구성한다.
제63조 ① 행정권은 대통령을 수반으로 하는 정부에 속한다.
제69조 ③ 대통령은 1차에 한하여 중임할 수 있다.
* 제5차 개정 헌법 이후 현행 헌법까지 국회 의원과 대통령 선거 방식은 다양한 형태로 바뀌었다.

현재까지 지속되고 있는 대통령제 중심의 정부
제9차 개정 헌법(1988. 2. 25. 시행)
제40조 입법권은 국회에 속한다.
제41조 ① 국회는 국민의 보통·평등·직접·비밀 선거에 의하여 선출된 국회 의원으로 구성한다.
제66조 ④ 행정권은 대통령을 수반으로 하는 정부에 속한다.
제67조 ① 대통령은 국민의 보통·평등·직접·비밀 선거에 의하여 선출한다.
제70조 대통령의 임기는 5년으로 하며, 중임할 수 없다.

(비상 교과서 p50)

(4) 현행 통치 구조에 대한 개헌 논의에 대하여

① 5년 단임제의 실시 배경 : 그동안 대통령의 임기를 장기 집권의 수단으로 악용하는 경향이 있었음. 이러한 역사적 경험 때문에 9차 개헌(현행 헌법)에서는 대통령의 임기를 5년 단임제로 변경하게 됨.

> **대통령 단임제와 정치적 책임성 문제**
>
> 정치인들이 재임 중 좋은 업적과 성과를 만들어 내고 국민에게 긍정적인 이미지를 계속 유지하려고 애쓰는 것은 유권자의 긍정적 평가가 다음 선거에서 자신의 당선 가능성을 높여 주기 때문이다. 즉 선거는 권력을 잡은 정치인들의 정치적 책임을 물음으로써 그들이 정책을 추진하는 데 있어서 국민의 평가나 요구에 민감하게 반응하도록 한다. 그러나 만일 선출된 공직자의 정치적 책임을 선거를 통해 물을 수 없게 된다면 이는 매우 심각한 문제를 낳을 수 있다. 선거를 통해 정치인을 통제하는 정치적 책임성이라는 민주주의의 중요한 가치를 확보할 수 없게 되기 때문이다.
>
> 단임제에서 대통령은 한번 선출되고 나면 다시 선거에 나설 수 없기 때문에 일단 선출되고 나면 정치적 평가의 대상이 되지 않는다. 물론 단임제는 대통령이 임기 중 재선을 의식하지 않고 소신껏 일할 수 있다는 장점도 있지만, 국민의 정치적 평가의 대상이 되지 않기 때문에 자의적이고 독단적인 정책 추진의 가능성도 높다. 더욱이 여론의 지지나 평가로부터 자유롭게 되므로 국민의 의사와 부합하지 않는 방향으로 정책이 추진될 수도 있다.
>
> — 강원택, 『대통령제, 내각제와 이원 정부제』 —
> (미래앤 지도서 p55)

② 헌법의 개정을 주장하는 근거
  ㉠ 대통령에게 많은 권한이 집중되어 있는 후진적 통치 구조에 대한 비판.
  ㉡ 대통령 선거와 국회 의원 선거 주기의 불일치로 인한 국력 낭비가 크다는 점.
  ㉢ 단임제로 인하여 국정의 연속성이 떨어지고, 중장기적인 전략의 수립이 어렵다는 점
  ㉣ 임기 말기에 발생하는 레임덕 현상(권력 누수 현상)의 심각성.

③ 4년 연임제의 장점
  ㉠ 국정의 연속성 및 계속성 확보에 유리
  ㉡ 대통령 선거와 의회 선거 주기의 불일치로 인한 국정 혼란 극복 가능
  ㉢ 중간 평가의 기회를 가짐으로써 책임정치 실현에 기여
  ㉣ 레임덕 현상의 완화에 기여

④ 4년 연임제의 단점
  ㉠ 재선에 성공하지 못하는 현상이 일반적으로 나타나게 되면 오히려 국정의 연속성이 떨어지고 정치적 혼란의 가중 현상 발생
  ㉡ 재선을 위한 전반기 국정 운용시 대중인기영합적 정책의 남발 가능성

2. 우리나라 헌법의 변동과 정치 발전 과정

(1) 제헌 헌법

① 제정 과정
1948년 5·10 총선거로 제헌의회가 선출되고 제헌의회의 의결로 확정되었다.

② 구성 및 주요 내용
㉠ 대통령 : 대통령과 부통령은 국회에서 간선으로 선출되었고 1차에 한해 중임이 허용되었다. 대통령은 법률안 제출권과 거부권을 가졌다.
㉡ 국무총리제 : 국회의 승인을 얻어 대통령이 임명하였다. 국무총리와 부통령이 같이 헌법에 규정되었고 국무총리제는 제2차 개정에서 폐지되었다.
㉢ 국회 : 단원제였고, 1차 개정헌법에서 양원제로 개정되었다.
㉣ 헌법 개정은 국회의결만으로 가능했다.(국민투표절차가 없었다.)

(2) 제1공화국 : 이승만 정부(1948~60)

① 좌절된 친일파 청산
㉠ 전개 : 국회의 반민족 행위 처벌법 제정 → 반민족 행위 특별 조사 위원회 구성 → 친일파 체포 및 조사 담당
㉡ 결과 : 친일파의 범위 및 처벌 기한 축소 → 친일 경찰의 습격과 이승만의 해체 명령 → 반민 특위 해체

② 농지 개혁의 단행
㉠ 농지 개혁법 제정(1949)
㉡ 원칙 : 유상 매수, 유상 분배
㉢ 결과 : 지주제 폐지, 높은 토지 가격으로 인한 농민 부담

③ 6·25 전쟁
㉠ 국제 정세 : 중국이 공산화(1949)와, 미국의 한반도와 타이완을 태평양 방위선에서 제외하는 내용을 골자로 한 애치슨라인 발표(1950. 1) 전쟁의 전개
㉡ 전쟁의 경과
• 북한의 남침(1950. 6. 25)과 주도권 장악
• UN군의 참전과 국군의 반격
• 중공군의 참전(1950. 10) : 자유 진영과 공산 진영의 국제전으로 비화
• 휴전 협상의 진행과 휴전(1953. 7. 27)
㉢ 전쟁의 상처와 영향
• 국제 냉전의 심화(미·소의 대립)
• 분단의 고착화와 남북의 적대감 심화 ⇒ 군사적 대립 지속
• 남북의 독재 체제 강화~남한(반공 이데올로기-이승만), 북한(김일성 체제 강화)
• 급속한 사회 변동 : 권위 질서의 붕괴, 촌락 공동체 의식 약화, 전통 문화 붕괴(대규모 인구 이동-월남, 미국 문화의 급격한 유입)

④ 1차 헌법개정(1952.7.4) : 발췌 개헌
  ㉠ 과정
    • 1950년 5월 총선에서 야당이 국회다수의석을 차지하자 이승만을 재집권을 위해 건국헌법의 대통령간선규정을 직선제로 개정하고자 함.
    • 정부개헌안(대통령직선 +양원제)과 국회개헌안(의원내각제)은 모두 부결되었으나, 여·야당의 개헌안을 절충한 발췌개헌안이 통과되어 발췌개헌이라고 함.
  ㉡ 주요 개정 내용
    야당이 다수당이 되어 국회간선으로 당선될 가능성이 희박하자 대통령과 부통령 직선제를 도입. 또한 양원제국회를 규정하였으나 양원이 구성되지는 않았음.
  ㉢ 문제점
    공고 절차가 생략되었고, 군대가 포위한 상태에서 자유토론과 자유로운 의사결정을 할 수 없었으며, 폭력적인 수단으로 인해 자유로운 의사결정을 저해함.
⑤ 2차 헌법개정(1954.11.27) : 사사오입 개헌
  ㉠ 과정
    이승만 정권은 장기 집권을 위해 대통령 중임제한 규정을 수정한 것인데, 제2차 헌법 개정안은 당초 부결되었으나 사사오입의 수학적 계산 방법을 동원하여 통과시킨 것임.
  ㉡ 주요 개정 내용
    • 초대 대통령의 중임제한 철폐
    • 주권 제약 또는 영토 변경 시 국민투표제 도입
    • 국무총리제 폐지
  ㉢ 문제점
    부결선언사항을 번복하여 정족수가 미달이었는데 가결이라 한 것은 위헌이었고, 초대 대통령에 한해서 중임 제한을 적용하지 않도록 한 것은 평등원칙에 위반되는 것임.
⑥ 독재권력 강화
  ㉠ 신국가 보안법 제정(1958. 12. 24) : 반공을 빌미로 국민의 기본권 제한, 대공 사찰 강화, 언론 통제
  ㉡ 진보당 사건(1958)과 조봉암 처형(1959)

(3) 4·19 혁명(1960)
  ① 배경 : 이승만 정부에 대한 국민의 불만, 미국의 경제 원조 감소로 인한 실업자 증가와 경제 불안, 3·15 부정 선거
  ② 경과 : 마산의 항의 시위(김주열 사망) → 전국으로 시위 확산 → 경찰의 발포 → 교수단 시위 → 이승만 하야 → 허정과도정부 수립 → 의원 내각제, 양원제 개헌 → 장면 내각 성립
  ③ 의의 : 아시아 최초로 독재 정권을 무너뜨린 민주 혁명, 통일 운동과 노동 운동의 활성화 계기

(4) 제2공화국 : 장면 내각(1960~61)
① 제3차 헌법개정(1960. 6. 15)
㉠ 과정 : 4·19혁명 이후 의회에서 헌법을 개정함.
㉡ 주요개정 내용
- 중앙선거관리위원회의 헌법기관화
- 공무원의 신분과 정치적 중립성 보장
- 정당조항의 신설과 위헌정당해산조항
- 의원내각제 정부형태를 규정
- 헌법재판소 최초규정
② 제4차 헌법개정(1960. 11. 29)
㉠ 과정
반민주주의자를 처벌하기 위해 형벌불소급의 원칙에 대한 예외를 인정하기 위한 헌법적 근거가 요구됨.
㉡ 내용
1960. 3. 15 부정선거 관련자와 4·19 혁명시 살상 행위자를 가중 처벌할 특별법 제정에 대한 근거와 자유당정권 아래서의 반민주행위자에 대한 공민권 제한근거를 마련하기 위해 개정되었으나 형벌불소급원칙위반문제가 제기되었음.
③ 장면 내각의 정책
㉠ 민주화의 진전 : 노동 운동, 교원 노조 운동, 청년·학생 운동, 통일 운동의 활성화
㉡ 문제점 : 정쟁과 분열(민주당 구파의 신민당 분당), 부정부패 소극적 대처, 130여만 명에 육박하는 실업 인구, 농촌의 빈곤 가중
㉢ '선경제 건설 후통일' 정책 추진 : 경제 제일주의 표방, 경제 개발 5개년 계획 수립 추진, 통일 운동에는 부정적 ⇒ 5·16 군사 정변으로 붕괴

(5) 제3공화국 : 박정희 정부(1961~72)
① 5·16 군사 정변(1961)
㉠ 배경 : 민주당의 내분, 통일 운동과 각계의 욕구 분출에 대한 정치 군인들의 불만
㉡ 전개
제2군 부사령관인 소장 박정희와 육군 8기생으로 구성된 세력의 정변 → 전국에 계엄령을 선포 → 군사 혁명 위원회를 조직 → '국가 재건 최고회의'로 재편되어 박정희가 의장을 맡아 3년간의 군정통치
㉢ 군정의 실시 : 반공을 국시로 내세움
- 경제 제일주의 정책 : 한·일 국교 정상화 교섭, 제1차 경제 개발 5개년 계획 추진
- 민정 이양(1963)과 군부 집권 : 중앙정보부 창설, 대통령 직선제 개헌, 민주 공화당 창당

② 제5차 헌법개정(1962. 12. 17)
　㉠ 과정
　　1962. 12. 17. 국가재건비상조치법에 근거하여 국민투표를 거쳐 확정되었음.
　㉡ 주요개정내용
　　• 인간의 존엄성 조항 신설
　　• 단원제 국회
　　• 대통령제, 1차 중임가능
　　• 헌법재판소 폐지 → 위헌법률심사권은 대법원에게 부여
　　• 헌법개정에 대한 국민투표제 신설
③ 박정희 정부의 정책
　㉠ 한·일 국교 정상화(1965)
　　• 배경 : 경제 개발에 필요한 재원 마련, 한·미·일 안보 동맹 강화
　　• 6·3 시위(1964) : 대일 굴욕 외교 중지를 요구하는 학생/시민의 시위 → 계엄령 선포
　　• 한·일 협정 체결(1965) : 일본이 청구권 자금과 경제 협력 자금 제공
　㉡ 베트남 파병(1965~73) : 군 현대화 장비와 경제 원조를 제공받는 조건으로 베트남 파병 → 베트남 특수로 고도성장 달성
　㉢ 장기 집권 획책 : 3선 개헌(1969)
　㉣ 경제 개발 5개년 계획의 추진
　　• 개요

구분	제1·2차 경제 개발 5개년 계획(1960년대)	제3·4차 경제 개발 5개년 계획(1970년대
특징	경공업 육성	중화학 공업 육성
성과	베트남 특수 등에 힘입어 고도성장 달성, 경부 고속 국도 개통(1970)	중화학 공업 생산액이 경공업 생산액보다 많아짐. 제1차 석유파동을 중동 특수로 극복

　　• 결과 분석

특징	정부 주도, 외국 자본 의존, 수출 중심, 성장 우선 전략
성과	고도성장, 산업 구조의 근대화, 수출 증대
문제점	경제력 집중, 계층 간 소득 격차 심화, 지역간 불균등 성장, 경제의 대외 의존도 심화, 환경 파괴

　㉤ 새마을 운동 추진(1970) : 농·어촌 환경 개선 및 소득 증대 사업 추진
　㉥ 저임금 정책, 노동 3권 보장을 위한 노동 운동 : 전태일 분신 사건(1970)

④ 제6차 헌법개정(1969. 10. 21)
  ㉠ 과정
    1969. 8. 7 민주공화당 의원 122명은 대통령의 3기 연임을 위한 개헌안을 제출하고 국회 의결과 국민투표를 거쳐 개정되었음.
  ㉡ 내용
    • 대통령의 연임을 3기로 한정
    • 대통령의 탄핵소추 발의와 의결정족수 가중

(6) 제4공화국 : 유신체제(1972~79)
  ① 제7차 헌법개정(1972. 12. 27)
    ㉠ 과정
      1971년 국가보위에 관한 특별조치법 제정 → 1972. 10. 17 국회해산, 정치활동 금지 → 비상국무회의에서 헌법 개정안 마련 → 공고 → 국민투표(72. 11. 21)로 확정 → 공포, 시행(12. 27)
    ㉡ 주요개정내용
      • **대통령(권한강화)** : 통일주체국민회의에서 간선되고 임기는 6년이다. 중임·연임 제한규정은 폐지되었다. 국회해산권과 국회의원 정수 1/3 추천권을 가지고, 법관 임명권을 가졌다.
      • **국회(권한 축소)** : 국정감사권은 폐지하면서 연회기를 150일 이내로 단축하였다.
      • **법원(권한 축소)** : 대통령이 법관임명권을 가졌으며 징계처분으로도 법관을 파면시킬 근거를 규정하였다.
      • **기본권 약화** : 구속적부심사제도 폐지, 군인·군무원 등의 이중배상청구 금지 신설, 기본권의 본질적 내용침해금지조항 삭제, 기본권 제한사유로 국가안전보장 추가
      • **헌법개정의 이원화** : 대통령이 제안한 경우 국민투표로 확정되고 국회가 제안한 경우 통일주체 국민회의에서 확정된다.
  ② 유신 체제
    ㉠ 배경 : 냉전 체제 완화, 심한 인플레이션과 지속적인 국제수지의 악화에 따른 민중의 불만 폭발(전태일 분신)
    ㉡ 성격
      • **권위주의 체제** : 대통령이 입법/행정/사법권 위에 군림
      • **반민주 체제** : 의회 민주주의와 삼권 분립의 헌정 질서 파괴
    ㉢ 붕괴 과정
      • **유신 체제의 동요** : 헌법 개정을 요구하는 민주화 운동 발생 → 긴급 조치로 탄압 → 국제적 여론 악화 및 미국·일본과의 관계 악화
      • **유신 체제의 붕괴** : 1978년 총선거에서 야당인 신민당의 약진 → YH 무역 여성 노동자들의 신민당사 농성 → 국회의 김영삼 의원 제명 → 부산·마산 민주화 운동 → 10·26 사태(중앙정보부장 김재규가 박정희를 살해한 사건)

(7) 5·18 광주 민주화 운동(1980)
    ① 신군부의 등장과 서울의 봄
        ㉠ 10·26사태 이후의 국내 상황
            국무회의에서는 제주도를 제외한 전국에 비상계엄령을 선포함. 당시 국무총리 최규하는 이 국무총리에서 대통령 권한대행으로 선임되었다가, 이후 열린 통일주체국민회의에서 제10대 대통령으로 선출됨. 그러나 과도정권적 위치에 한정되었으며, 군부도 장악하지 못하였음.
        ㉡ 신군부의 등장(12.12사태, 1979)
            전두환과 노태우 등을 중심으로 이루어진 '신군부'는 군대를 동원하여 당시 육군참모총장으로서 계엄사령관이었던 정승화를 체포한 '12·12 사태'를 일으킴.
        ㉢ '서울의 봄'
            '서울의 봄'은 10·26 사건 이후부터 80년 5월까지 학생과 시민들의 계엄령 해제와 민주화 요구 시위가 벌어졌던 기간을 말함.
    ② 5·18 민주화 운동
        ㉠ 신군부의 집권 움직임
            1980년 5월 17일, 신군부는 비상계엄을 제주도를 포함한 전국으로 확대하며 이어 모든 형태의 정치활동을 금지하고, 언론·출판·보도·방송의 사전 검열과 대학 휴교조치, 또한 김대중·김종필 등을 체포하고 김영삼을 가택 연금시킴.
        ㉡ 전개
            이에 광주에서는 신군부의 비상계엄 철회와 민주 헌정 체제 회복을 주장하는 학생시위가 일어났고, 진압을 위해 파견된 계엄군이 이를 과잉 진압하여 유혈사태가 벌어짐. 이에 분노한 시민들이 가담하여 시민 봉기의 형태로 운동이 발전하게 되며, 이후 공수부대로 구성된 계엄군이 투입되어 무자비한 진압을 펼쳐 사건은 종결되었음.
        ㉢ 결과
            민주화 운동의 계기가 되어 1980년대 민주화 운동의 선구적 역할 및 반미 운동의 계기가 됨.

(8) 제5공화국 : 전두환 정권(1980~87)
    ① 제8차 헌법개정(1980. 10. 27)
        ㉠ 과정
            • 1979. 10. 26 사태 → 12. 12 쿠데타 → 1980. 5. 17 계엄 전국 확대 → 국가보위비상대책위원회 설치, 국회활동 정지
            • 헌법개정 심의위원회 개헌안 작성 → 공고 → 국민투표 → 1980. 10. 27 공포, 발효
        ㉡ 주요 개정 내용
            • 총강 : 전통문화의 계승과 발전
            • 기본권 신설 : 행복추구권, 연좌제 금지, 사생활 비밀과 자유의 불가침, 환경권, 무죄추정의 원칙
            • 기본권 부활 : 구속적부심사제

- 국회 : 국정조사권 신설, 정당보조금 지급
- 대통령 : 대통령선거인단이 간접 선출(통일주체국민회의는 폐지)

② 전두환 정권의 정책
㉠ 강경책 : 신군부 핵심 세력(요직 진출), 재야·학생 운동 탄압, 언론 통제(언론 강제 통폐합, 언론인 해직, 보도지침)
㉡ 유화책 : 정권 유지를 위해 단계적 유화정책 실시(정치 규제자 단계적 해금, 학생·교수의 복교·복직, 교복 자율화, 해외여행 자유화 등)
㉢ 경제 정책 : 중화학 부문의 투자 조정, 부실 기업 정리, 3저 호황(저유가·저금리·저달러)로 고도성장 지속

(9) 6월 민주 항쟁(1987)
① 배경 : 강압 정치에 대한 저항, 정치인과 재야인사의 민주화 운동, 학생 운동의 활성화
② 6월 민주 항쟁의 전개
'박종철 고문 치사사건(1987. 1. 14)' → '4·13 호헌조치' → '민주헌법쟁취 국민운동본부'가 발족(5월 27일) → 6·10 국민 대회 → 전국적 민주화 투쟁으로 발전
③ 6월 민주 항쟁의 결과와 의의
㉠ 6·29 선언 : 직선제개헌안에 의한 대통령 선거와 1988년 2월 평화적 정부이양, 대통령선거법 개정, 김대중(金大中)의 사면복권 및 시국 관련 사범의 석방
㉡ 의의 : 기존의 사회운동 세력에 중산층이 참여, 절차적 민주주의 완성

(10) 제6공화국(1988~)
① 제9차 헌법개정(1987. 10. 27)
㉠ 과정
여·야로 구성된 국회개헌특별위원회가 개정안을 마련하였고, 국회의결과 국민투표를 거쳐 확정되었음.
㉡ 주요 개정 내용
- 전문개정 : 대한민국 임시정부의 법통 계승, 4·19 민주이념 계승
- 대통령/행정부 : 5년 단임 직선제, 국회해산권 삭제, 비상조치권 삭제, 국무위원에 대한 해임의결권 → 해임건의권
- 국회 : 국정감사권 부활
- 기본권 신설 : 구속이유 등 고지제도, 범죄피해자 국가구조청구권, 쾌적한 주거 생활권, 최저임금제
② 노태우 정부(1988~93)
㉠ 출범 : 야당의 후보 단일화 실패, 지역 감정의 심화 ⇒ 여당 후보 노태우, 대통령 당선
㉡ 여소 야대의 정국(1988년 총선) : 5공 청문회 개최 → 5·18민주화 운동 진압 진상, 부정부패 비리 등 조사(정치적 위기)

ⓒ 3당 합당과 거대 여당의 등장 : 3당 합당으로 민주 자유당 출현, 정치적 갈등 심화, 학생 시위 강경 진압

ⓒ 민주화의 진전 : 지방 자치제 부분 실시, 언론의 자유 신장(언론 기본법 폐지), 노동 운동 활성화

ⓒ 북방 외교 : 소련·중국과 수교, 1991년 북한과 UN 동시 가입

③ 김영삼 정부(1993~98)
   ㉠ 출범 : 민자당의 김영삼 당선(문민정부)
   ㉡ 개혁 정책 : 공직자 윤리법 제정(재산 등록), 금융 실명제, 부동산 실명제, 지방 자치제 전면 실시(자치 단체장 선거), 역사 바로 세우기 운동(전두환·노태우 등 신군부 세력 구속)
   ㉢ 권력형 비리와 외환위기 : 한보사건 등 대형 비리 사건과 경제 위기로 IMF 구제 금융

④ 김대중 정부(1998~2003)
   ㉠ 출범 : 야당 후보인 김대중, 대통령 당선(최초의 여야의 평화적 정권 교체)
   ㉡ 외환위기 극복(금모으기 운동, 노사정 위원회의 출범, 기업·금융·공공·노동 부문의 개혁 등), 국민 기초 생활 보장법 마련(2000)
   ㉢ 햇볕 정책(대북 정책의 변화) : 남북 정상 회담, 6·15 남북 공동 선언(2000. 6. 15), 금강산 관광, 대북 화해 협력 정책 추진 ⇒ 대북 지원

⑤ 노무현 정부(2003~2008)
   ㉠ 이라크 파병 : 자이툰 부대 파병
   ㉡ 국가 균형 발전 정책 추진 : 행정 도시와 혁신 도시 건설 → 행정·공공 기관의 지방 이전 추진

제3절 정부와 정책 과정

1. 정부의 정책 과정

(1) 공공 정책 결정 과정

정책 의제 설정	• 현실에 대한 관찰과 평가를 통해 사회 문제를 인지함 • 공식적 조치가 필요한 문제가 정책 의제로 설정됨
정책 결정	• 정책 의제를 해결하기 위해 여러 가지 대안 가운데 최선의 것을 선택하는 활동 • 대통령, 행정 각 부처의 장관, 의회가 담당 → 선거 결과, 여론, 언론, 이익집단, 정당, 시민 단체 등을 통해 표현된 국민의 다양한 요구가 정책 결정에 영향을 미침
정책 집행	• 정책을 실행에 옮겨 정책의 목표를 달성하고 정책 의도를 실현하려는 활동 • 주로 행정부의 행정 관료들에 의해 정책이 집행됨
정책 평가	• 정책의 업적을 판단하고 그 영향을 측정하는 활동 • 정책이 문제를 해결하고 목표를 달성했는지에 대해 평가함
환류	정책 평가를 바탕으로 새로운 요구와 지지가 형성되는 과정

(2) 정책결정의 참여자

공식적 정책 결정자	• 대통령과 행정부, 국회, 사법부, 헌법 재판소, 감사원, 지방 자치 단체의 장, 지방 의회 등 • 정책 결정의 권한을 공식적으로 부여받은 정치 주체
비공식적 정책 결정자	• 정당, 이익 집단, 시민 단체, 전문가, 학자, 일반 시민, 언론 기관, 국제 기구 등 • 정책 결정에 영향력을 미칠 수 있으나, 정책 결정의 공식적 권한이나 책임을 갖고 있지 않은 정치 주체

2. 정책 결정 모형

(1) 합리적 행위자 모형 : 합리성 모형, 합리적 선택 모형, 합리적-종합적 모형

① 의의
  ㉠ 의사결정이 인간의 이성과 합리성에 근거하여 합리적으로 이루어진다고 가정하는 이론임.
  ㉡ 의사결정자는 문제와 관련된 모든 대안에 대한 고려를 할 수 있는 전능의 능력이 있으며 주어진 목적달성을 극대화하기 위해서 최대한 합리적으로 노력한다는 합리적 인간을 전제함.
  ㉢ 합리모형은 정책결정이 실제로 어떻게 이루어지고 있느냐 보다는 가장 바람직한 결정이 어떻게 이루어져야 하는가를 설명하는 규범적 성격을 지니고 있음.

② 문제해결 절차
  첫째, 해결해야 할 문제나 달성하고자 하는 목표를 명확히 정의하고,
  둘째, 문제를 해결할 수 있는 또는 목표를 달성할 수 있는 모든 대안들을 탐색하고,
  셋째, 대안들이 추진되었을 때 나타날 모든 결과들을 예측하고,

넷째, 대안의 모든 결과들을 평가 비교하며,
다섯째, 대안에 대한 평가결과에 근거하여 목표달성을 극대화하는 최선의 대안을 선택한다.
③ 비판
  ㉠ 정책결정자의 능력에는 한계가 존재할 수밖에 없음을 간과함. 정책결정자가 관련된 모든 정보를 가지고 정확한 대안의 결과를 미리 예측하여 비교 평가한다는 것은 불가능한 것임.
  ㉡ 정책 결정자는 목적달성의 극대화를 위하여 최선의 대안을 찾기보다는 여러 가지 제약요건 때문에 만족할 만한 수준에서 머무르게 되는 경향이 있음.
  ㉢ 매몰비용(sunk cost)의 문제 발생. 기존의 정책이나 사업에 이미 상당한 투자가 이루어져 있는 경우 그보다 더 합리적인 대안이 있다 하더라도 이미 투자된 비용 때문에 기존의 정책이 시행될 수밖에 없음.
  ㉣ 정책결정자에 의존하는 중앙집권적 모형으로 민주적 의사 결정과는 배치될 수 있음.

(2) 점증주의모형
① 의의
  ㉠ **개념**: 정책결정자의 능력의 한계 및 시간과 비용 등이 제한된 현실에서는 기존의 정책에서 소폭적인 변화만을 대안으로 고려하여 정책을 결정하고, 시간이 흐름에 따라 환류되는 정보를 보아 잘못된 점이 있으면 수정 보완해 가는 식으로 연속적인 결정을 하는 것이 가능하고 바람직한 정책결정의 방법이라는 주장(Lindblom과 Wildavsky 등이 주장)
  ㉡ 인간의 인지상의 제약과 현실에서 이루어지고 있는 정책결정자체의 정치적 성격 및 그 제약을 지적하며, 이를 근거로 합리모형이 전제하고 있는 완전한 합리적 분석은 불가능하며 실제로 정책은 점증적으로 결정된다고 주장함.
  ㉢ 한 걸음 더 나아가서 정책을 점증적으로 결정하는 것이 바람직하다고 주장하며, Dahl과 같은 다원론자들의 정치이론을 근거로 점증주의가 정치적 정당성도 있다고 강조하고 있음.
② 내용
  Lindblom은 점증주의적 정책결정을 다음과 같이 설명하고 있다.
  ㉠ 대안분석에 있어서 기존의 정책과 크게 다르지 않는 몇 개만을 추출하여 달라지는 부분을 토대로 선택한다.
  ㉡ 대안을 분석 평가할 경우 정보가 충분한 몇 개의 대안에 국한시킨다.
  ㉢ 각 대안에 대하여 예상되는 결과도 몇 가지에 한정시켜 분석한다.
  ㉣ 일단 정립된 목표도 수단적 대안의 탐색과 선택과정 중에서 재조정 내지 수정한다.
  ㉤ 대안의 탐색평가과정에서 나타나는 새로운 정보와 자료들을 처리 재구성하여 활용한다.
  ㉥ 목표설정에서부터 최종선택에 이르는 분석 평가 작업은 반복해서 연속적으로 행한다.
  ㉦ 분석과 평가는 다분히 치료지향적이다.
  ㉧ 정책은 행정부나 정부가 독자적으로 만드는 것이 아니라 사회를 구성하고 있는 여러 구성단위에 의해서 분석되고 평가된다.

③ 비판
- ㉠ 점증주의는 기준이 되는 과거의 정책이 바람직한 것이고 정책결정이 사회 각 계층의 이익을 반영한다는 정치적 다원론의 주장을 전제로 하고 있음. 그러나 이 전제가 충족되지 않는 상황, 즉 과거의 정책이 바람직하지 않거나 사회 각 계층의 이익이 정책결정에 고루 반영되지 않는 사회의 경우 적합성이 상실됨.
- ㉡ 현존하는 정책에서 소폭의 변화만을 고려할 때, 얼마만큼을 소폭이라고 해야 하는지 판단기준이 없음.
- ㉢ 점증주의는 반개혁적이고 보수주의적 성격을 지님.
- ㉣ 비교적 정상적인 시기, 즉 경제 성장과 예산 팽창의 시기에 설명력을 갖지만, 반대로 경기 후퇴나 예산 긴축의 시기에는 설명력이 약화됨.

CHAPTER 06 정부제도론

THEME 06 | 정부제도론

기출문제

✓ 05 일사

01 다음은 어떤 정책결정 모형의 절차를 설명한 것이다. 이 모형의 명칭을 쓰고, 이 모형에 대한 비판을 2가지만 쓰시오.

> ㉠ 정부는 특정 계층의 가치만을 우대하지 말고 모든 계층의 가치와 그것의 상대적 비중을 고려해야 한다.
> ㉡ 어느 계층 또는 집단의 가치가 선정되면, 정책결정자는 가능한 정책 대안을 모두 검토해야 한다.
> ㉢ 정책결정자는 어떤 정책 대안이 채택, 집행되었을 때 초래될 수 있는 결과 또는 효과를 예측할 수 있어야 한다.
> ㉣ 정책 대안이 집행되었을 때 생기는 이익과 손해의 비율을 정확하게 계산해야 한다.
> ㉤ 이러한 계산에 비추어 최선의 대안을 선택한다.

✓ 09-19

02 다음 신문 기사를 통해 추론할 수 있는 A국의 통치 구조에 대한 설명으로 옳은 것을 <보기>에서 고른 것은?

> 국제　　　　○○신문　　　2008년 10월 ○○일
>
> **A국 '11월 총선설' 과연 진실은?**
>
> ㉠A국 집권당인 '갑'당 내부에서 내년으로 예정된 총선을 올해 11월로 앞당겨 실시하자는 의견이 나오고 있다. 요즘처럼 여당 지지율이 높은 상황이라면 ㉡조기 총선을 통해 과반 의석을 차지하는 것이 가능하다는 분석 때문이다. 지난 총선에서 과반수 의석 획득에 실패하여 국정 운영에 어려움을 겪을 수밖에 없었던 '갑'당으로서는 지금과 같은 호기를 놓치기 아까울 것이다. 행정부 수반인 ㉢총리 ○○는 별다른 언급을 하지 않고 있지만 그의 측근으로 알려진 ㉣국방부 장관 △△가 적극적으로 주장하고 있다. 연정 파트너인 '을'당은 이에 대해 적극적인 반대 의사를 표명하고 있어 그 귀추가 주목된다.

―― 보기 ――
ㄱ. ㉠에서는 국가 권력에 대한 민주적 정당성 부여가 이원화 되어있다.
ㄴ. ㉡은 총리의 법률안 거부권 행사 등과 같은 원인이 있을 경우 가능하다.
ㄷ. ㉢은 입법부에 대해 법률안을 제출할 수 있다.
ㄹ. ㉣은 각료로서의 지위뿐만 아니라 의원으로서의 지위도 함께 가지고 있다.

① ㄱ, ㄴ　　　② ㄱ, ㄷ　　　③ ㄴ, ㄷ
④ ㄴ, ㄹ　　　⑤ ㄷ, ㄹ

✓ 10-18

03 다음과 같은 국가에서 나타나는 일반적인 상황으로 옳은 것을 <보기>에서 고른 것은?

- 오도넬(O'Donnel)에 의하면, 대통령 선출을 위한 선거는 신임투표적(plebiscitary) 성격을 갖고 있다. 당선된 대통령은 자신이 국민 전체로부터 권력을 위임받았다고 생각하고, 일반 국민에게 직접 호소하는 방식으로 통치하려 한다.
- 대통령의 주도 하에 정책의 수립과 변경이 쉽게 이루어진다. 집권 초 대통령의 정책은 사회의 조화로운 이익을 실현하는 것으로 간주되어 환영받지만, 곧 정책집행 과정에서 반발과 저항에 직면하게 된다. 정책 실패의 책임이 대통령 개인에게 돌아가고, 대통령은 집권 말에 이르러서는 비난의 대상이 되는 경우가 많다.

보기
ㄱ. 선거 경쟁이 제도화되지 않은 국가에서 주로 발생한다.
ㄴ. 정치인들이 수직적 책임성보다 수평적 책임성을 중요시한다.
ㄷ. 대통령은 비공식적이며 사적인 연결망을 통해 국정을 운영한다.
ㄹ. 대통령은 의회나 사법부 등과 같은 제도의 견제와 감시를 무력화한다.

① ㄱ, ㄴ   ② ㄱ, ㄷ   ③ ㄴ, ㄷ
④ ㄴ, ㄹ   ⑤ ㄷ, ㄹ

2016 전공 A 11.

04 갑국, 을국의 상황에서 나타나는 대통령제와 의원내각제의 제도적 문제점을 순서대로 1가지씩 쓰시오. [4점]

> 갑국의 정부 형태는 5년 단임 대통령제이다. 3년 전 대통령 선거에서 A당은 경기 침체로 인해서 악화된 실업 문제에 대응하기 위해서 최저임금 인상과 실업보험의 확대를 선거 공약으로 내세웠다. 국민들은 이 정책에 많은 지지를 보냈고 A당은 집권에 성공하였다. 하지만 대통령 선거 이듬해에 실시된 국회의원 선거에서 집권 A당은 과반수 의석 확보에 실패하였다. 다수당이 된 야당은 집권당의 최저임금 인상과 실업보험의 확대 정책을 반대하고 입법을 저지하였다. 집권 A당이 공약을 제때에 이행하지 않자 국민들의 불만이 증가하였고 집권 A당의 지지율은 급격히 하락하였다.
>
> • 을국의 정부 형태는 의원내각제이다. 을국의 의회에는 다양한 이념을 가진 5개의 정당이 존재한다. 각 정당의 이념적 분포는 다음과 같다.
>
> | 정당 | 이념 |
> |---|---|
> | B | 우파 |
> | C | 중도 우파 |
> | D | 중도파 |
> | E | 중도 좌파 |
> | F | 좌파 |
>
> 제1당인 B당은 소수당인 D당과 연합을 하여 집권에 성공하였다. 하지만 환경 정책을 둘러싸고 B당과 D당은 심각하게 대립 중이다. 제1당인 B당 내에서는 집권의 파트너를 중도 우파 성향의 C당으로 바꾸어야 한다는 주장이 제기되고 있다.

✓ 2017 전공A 서술형 12.

05 다음은 이원집정부제에 대한 설명이다. 밑줄 친 ㉠과 ㉡의 '이 조치'에 해당하는 정치행위를 각각 서술하시오.

> 갑 : 요즘 개헌에 대해 얘기할 때 거론되는 이원집정부제가 뭐야?
> 을 : 프랑스가 좋은 사례인데 대통령과 의회가 행정부 권력을 공유하는 정치제도야. 주로 대통령은 국방·외교 같은 외치(外治)를, 수상과 내각은 내치(內治)를 담당해.
> 갑 : 그럼, 그건 대통령제에 가까워? 의원내각제에 가까워?
> 을 : 한 마디로 이야기하기 어려워. 법적 권한은 대통령이 강하지. 3권 분립이 엄격한 미국 대통령제에서는 존재하지 않는 권한을 대통령이 의회에 대해 행사할 수 있어. 대통령이 ㉠이 조치를 취하면 총선거를 다시 치러야 해. 그리고 의회에서 여당이 다수를 차지하면 대통령이 수상과 각료를 임명할 때 자율성을 누리게 되어서 의회의 견제를 덜 받는 강력한 대통령제처럼 운영돼.
> 갑 : 그럼, 언제 의원내각제처럼 운영돼?
> 을 : 의회에서 야당이 다수를 차지할 때야. 대통령이 다수당인 야당의 의사를 무시하고 소수당인 여당 의원을 수상으로 임명하면, 야당이 다수인 의회가 ㉡이 조치를 취할 수 있어.
> 그러면 대통령의 수상 임명 효과가 사라지게 되지. 그래서 이런 경우에는 대통령도 다수당인 야당이 지지하는 인물을 수상으로 임명할 수밖에 없어.

2019 전공A 2번

06 다음 글에서 괄호 안의 ㉠과 ㉡에 해당하는 개념을 순서대로 쓰시오.

> 정치학자들은 권력이 국가(중앙)와 지역 단위로 어떻게 배분되는가에 따라 국가 형태를 3가지로 구분한다. 첫째, 단일 국가 혹은 중앙 집권적 형태에서는 국가(중앙)의 정부가 주권을 향유하며, 지방 정부를 통제한다. 지방 정부의 권력은 중앙 정부에 의해 위임된 것이며, 위임된 권한은 중앙 정부에 의해 언제든지 폐지될 수 있다. 둘째, (㉠)은/는 국가 지위를 갖는 국가들이 참여한 형태이거나, 독립성을 가진 각 지방 혹은 지역으로 주권을 귀속시킨 형태이다. 시민들과 직접 관계를 맺는 중앙 정부는 존재하지 않으며, 지역 단위 간 결속력이 가장 느슨한 탈중앙집권적 국가 형태이다. 그러나 현재 국민국가 수준에서는 드문 예이다. 마지막으로 앞선 두 형태의 중간적 성격을 갖는 (㉡)이/가 있다. 이 형태에서는 중앙 정부와 지방 정부가 주권을 공유하거나 나누어 가지며, 고유의 영역에서는 각자가 최고의 법적 지위를 가진다. 원칙적으로 어느 한쪽도 다른 쪽의 고유 권한을 침해하거나 폐지하지 못한다.

2021 전공B 6번

07 다음 글을 읽고 <작성 방법>에 따라 서술하시오.

> 의원내각제의 특징을 일반화하기는 쉽지 않다. 특정 국가의 정치적 상황, 특히 정당 체제에 따라 다르게 나타날 수 있기 때문이다.
>
> 일반적으로 행정부의 불안정성은 의원내각제의 단점으로 평가된다. 의원내각제에서 행정부는 의회의 신임에 의존하기 때문에 총리나 내각이 임기 만료 전이라도 사퇴할 수 있으며, 이는 행정부의 불안정성을 야기한다는 것이다. 그러나 의원내각제 국가에서 행정부의 빈번한 교체는 주로 정당 체제 중 하나인 (㉠)하에서 발견되는 현상이다. 이 정당 체제에서는 의회 의석의 과반수를 차지하는 정당이 없을 때 주로 정당 간 연합에 의한 (㉡)을/를 구성하게 된다. 이 경우 행정부가 의회의 신임을 상실할 가능성이 높아진다. 반면 다른 정당 체제의 의원내각제 국가에서는 행정부가 잦은 교체 없이 안정적으로 유지된다. 의원내각제의 장점으로 평가되고 있는 책임 정부(responsible government) 실현도 정당 체제에 따라 다르게 나타날 수 있다. 의원내각제에서의 행정부는 의회의 신임을 유지하는 한에서만 통치할 수 있다. 의회가 행정부에게 책임을 묻고 물러나게 할 수 있는 권한을 보유하고 있기 때문이다. 즉 의회의 우월적 지위를 기반으로 하여 의회에 책임을 지는 행정부를 실현할 수 있다. 그러나 이러한 장점은 양당 체제의 의원내각제 국가에서는 제대로 나타나지 않을 수 있다. 특히 ㉢ 양당 체제에서 나타나는 행정부 수반 선출과 내각 구성 방식으로 인해 ㉣ 의회의 우월성 확보를 통한 책임 정부 실현이 어려울 수 있다.

<작성 방법>

○ 괄호 안의 ㉠, ㉡에 해당하는 개념을 순서대로 쓸 것.
○ 밑줄 친 ㉢의 내용을 서술하고, 이에 근거해 밑줄 친 ㉣의 이유를 1가지 서술할 것.

CHAPTER 06 정부제도론

✓ 2022 전공A 8번

08 다음 글을 읽고 <작성 방법>에 따라 서술하시오.

> 대통령제는 권력 분립의 원리에 기초하여 조직된 민주주의 정부 형태이다. 권력 분립의 원리는 정부의 세 가지 기능(입법/행정/사법)을 각각 독립적인 기관에 위임하고 상호 견제하게 하는 것이다.
> 대통령제에 대한 비판론자들은 대통령제가 정치 체제의 위기를 초래할 수 있다고 주장한다. 특히 린츠 (J. Linz)는 대통령제의 (㉠) 문제를 위기의 원인으로 지목한다. (㉠)은/는 대통령과 의회 모두 선거를 통해 국민으로부터 권력을 위임받았다는 것을 의미한다. 이로 인해 대통령과 의회 사이에 입법을 둘러싼 교착 상태가 빈번하게 발생한다. 비판론자들은 이를 근거로 시급히 해결해야 할 사회 문제에 대통령제가 신속하게 대응하지 못할 수 있으며, 특정 상황에서는 정치 체제의 유지 자체가 어려워질 수 있다고 주장한다. 반면 권력 분립의 원리가 아닌 입법부와 행정부 간 권력 (㉡)의 원리에 의해 구성된 의원내각제에서는 (㉠) 문제가 근원적으로 나타나지 않는다.
> 그러나 대통령제에 이 같은 문제가 있다는 것을 일반화하는 것은 경계해야 한다. 왜냐하면 ㉢ <u>분점 정부 (divided government)</u> 상황에서 ㉣ <u>교착 상태의 가능성이 높고</u>, ㉤ <u>단점 정부(unified government)</u> 상황에서는 그렇지 않기 때문이다.

<작성 방법>

o 괄호 안의 ㉠, ㉡에 해당하는 용어를 순서대로 쓸 것.
o 밑줄 친 ㉢의 의미를 활용하여 밑줄 친 ㉣의 이유를 서술할 것.
o 밑줄 친 ㉤의 의미를 서술할 것.

THEME 07 | 정치과정론

제1절 정치과정과 참여

1. 정치과정

(1) 정치과정의 의미
   ① 인간이 추구하는 중요한 가치인 권력, 부 위신 등이 사회 전체에 배분되는 것과 관계되는 모든 정치적 활동
   ② 사회의 여러 가지 요소가 사회적인 정책의 형성과 집행을 둘러싸고 서로 작용해 가는 과정(정치적 결정의 형성·수행과정) → 따라서 정치과정의 중심 과제는 정치적 인간으로서의 개인, 각종 이익집단, 정당 등의 정치활동에 대한 동태적 분석에 있음

2. 개인과 정치 참여

(1) 정치 참여의 의의와 기능
   ① 의의
      ㉠ 참여는 국민 자치의 원리를 실현하는 과정임
      ㉡ 시민의 다양한 의사를 정책에 반영하는 과정을 통해 민주 정치가 발전함
   ② 기능
      ㉠ 정부의 자의적인 결정을 막아 책임 있는 정책 결정이 이루어지도록 함
      ㉡ 시민의 의사를 공공의 의사 결정에 반영하게 함으로써 대의 민주 정치를 보완함
      ㉢ 정부에 대한 감시와 공공 정치 과정에 대한 참여를 통해 시민의 이익을 증진함
      ㉣ 민주 시민 의식의 학습 기회를 제공함으로써 시민의 주권 의식을 신장함
      ㉤ 권위주의적이고 독선적인 정부의 출현을 막고 정치적 부패를 줄일 수 있음
   ③ 정치적 무관심의 폐해
      ㉠ 정치 과정이 일부 소수 집단의 의사에 따라 움직여 공공의 의사 결정이 시민 전체의 의사와는 다른 방향으로 이루어지게 됨
      ㉡ 정부가 시민에 대하여 무책임하게 되고 부정부패가 조장되기 쉬움

(2) 정치 참여의 방법
   ① 기본적인 참여 : 선거나 투표에의 참여
   ② 개인적인 참여 : 언론 매체에 독자 투고, 행정 관서에 진정이나 건의

③ 집단적인 참여
  ㉠ 정당, 이익 집단, 시민 단체 등을 통한 참여
  ㉡ 집회나 시위 등을 통한 여론 형성에 참여

(3) **정치 참여의 자세**
  ① **정책 결정의 궁극적 주체** : 국민에 의해 선출된 대통령, 국회 의원 등의 정치인이 국민의 여론을 수렴하여 정책을 결정하므로 정책 결정의 궁극적 주체는 국민임.
  ② **바람직한 정치 참여**
    ㉠ 개인의 이익과 공공의 이익의 조화를 추구해야 함.
    ㉡ 정당한 절차를 거쳐 마련된 법률과 정책을 준수하는 범위 내에서 이루어져야 함.
    ㉢ 개인의 이익, 혹은 자신이 속한 집단의 이익뿐만 아니라 국가와 전체 국민의 이익도 고려해야 함.
    ㉣ 사회 전체의 복리 증진을 위한 정책의 수립과 실천을 중시하고, 집단 이기주의를 지양해야 함.

(4) **정치참여의 형태**

	인습적	비인습적
자발적	민주적 정치참여 (투표, 정치토의, 선거운동, 정당가입 등)	청원, 합법적 시위나 파업, 불법시위나 파업, 암살, 게릴라 등
비자발적	동원적 정치참여 (투표, 정치토의, 선거운동, 정당가입 등)	부화뇌동성을 띤 청원이나 시위나 파업, 부화뇌동성을 띤 불법 군중시위, 청부암살, 청부깡패단의 횡포, 불법적 청부시위 등

 매니페스토

매니페스토란 선거에 임하는 정당이나 후보자가 당선되었을 때 추진하고자 하는 정책의 구체적인 목표, 실시 기한, 이행 방법, 재원 조달 방안, 추진 우선 순위를 명시하여 공약을 제시하고, 유권자는 이러한 공약을 서로 비교하여 실현 가능성이 높은 공약을 많이 제시한 정당이나 후보자에게 투표한 후 당선자의 공약 이행 상황을 지속적으로 평가하여 다음 선거에서의 지지 여부를 결정하는 것으로, 후보자들이 책임 있게 구체적 약속을 하는 것뿐만 아니라 유권자들이 출마자가 약속을 잘 지키는지를 주기적으로 확인하고 평가하는 운동이다.
-중앙 선거 관리 위원회 누리집-
(미래앤 지도서 p77)

제 2 절　선거

1. 선거의 의의

(1) 선거의 의미
선거는 한 사회 구성원들의 선호(preference)를 종합하여 집합적 결론을 도출하는 사회적 선택의 한 방법임. 여기서 선호의 대상은 인물일 수도 있고, 가치일 수도 있으나 일반적으로 어떤 직책을 수행할 대표를 선출하는 절차적 방법으로 이해됨

(2) 민주 선거의 원칙
① **보통선거**
재산이나 사회적 신분, 인종, 성별, 교육 등에 관계없이 헌법이나 법률이 정한 최소한의 자격 요건(연령, 시민권, 정신적 판단력 등)을 모두 갖춘 모든 국민에게 선거권을 부여하는 원칙 ↔ 제한 선거

---

1. 역사적으로 선거는 근본적으로 다음의 세 가지 형태에 의해 제한 받았다.
   ① 특정한 시민집단, 인종적 내지는 종교적 소수, 혹은 종속적 신분층이나 여성 등을 배제함.
   ② 일정 규모의 재산 설정. 이러한 재산선거권의 증명은 소유재산, 세금 혹은 소득 규모에 의해서 이루어짐.
   ③ 일정한 교육수준의 요구
2. 재외 국민 선거권 제한 "헌법 불합치"
   헌법재판소는 재외 국민과 국외 거주자에게 선거권을 제한한 공직선거법과 국민투표법의 관련 규정에 대해 헌법에 보장된 재외 국민의 선거권과 평등권을 침해하고 보통선거의 원칙에도 위반된다며 "헌법 불합치" 결정을 내렸다.

---

② **평등 선거**
모든 투표자에게 동등한 권한(1인 1표 1가치)을 부여하는 원칙 ↔ 차등 선거

📖 **평등 선거 관련 확인사항**

1. 평등선거 원칙에 위배되는 비민주적 제도로서 복수투표제(plural vote system 또는 부가투표제)와 계급투표제(class vote system)가 있다. 또한, 투표의 수적 가치평등이 보장되려면 선거구역 분할이 선출될 대표자수에 대한 동등한 인구수(혹은 유권자수) 비례로 이루어져야 한다.
2. 선거구 인구 편차에 따른 헌법재판소의 위헌 판결
   국회의원지역선거구의 획정에 있어 인구편차 상하 50%, 인구비례 3:1의 기준을 적용하게 되면 1인의 투표가치가 다른 1인의 투표가치에 비하여 세 배의 가치를 가지는 경우도 발생하는데, 이는 지나친 투표가치의 불평등이다. 더구나, 단원제 하에서는 인구편차 상하 50%, 인구비례 3:1의 기준을 따를 경우 인구가 적은 지역구에서 당선된 국회의원이 획득한 투표수보다 인구가 많은 지역구에서 낙선된 후보자가 획득한 투표수가 많은 경우가 발생할 가능성도 있는바, 이는 대의민주주의의 관점에서도 결코 바람직하지 아니하다. 따라서 헌법이 허용하는 인구편차의 기준을 인구편차 상하 $33\frac{1}{3}$%, 인구비례 2:1을 넘어서지 않는 것으로 변경하는 것이 타당하다(2014년 10월 30일).

③ 직접 선거
국민이 대표자를 직접 선출하는 것을 의미하며, 간접선거에 의해 국민의 의사와 결정이 중간 선거인에 의해 왜곡되어 나타는 것을 피하고자 하는 원칙 ↔ 간접선거, 대리 선거

📖 간접 선거

국민이 먼저 '공직자 선거인'을 선거하고 공직자선거인으로 하여금 다시 공직자를 선거하게 하는 제도이다. 이는 이중선거제라고 불리우고 또 단계선거제라고도 일컬어진다. 간접선거제 하에서는 국민과 대표자의 관계가 희박해지고 정치에 대한 국민의 통제력을 약화시킬 우려가 있다.

📖 미국의 대통령 선거인단(electoral college)

미국의 대통령 선거에서 사용되고 있는 선거인단 선거를 간접선거로 분류한다. 하지만 선거인단은 각 주 단위의 선거 결과에 따라 당선자에게 선거인단 표 전부를 몰아주는 형식적 절차만을 거친다는 점에서 미국의 대통령 선거는 본질적으로 직접선거의 성격을 가진다고 볼 수 있다.
미국의 경우 선거 후 약 6주가 지나 선거인들이 각 주의 수도에 모여 형식적 투표 절차를 마치면, 이표는 이듬해 1월 첫 주에 연방 상·하원 합동 회의에서 개표가 이루어지고 당선자가 공식적으로 발표된다. 물론 1796년 선거 이후 현재까지 자기 주에서 승리한 후보에게 투표하지 않는 소위 '신의 없는 선거인(faithless elector)'이 나타난 선거가 있지만 대통령 선거 결과에 결정적인 영향을 미치지는 못했다.

④ 비밀선거
무기명 투표를 통해 투표자가 누구에게 투표했는지를 제 3자가 알지 못하도록 보장하는 원칙 ↔ 공개 선거

1. 비례대표국회의원의석의 배분방식 및 1인1표제의 위헌여부
【결정요지】
가. 공선법은 이른바 1인 1표제를 채택하여(제146조 제2항) 유권자에게 별도의 정당투표를 인정하지 않고 있으며, 지역구선거에서 표출된 유권자의 의사를 그대로 정당에 대한 지지의사로 의제하여 비례대표의석을 배분토록 하고 있는바(제189조 제1항), 이러한 비례대표제 방식에 의하면, 유권자가 지역구후보자나 그가 속한 정당 중 어느 일방만을 지지할 경우
지역구후보자 개인을 기준으로 투표하든, 정당을 기준으로 투표하든 어느 경우에나 자신의 진정한 의사는 반영시킬 수 없으며, 후보자든 정당이든 절반의 선택권을 박탈당할 수밖에 없을 뿐만 아니라, 신생정당에 대한 국민의 지지도를 제대로 반영할 수 없어 기존의 세력정당에 대한 국민의 실제 지지도를 초과하여 그 세력정당에 의석을 배분하여 주게 되는바, 이는 선거에 있어 국민의 의사를 제대로 반영하고, 국민의 자유로운 선택권을 보장할 것 등을 요구하는 <u>민주주의원리에</u> 부합하지 않는다.
나. 비례대표제를 채택하는 경우 직접선거의 원칙은 의원의 선출뿐만 아니라 정당의 비례적인 의석확보도 선거권자의 투표에 의하여 직접 결정될 것을 요구하는바, 비례대표의원의 선거는 지역구의원의 선거와는 별도의 선거이므로 이에 관한 유권자의 별도의 의사표시, 즉 정당명부에 대한 별도의 투표가 있어야 함에도 현행제도는 정당명부에 대한 투표가 따로 없으므로 결국 비례대표의원의 선출에 있어서는 정당의 명부작성행위가 최종적·결정적인 의의를 지니게 되고, 선거권자들의 투표행위로써 비례대표의원의 선출을 직접·결정적으로 좌우할 수 없으므로 <u>직접선거의 원칙에</u> 위배된다.

다. 현행 1인1표제 하에서의 비례대표의석배분방식에서, 지역구후보자에 대한 투표는 지역구의원의 선출에 기여함과 아울러 그가 속한 정당의 비례대표의원의 선출에도 기여하는 2중의 가치를 지니게 되는데 반하여, 무소속후보자에 대한 투표는 그 무소속후보자의 선출에만 기여할 뿐 비례대표의원의 선출에는 전혀 기여하지 못하므로 투표가치의 불평등이 발생하는바, 자신이 지지하는 정당이 자신의 지역구에 후보자를 추천하지 않아 어쩔 수 없이 무소속후보자에게 투표하는 유권자들로서는 자신의 의사에 반하여 투표가치의 불평등을 강요당하게 되는바, 이는 합리적 이유 없이 무소속 후보자에게 투표하는 유권자를 차별하는 것이라 할 것이므로 **평등선거의 원칙에 위배**된다.

라. 공선법 제189조 제1항은 위와 같은 이유로 헌법에 위반되며, 공선법 제146조 제2항 중 "1인1표로 한다"부분은 국회의원선거에 있어 지역구국회의원선거와 병행하여 정당명부식 비례대표제를 실시하면서도 별도의 정당투표를 허용하지 않는 범위에서 헌법에 위반된다 할 것인바, 그로 인하여 유권자인 국민들의 비례대표국회의원에 대한 선거권, 무소속후보자에 대하여 투표하는 유권자들의 평등권 등의 기본권이 침해된다.

2. 1인 2표제의 도입 효과
① 유권자의 선택의 폭 증가 : 지역구 의원 선출 및 선호하는 정당에 대한 선택이 각각 가능해짐.
② 평등선거와 직접선거 원칙에 충실해짐.
③ 군소정당 및 진보정당의 의회 진출의 가능성이 높아짐.

(3) 선거의 기능

대표자 선출	국민의 뜻에 따라 국정을 담당할 대표자 선출 → 대의 정치의 성패 좌우
정치권력에 정당성 부여	대표자들은 선거를 통해 국민으로부터 합법성과 공권력 행사의 정당성을 인정받게 된다.
권력 통제	선거는 대표자로 하여금 책임정치를 하게 함 ← 국민의 신임 또는 불신임(선거를 통한 대표 교체)
정치적 충원 기능	선거를 통하여 지도자를 양성하고 선출함으로써 정치지도자를 지속적으로 충원
국민 여론 반영	선거를 통해 국민의 의견과 이익이 표출·집약된다.
주권 의식 향상	국민이 스스로 중요한 정책 결정에 참여하고, 주권자임을 확인하는 기능

2. 대의민주주의와 선거

(1) 대의민주제의 원활한 운영을 위한 선거
① 정기적, 주기적 선거 시행
② 선거는 주요 정책의 결정에 실질적으로 책임지는 중추적인 정치인들을 선택하는 수단이어야 함
③ 선거는 경선에서 승리할 수 있는 실질적인 기회를 제공하면서 복수 후보나 후보 집단 중에서의 선택을 보장
④ 모든 정파들은 자신들의 견해를 유권자에게 알릴 기회 부여
⑤ 투표자들은 후보자 간의 의미 있는 차이를 인식할 수 있어야 하며, 이러한 차이는 사회계층에 각기 상응해야 함
⑥ 투표 결과는 정직하게 집계되어야 함

> 📖 **루소의 대의제 비판**
>
> Rousseau : "주권은 양도될 수 없는 것과 마찬가지로 대표될 수도 없다.", "영국 국민은 자신들이 자유롭다고 생각하고 있지만 크게 착각하고 있는 것이다. 그들이 자유로운 것은 오직 의회의 대의원을 선출할 때뿐이다. 대표 선출이 끝나자마자 그들은 노예가 되어버리고, 아무것도 아닌 존재가 되고 만다."

(2) 대의제에 관련된 이론들

① **신탁모델(Trustee Model) : 대표자로서의 대표**

㉠ 의미
- 대표는 선거구민의 대리인이 아닌 전체 국가를 위해 일하는 국민의 수탁자로서 자유롭게 사고하고 판단해야 한다는 것
- 선거를 통해 선출된 대표들은 독립된 재량권과 객관적 판단력을 가지고 양심에 따라 대표로서의 활동을 해야 한다는 것

㉡ 신탁-수탁 관계

신탁관계는 신탁을 부여하는 사람과 받는 사람들 사이의 지적·도덕적 대등함을 전제하는 것이 아니라 차별성을 전제함 ⇨ 일반 시민들은 자신에게 무엇이 가장 유익한지를 알지 못할 뿐만 아니라 일을 책임지고 관리할 능력도 없기 때문에 지적으로 탁월하고 능력도 뛰어난 대표자를 내세워 일을 처리한다는 것

> Burke : 당신들은 실제로 한명의 의원을 선택합니다. 그러나 당신이 그를 선택하였을 때, 그는 브리스톨의 의원이 아니라, 그는 의회의 한 구성원입니다. … 당신의 대표는 당신들에게 그가 지닌 성실이 아니라 그의 판단에 빚지고 있습니다. 그래서 그가 여러분들의 의견을 위해 그의 판단을 단념한다면, 그는 당신들에게 봉사하는 것이 아니라, 당신들을 배신하는 것입니다.

㉢ 비판
- 엘리트주의적이며 반민주적인 함의를 가짐
- 버크의 경우에는 교육과 이해를 소유하기 만족할 만한 재산을 가진 사람들이 덜 유복한 사람들의 이익을 위해 행동한다고 주장하는데, 교육은 복잡한 정치적·경제적 문제들의 이해를 돕는 데 중요하지만, 교육이 정치가로 하여금 다른 사람들의 이해관계에 관해 정확한 판단을 하는데 기여한다는 것은 불분명함
- 대표들이 자신의 생각과 판단에 따라 행동하도록 허용할 경우 자신들의 이기적 이익을 추구하는 데 급급할 수 있음

② **대리모델(Delegate Model) : 대리자로서의 대표**

㉠ 개념
- 대표로 선출된 의원은 이익의 대리 전달자로서 자신을 선택한 유권자의 이익에 충실해야 하고, 따라서 국가 전체보다는 자신을 선출해준 부분에 초점을 두는 의회활동을 해야 한다는 것
- 이 개념은 지역구의 이익과 지역민의 개별적 이익에 봉사하는 의원활동을 뒷받침하는 논리가 되며, 따라서 '선거구 봉사(constituency service)' 모델이라고도 함

ⓒ 이 개념을 옹호하는 사람들은 대의원들과 일반 시민들 사이의 이익이나 견해의 차이가 최소화되는 제도적 장치를 선호함. 즉 대표의 임기를 아주 짧게 정하거나, 국민소환·국민발안·국민투표와 같은 직접민주정치의 제도들을 도입함으로써 대표자들에 대한 시민의 통제력을 극대화하려는 것도 이에 포함됨.
　　ⓒ 장점
　　　• 국민주권의 원칙에 충실하며 대중 참여의 기회를 확대할 수 있음.
　　　• 전문 정치인의 이기적 경향 억제 가능.
　　ⓔ 단점
　　　• 대표자들이 그들의 선거민의 이해관계에 묶여 있기 때문에 편협함을 낳고 갈등을 조장하는 경향이 큼.
　　　• 전문 정치인들의 지도력과 정치력을 행사할 영역을 제한할 수 있음.
　　　• 대중인기영합주의로 흐를 가능성이 있음.
③ 정당 위임 모델(Mandate Model)
　　㉠ 등장 배경
　　　선거권이 확대되고 현대적 정당 체계가 확립되면서 개별적인 정치인들이 아닌 정당이 대표 기구로 부각. 그리고 선거에서 승리함으로써 한 정당이 선거운동 기간에 제시했던 정책들이나 프로그램들을 수행할 수 있는 대중적 위임을 획득한다는 위임의 원리(doctrine of mandate)가 등장
　　㉡ 개념
　　　• 의원 : 정당의 공천과 정당의 정강·정책프로그램을 통해 당선되므로 정당의 입장을 따르고 정강·정책의 실현에 공헌해야 함. 따라서 대표들은 개인의 자질과 능력보다는 특정한 정당의 이념과 정책에 충실한 '정당인(partisan)'의 성격을 갖게 됨.
　　　• 위임 통치 모델의 대중적 위임은 개별 정치인이기보다 기관인 정당이기 때문에 정당의 통일적 규율에 대한 정당성을 제공함.
　　㉢ 단점 : 유권자의 정당선호투표를 가정하는 한계점이 존재함.
④ 유사대표 모델(Resemblance Model)
　　㉠ 배경
　　　자유민주주의 대표제도가 사회의 다수 집단인 노동자 계급과 여성들을 지나치게 과소 대표하고 있기 때문에 그들의 이익이 소외되고 최소화되고 있다고 비판함. 따라서 의회와 같은 대표제도는 계급, 성인, 인종 등과 같은 사회 집단별로 할당되어야 하고 투표자들은 자신이 속한 집단이 내보낸 후보자에게 투표해야 한다고 주장하게 됨.
　　㉡ 기본 개념
　　　근대 이후 사회는 계급, 종교, 성, 인종 등 다양한 집단들로 균열된 구조를 보임. 유사 대표 개념은 의회와 정부의 대표는 바로 이와 같은 사회의 균열구조를 그대로 반영해야 한다는 것임.

ⓒ 비판
- 이 모델은 현실적으로 사회의 구성과 닮은꼴의 의회를 구성할 수 없기 때문에 지극히 이상적인 개념이며, 엘리트 민주주의가 지배적인 현대 대의민주주의의 현실과도 거리가 있는 개념임.
- 배타적이거나 좁은 의미로 대의제를 묘사, 모든 대표자들이 그들이 속한 집단의 이해관계만을 발전시킨다면 결과는 사회적 분열과 갈등, 그리고 파편화로 나타날 것이며, 어떤 사람도 공공선을 지키거나 더 넓은 공공의 이해관계를 발전시킬 수 없음

⑤ 소결
㉠ 대의민주주의의 이와 같은 네 가지 대표 개념은 정확히 어떤 시점을 기준으로 차례로 채택된 것이 아니라, 사회와 정치제도의 변화에 따라 서로 교차하고 중첩되기도 하면서 변화하였고, 네 가지 대표 개념 중에서 무엇이 가장 보편적인 개념인가 하는 것보다는 상황과 조건에 따라 적절한 대표 개념의 적용과 활용이 필요할 것임.
㉡ 지역구를 기반으로 선출된 대표는 지역구민의 이익과 국가 전체의 이익 중 어떤 것을 더 우선시해야 하는가 하는 논쟁에서 신탁과 대리로서의 대표 개념의 합리적 수렴이 필요하며, 위임 모델 개념은 명부식 비례대표제의 근거를 제공하고, 유사대표 모델은 사회적 소수자나 약자들을 보호하기 위해서 또는 의회의 비례성을 높이기 위한 비례대표제 강화의 근거로 활용될 수 있음.

우리 헌법에서의 대표에 대한 관점

우리 헌법 제46조 ②항에는 "국회의원은 국가이익을 우선하여 양심에 따라 직무를 행한다."라고 규정되어 있다. 따라서 이 규정에 근거하여 판단하여 볼 때, 신탁개념의 수용이라고 할 수 있다.

3. 선거구

(1) 선거구 개념
① 대표자를 선출하는 지리적 단위를 의미
② 선거구의 크기: 한 선거구에서 선출하는 대표의 수를 의미함
③ 선거구의 크기는 보통 선거구제로 표현되나, 이는 선거구의 영토적 넓이를 의미하는 것이 아니라 선거구에서의 의석수를 가리킴

(2) 선거구 획정의 원칙
① **인구대표성**: 각 선거구의 유권자 수와 선출하는 대표 수와의 비율은 각 선거구를 통해 가급적 같아야 한다는 논리로 유권자 개인의 평등권과 투표에 대한 가치의 등가성을 유지하는데 요구되는 원칙
② **지역대표성**: 지역단위와 행정단위 등을 고려하여 선거구를 획정하는 것(인구대표성을 강조하면 지역불균형 초래, 지역균형 추구 시 표의 등가성 문제 제기)
③ **법정주의**: 선거구의 획정은 법에 따라야 함 → 권력에 의한 자의적인 선거구 획정(게리맨더링) 방지

※ 개정법률: 국회는 2015. 6. 19 공직 선거법을 개정하여 과거 국회에 두도록 하고 있는 국회의원 선거구 획정 위원회를 중앙선거관리위원회에 두도록 하여 정치적 독립성을 강화하였다.

(3) Grerrymandering
① 게리맨더링은 정당 지지표의 효율성을 극대화하기 위해 선거구의 경계를 조작하는 행위를 일컫는 용어임
② 1812년 미국의 매사추세츠 주지사였던 게리가 자신이 지지한 후보들의 당선을 위해 도마뱀(salamander)처럼 구불구불하면서 좁고 긴 형태의 선거구를 고안한 것을 빗대 언론인들이 Gerry's Mander라고 부른 데서 비롯됨
③ 1812년 새로운 선거구를 획정하고 치른 주 상원의원 선거에서 게리가 속한 정당은 50,164표를 얻고 29명의 당선자를 낸 데 비해, 야당은 51,766표를 얻고도 11명의 당선자밖에 내지 못함

a. 투표구별 정당지지 분포

① 30-60	② 80-30	③ 40-50	④ 70-40
⑤ 40-60	⑥ 80-30	⑦ 30-50	⑧ 30-80

b. A정당(3) : B정당(1)

①+② 110-90	③+④ 110-90
⑤+⑥ 120-90	⑦+⑧ 60-130

c. A정당(1) : B정당(3)

①+⑤ 70-120	②+⑥ 190-60	④+⑦ 70-100	⑤+⑧ 100-120

공정한 선거구 획정의 원칙

공정한 선거구 획정의 원칙은 일반적으로 인구 대표성, 지역 대표성, 법정주의로 표현된다. 이 가운데 가장 중요하고 우선적인 기준은 인구 대표성이다. 인구 대표성은 각 선거구의 유권자 수와 선출되는 대표 수와의 비율이 각 선거구를 통해 가급적 같아야 한다는 논리로, 개개인의 평등과 개개인이 행사하는 투표권의 가치에 대한 평등성, 즉 '표의 등가성'을 의미한다.

인구만을 기준으로 선거구를 획정하다 보면 인구가 밀집한 대도시에 대표가 집중될 수 있기 때문에 당연히 지역 대표성도 고려해야 한다. 이때 인구 대표성을 강조하다 보면 지역적 불균형이 초래되고, 지역 균형을 고려하다 보면 표의 등가성 문제가 제기될 수 있기 때문에 양자를 조화시켜야 하는 문제가 있다. 그러나 교통과 통신의 발달로 지역 간의 시·공간적인 폭이 좁아지고 있다는 점에서 인구 대표성에 더 관심을 기울여야 할 것이다. 왜냐하면 지역 대표성이 지역의 땅을 대표하는 것이 아니라 그 지역 공동체 구성원들의 삶의 질을 대표해야 하기 때문이다. 유권자들은 대표가 지역 발전에 중요한 역할을 한다고 인식하고 있고, 이것은 바로 그 지역 삶의 여건의 발전을 의미하는 것이다. 그러나 그렇다고 해서 지역 대표성을 아예 간과하면 인구 밀도가 상대적으로 낮은 농어촌 및 산간 지역은 행정 구역의 크기에 비해 대표 수가 적을 뿐만 아니라 결국 여러 행정 구역을 통합하여 선거구로 해야 하기 때문에 대표와의 정체성도 문제가 된다. 지역 대표성에 의해 선거구를 획정하는 데는 기본적으로 행정 구역을 기초로 해서 이루어진다. 이는 선거구 분할을 둘러싸고 제기될 수 있는 '게리맨더링'을 제도적으로 방지하기 위해서이다.

선거구 법정주의는 선거구는 객관적인 법에 의해 획정되어야 한다는 원칙이다. 인구 대표성과 지역 대표성이 선거구를 획정하는 기준의 문제라면, 법정주의는 선거구 획정의 방법상 원칙의 문제이다. 그러나 역시 선거구 법정주의는 행정권의 자의를 방지할 수는 있겠지만 입법권의 자의에 대해서는 아무런 방비가 없다. 그래서 법정주의와 함께 강조되는 것이 행정 구역주의이다. 즉 입법권의 자의를 방지한다는 의미에서 선거구를 될 수 있는 한 행정 구획과 일치시키고자 하는 원칙이다.

— 고경민, 『현대 정치 과정의 동학』, 2005, pp.74~76
(천재교육 지도서 p155)

(4) 선거구 제도의 종류와 특징

구분	대표수	장점	단점
소선거구	1인	• 다수당 출현으로 정국 안정 (양당제) • 선거비용 절감, 선거 관리 용이 • 입후보자의 인물 파악 용이(투표율을 높임)	• 사표 발생 높음 (득표율과 의석률의 불일치 현상 심화) • 소수의견 및 다양한 의사 반영 곤란 • 지역적 인물 유리(의원의 질적 저하, 연고주의, 지역주의 고착화) • 과열 경쟁에 따른 선거 부정 가능성 • 게리맨더링의 가능성
중선거구	2~5인	• 사표의 발생 감소 • 소수의견 및 다양한 의사 반영 유리 • 전국적 인물 유리(지역주의 완화) • 신진 인사나 새로운 정당의 진출 용이 • 인물의 선택 범위 확대	• 군소정당의 난립으로 인한 정국 불안 • 선거비용 상승 및 선거관리의 어려움 • 후보자 난립 및 선거인의 투표율 저하 • 한 지역구 내에서 투표 가치의 차등 문제 발생
대선거구	6인 이상		

① 소선거구제
　㉠ 의미
　　한 선거구에서 1명의 대표를 선출하는 '1구 1인제', 투표 방법은 1인의 후보자에게만 투표하며 다수득표자가 당선인이 됨
　㉡ 장점
　　• 대정당이 지역적 기반이나 재정면에서 유리하기 때문에 다수당 출현이 용이, 정국 안정에 도움
　　• 관할구역이 좁기 때문에 후보자의 인물과 정견파악이 명확하며 선거에 대한 관심이 높아져 투표율이 비교적 높음
　　• 후보자 1인당 부담하는 선거비용이 비교적 적음
　　• 동일 정당 간의 경쟁 폐해나 후보자의 난립 방지 가능
　　• 선거범죄에 대한 규제 용이
　　• 선거공영이나 재선거, 보궐선거의 실시 및 선거관리 용이
　㉢ 단점
　　• 다수대표방법으로 인하여 낙선자의 과다한 사표의 발생으로 소수당에 불리함.
　　• 선거운동의 과열 우려
　　• 전국적 인물보다 지방적 명망가에 유리하고 신진인사의 진출에 불리
　　• 선거구 획정 시 게리맨더링의 위험 내포
　　• 선거간섭, 정실, 매수, 기타 선거부정의 가능성이 큼

② 중대선거구제
　㉠ 의미
　　중대선거구제는 일반적으로 1선거구에서 2인 이상의 대표자를 선출하는 것을 의미함.
　㉡ 장점
　　• 국민적 기반을 둔 전국적 인물이 당선되기 쉽고 유권자에게는 후보자 선택 범위가 넓어짐
　　• 소선거구제에 비해 사표 감소
　　• 신진인사나 새로운 정당의 진출 용이
　　• 선거간섭, 정실, 매수 기타 부정방지가 비교적 용이
　　• 정당정치의 발전과 선거과열 방지
　㉢ 단점
　　• 군소정당이 출현하여 정국이 불안정할 수 있음
　　• 선거구역이 넓어 선거비용이 많이 소요
　　• 선거결과에 대한 무관심으로 투표율 저조
　　• 후보자 난립 및 동일 정당 내 후보자 간 경쟁이 과열
　　• 선거공영이나 재선거, 보궐선거의 실시 및 선거관리 곤란
　　• 한 지역구 내에서 투표 가치의 차등 문제 발생

CHAPTER 07 정치과정론

📖 확인 사항

1. 의원 선거에서 선거구를 (가)에서 (나)의 방식으로 바꿀 때 예상되는 상황에 관해 서술하시오.(3가지 이상)

(가)

선거구	A당	B당	C당
갑 1	300	180	260
갑 2	320	210	200
을 1	300	280	200
을 2	200	320	250
총 득표 수	1,120	990	910
득표율(%)	37.1	32.8	30.1
당선자 수	3	1	0

➡

(나)

구분	A당	B당	C당
갑	620	390	460
을	500	600	450
총 득표 수	1,120	990	910
득표율(%)	37.1	32.8	30.1
당선자 수	2	1	1

※ 그림은 갑국의 총선 결과이다. 물음에 답하시오.

〈지역구 의석수 (득표율)〉

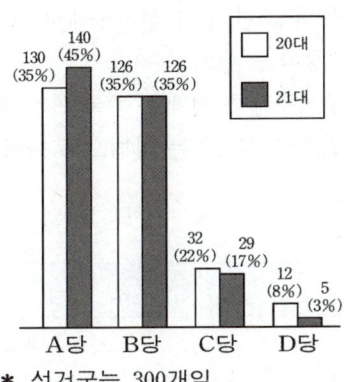

* 선거구는 300개임.

① 지역구 선거구 제도는 무엇인가?
② 20대에 A당의 지역구 의석률은?
③ 21대에 지역구 득표율과 지역구 의석률 간의 격차가 가장 큰 정당은?

해설

① 지역구 선거 제도를 알기 위해서는 선거구 수와 선출되는 의원의 수를 헤아려 보면 된다. 문제의 주석에 총 선거구 수는 300개라고 주어져 있으며, 20대의 각 당의 의석수를 계산해본 결과(130+126+32+12=300석), 21대 역시 (140+126+29+5=300석)이다. 그러므로 1개의 선거구에서 1명을 선출하는 방식 소선거구제이다.
② 의석률은 전체 의석수에서 그 정당이 차지한 의석수의 비율을 의미하는 것이다. 따라서 130/300 이다.
③ 득표율과 의석률의 차이를 묻는 문제이다. 득표율은 해당 표에서 주어져 있으므로 의석률만 계산하면 된다. 그리고 세밀한 값을 구하지 않고 대략적인 값을 구하여도 충분히 문제를 해결할 수 있다. **정답** C당

구분	지역구 득표율	지역구 의석률	차이 값
A당	45%	140/300=46.***%	1.***%
B당	35%	126/300=42%	7%
C당	17%	29/300=9.***%	7.***%
D당	3%	5/300=1.***%	1.***%

4. 대표제 : 당선자 결정 방식

(1) 다수 대표제

① 의의
  ㉠ 다수대표제는 다수의사를 최고로 존중하는 제도
  ㉡ 선거에서 유효투표의 다수를 얻은 자를 당선인으로 결정하는 방법임

② 단순 다수 대표제(상대 다수 대표제)
  ㉠ 당선에 필요한 득표율 등의 조건 없이 선거구에서 유효투표를 한 표라도 더 많이 획득한 후보자를 당선인으로 결정하는 제도
  ㉡ 단순 다수 대표제는 소선거구제를 전제로 중복(연기)투표를 허용하지 않고 유효투표의 다수를 획득한 자를 당선인으로 결정하는 방법으로 사표가 많이 발생하며, 득표의 분산율이 클수록 대표성이 저하됨
  ㉢ 단순다수제의 장단점

장점	단점
• 단순하고 쉽다. • 지역대표성을 보장함으로써 선거구 유권자들과 의원 간의 친밀도가 높게 유지됨. • 양당제 유도, 안정된 정부구성 촉진 • 정치적 핵심 소재가 명료함.	• 소수대표 현상 • 비비례성과 제조된 다수의 형성 • 국가이익보다는 지역 서비스 위주의 의원활동 • 여성과 정치적 소수자의 대표성이 낮음 • 게리맨더링의 가능성이 있음

(현대정치과정의 동학 인간사랑 p106)

③ 절대 다수 대표제
  ㉠ 단순다수대표제의 결점을 보정하기 위하여 고안된 제도로서 1선거구에서 총 유효득표수의 과반수 또는 그 이상의 일정 수 이상을 득표한 후보자를 당선인으로 결정하는 방법
  ㉡ 과반수 이상의 득표수 또는 그 이상의 일정 득표수에 도달할 때까지 반복투표를 하여야 하는 시간적·경제적·절차적 낭비를 줄이기 위하여 결선투표제, 선택투표제 등이 고안
  ㉢ 결선투표제
    • 제1차 투표 결과, 최다 득표자의 득표수가 과반수를 넘을 경우 그를 당선인으로 결정하며, 그러하지 못할 경우 일정요건을 갖춘 후보자(대체로 다수표를 얻은 2인의 후보자)에

대하여 재투표를 실시하여 그 중 상대다수를 차지한 후보자를 당선자로 결정하는 방법임.(프랑스 대통령 선거)
- 2차 투표에서 정당들이 어떻게 연합하는가가 선거결과에 큰 영향을 미치기 때문에 2차 투표를 앞둔 협상이나 정당연합이 매우 중요함.

㉣ 선호투표제
- 선거인이 자기가 투표하고자 하는 후보자에게 제1, 제2, 제3 식으로 자기가 선택하고 싶은 상대자의 선택순위를 표기하여 투표하며 과반수 이상의 득표자가 나올 때까지 표를 이양하여 합산하는 방식.(호주의 하원선거가 대표적임.)

확인 사항

※ 다음은 대표자를 선출하는 두 가지 방식에 대한 설명이다. 물음에 답하시오.
(가) 유권자들은 후보자들 중 가장 선호하는 후보자 1명에게 투표하며, 과반수 득표자가 나올 경우 당선자로 결정된다. 과반수 득표자가 없을 경우, 상위 득표자 두 명을 대상으로 2차 투표를 실시하여 1위 득표자가 당선자로 결정된다.
(나) 유권자들은 투표용지에 모든 후보자들에 대한 선호 순서를 표기한다. 투표 종료 후 각 유권자의 제1선호 투표만을 집계하며, 과반수 득표자가 나올 경우 당선자로 결정된다. 만약 과반수 득표자가 없을 경우에는 최소 득표자를 1차 탈락시키고, 최소 득표자에게 제1선호 투표를 한 유권자의 표는 해당 유권자의 제2선호 후보자에게 더해진다. 이후 표를 재집계하여 과반수 득표자가 나오면 당선자로 결정되며, 과반수 득표자가 없으면 다시 최소 득표자를 2차 탈락시키고, 탈락한 후보자에게 투표한 유권자의 표는 해당 유권자가 다음으로 선호하는 후보자에게 더해진다. 유권자가 제1선호와 제2선호를 표시한 후보자가 모두 탈락한 경우에는 해당 유권자의 제3선호 후보자에게 표가 더해진다. 이와 같은 과정을 반복하여 과반수 득표를 차지한 후보자가 나오면 그가 최종 당선자로 결정된다.

1. (가) 또는 (나) 방식으로 우리나라 국회의원 선거를 실시할 때, 예상되는 결과는 무엇인가?
2. 표는 후보자에 대한 유권자의 선호 순위를 나타낸 것이다. (가), (나) 방식에 따른 당선자를 바르게 짝지은 것은?(단, 유권자들은 항상 아래 표의 선호 순위대로 투표한다.)

유권자 \ 후보자	갑	을	병	정	무
A	1	2	3	4	5
B	1	3	2	4	5
C	1	5	3	2	4
D	1	4	3	5	2
E	3	1	4	2	5
F	5	1	3	4	2
G	4	1	2	3	5
H	5	4	1	2	3
I	2	5	1	4	3
J	5	4	3	1	2
K	4	3	2	1	5
L	4	3	2	5	1

ⓜ 절대다수제의 장단점

유형	장점	단점
결선 투표제	• 단순성, 용이성 • 지역대표성, 지역 선거구민과의 높은 친밀도 • 소수대표 현상의 극복 • 2라운드 선택의 명시성	• 비비례성 • 일률성(monotonicity)과 콘돌셋(Condorcet) 기준의 위반 • 1, 2라운드 투표율의 차이(2라운드의 기권표와 무효표 증가) • 선거비용의 증가
대안 투표제	• 소수대표 현상 극복 • 지역대표성, 지역선거구민과의 높은 친밀도 • 단순다수제 국가에서 채택 가능성이 높은 현실적 대안 • 투표자 선호도를 최대한 반영 • 시간, 비용면에서의 높은 효율성 • 투표자의 선호도를 통해 정당의 전략과 정책수립	• 비비례성 • 정당이 선거전에 전략적 투표 유도 • 무효표의 증가

(현대정치과정의 동학 - 인간사랑 p110)

(2) 비례대표제

① 의의

㉠ 의미

다수대표제의 단점을 보완하기 위하여 고안된 제도로서 각 정당의 득표율에 비례하여 의석이 배분되는 제도 → 투표가치의 등가성을 최대한 보장하기 위한 제도임

㉡ 장점
- 득표비례에 따라 의석을 부여하여 사표를 방지할 수 있음.
- 득표수와 의석수 간의 비례관계를 유지하는 의석비례 보장, 표의 등가성 실현
- 정당정치의 활성화 기여
- 선거과열 방지와 공정한 선거 기대

㉢ 단점
- 투표 방법과 당선절차의 복잡
- 군소정당의 난립 등으로 정국 불안정 야기
- 당선자는 국민대표가 아닌 정당대표의 성격이 강함
- 국민과 대표 간 직접접촉의 기회 감소
- 후보의 공천 등에 있어 정당간부의 횡포 발생 우려

② 종류
　㉠ 정당 명부식
　　• 정당이 작성한 후보자 명단에 투표하는 방식으로 유권자가 주로 어느 정당을 지지할 것인가가 중요하며, 지지를 받은 정당은 그 지지도만큼의 의회 의석수를 받게 됨.
　　• **폐쇄형** : 투표자의 선호도가 반영되지 않고 비례선거구별로 각 정당이 당선 순위를 정한 입후보 명부를 등록하고, 투표자들은 이를 근거로 정당에 투표하는 형태
　　• **개방형** : 당선 순위의 결정에 투표자들의 선호도가 반영되는데, 비례선거구별로 각 정당이 당선 순위를 정하지 않고 등록한 입후보를 근거로 후보자나 정당에 투표하는 형태
　　• **봉쇄조항(저지조항)** : 봉쇄조항이란 의석배분에 참여하고자 하는 정당에게 일정한 득표율이나 의석수 등을 요구함으로써 인위적인 저지선을 설정하는 조항. 즉, 군소정당의 난립으로 의회의 기능이 마비되고 정부의 구성이 불안정해지는 것을 방지하기 위하여 일정 수준 이하로 득표한 정당을 의석배분에 참여하지 못하게 하는 규정
　㉡ 단기이양식
　　선호 투표제를 바탕으로 한 비례 대표제로 의석 산정에 기여하지 못한 표, 즉 잉여표나 사표를 투표자가 표시한 선호도의 순서에 따라 이양함으로서 유권자의 의지를 최대한 반영함. 이 제도는 투표자에게 선호의 순서를 기입하는 순서형 투표를 요구하며, 투표자들의 선호 순서를 최대한 효과적으로 투표 결산에 반영. 즉 당선가능성이 없는 후보자의 사표는 다음 선호를 반영하고, 당선기수 이상 득표한 후보의 잉여표 역시 다음으로 선호하는 후보에게 이양함으로써 유권자의 투표가 갖는 의미를 최대한 찾고자 하는 것임.

확인 사항

1. 정당 명부식 비례대표 의석수 배분의 실례
   선거구 의석 총수 : 5석, 총 유효투표수 : 1000표

제수 \ 정당	A	B	C	D	E
득표수	485	290	140	75	10
동트 1	485	290	140	75	10
2	242.5	145	70	37.5	5
3	161.7	96.6	46.6	25	3.3
의석	3석	2석			
라귀 최고평균 1.4	346.4	207	100	53.5	7
3	161.7	96.6	46.6	25	3.3
5	97	58	28	15	2
의석	3석	1석	1석		
헤어(200)	2.42	1.45(+1)	0.70(+1)	0.37	0.05
	2석	2석	1석	0석	0석
임페리얼(143)	3.39	2.03	0.98	0.52	0.07
	3석	2석	0석	0석	0석

※ 다음은 ○○국의 선거 제도이다. 물음에 답하시오.

○○국은 A, B 두 개의 광역 지방 행정 구역으로 이루어져 있다. A는 a1, a2, a3, a4, B는 b1, b2, b3, b4의 의회 의원 선거구를 가지고 있다. 당사자는 소선거구제하에서 상대 다수 대표제에 의해 결정된다. ○○국은 다음 의회 의원 선거부터 선거제도를 변경하기로 하고 X안과 Y안 두 가지를 검토 중이다. X안은 현재의 선거구를 2개씩 통합하여 한 선거구당 2명을 선출하는 방식이다. 정당은 한 선거구당 1명의 후보만 공천하며, 유권자는 지지하는 후보에게 1표를 행사한다. Y안은 두 개의 광역 지방 행정 구역을 각각 선거구로 하여 선거구별로 4명의 의원을 정당 명부식 비례 대표제를 통해 선출하는 방식이며, 유권자는 지지하는 정당에 1표를 행사한다. 의석은 선거구별 비례 대표 의원 총수에 특정 정당의 정당 득표율을 곱해서 나온 값의 정수만큼 그 정당에 배분한 후, 선거구별 총 의석 중 잔여 의석은 소수점 이하 수가 큰 정당 순으로 잔여 의석이 소진될 때까지 1석씩 배분한다.

2. 표는 최근에 실시된 ○○국의 의회 의원 선거 결과이다. 이를 그대로 X, Y안에 대입할 경우, 각 정당의 의석 수를 산출하시오.

득표율(단위: %)

광역 지방 행정 구역	선거구	갑 정당 후보	을 정당 후보	병 정당 후보	정 정당 후보
A	a1	40	20	5	35
	a2	60	20	0	20
	a3	50	25	20	5
	a4	30	25	25	20
B	b1	10	15	25	50
	b2	5	30	25	40
	b3	15	15	30	40
	b4	30	20	0	50

* 선거구별 유권자 수는 동일하며, 투표율은 100%라고 가정한다.
** X안의 경우 a1-a2, a3-a4, b1-b2, b3-b4의 선거구 통합을 전제로 하며, 유권자는 현재 지지 후보의 소속 정당이 공천한 후보를 지지한다고 가정한다.
*** Y안의 경우 유권자는 현재 지지 후보의 소속 정당을 지지한다고 가정한다.

3. 표는 비례대표 국회의원 의석 배분 과정을 나타낸 것이다. 이 경우 실제 이루어질 각 정당의 의석 수를 구하시오.

정당	지역구 의석수	정당 득표수 (a)	정당 득표율(b) a÷20,000,000	의석 할당 정당 득표율(c) a÷19,500,000	할당 의석 산출 결과 (c×54석)
가	60석	7,200,000	36.00%	36.92%	19.94
나	93석	7,600,000	38.00%	38.97%	21.05
다	18석	2,500,000	12.50%	12.82%	6.92
라	2석	1,400,000	7.00%	7.18%	3.88
마	3석	600,000	3.00%	3.08%	1.66
바	5석	200,000	1.00%	1.03%	0.55
사	4석	500,000	2.50%		
계	205 무소속 40	20,000,000	100.00%	100.00%	54.00

※ 의석 할당 정당이 되려면 지역구 5석 이상 또는 정당 투표 3% 이상이어야 함.

4. 그림은 정당 명부식 비례 대표를 선출하는 투표 용지를 재구성한 것이다. (가)와 비교되는 (나)를 통한 선출 방식의 특징을 서술하시오.(2가지 이상)

(가) 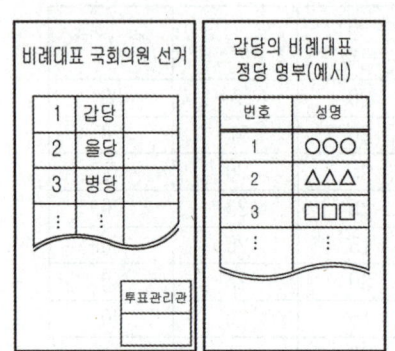 (나)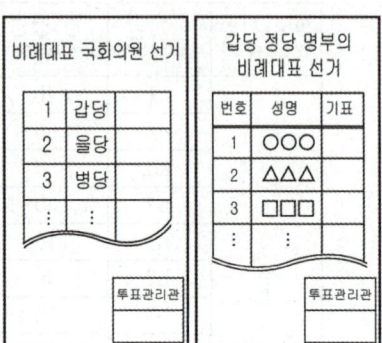

(가) * 유권자는 정당에만 1표를 행사함
 ** 정당의 득표수와 정당이 작성한 명부 순위에 의해 당선자를 결정함
(나) * 유권자는 정당에 1표, 후보자에 1표를 행사함
 ** 정당의 득표수와 후보자의 득표수에 의해 당선자를 결정하고, 갑당 명부만 예시로 제시함

5. 다음의 표를 완성하여 보시오.

구분 \ 정당	갑	을	병	정
지역구 당선자 수	(a)	49	(b)	17
정당 투표 득표율(%)	15	(c)	(d)	10
의석수	69	△△	35	□□

 * 총 의석수는 200석이며, 구성 비율은 지역구 대표 70%, 비례 대표 30%임.
 ** 지역구 대표는 소선거구제에 의해 선출되며, 비례 대표 의석은 정당 투표 득표율에 따라 배분됨.

6. 다음의 선거 제도를 적용할 때 당선자는 누구인가?

각 선거구의 유권자는 후보들 중에서 선호하는 순서대로 투표 용지에 1, 2, 3....등의 선호를 표시한다.

⇩

투표자 수를 선거구의 선출 의원 수로 나누어 당선이 되기 위해 필요한 최소 득표수인 쿼터(quota)를 산출한다.

⇩

투표 결과 1차 집계에서 각 후보들이 득표한 1순위의 수가 쿼터(quota) 이상이면 당선을 확정한다.

⇩

1차 집계에서 당선자의 수가 선출 의원 수보다 적으면 1순위 선호를 가장 적게 받은 후보자를 탈락시키고, 2순위 선호 후보에게 선호를 이전한다.

⇩

2차 집계에서 선호를 이전하려는 2순위 후보가 이미 당선되었거나 탈락했으면 다음 순위 후보에게 선호를 이전한다.

⇩

선거구에서 선출할 의원 수에 도달할 때까지 이 과정을 반복한다.

*단, 마지막 남은 후보가 쿼터(quota)에 도달하지 않아도 당선자로 확정된다.

한 선거구에서 후보자 5명이 출마하였고 이 중 3명의 의원을 선출한다. 투표자는 총 120명이고 투표 결과는 다음과 같다. (단, 투표자 A~L은 각 10명씩이다.)

투표자 후보자	A	B	C	D	E	F	G	H	I	J	K	L
갑	3	4	1	4	1	3	1	2	1	2	5	5
을	5	1	5	2	3	2	3	3	4	3	2	1
병	2	3	2	1	2	1	5	5	3	1	4	3
정	1	2	4	3	5	5	2	4	5	4	1	2
무	4	5	3	5	4	4	4	1	2	5	3	4

(3) **직능대표제**

① 획일적인 지역대표의 원리가 진정으로 국민대표의 기능을 수행하지 못하고 특수 이익의 대표를 은폐하는 이데올로기적 성격을 가진 동시에 현대 정치에 있어 집단 개인에 대한 우월적인 지위를 강조하고 집단대표의 필요성을 주장하기에 이른 데서 이 원리가 제기됨.

② 대의정치를 대치하는 것이 아니라 보완할 때 의미를 찾을 수 있음.

비례성에 영향을 주는 변수

1. **의석배분 방식** : 정당 명부에 의해 각 정당이 얻은 득표율을 의석으로 전환하도록 하는 규칙
   ① 최대잉여방식
      ㉠ 의미 쿼터를 정해서 그 쿼터에 의해 의석을 배분하는 방식
      ㉡ 예 : 헤어(Hare), 드룹(Droop), 임페리알리(Imperiali)
      ㉢ 비례성 : 이 세 방식은 나누어 주는 분모의 크기를 어떻게 정하느냐의 차이인데, 분모의 크기가 커질수록 의석배분을 위한 쿼터는 줄어들고 그만큼 나머지의 크기가 커질 것이므로 상대적으로 소수 정당이 의석을 차지하게 될 가능성은 다소 낮아짐.
   ② 최고평균방식
      ㉠ 의미 : 득표율을 나누기 위한 제수를 정하고 이것에 의해 정당 의석을 결정하는 방식
      ㉡ 예 : 동트(d'Hondt), 순수 상-라게(pure Sainte-Lague), 변형된 상-라게(modified Sainte-Lague)
      ㉢ 비례성 : 동트 방식에 비해 순수 상-라게 방식은 의석을 얻고 난 후에 제수가 3, 5....로 커지기 때문에 대정당에 비해 소정당에 의석이 배분될 가능성이 더 커짐. 따라서 순수 상-라게 방식이 가장 비례성이 높고 그 다음이 변형된 상-라게 방식이며 동트 방식이 상대적으로 가장 낮음.

2. **진입장벽**
   ㉠ 의미 : 정당명부식 비례대표제가 비례성이 높은 만큼 적은 득표로도 의석을 차지할 수 있어서 지나치게 많은 정당이 난립하는 것을 방지하기 위해 의석을 배분받을 수 있는 일정한 제한을 설정한 것.
   ㉡ 비례성 : 일정한 진입장벽의 규정은 안정적 정당 정치를 위해 필요하다고 할 수 있지만, 지나치게 진입장벽이 높으면 사표로 처리되는 정당들의 득표가 높아지는 만큼 비례성을 해칠 수도 있음.

3. **선거구의 크기**
   ㉠ 의미 : 한 선거구에서 선출하는 의원의 수를 말하며, 비례성에 영향을 미치는 요소 가운데 결정적인 요인으로 여겨져 왔음.
   ㉡ 비례성 : 정당명부식 비례대표의 경우, 5인을 선출하는 선거구에서보다 20인을 선출하는 선거구에서의 비례성이 더욱 높아진다. 네덜란드는 150명의 의원으로, 이스라엘은 120명의 의원으로 의회가 구성되는데 이 두 나라는 전국이 하나의 선거구이다. 따라서 이들 국가의 선거구의 크기가 큰 만큼 비례성은 매우 높은 편이다.

(정치학의 이해 2판 - 박영사 p192~194)

5. 각국의 선거 제도

(1) 우리나라의 선거 제도

① 현행 우리나라의 선거 제도 개관

선거			선출 방식
대통령(1표)			단순 다수 대표제(전국이 선거구 단위)
국회 의원(2표)	지역구 의원		단순 다수 대표제(소선거구제)
	전국구 의원		비례대표제(정당 명부식 : 폐쇄형)
지방 자치 단체장	광역 자치 단체장		단순 다수 대표제(광역 행정 단위가 선거구) 특별시장, 광역시장, 도지사
	기초 자치 단체장		단순 다수 대표제(기초 행정 단위가 선거구) 시장, 군수, 구청장
지방 의회 의원	광역 의원	지역 대표	단순 다수 대표제(소선거구제)
		비례 대표	비례대표제(정당 명부식 : 폐쇄형)
	기초 의원	지역 대표	중선거구제
		비례 대표	비례대표제(정당 명부식 : 폐쇄형)
특별자치제 선거	교육감		단순 다수 대표제(광역 행정 단위가 선거구)

② 우리나라의 역대 국회의원 선거

구분	투표방식	지역구	비례 대표(전국구)
1~5대	1인1표제	소선거구제	전국구 없음
6~8대			정당 득표 수 비례 배분(제1당 득표율이 50% 미만일 경우 제1당에 의석의 1/2 배분)
9,10대		중선거구제	통일 주체 국민회의가 국회 재적 의원 1/3 선출
11,12대			정당 의석 수 비례 배분(제1당에 2/3 배분)
13대		소선거구제	정당 의석 수 비례 배분(제1당 의석비가 50% 미만일 경우 제1당에 1/2배분)
14대			각 정당이 얻은 의석수에 비례 배분
15,16대			각 정당이 얻은 득표 수에 비례 배분
17대	1인2표제		
18대			
19대			
20대			

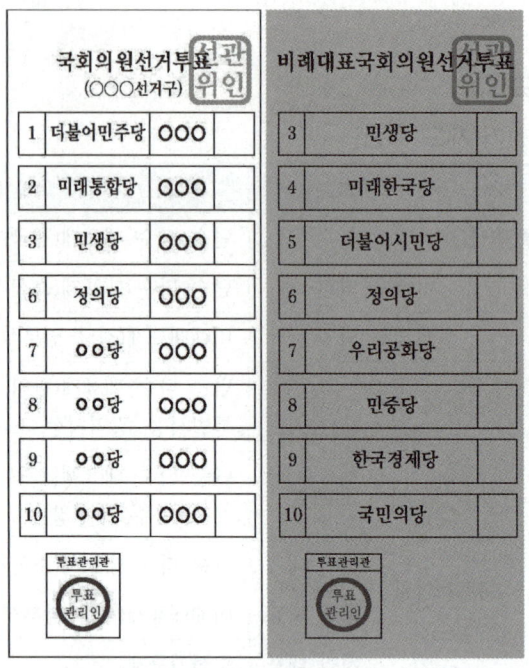

21대 국회의원선거 투표 용지(지역구/비례대표)

📖 봉쇄조항(저지조항)

봉쇄조항이란 의석배분에 참여하고자 하는 정당에게 일정한 득표율이나 의석수 등을 요구함으로써 인위적인 저지선을 설정하는 조항이다. 즉, 군소정당의 난립으로 의회의 기능이 마비되고 정부의 구성이 불안정해지는 것을 방지하기 위하여 일정 수준 이하로 득표한 정당을 의석배분에 참여하지 못하게 하는 규정을 가리킨다. 우리나라는 3% 이상의 지지를 받거나, 5석 이상의 지역구 의석을 차지한 정당에 한해 비례대표 의석을 배분하고 있다.

지방 선거 투표 용지

④ 지방선거 정당 공천제 관련 사항
  ㉠ 정당 공천제 찬성 근거
    • 지방 정부 및 지방 의회의 정치적 책임 소재가 명확해짐.
    • 지방선거에 있어서 중앙정치와 지방정치를 연계하여 정치의 효율성을 향상시킬 수 있음.
    • 정당의 공천 과정에서 1차적 인물 검증으로 후보자 난립을 방지할 수 있음.
    • 지방의 토호 세력 및 기득권 세력의 지방정치 장악을 방지할 수 있음.
    • 여성·장애인·청년 등 사회적 소수 세력 및 신진 세력의 지방 정치 진출을 가능케 함.
  ㉡ 정당 공천제 반대 근거
    • 지방 의원에 대한 소속 정당 지역구 국회의원의 영향력이 지나치게 확대되고, 공천 과정에서의 비리 및 부정 부패의 문제 발생 우려.
    • 지방자치단체장 소속 정당과 지방의회 다수당이 다를 때 자치단체 운영이 경색될 수 있음.
    • 현재 존재하는 지역주의 구조가 지방자치 선거에서도 지속될 가능성이 높음.
    • 지방자치 선거에 중앙 정치의 영향력이 파급되어 지방자치 선거의 본래적 목적이 퇴색하고 중앙정치의 대리전의 양상으로 변질될 우려.
    • 지방자치단체장과 지방의원이 중앙당의 지휘·통제 하에서 그 지시를 무시하기 어려운 구조로 지방자치가 약화되고 정당을 매개로한 중앙집권화의 가능성

(2) 독일의 지역구 불균등 보상 방식

의석수 계산의 실례 : 총 30석(지역구 15석 + 비례대표 15석)

사례 1

정당	지역구 의석수	정당 득표율(%)	의석 배정수	최종 확정 의석수
A	15	50	15	15(15+0)
B	0	40	12	12(0+12)
C	0	10	3	3(0+3)
합계	15	100%	30	30

사례 2

정당	지역구 의석수	정당 득표율(%)	의석 배정수	최종 확정 의석수
A	15	40	12	15(15+0)
B	0	40	12	12(0+12)
C	0	20	6	6(0+6)
합계	15	100%	30	33

확인 사항

1. 자료는 ○○국의 의회 의원 선거 제도 및 결과이다. 각 정당별 지역구 및 비례대표 의석을 산출해 보시오.

○○국은 지역구 의석을 포함한 전체 600석을 각 정당의 득표율에 따라 배분하고, 배분된 몫에서 각 정당의 지역구 의석수를 빼서 각 정당의 비례 대표 의석수를 결정한다. 만일 비례 대표에서 할당된 의석수보다 지역구에서 획득한 의석수가 많아 600석을 초과할 경우 그 초과된 의석수를 모두 인정한다.

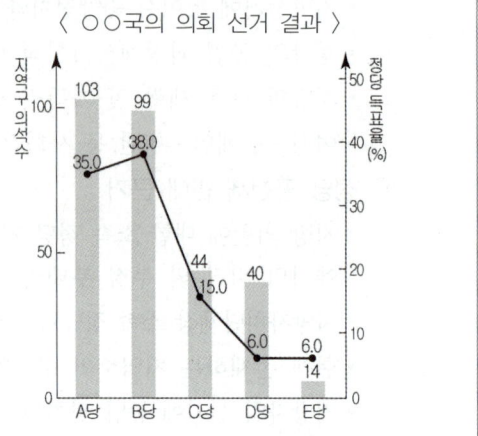

〈 ○○국의 의회 선거 결과 〉

 혼합형 선거제도

500석의 의회 정원 가운데 250석은 지역구에서 선출하고, 나머지 250석을 정당명부 비례대표제로 선출한다고 가정하고, A당이 지역구에서 70석을 얻었고, 정당투표에서 20%를 얻었다면
다수제형 혼합선거제: A당은 지역구 70석 + (250×0.2)=50석, 즉 120석을 차지하게 된다.
2. 비례대표제형 혼합선거제: A당은 전체의석 500석 가운데 20%인 100석이 배분되고, 이후 지역구에서 70석을 얻었기 때문에 30석만큼은 비례대표로 주어지게 되는 것이다.

1. **다수제형 혼합선거제(병립형 혼합선거제도)**
   ㉠ 의미: 지역구 투표의 결과와 정당명부 투표의 결과를 단순히 합산하는 제도임. 즉, 지역구와 정당명부에서의 의석을 따로 따로 계산하여 합산한 것을 각 정당의 총 의석으로 확정하는 방식.
   ㉡ 비례성: 지역구에서의 다수제 방식이 비례성을 낮추는 데 영향을 미침. 특히 지역구와 비례대표 의석의 상대적 비율이 중요한데, 지역구의 규모가 크고 비례대표의 비율이 낮을수록 비례성은 전반적으로 낮아지게 됨.

2. **비례대표제형 혼합선거제(연동형 혼합선거제도, 연동형 비례대표제)**
   ㉠ 의미: 병립형 혼합선거제와는 달리 각 정당의 의석배분이 정당투표 득표율에 연동되는 방식임. 대표적인 국가는 독일
   ㉡ 비례성: 지역구에서 의원과 지역 유권자 간의 연계를 유지하면서도 비례성이 높은 선거제도라는 점에서 장점을 가짐.
   ㉢ 초과의석의 발생: 지역구에서 얻은 의석이 정당투표에 의한 의석 배분보다 클 경우 발생함. (어떤 정당이 정당 투표에서 20%를 득표했는데 지역구에서 110석을 차지하는 경우, 이때 10석은 초과의석이 된다.)

(정치학의 이해 2판 - 박영사 p196~197)

6. 공정한 선거와 투표 이론

(1) 선거공영제

① 의미

선거공영제란 선거운동의 자유방임으로 말미암아 야기되는 폐단을 방지하기 위하여 국가가 선거운동을 관리하거나 선거운동에 소요되는 비용을 국가 등이 부담함으로써 후보자 간 선거운동 기회의 형평을 기하고, 선거비용을 경감하며, 나아가 공명선거를 실현하려는 제도를 말함

② 선거공영제의 종류

㉠ 관리공영제
- 선거관리기관이 정당 또는 후보자의 선거운동을 직접 관리함으로써 선거운동의 공정을 기하려는 제도임. 우리나라의 경우 선거관리위원회에 의한 선전벽보 등 인쇄물 첩부·발송 등이 그 대표적 사례라고 할 수 있음.
- 선거관리기관에 의한 선거운동의 직접관리를 확대할 경우 후보자의 선거운동 방법이 획일화되고 후보자들의 자유로운 선거운동을 제한할 수 있는 부정적 측면도 있음

㉡ 비용공영제
- 정당 또는 후보자의 선거비용 중 일정부분을 국가 또는 지방자치단체 등이 직접 부담하거나 정당 또는 후보자에게 보조 또는 보전하여 경제력의 차이에 의한 선거운동 기회의 불균형을 시정하기 위한 제도를 말함
- 우리나라의 경우 국가 또는 지방자치단체가 직접 부담하는 경비로는 선전벽보의 첩부 및 철거비용, 선거공보의 발송비용 및 점자형 선거공보의 작성비용과 우편요금, 선거방송토론위원회 주관 대담·토론회 또는 합동방송연설회 개최비용 및 정책토론회 개최비용 등이 있고, 후보자에게 보전해 주는 경비로는 신문·방송광고 비용, 선전벽보 작성비용 등의 사례가 있음

③ 선거공영제의 장단점

구분	장점	단점
공영제	• 기회균등의 보장 • 선거과열 방지 • 선거운동비용 절감 • 불법·탈법선거운동의 예방 및 선거 질서 확립 용이	• 선거운동의 제약 • 국가나 지방자치단체의 선거경비 증가로 국민의 조세부담 증가 • 후보자의 난립
사영제	• 활발하고 자유스러운 선거운동 • 후보자 파악에 도움	• 무질서한 선거운동 • 선거과열 및 불공정 경쟁 • 선거운동경비 과다소요

📖 기탁금 제도

1. **선거 입후보 기탁금 제도**
   ① 대통령 : 3억 원
   ② 국회의원 : 1천 500만 원
   ③ 시·도의회 의원 : 300만 원
   ④ 시·도지사 : 5천만 원
   ⑤ 자치구·시·군의 장 : 1천만 원
   ⑥ 자치구·시·군의원 : 200만 원
2. **기탁금의 반환** : 후보자가 당선되거나 사망한 경우와 유효 총투표수의 100분의 15이상을 득표한 경우에는 기탁금 전액, 후보자가 유효 총투표수의 100분의 10 이상 100분의 15 미만을 득표한 경우에는 기탁금의 100분의 50에 해당하는 금액

(2) 투표 참여 이론

① 사회경제적 조건이론
   ㉠ 의미 : 사회 경제적으로 높은 지위와 좋은 조건에 처한 사람들일수록 투표할 확률이 높다는 이론
   ㉡ 근거 : 사회경제적인 조건이 좋은 사람일수록 정치에 관련된 정보를 습득하는 양이 많으며, 투표 행사에 더 많은 의미를 두며 판단의 어려움 없이 선택을 하게 된다는 것
   ㉢ 문제점 : 사회경제적으로 더 많은 것을 가진 사람들의 정치적 효능감은 더 높아질 것이며 상대적으로 보다 열악한 환경을 가진 사람들의 효능감은 더욱 낮아지는 악순환이 계속될 것이다. 따라서 민주주의의 평등성이 대의제의 위임 과정에서 쉽게 실현되기 어렵다는 사실을 보여주는 것이다.

② 동원 투표이론
   ㉠ 의미 : 유권자가 자신의 자발적 의사가 아니라 정부의 권유, 가족, 친족, 공동체 집단등의 압력과 그 압력에 조응하기 위한 방법으로 투표에 참여한다는 이론
   ㉡ 특징
      • 국가마다 그 수준과 외부압력의 종류는 다르지만 대체로 민주주의가 덜 발전된 지역에서 자주 확인된다.
      • 공동체적 관계가 더욱 밀접한 농촌의 경우에는 도시보다 투표참여에 대한 주변의 압력이 높다.

③ 합리적 투표자이론
   ㉠ 의미 : 유권자는 투표를 함으로써 얻는 기대 효용이 투표를 하지 않음으로써 얻는 기대 효용보다 클 때만 투표를 한다는 이론
   ㉡ 공식 : '$R = PB - C + D$'

ⓒ R은 투표함으로써 얻게 되는 보상 정도이며, 유권자가 판단할 때 0보다 클 경우 선거에 참여하게 된다. P는 유권자의 한 표가 지지 후보의 당락에 영향을 줄 확률이며, B는 선호하는 후보가 당선될 경우 유권자가 받게 될 혜택이다. C는 투표 참여에 따른 비용이며, D는 시민적 의무로서, 민주주의 실현에 기여한다는 만족감을 의미한다.

ⓒ **투표의 역설** : 한 개인이 자신의 투표로 선거 결과를 바꿀 확률은 극히 낮은 반면, 투표에는 시간, 노력, 교통비 등 비용이 발생한다. 따라서 합리적인 개인은 투표 참여로 얻는 기대 이익이 그 비용보다 적다고 판단하게 되며, 이러한 경우 개인의 합리적인 선택은 투표를 하지 않는 것이다.

(3) 투표 행태

① 투표자의 심리 측면에서 투표행태 유형
  ㉠ 정당과의 일체감 : 정당에 대한 충성도나 헌신의 태도가 나타나는 유형
  ㉡ 쟁점지향 : 정당의 정권 장악과는 무관하게 사안에 대한 정책을 고려하여 투표하는 유형
  ㉢ 후보자 지향 : 정당의 정강이나 정책과는 무관하게 후보자의 능력, 인격 등에 대한 호감에 따라 투표하는 유형

② 지역주의 선거행태
  ㉠ 지역주의 투표에 대한 접근 방법
    • **정치 경제적 접근(구조의 측면)**
      지역주의의 기원을 지역 간 불균등 경제성장과 유신과 5공화국 하에서 더욱 강화된 폐쇄된 인사 정책 등에서 그 원인을 찾는다. 따라서 지역주의 투표행태에서 가장 중요한 요인은 호남인들이 갖는 소외의식이었으며, 이러한 의식은 80년 광주민주화 운동에 대한 전두환 정권의 무력억압을 겪으면서 더욱 강화되었다고 한다.
    • **정치적 동원론(계기의 측면)**
      사회 균열이 존재한다 하더라도 그것이 정치사회에 의해 매개, 선택되지 않는 한 정치적으로 발현되지 않는다고 본다. 즉 갈등의 표출은 해당 정치사회의 이해와 요구가 매개된 선택적 표출이며, 정치엘리트의 지역주의 동원전략의 결과라는 것이다.
  ㉡ 지역주의 해소를 위한 전략
    ⓐ 정당체제의 민주화 및 개방화
      • **보수정당과 혁신정당의 대결구도 형성** : 지역주의 선거행태를 후퇴시키기 위해서는 계층적 이해관계를 기반으로 정당들이 정당체계로 진입하여 정책대결이 이루어지는 정당 간 구조가 형성되어야 한다.
      • **당내 민주화의 진전** : 지역 중심의 특정 정치인의 영향력을 배제시켜 당내 민주화를 이루는 것이 중요한 바, 이를 위해서는 당원들이 후보를 직접 선출할 수 있도록 공천 과정의 투명성과 객관성을 제고한다.

ⓑ 선거제도 개혁을 통한 표의 등가성 확보
- 소선거구제로부터의 탈피 : 지역대표성 및 표의 등가성 등을 고려할 때 지역경쟁 구조의 종식을 위해서는 현재의 소선거구제로부터의 탈피가 요구된다.
- 비례대표 의석의 확충 : 신진 정치 세력의 원내 진출과 표의 등가성 실현을 위함.

ⓒ 시민사회의 합리적이고 적극적인 참여
- 정치인들의 사익추구 억제 : 유권자가 부정부패를 감시하지 않는 한 정치인은 사익을 추구하는 경향이 있는 바, 시민들의 자발적이고 적극적인 참여를 통한 정치사회에 대한 압력을 행사한다.
- '용의자의 딜레마'의 해결 : 우리지역은 지역주의 투표를 그만두었는데, 다른 지역은 여전히 지역주의 투표를 한다면 우리만 피해를 본다는 인식이 팽배한 바, 시민단체들의 능동적인 정치과정에의 참여를 통해 유권자의 인식을 변화시키는 정치교육이 필요하다.
- 시민단체를 통한 사회적 자본의 형성 : 시민단체가 시민들의 동의와 지지를 토대로 한 정치 세력으로 발전한다면, 정치적 이슈를 정략적 이슈로부터 생활관련 이슈로 바꾸어 지역주의의 폐단을 완화시킬 것이다.

📖 우리나라의 지역주의

1987년 6월 민주 항쟁으로 촉발된 민주화와 같은 해 12월 치러진 제13대 대통령 선거는 사회 균열의 축을 변화시킨 것으로 평가된다. 당시 대통령 선거 후보들은 지역 균열을 동원하였다. 민주정의당의 노태우, 평화민주당의 김대중, 통일민주당의 김영삼, 공화당의 김종필 후보는 각각 출신 지역의 정체성 혹은 지역주의를 유권자 투표 선택으로 전환시켰다. 그 결과 이전의 권위주의와 민주주의 균열을 대체해 '지역 균열'이 본격적으로 등장하게 된다. 이와 같은 이유로 1987년 대통령 선거는 정당 재편성을 가져온 '중대 선거'라고 평가하기도 한다. 이후 최근까지 유권자들의 정치적 태도와 선택, 그리고 정당 체제에 상당기간 지속적인 영향을 미쳤기 때문이다.

그 다음 해에 치러진 1988년 제13대 국회 의원 선거 결과를 보자. 민주정의당은 대구·경북(49.9%), 평화민주당은 호남 지역(69.1%), 통일민주당은 부산·경남(45.7%), 공화당은 충남(46.5%)에서 압도적 지지표를 얻는다. 특정 지역의 유권자와 특정 정당 간 연대 관계가 형성된 것이다.

1990년 3당 합당은 지역 균열을 더욱 강화시킨 사건이었다. 민주정의당, 통일민주당, 공화당 간 3당 합당으로 탄생한 민주자유당(민자당)의 등장으로 호남 대 영남 간 지역 균열이 한국 정치에서 지배적 사회 균열로 자리잡게 된 것이다. 예를 들어 1992년 실시된 제14대 국회 의원 선거에서 민자당은 영남 지역인 대구·경북의 32석 중 22석을, 부산·경남에서는 39석 중 31석을 차지한다. 반면 호남(광주·전남·전북)에서는 39석 중 2석만을 얻는 데 그친다. 당시 제1야당이었던 민주당은 호남에서 37석을 차지하나 영남에서는 1석도 얻지 못한다. 즉, 영남 유권자와 보수 정당, 그리고 호남 유권자와 진보 정당 간 연대 관계가 형성된 것이다. 이와 같은 지역 균열은 이후 거의 모든 선거에서 유권자 다수의 선택에 영향을 미치는 주요 요인이 된다.

— 전용주 외, 『투표 행태의 이해』, 2017, pp.57~58
(천재교육 지도서 p158)

우리나라 선거 제도 개선 방향

사회자: 제20대 국회 의원 선거 결과에 나타난 우리나라 선거의 문제점은 무엇이고 이를 해결할 대안은 어떤 것이 있을까요?

갑: 우리나라 선거의 가장 큰 문제점은 지역주의예요. 특정 지역에서 한 정당이 대부분의 의석을 차지하고 다른 정당 후보는 거의 당선되지 못하니 소수 의견이 반영되지 못하지요. 이 문제를 해결하려면 전국을 몇 개의 권역으로 나누어 권역별 정당 득표율에 비례해서 의석을 배분하여야 합니다.

을: 저는 갑의 의견에 반대합니다. 갑이 말하는 지역주의도 결국 그 지역 다수 유권자의 뜻이 선거에 반영된 것이라고 할 수 있어요. 우리나라 선거 제도는 유권자와 대표자 간 유대 관계를 강화하고 정책 성공과 실패의 책임을 명확히 할 수 있도록 비례 대표를 폐지하는 방향으로 개선해야 해요.

(비상교육 교과서 p90)

 권역별 비례 대표제

권역별 비례 대표제란 전국을 5~6개 정도의 권역으로 나눈 다음, 인구 비례에 따라 권역별 의석수(지역구 대표＋비례 대표)를 먼저 배정하고, 그 의석을 정당 득표율에 따라 나누는 제도이다. 이때 권역별 지역구 당선자 수를 제외한 나머지에는 비례 대표를 배정한다. 예를 들면 다음과 같다.

의회의 총 의석수가 100석이고, 전국을 5개의 권역으로 나누어 권역별로 20석의 의석을 배정한다고 가정하자. 각 정당은 각 소선거구 지역구에 정당 후보를 공천하고, 정당 투표로 당선될 후보 명부를 권역별로 작성하여 제출한다. 예를 들어 갑 권역(총 의석수 20석)에서는 10명의 지역구 대표를 소선거구제·단순 다수 대표제로 선출하고, 비례 대표 의석수는 10석이다. 선거 결과 A당이 갑 권역에서 40%의 정당 득표율을 획득하고, 지역구에서 6석을 얻었다고 하자. A당은 40%의 정당 득표율을 얻었기 때문에 권역별 의석수(20석)의 40%에 해당하는 8석을 확보하게 되고, 8석에서 지역구 6석을 뺀 나머지 2석을 비례 대표 몫으로 배정받는다. B당은 30%의 정당 득표율을 얻어 6석을 배분받게 되고, 지역구 당선자가 4명이라면 나머지 2석을 비례 대표 몫으로 배정받는다.

구분	A당	B당
정당 득표율	40%	30%
*배분 의석수	8석	6석
*지역구 당선자	6석	4석
*비례 대표 의석수	2석	2석

*배분 의석수: 1인 2표제 중 정당 득표율에 따라 산정
*지역구 당선자: 1인 2표제 중 소선거구제·단순 다수 대표제로 선출
*비례 대표 의석수: 총 배분 의석수 − 지역구 당선자 수

(천재교육 교과서 p95)

제 3 절　정당

1. 정당의 의의

(1) 정당의 개념
정당이란 국민사회의 정치통합의 실질적인 조직매개체로서 동일한 정견을 가진 사람들이 정치과정의 통제, 특히 정권의 획득·유지를 통해서 그 정견을 실현시키려는 자주적·계속적인 조직단체

> 정당 : 공공이익의 실현을 목표로 권력획득을 추구하는 사람들이 모인 집단
> 파당(faction) : 공공이익의 실현을 목표로 삼지 않고 권력획득만 추구하는 사람들의 집단
> 공익단체 : 권력획득의 목표 없이 공공이익의 실현만을 추구하는 집단

(2) 정당의 기능
① 이익의 표출과 집약
② 정치사회화 및 정치교육
③ 정치 참여의 촉진
④ 정치적 충원
⑤ 의회 정치의 조직적·능률적 운영
⑥ 정권 담당 및 정부 조직

(3) 정당과 사회 균열 구조
① 사회균열과 정당체제
  ㉠ 사회에는 자원의 분배와 정치적 견해를 둘러싼 개인 집단의 갈등이 존재하며, 이 중 어떤 것은 집단 사이의 경쟁과 마찰을 유발하는 구조적 균열로 발전하게 됨.
  ㉡ 유권자의 지지에 의존하는 정당과 정당체제는 사회 균열구조에 따라 정렬함으로써 안정성 확보할 수 있음.
  ㉢ 균열(cleavages) : 공동체 혹은 하부 공동체(subcommunity)의 구성원들을 중요한 정치적 차이를 지닌 집단으로 분리하는 기준.
② S. M. Lipset과 S. Rokkan의 균열구조이론
  ㉠ 유럽 정당체제의 정렬과 지속은 사회 균열 구조의 형성 및 변화와 역사적, 구조적인 연관을 가짐.
  ㉡ 16~20세기 사이 alignment가 완성된 서구의 정당체제는 16세기 국민국가 형성시기의 국가혁명과 18세기 중후반에 시작된 산업혁명의 결과로 생긴 사회의 구조적인 균열축을 따라 형성됨

국가혁명시기	중앙·지방의 균열, 국가·교회의 균열
산업혁명시기	농업·공업의 균열, 자본·노동의 경제적 균열

ⓒ 정당 체계로의 전환의 관문
- **정당화의 관문** : 모든 저항이 음모적인 것으로 거부되는가 아니면 어느 정도의 경쟁과 비판 그리고 반대의 권한이 인정되는가의 문제
- **통합의 관문** : 새로운 요구를 표출하는 운동에 대한 모든 또는 대부분의 지지자들이 대표자의 선택에 있어 참가자로서의 지위가 부인되는가 아니면 상대자들과 동등한 정치적 시민권을 부여받는가의 문제
- **대표성의 관문** : 새로운 운동이 규모가 크고 오래된 운동과 결합되어야만 대표기구로의 진입이 보장되는가 아니면 독자적인 대표권을 획득할 수 있는가의 문제
- **다수결의 관문** : 체계 내에서 수적 다수의 지배에 대항하는 견제력과 저항력이 구축되어 있는가 또는 선거에서의 승리가 특정 정당 또는 연합세력에게 국가체계의 주요한 구조적 변화를 가져올 수 있는 권한이 부여되는가의 문제

ⓓ 관문의 수준과 결과적 정당 체계

관문의 수준				정당체계
정당화	통합	대표	다수결	
저	저	고	고	단순다수결에 의거한 대표성 및 권력분립 예 흑인들에 대한 참정권 제한이 없었다면 미국이 최선의 예일 것임. 또는 프랑스 5공화국
저	저	고	중	단순다수결에 의거한 대표성 및 의회주의 예 1918년 이후 영국, 프랑스 3공화국 후기 및 제4공화국
저	저	중	중	중위 수준의 관문을 지닌 비례대표제 의회주의 예 북유럽 국가, 벨기에, 네덜란드, 1920년 이후 스위스
저	저	저	저	저수준의 관문을 지닌 비례대표제 및 민중주의적 다수결 예 분열되고 파편화된 의회 및 민중주의적 대통령이 병존하던 바이마르 공화국

출처 : Lipset & Stein(1967, 29)

ⓔ 유럽의 정당체제는 이러한 균열을 경험하면서 20세기 초 대규모의 정당 정렬이 완성됨. 이후 반세기 동안 같은 유형의 정당과 정당체제가 변하지 않고 동결됨(FREEZING THESIS)

ⓕ 이러한 균열 가운데 종교와 계급의 균열이 정당의 가장 중요한 사회적 기반으로 작용하며, 이는 탈물질주의(post-materialism)의 등장으로 새롭게 나타난 균열 속에서도 여전히 중요한 균열축 형성하고 있음.

2. 정당의 역사적 발전

(1) 간부정당(cadre party)
① 개념: 보통선거가 확대되기 이전에 출현한 정당 유형으로 경제적·시간적 제약으로부터 자유로웠던 유한계층의 명사들에 의해 구성된 정당
② 형성과정: 초기 간부정당은 의원들의 친목단체 수준의 원내집단으로 출발, 이후 의원선출을 지원하기 위한 원외의 기초조직을 형성
③ 특징
  ㉠ 정당의 조직 및 당원들의 이념수준 낮음
  ㉡ 극도의 보수주의와 온건한 개혁주의 표방, 엄격한 규율 부재
  ㉢ 의회 내 간부회의(caucus)를 중심으로 리더십이 작용. 공식화된 조직체라기보다 비공식적 사교모임의 형태와 유사

(2) 대중정당(mass party)
① 개념: 19세기 말~20세기 보통선거권이 확대되어 가는 과정에서 등장한 정당유형으로 소수의 명망가를 중심으로 구성된 간부정당과 달리 원외를 중심으로 다수의 대중과 그들의 지지를 기반으로 형성된 정당
② 특징
  ㉠ 엄격한 규정을 가진 공식적 조직, 다수 당원의 소액기부 양식 → 다수의 일반 당원 권한 강화
  ㉡ 정치적 동원을 위해 이데올로기 이용 → 조직화된 정당 필요 → 관료적 위계조직을 발전, 중앙당을 통해 엄격하게 통제되는 중앙집권적 체계 형성

(3) 포괄정당(catch-all party ; Kirchheimer)
① 등장 배경
  산업사회 하에서 경제성장은 신중간 계급을 확대시켰으며, 소비중심사회로 전환시킴. 또한 선진 산업사회는 복지국가를 지향하면서 계급적·종교적으로 갈등과 균열을 약화시킴. 이러한 변화는 대중정당을 이데올로기적으로 탈색시키고 계급·종교적 갈등을 뛰어넘는 규모가 큰 포괄정당의 등장을 가능하게 함.
② 개념
  어느 한 계층의 지지에 의존하지 않고 모든 계층의 지지에 호소하는 정당(중도 통합정당)
③ 특징
  ㉠ 포괄정당은 특정 계급·집단을 초월한 광범위한 유권자를 지지 동원의 대상으로 한다는 점에서 평당원의 역할을 감소시키고 정당 지도자의 권한을 강화시킴.
  ㉡ 정당 강령의 약화에 따른 탈이데올로기화
  ㉢ 정치적 쟁점이 이데올로기에 기초한 대립쟁점에서 문제해결을 중시하는 합의 쟁점으로 전환
  ㉣ 정당의 기능 측면에서 특정 계급·사회집단의 이익표출과 통합 대신 선거에서의 승리·집권을 위한 엘리트 충원과 정치권력의 정당화에 초점

📖 선거 전문가 정당(electoral-professional party : Panebianco)

① 등장 배경
  ㉠ 대중매체의 발달로 인하여 선거에 있어서 유권자의 지지를 동원하기 위한 매체 의존성의 증가
  ㉡ 정당의 실용적 성격으로의 변화와 함께, 정당들 간의 타협에 기초한 공동입법이 증가 및 이념적 정당의 퇴조
  ㉢ 이익집단의 역할 강화에 따른 정당 기능(이익 표출과 집약)의 약화
  ➡ 이러한 전체적인 후기 산업사회의 특징은 정당에서의 분야별 전문가의 역할이 중요하도록 하고 있는 것
② 특징(대중정당과의 비교)
  ㉠ 대중정당에서는 당 관료가 중심적 역할을 하나 전문가 선거정당에서는 전문가들이 중심적 역할을 한다는 것. 즉 집단적 지도부보다 개별 지도자들의 대중적 지지도가 중요하게 여겨짐.
  ㉡ 대중정당은 기본적으로 대중이 당원이 되고 당과 대중당원 간에는 강한 수직적 유대가 있으나 선거 전문가 정당은 견해를 같이 하는 모든 유권자에게 호소하고 약한 연계 구조를 갖음. 당과 당원 간의 수직적 유대도 약함.
  ㉢ 대중정당의 재정은 당원들의 당비에 의존하나 전문가 선거정당은 이익집단들이나 국고지원금과 같은 공공자금에 의존해 있다는 것
  ㉣ 대중정당에서는 이데올로기가 중요하고 이를 신봉하는 당원들이 중요한 역할을 하나 전문가 선거정당에서는 이슈가 중요하고 이러한 이슈를 제기하는 전문가들이 중요.

(4) 카르텔 정당(cartel party ; Karz & Mair)

① 등장 배경
  ㉠ 1970년대 후기 산업사회의 등장과 정치·사회·문화적 다양성에 따른 시민의 지엽적 이익을 반영하는 단일쟁점집단들의 증가로 시민들의 정당 활동에 대한 참여는 전반적으로 감소하기 시작
  ㉡ 정당의 안정적 지지기반의 상실로 정치적 유동성이 증가되었고, 정당의 재정 충당을 위해 국고보조금에 의존하는 현상 심화, 즉 정당의 국가의존도 증가 등 정당과 국가와의 유착관계 강화(준국가기관화 : semi state agencies)
  ㉢ 정당의 국가에 대한 의존도의 심화와 준국가기관화 현상은 승자 정당과 패자 정당 사이의 물질적 지위의 차이를 급격히 감소시킴.
  ㉣ 정당들은 정책결정에 근거한 생존경쟁을 지양하고 정당 상호 간에 자원을 공유하는 담합을 통해 공생과 공존을 모색하는 양상으로 변모하게 됨.

② 개념
  정당이 국가와 시민사회를 연결해 주는 교량으로서의 역할을 하기보다는 국가의 한 부분이 되어 그 자원을 활용함으로써 신생정당들의 참여를 배제하고 그들의 기득권을 유지하려는 정당

③ 특징
  ㉠ 카르텔 정당의 선거방식은 포괄정당이나 선거전문가 정당에서와 같이 자본집약적이고 중앙집권적이며, 전문화된 선거운동이 한층 발전된 형태로 나타남.
  ㉡ 선거운동에 소요되는 자원은 국가의 지원에 의존하며, 정당에 대한 국고 보조는 신생정당이 정치시장에 진입하는 데 일종의 진입장벽으로 작용하게 됨.

ⓒ 당원보다는 폭넓은 유권자의 지지를 추구하게 되어, 정당원과 비당원의 구별은 더욱 모호해지며, 당원들은 개별화, 원자화됨. 따라서 정당지도부의 자율성은 더욱 강화되어 짐.

정당의 역사적 발전 과정

특징	간부정당	대중정당	포괄정당	카르텔 정당
시기	19세기	1880~1960	1945~	1970~
사회·정치적 보편화 수준	제한적 선거권	참정권과 보통선거권	보통선거권	보통선거권
정치적 재원의 분배 수준	매우 제한적	비교적 집중적	덜 집중적	비교적 분산적
정치의 주요 목표	특권의 분배	사회개혁(또는 반대)	사회적 개선	전문적인 정치
정당경쟁의 근거	귀속적 지위	대표성	정책 효율성	경영기술과 효율성
선거경쟁의 유형	관리적	동원	경쟁적	봉쇄적
정당 업무와 선거운동의 성격	무관	노동집약적	노동집약적이며 자본집약적	자본집약적
정당재원의 주요 원천	개인적 접촉	당비와 기부금	다양한 출처로부터의 기부	국가 보조금
일반 당원과 엘리트 당원의 관계	엘리트가 일반당원	상향적: 엘리트가 당원에 책임	하향적: 당원은 엘리트를 위해 조직된 지지자	계층성: 상호 자율
당원의 특성	소규모 엘리트	대규모 동질적·적극적 충원에 의해 투입되고 권리와 의무를 강조	이질적 당원의 개방적 충원, 의무보다 권리 강조	권리도 의무도 중요하지 않음(당원과 비당원 구분 모호), 조직체의 구성원보다는 개인으로서의 당원이 강조
커뮤니케이션 채널	개인적 연결망	당내 채널	비정당 채널로의 접근을 위한 상호 경쟁	국가 통제의 채널에 대한 특권적 접근 허용
시민사회와 국가 사이의 정당 지위	국가와 시민사회 사이의 불명확한 경계	시민사회 부문의 대표적 관계로서 시민사회에 소속	시민사회 국가 사이의 경쟁적 중개자	국가의 일부
대표 유형	수탁자(trustee)	대표자(delegate)	중재자(entrepreneur)	국가의 대리인(agent of state)

출처: Katz and Mair(1995, 18).

3. 정당 체계

(1) Duverger의 유형화(정당의 수)

① 일당제 : 하나의 정당이 정부를 구성하고 유지하는 것
② 양당제 : 두 개의 정당들이 교체적으로 정부를 구성하고나 그에 대한 비판기능을 수행하는 경우
③ 다당제 : 다수의 정당들이 존재하며 이들 간 서로 연립형태를 통해 정부를 구성하고 운영하는 것을 특징으로 하는 체계

구분	양당제	다당제
의미	• 2개의 거대 정당에 의해 국정이 운영 • 양대 정당을 중심으로 한 선거구도	• 세력이 비슷한 정당이 3개 이상 존재 • 정당 간 연합 발생(연립 정부 구성)
장점	• 정국의 안정성 • 정치적 책임소재 명확 • 정책 결정 및 집행의 효율성 • 정당 및 후보자 선택 용이	• 소수 의견 보호 및 다양한 국민의 의견 반영 가능 • 정당 간 대립 시 중재 용이 • 시민들의 정당 선택 범위가 확대
단점	• 다양한 국민 의견 반영이 곤란 • 양당 간 대립시 중재 곤란 • 다수당의 횡포로 소수 이익 무시	• 정국 불안정 가능성 • 정당 간 연합으로 책임소재 불명확 • 정책 결정 및 집행의 비효율성 • 강력한 정책 수행이 곤란
국가	미국, 영국 등	프랑스, 독일, 일본, 이탈리아 등

📖 Duverger의 명제(선거제도와 정당 체계와의 관계)

① 다수대표제의 효과로서 양대 정당 외의 군소정당은 과소평가되며, 사표방지의 심리(승리가능한 덜 나쁜 정당의 선택)의 작용으로 양당제를 강화시킨다고 보았다.
② 이에 반해 비례대표제는 다당제의 출현을 가능케 하며, 양당제도의 발생과 그 유지를 어렵게 한다고 보았다.
③ 또한, 절대다수대표제의 2차투표제는 다당체계를 형성하는 경향이 있으나 이 다당체계는 서로 연합하는 경향이 있다.

📖 비례 대표제의 다당제적 경향

 뒤베르제(Duverger)는 선거 제도와 정당 체계의 관계를 이론화한 대표적인 학자이다. 그에 의하면 단순 다수 대표제는 양당 체계로 유도하는 경향이 있고, 비례 대표제는 다수의 상호 독립적인 정당으로 구성된 체계로 유도하는 경향이 있으며, 결선 투표제는 연합에 의해 온건한 다당 체계로 유도하는 경향이 있다고 한다.
 비례 대표제가 다수제에 비해 다당제적 경향을 갖는 것은 다른 무엇보다 1위 대표제가 가지는 비비례성에 기인한 제도적 효과와 사표 방지 심리나 전략적 투표 행위와 같은 심리적 요인에 의해 설명되어 진다. 즉, 1위 대표제의 경우 대정당은 득표율을 초과해 의석을 점유하는 반면, 군소 정당들은 득표율에 훨씬 못 미치는 의석을 차지함으로써 대정당을 강화시키고 군소 정당을 위축시킨다. 또한 자신의 표가 사표가 되는 것을 방지하기 위해 전략적으로 당선 가능한 대정당의 후보를 선택하는 경향이 나타나 양당제에 유리한 조건을 가져다주는 것으로 여겨진다.
- 고경민, 『현대 정치 과정의 동학』, 2005, pp.121~122
(천재교육 지도서 p159)

(2) Sartori의 유형화

Sartori의 연구는 정당의 수와 함께 정당 간의 이데올로기적 거리를 기준으로 삼아 정당체계의 분파성과 분극성의 속성에 따라 유형을 분류

정당체계의 유형	이데올로기적 분극성	체계의 경쟁성
일당체계(one-party system) 패권정당체계(hegemonic party system)	일극체계 (unipolar system)	비경쟁체계
일당우위체계(predominant party system) 양당체계(two-party system)	양극체계 (bipolar system)	경쟁체계
온건다당체계(moderate multiparty system) 극단적다당체계(extreme multiparty system) 원자화체계(atomized system)	다극체계 (multipolar system)	

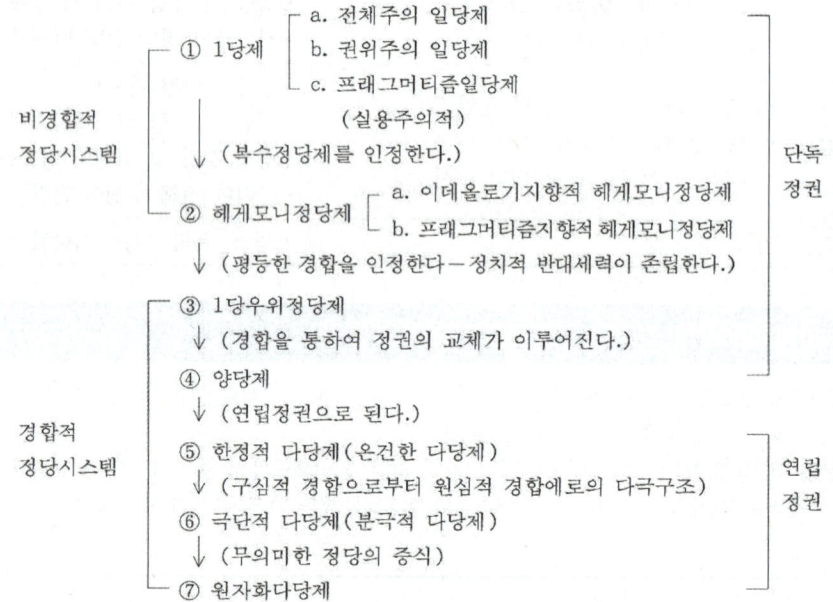

① 비경쟁체계
  ㉠ 일당체계 : 전체주의, 독재국가의 정당체계로 파시스트 정당, 공산당 등과 같이 이데올로기에 의한 강제동원과 축출을 특징으로 함
  ㉡ 패권정당체계
    • 한 개의 강력한 정당 외에 적실성 있는 소수당이 존재하지만 경쟁이 허용되지 않는 정당체계로 사실상 집권당 외에는 정당의 존재 자체나 정당의 수가 무의미한 경우를 말함
    • 패권정당체계에서는 권력을 둘러싼 경쟁이 허용되지 않고 정권교체가 일어나지 않으며 정당이 사회적인 문제에 적절히 응답할 수 있는 능력이 없다 하더라도 이에 대한 질적인 제재는 거의 받지 않음
    • 사례 : 멕시코의 제도혁명당, 자유화 이전 폴란드

② 경쟁적 정당체계
  ㉠ 일당우위체계
    • 둘 이상의 정당이 존재하지만 실제로는 정권교체가 이루어지지 못하고 하나의 정당이 지속적으로 집권하는 경우
    • 사실상 하나의 정당이 계속적으로 집권한다는 점에서 패권정당체계와 유사해 보이지만 일당우위체계는 항상 다른 체계로 바뀔 가능성이 있다는 점이 중요
    • 이 체계는 자유경쟁선거가 보장되고 항시 정권교체 가능성이 존재한다는 점에서 경쟁체계로 볼 수 있으나, 사실 집권당과 비집권당 간 자원의 불균등 배분이 이루어짐으로 불공정한 경쟁이 이루어짐 → 경쟁체계와 비경쟁체계의 경계에 위치
    • 사례 : 일본의 자민당, 인도의 국민회의당
  ㉡ 양당체계
    • 두 개의 적실성 있는 정당이 존재하고, 이 두 정당이 절대 다수 의석 획득을 목표로 상호 경쟁하는 체계
    • 일당우위체계에 비해 정권교체의 가능성이 확실하고, 제3·제4 정당이 존재한다 하더라도 이는 기존의 두 정당에 비해 무의미한 체계
    • 미국과 영국처럼 양당 간 이데올로기적 거리가 비교적 좁고 합의적 정치사회가 전제될 때 양당체계는 정치적 안정성과 정책적 효율성을 함께 담보할 수 있음.
    • 사례 : 영국, 미국, 뉴질랜드, 오스트레일리아, 캐나다
  ㉢ 온건다당체계
    • 3~5개의 적실성 있는 정당이 존재하고 절대 다수를 차지하는 정당은 존재하지 않으며 따라서 주로 연립정부가 구성되는 체계
    • 온건다당체계에서 정당은 이데올로기적 거리가 비교적 적어 연립정부 구성이 용이하며, 비집권정당 역시 야당으로서 연합하는 것이 가능
    • 사례 : 독일, 벨기에, 아일랜드, 스웨덴 등의 대부분의 서구 국가들
  ㉣ 분극다당체계
    • 이데올로기적 상이성을 강하게 띠는 다수의 정당이 상호 경쟁하는 체계로 적실성 있는 반체계 정당이 존재
    • 반체계 정당이란 공산당이나 파시스트 정당처럼 체계의 정당성을 잠식하는 정당으로서 정부의 교체가 아니라 통치체제 그 자체의 변화에 목표를 두고 있는 정당을 의미. 이들은 이데올로기적 이질성을 대표함
    • 이념적으로 나누어진 쌍두 야당 존재
    • 정치체계의 불안정을 가져올 가능성이 매우 큼
    • 사례 : 독일의 바이마르 공화국, 프랑스 제4공, 1990년대 초까지의 이탈리아
  ㉤ 원자화체계 : 다수의 정당이 존재해 경쟁하지만 뛰어난 정당이 없이 분산된 성격을 갖는 정당체계

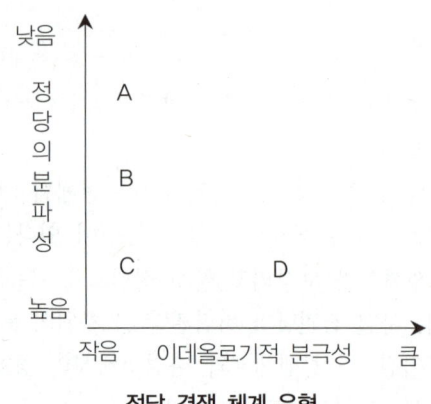

정당 경쟁 체계 유형

4. 현대 정당 정치

(1) 탈정당화 현상

① 의미

무정당파의 증가와 현대 민주주의에 있어서의 정당기능의 저하를 의미

② 원인

㉠ 현대사회에 있어서의 가치관이나 이해의 다원화와 정치참가에의 경로와 기회의 대폭적인 증가

㉡ 정당조직의 경직화, 관료화와 정당이 압력단체화 현상

㉢ 풍요한 사회의 실현에 따라서 생계의 위협을 덜 느끼게 된 사람들, 그 중에서도 젊은 층의 정치 이외의 문제로 분산됨

(2) 우리나라의 정당 정치

① 특징

㉠ **정당 수명이 짧음** : 정치적 변혁이 있을 때마다 기존 정당의 소멸과 신생 정당의 출현이 반복되고 정당 간 이합집산이 이루어짐

㉡ **인물 중심의 정당** : 정책보다는 인물을 중심으로 정당이 형성되어 당의 존립이 당 대표자의 정치적 운명과 연결됨

㉢ **권위주의적 정당** : 정당 내 소수 간부에게 권력이 집중되어 하향식 의사 결정이 이루어 짐

㉣ **지역 중심의 정당** : 특정 지역에 기반을 둔 정당들의 대립 구도가 형성되어 국민 전체의 의사를 대변할 수 있는 정책 개발로 이어지지 못함

한국 정당의 제도화 수준(헌팅턴의 제도적 지표를 바탕으로)

① 적응성 : 환경적 도전에 보다 적응력이 강하면 제도화의 수준은 높고 역으로 경직되어 있으면 낮은 수준의 제도화를 의미한다.
  → 경직성 : 한국 정당은 해방 이후 장기간 지속되어 온 정당은 하나도 없으며, 집권자가 바뀌면 정당도 바뀌어 왔고, 야당도 지속성이 없이 명멸을 계속해왔다.
② 복합성 : 조직의 복합성을 의미. 조직 내 하위단위들의 다원화되고 위계적인 다 기능적 조직화를 추구한다. 분화되지 못한 조직은 와해의 가능성이 높다.
  → 단순성 : 한국의 정당은 중앙집권적 중앙당과 이에 예속된 지구당, 몇 안되는 하부지원 조직이 고작이었다. 즉, 구조적 분화와 전문화가 이루어지지 않음
③ 자율성 : 정치조직과 절차가 다른 사회세력과 구분되어야함. 외부의 도전과 영향으로부터 자율적이고 통합력을 유지해야한다.
  → 종속성 : 여당은 집권자 1인의 권력유지의 목적에, 야당은 집권체제의 관용하에서만 어느 정도의 기능을 수행할 수 있었으며, 정치자금은 당지도자에 의해 통제됨으로써 자율성을 결여했다.
④ 응집성 : 조직을 보다 특정적인 행위체계로 발전시키기 위해 보다 일치되고 단결된 응집성이 필요하다.
  → 분열성 : 한국 정당은 이념이나 정책을 중심으로 국민들의 자발적 참여에 의해 이루어진 정당조직이 아니라 당내파벌이나 특정 리더의 정치적 행동에 의해 종속되어 이합집산을 거듭하여 왔기 때문에 그 응집력이 극히 미약하다.(연고주의, 파벌주의)

② **정당과 정치 자금**
  ㉠ 정당의 정치 자금은 원칙적으로 정당 구성원인 당원의 당비로 충당해야 하며, 외부 지원의 경우 특정 개인보다 많은 사람들로부터 소액으로 받는 것이 바람직함
  ㉡ 과거 우리나라는 정치 자금 조달이 음성적으로 이루어져 부정부패, 정경유착 등을 초래함
   → 정치 자금의 투명성 제고를 위해 '정치 자금법'을 시행 중에 있음

③ **민주적 정당 운영을 위한 방안**
  ㉠ **당내 민주주의 확립** : 당원들의 의견이 충실히 반영될 수 있는 상향식 의사 결정 구조를 갖추어야 함
  ㉡ **정당 구조의 선진화** : 혈연·지연·학연 등 각종 연고주의를 타파하고, 정책 중심의 정당을 구성하여 정당 간의 건전한 정책 대결 풍토를 조성해야 함
  ㉢ **국민 여론을 효과적으로 반영할 수 있는 제도적 장치 마련**
   • 국회의원들이 당론에 얽매어 국민의 대표가 아닌 정당의 대표로 변질되는 현상을 막을 수 있어야 함
   • 교차 투표제(Cross-Voting), 상향식 공천제, 국민 참여 경선제 등
  ㉣ **국민의 참여 확대** : 정당 활동에 대한 끊임없는 감시·비판과 함께 지속적인 관심과 지원이 뒷받침되어야 함

정당의 공천 유형

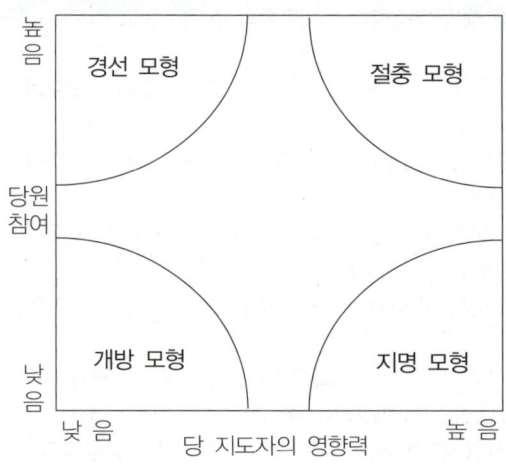

① 경선 모형 : 정당의 정체성을 유지하는 데 유리하고, 당원의 당내 지위가 강화된다.
② 개방 모형 : 선거 경쟁력이 있는 후보자를 선출하는 데 유리하고, 국민을 대상으로 하는 정치 사회화 기능이 강화된다. 그러나 선출 과정의 비용이 과다하게 소모될 수 있으며, 특정 정당의 지지자들이 자기가 지지하는 정당에 유리하도록 다른 정당의 후보 결정 과정에 참여해 의도적으로 약체후보를 뽑는 행위인 역선택의 문제점이 나타날 수 있다.

 정당의 다양한 공천 방식

- **개방형 예비 선거**: 당원뿐만 아니라 일반 국민도 후보를 선출하는 예비 선거에 참여하여 한 표를 행사할 수 있다. 주로 미국의 정당이 이러한 방식으로 후보를 공천한다.
- **폐쇄형 예비 선거**: 후보를 선출하는 예비 선거에 일반 국민은 투표인으로 참여할 수 없고 당원들만 참가할 수 있다. 주로 이념 성향이 강하고 당원 중심적인 유럽 정당이 이러한 방식으로 후보를 공천한다.
- **지역당 중심의 공천 방식**: 지역당의 당원들을 대표하는 위원회나 대의원들이 참여한 조직에서 후보를 결정한다. 주로 영국 정당이 이러한 방식으로 후보를 선정한다.

- **중앙당 중심의 공천 방식**: 중앙당의 공천 기구가 선거에 출마할 모든 후보를 결정하는 유형이다.
- **정당 지도자 1인의 의사에 따른 공천 방식**: 정당 지도자가 단독으로 또는 폐쇄적인 모임을 통해 후보를 결정한다. 주로 권위주의 국가의 위계 질서가 강한 정당에서 나타나는 유형이다.

— 안순철, 『선거 체제 비교』 —
(비상교육 교과서 p96)

제 4 절 이익집단과 시민단체

1. 이익집단

(1) **이익집단의 의미**
   ① 어떤 목표와 가치를 공유하는 개인들의 결사체로서, 그 구성원들의 공통된 목표와 태도 또는 이익을 공공정책의 결정과 집행에 반영되도록 정치과정상에서 이익을 표출하고 압력을 행사하는 정치적 결사체
   ② 복잡 다양한 사회내부의 여러 가치를 정치권에 전달함으로써 민의에 기초한 정치가 실질적으로 가능하도록 하는 매개체 역할을 함
   ③ 미국에서는 상·하원 다음의 제3원(the third house)이라 함

(2) **이익집단의 발생 배경**
   ① 다원주의 사회의 대두와 이익의 다양화
   ② 대표 원리의 변질(지역대표제의 한계)
      다원화된 현대 대중정치사회에서 지역대표의 원리에 기초한 선거와 기존의 정당정치만으로는 민의의 대표기능이 충분히 담당되지 않게 됨에 따라 이를 보완하는 자신의 이해 관계를 스스로 반영하려는 행위자로서 이익집단이 등장
   ③ 정당의 과두제화와 역할의 저하
      정당의 과두제화는 당 지도층과 일반 국민 및 평당원 간 원활한 의사소통의 한계를 노출시키고, 결과적으로 국민은 정당을 통한 자신들의 의사 및 이익의 표현보다 자신들과 비교적 동질적인 사회성원들로 구성된 이익집단을 통하여 스스로 의사 및 이익을 표명하는 방식을 선호하게 됨
   ④ 국가의 역할과 정부 통제의 증대
      국가의 역할 증대로 인해 모든 사회구성원은 통제를 받게 되는 바, 사회구성원의 생활의 세세한 부분까지 간섭하는 정부에 대해 이익공동체들이 스스로의 이익과 목적의 달성을 위해 정부의 정책과정에 경쟁적으로 관여하게 됨

(3) **이익집단과 정당의 비교**

구분		이익집단	정당
공통점		정부의 정책 결정 과정에 영향력을 행사함	
차이점	목적	집단의 특수 이익 실현	정권 획득을 통한 정강 실현
	관심영역	몇 개의 특수 쟁점이나 영역	모든 쟁점 및 문제 영역
	정치적 책임	없음	있음

※ 이익 집단은 특수 이익 실현을 위해 정당에 압력을 가하기도 하고, 정당은 지지 기반을 넓히기 위해 이익집단과 연계하기도 함

(4) 이익집단의 기능
   ① 순기능
      ㉠ 이익표출기능
      ㉡ 국민들에게 정치과정에 참여할 기회를 제공
      ㉢ 정치적 이슈에 관해 공중을 교육
      ㉣ 의제 설정 기능
      ㉤ 정책 프로그램 모니터링
      ㉥ 직능대표제의 기능 수행
   ② 역기능
      ㉠ 우세한 이익집단에 의한 이익의 독과점 현상
      ㉡ 비조직 집단이나 약자의 소외
      ㉢ 로비활동에 의한 정치인과 행정 관료의 매수 등
      ㉣ 집단이익만 강조할 경우 공공이익의 침해

2. 이익집단의 형성과 유형

(1) 이익집단의 형성 이론
   ① 자연 발생 이론
      ㉠ 벤틀리나 트루먼 같은 고전적 이익집단론자들의 이론으로 이 이론은 이익집단의 결성계기를 집단성원의 공통의 이해관계에 두고 있음. 이러한 정의는 이익활동이 있는 곳에는 반드시 이익집단이 있다는 것을 의미함.
      ㉡ 파도 이론 : 한 집단의 형성이 이 집단과는 다른 이해관계를 가지고 있는 사람들로 하여금 이에 대항하는 집단을 만들게 한다는 것
      ㉢ 확산 이론 : 현대 사회의 급속한 변동, 전문화 및 이해관계의 다양화가 집단의 확산을 가져올 수밖에 없다는 것
      ㉣ 이러한 관점은 공통의 이해관계에 기반을 둔 이익집단의 결성을 자연스러운 사회현상으로 보고 있는 것임.
   ② 합리적 선택 이론
      ㉠ 올슨(Mancur Olson)이 제기한 합리적 선택 이론은 조직에 참여하는 사람은 "합리적인 경제인(rational economic man)"이라는 것을 전제로 함.
      ㉡ 그러나 집단적 이익은 소비에 있어서 경합성이 없고 배제원칙이 적용이 불가능한 공공재의 성격을 가지고 있기 때문에 구성원은 집단에 가입하지 않고 "무임승차"하려 한다는 것임.
      ㉢ 따라서 이익이 있다고 항상 집단에 가입하고 집단이 결성되는 것이 아님. 집단의 결성은 공통의 이해관계 이외의 다른 요인 들이 있어야 함. 예를 들어 의무적으로 가입하게 하는 강제적 방법의 동원 또는 집단성원들에게만 보험, 금융상의 경제적 혜택이나 기술적인 정보를 제공함으로써 집단의 결성을 촉구해야 한다는 것임.

㉣ 즉, 의사결정자인 개인은 집단에 참여했을 때 요구되는 시간, 노력, 경비와 같은 참여비용(parication costs)과 얻을 수 있는 선택적 혜택(selective benefits)을 계산하여 집단에 참여 여부를 결정하게 되는데, 합리적 인간은 단체에 가입한 회원에게만 제공되는 선택적 혜택을 제공받기 위해서 집단에 가입한다는 것임.

③ 교환 이론
㉠ 교환 이론(exchange theory)은 샐리스버리(Robert H. Salisbury)에 의하여 제기됨.
㉡ 이익집단은 리더쉽에 따라 집단의 성패가 달려있기 때문에 이익집단 조직가의 능동적인 역할이 이익집단 형성에 가장 중요한 요소라고 강조.
㉢ 대부분의 집단 활동은 공공정책결정에 영향력을 행사하기보다는 집단의 지도자와 구성원 간에 내부적인 이익의 교환(exchange of benefits)에 보다 큰 관심이 있음. 집단의 지도자와 회원 간에는 물질(material-임금, 서비스), 결속(solidarity-동료의식, 즐거움), 표현적(expressive-이념)인 것 등 세 가지의 상호 유인(mutual incentives) 요인이 존재함.
㉣ 교환 이론도 무임승차 이론과 같이 집단에 참가하는 개인의 유인동기가 작용한다고 볼 수 있으나 근본적으로 다른 점은 조직 내부의 지도자와 구성원 간의 교환관계가 이익집단의 결성 동기가 된다고 보고 있으며, 집단 지도자의 정치적 사업(political entrepreneurship)을 강조한다는 것임.

④ 언약 이론
㉠ 이익집단이 정치 활동에 적극 참여하는 것은 정치 활동으로부터 예상되는 집단의 이익이 있을 것이라는 기대가 작용하기 때문임.
㉡ 이익의 유형에는 물질적·재정적인 것과 이념적·의도적(ideological·purposive)인 것이 포함됨. 대부분의 이익은 물질적인 것과 이념적인 것이 상호 결합된 상태로 나타나게 됨. 물질적으로 얻을 수 있는 인지된 이익(perceived benefits)이 클 때 또는 자신의 이익(self-interest)과 이념적인 동기가 부합될 때 사람들은 이익집단에 가입하거나 이익집단의 지도자가 될 것을 언약하게 된다는 것임.
㉢ 언약 이론도 집단에 가입하려는 사람들의 개인적인 동기와 관련이 있음. 그러나 올슨(Mancur Olson)의 무임승차 이론과 다른 점은 집단에 가입하기 전에 선택적 이익에 대한 합리적인 판단을 하는 것이 아니라 비용이나 노력을 감수하더라도 물질적 이익과 이념적인 유인이 있으면 집단에 가입한다는 것임.

⑤ 소결
㉠ 파도 이론은 집단의 자연발생적인 이론이고, 합리적 선택 이론과 교환 이론 그리고 언약 이론은 개인동기 이론(individual motivation theory)이라고 볼 수 있음.
㉡ **자연발생 이론의 한계** : 이익집단의 결성에 참여하는 사람들의 이익이나 동기와 같은 유인 요인에 대한 설명이 없다는 것임.
㉢ **개인동기 이론의 한계** : 이익집단에 가입하는 것은 어떤 형태든 유·무형의 이익이나 보상(rewards) 때문이라는 설명으로 개인의 이기적·물질적 성향을 지나치게 강조한 데 있음. 따라서, 개인동기 이론은 사회나 지역봉사 그리고 국가 발전과 같은 공익을 위해서 결성한 자발적 봉사적인 이익집단의 결성동기를 설명하는 데 한계가 있음.

3. 이익집단의 활동 양태

(1) 다원주의

① 개념
- ㉠ 다원주의는 이익집단들이 자발적으로 무수히 조직되어 상호 간 자유 경쟁을 통해 각각의 이해관계를 실현하는 이익대표체계임.
- ㉡ 이 체계 하에서는 정부의 역할은 최소화되어 정부는 무수한 이익집단들 간의 경쟁의 결과를 반영하여 정책을 수립함.
- ㉢ 이 체계 하에서는 이익집단들이 상호 자유롭게 경쟁하나, 이들 상호 간에는 견제와 균형작용이 일어나기 때문에 어느 한 강력한 집단이 약한 집단들의 이해관계를 쉽게 침해할 수 없음.

② 특징
- ㉠ 구성단위가 다양(multiple)하고 자발적(voluntary)이며, 경쟁적이고, 비계서적(non-hierarchically)으로 이루어짐.
- ㉡ 국가로부터 허가(licence)·승인(recognition)·재정보조(subsidy)를 받지 않음(조직이 국가에 의해 창설되지 않는다.).
- ㉢ 대표자의 선출과 이익표출에 있어서도 국가의 통제를 받지 않음.
- ㉣ 각 집단은 독자적으로 이익범주를 결정하고 조직화함.
- ㉤ 어떤 집단이든 이익 대표권을 독점할 수 없음.

③ 국가 위상과 역할
- ㉠ 다원주의 하에서 국가역할은 다양한 이익집단 간의 갈등과 대립을 조정하는 중립적인 중재자적 역할에 치중하게 됨.
- ㉡ 공공정책은 국가의 권위적인 결정사항이 아니라 정부와 이익집단 간의 협상의 산물로 간주
- ㉢ 국가는 적극적인 개입보다 소극적이고 수동적인 대응에 치중
- ㉣ 국가와 이익집단의 관계는 수평적인 대등성을 지니며, 국가의 위상은 이익집단의 위상과 병렬에 놓여짐.

④ 한계
- ㉠ 정책결정 과정에 모든 이익집단의 이익이 대등하게 정책에 반영되는 것은 아니며 특정 우세 집단이 정책 결정과정을 주도할 수 있음.
- ㉡ 다원주의는 이익표명이 자유 시장 원리에 따라 경쟁적으로 이루어지는 것을 원칙으로 하기 때문에 사회갈등이 심화되기 쉬움.
- ㉢ 특수(사적)이익을 강조함으로써 시민정신 또는 공익정신이 손상될 수 있음
- ㉣ 국가의 역할을 지나치게 간과함. 즉, 새로운 행정수요의 발생, 복지국가의 건설, 금융 위기, 경제 불황 등에 직면하게 되면 국가가 소극적인 입장을 취하는 것으로 문제를 해결할 수는 없음. 따라서 이러한 다원주의적 관점은 정부의 통치력을 약화시킬 수 있음.
- ㉤ 기존의 정치적, 경제적, 사회적 불평등 구조가 영속화될 수 있음.

(2) 조합 주의(Corporatism)
  ① 개념
    각 이익집단들이 단일적이고 위계적인 전국 규모의 이익대표체계를 형성하고 일면 국가이익을 대변하면서 그 대가로 특정 범주에 한하여 이익공동체의 욕구를 독점적으로 정책과정에 투입하는 이익대표방식을 지칭함.
  ② 특징
    ㉠ 각 구성단위(이익집단)는 단일성(단일조직), 강제성(강권행사), 비경쟁성(조직 내 비경쟁)으로 특징지어 짐
    ㉡ 각 구성단위는 제한된 범주 내에서 기능적 전문성을 지니며, 전 체계 내에서 계서적 위상을 가짐(전 체계는 위계적으로 조직화)
    ㉢ 각 구성단위는 지도자의 선출과 욕구 표명에 있어 국가의 통제를 수용하는 대가로 해당 범주 내에서의 이익 대표권을 독점

다원주의와 조합주의의 비교

	다원주의	조합주의
사상가	라스키, 벤틀리, 이스턴, 달	슈미터, 스테판
직종 내 단위수	다수	하나
타 집단과의 관계	경쟁적	비경쟁적
가입 성격	자발적 참여	강제적 참여
조직 내 구조	수평적, 자율적	계층적, 타율적
이익 분배	다수 집단이 공유	공인집단이 독점
국가 역할	중립자, 역할 최소화	개입자, 국가 주도 상호타협·조정

  ③ 조합주의 이익대표체계의 유형
    ㉠ 국가조합주의
      • 국가조합주의란 국가가 통치력을 강화하기 위해 강제적으로 편성한 이익대표체계를 말하며, 스페인·포르투갈·브라질·칠레·페루·멕시코·그리스·이탈리아 등에서 한때 제도화됨.
      • 국가조합주의는 정책결정과정에 대한 이익집단의 통제된 참여를 요체로 하며, 이익집단이 상향적 투입기능보다 국가에 의한 하향적인 동원과 통제를 중시함.
      • 국가조합주의에 있어 조합은 국가의 보조기관에 불과하며, 압력단체로서의 성격보다는 압력을 받는 집단으로서의 성격이 더 강함.
      • 국가조합주의는 라틴 아메리카처럼 지체된 종속자본주의와 비패권적인 계급관계(부르주아 계급의 미발달 또는 분열)에 의하여 촉진되며, 국가의 권위주의적 성격 및 기업가적 역할과 밀접하게 연관됨.

- 국가가 이익집단에 대한 일방적 억압을 통해 이익갈등의 분출을 억제시킴으로서 외형상 갈등을 조정하는 듯 보이나 장기적으로 이익 갈등을 내재화시킴으로 사회 불안정 및 정치 불안정을 야기할 수 있음.
ⓒ 사회조합주의
- 사회조합주의는 후기 자유주의적 선진민주복지국가에서 나타나는 유형이며(스웨덴·노르웨이·핀란드), 국가의 통치력 약화에 대한 반작용으로 생성됨.
- 사회조합주의는 국가가 통치력 보강과 사회경제적 위기를 해소하기 위해 이익집단에 의존하는 것이 특징임.
- 이익집단과 국가와의 협력관계를 중시하면서도 이익집단의 자율성을 본질로 함.
- 사회조합주의는 국가에 의한 하향적인 통제기능을 배제하고 상향적인 투입기능을 중시함.
- 국가로부터 이익집단들의 자율성이 보장되고 아래로부터의 점진적인 진화발전을 특성으로 하고 있기 때문에 현대 국가에서 이익집단정치를 발전시킬 수 있는 유용한 틀로 보고 있으며, 주로 노사관계를 중심으로 한 이론으로 발전해 왔음.
ⓒ 국가조합주의와 사회조합주의의 차이점
- 사회조합주의는 상대적으로 자율적이고 구조적으로 분화된 정치체제에서 생성되며 공개적 자유경쟁을 본질로 하는 반면, 국가조합주의는 중앙집권성과 관료지배주의가 보편화된 정치체제에서 기능하며, 이익집단에 대한 국가통제를 본질로 함.
- 사회조합주의는 국가의 통치력 약화와 사회경제적 위기에 대처하려는 이익집단의 자발적인 노력에 근거하는 반면, 국가조합주의는 국가에 의한 강제적인 동원과 통제에 의존함.

사회 코포라티즘과 국가 코포라티즘의 비교

	사회코포라티즘	국가코포라티즘
정치체제	민주복지국가	권위주의국가
제도화과정·방식	이익집단이 국가기관에 자발적으로 침투, 점진적이고 장기적임	국가가 사회집단에 침투
코포라티즘 발생 요인	사회의 다원화와 노동계급의 성장	국가의 자본 축적 기능 강화
코포라티즘의 목적	계급이익갈등의 조정 및 계급협력체제의 유지	국가가 사회의 안정과 질서의 유지를 위해 집단을 통제지배
헤게모니 상황	부르주아가 헤게모니 장악	국가가 헤게모니 장악
존재양식	국가와 사회세력의 수평적 협조체제	국가와 사회 사이의 수직적 위계체제
계급관계	노동계급과 자본계급이 상호의존적	노동계급과 자본계급이 상호배타적

4. 시민단체

(1) 시민 단체의 의미와 등장 배경

① 의미
  ㉠ 시민이 주체가 되어 스스로의 힘으로 자신의 권리와 신념을 실현하기 위해 결성한 단체
    → 사회 정의, 공공선의 실현 목적
  ㉡ 기존 정치권이 해결하지 못하는 문제를 시민 스스로 해결해 나가는 자율적 단체

② 등장 배경

사회의 복잡화	정부나 정당, 이익 집단의 해결하기 힘든 사회 문제들이 발생 → 첨예하게 대립된 이해 관계를 조정하여 공동체의 이익을 스스로 실현하려 함
대의 정치의 한계	시민의 의사가 정책 결정 과정에 제대로 반영되지 못함
시민 사회의 중요성 부각	국내외적으로 시민 사회의 중요성이 증가하면서, 국제적 시민 단체들과 활발한 교류가 이루어짐

③ 성격
  ㉠ 공익 추구, 자발적 참여, 비영리적 활동, 도덕성에 바탕을 둠
  ㉡ 계층과 당파를 초월하여 사회적 공공선의 실현을 목적으로 함

(2) 시민 단체의 기능과 문제점

① 기능
  ㉠ 국가 권력에 대한 감시와 견제
  ㉡ 시민의 정치 참여 활성화
  ㉢ 시민 의사의 집약 및 여론 형성 주도
  ㉣ 공익 추구로 사회의 건전한 발전 유도

② 문제점 및 개선 방향

문제점	내용	개선 방향
열악한 재정	재정의 외부 의존도가 높아 정부 지원이나 기업의 후원금에 의존하기도 함	지속적인 회원 확충을 통해 회비로 재정을 충당하는 것이 바람직함
일부 지도층 중심의 운영	하향식 의사 결정으로 '시민 없는 시민 운동'이라는 비판 존재	소수의 엘리트 중심이 아닌 일반 시민들의 참여를 바탕으로 해야 함
시민 단체의 이익 집단화	시민 단체가 자신들의 이해 관계를 중시하면 제 기능을 다하지 못할 수 있음	시민 운동의 순수성·도덕성을 유지해야 함
전문성 부족	전문성이 부족하거나, 의욕만 앞선 상태에서 일을 추진하여 합리적 대안 제시 능력이 부족한 경우 발생	전문성을 높임으로써 사안에 대해 합리적 대안 제시, 전문화된 체제 구축

시민 단체와 이익 집단의 비교

구분	시민 단체	이익 집단
차이점	• 공익을 추구함 • 순수성과 도덕성 중시 • 비영리적 활동	• 특수 이익을 우선적으로 추구함 • 일반적으로 직업적 이해관계가 일치함
공통점	• 대의 정치 한계를 배경으로 출현 • 목적 달성을 위해 정치 과정에 영향력을 행사함 • 국민에 대해 정치적 책임을 지지 않음 • 정부 정책에 대한 감시, 비판 기능을 수행함	

정치과정 참여자의 비교

구분	정당	이익집단	시민 단체
정권 획득 목표	○	×	×
공익을 추구	○	×	○
정치적 책임	○	×	×
정부의 정책 결정에 영향력을 행사하는가?	○	○	○

제 5 절　여론과 언론

1. 여론

(1) 여론의 의미와 중요성

의미	• 특정한 사회 문제나 정치적 쟁점에 대하여 다수의 사회 구성원이 가지는 공통된 의견 • 고정적이기 보다는 가변적이고 찬성이나 반대의 형식으로 표현됨
역할	정책 결정의 방향 제시, 정책의 정당성 부여, 정치권력에 대한 비판과 견제, 사회적 쟁점에 대한 합의 도출 유도 등
중요성	현대 민주 정치는 여론 정치라 할 정도로 대의 정치체제 하에서 국민의 의사에 따른 정책 결정을 위하여 여론이 중요한 역할을 함

(2) 민주 정치와 여론 정치

① 여론 정치의 의미 : 여론에 의하여 통제, 견제 및 지지를 받고 정당화 하는 정치
② 여론 정치의 순기능과 역기능

순기능	역기능
• 정책 결정 과정에 정당성 부여 • 국민의 정치적 관심 고양 • 국민 주권주의 실현으로 민주 정치 발전 • 대의 정치의 한계점을 보완	• 정치권력에 의한 여론 조작의 위험성 내포 • 여론에서 소외되는 구성원의 피해가 발생함 • 이성적 판단보다는 선동 등에 휘둘려 중우정치로 전락할 가능성이 있음

📖 침묵의 나선이론

　하나의 특정한 의견이 다수의 사람들에게 인정되고 있다면, 반대되는 의견을 가지고 있는 소수의 사람들은 고립에 대한 공포로 인해 침묵하려 하는 경향이 크다는 현상에 주목하고 있는 이론이다. 각 개인들은 새로운 생각에 당면했을 때 각자 재빠른 판단을 하게 된다. 이때 개인들은 자신의 생각을 다수가 지지하면 더욱 자신 있게 말하게 된다. 만일 그렇지 않으면 각 개인들의 침묵이 강화되는 나선 효과를 가져오게 된다. 노이만에 따르면 침묵의 나선은 4단계로 구성된다. 제1단계는 권력자가 주목하지 않은 화제를 꺼내는 단계이다. 제2단계에서는 주목되어 있지 않았던 화제에 대해서는 곧바로 반대 의견이 나오기 어렵기 때문에, 일단 옳은 것으로 인식된다. 제3단계에서는 이후 나오는 비판 의견에 대해서 옳지 못하다는 평가를 내려 배제를 실시하고, 제4단계에서는 소수파가 된 비판 세력은 다수의 압력을 받아 비판을 포기한다는 것이다.

(3) 여론의 분포
① 합의형 : 특정 문제에 관하여 국론이 일치된 입장을 보이는 모형으로 정치적 안정을 유지할 수 있음
② 분산형 : 국론이 특정 문제에 관하여 "매우 찬성"과 "매우 반대"로 분열된 경우로 국민 통합이나 국민 일체감이 형성되어 있지 않은 가운데 사회 갈등, 반목, 대립이 예상되어 정치적 안정을 기하기 곤란

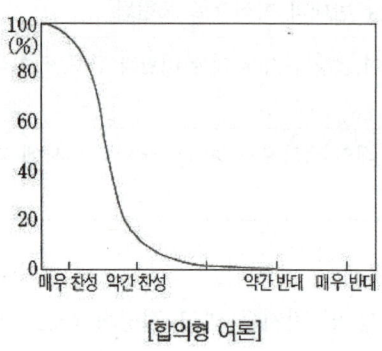
[합의형 여론]

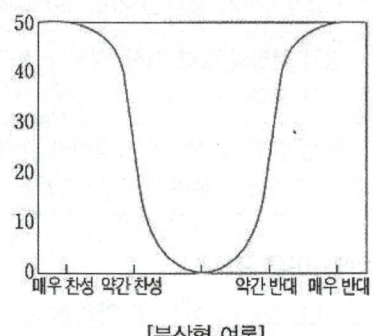
[분산형 여론]

여론 분포 유형

2. 언론

(1) 언론과 현대 정치
① 제4부의 비중 : 입법부, 행정부, 사법부의 견줄만한 비중을 지님
② 현대 정치에서 언론의 역할이 점점 커지고 있음

(2) 언론의 기능
① 순기능
  ㉠ 사회적 사실의 신속·정확한 전달과 사회적 쟁점의 규정
  ㉡ 쟁점에 관한 해설과 비판 제공 → 여론 형성 주도
  ㉢ 시민 여론의 정확한 이해와 전달
  ㉣ 기존 여론·정부 정책·국가 권력 행사에 대한 비판 및 대안 제시
  ㉤ 민주 정치 실현의 핵심적 역할 담당
② 역기능
  ㉠ 특정 권력이나 집단의 언론 간섭 및 지배언론의 불공정한 해설과 비판, 일방적 전달
  ㉡ 미확인 사실 보도, 상업적·선정적 정보 전달, 언론사의 이익을 위한 보도
  ㉢ 여론의 오도 및 조작
  ㉣ 지나친 경쟁 → 공정성 상실, 민주 정치 발전의 걸림돌

③ 언론의 자유와 책임
  ㉠ 자유
    ⓐ 정치권력이나 압력단체 등 특정 세력의 간섭과 영향력에서 벗어나는 것
    ⓑ 여론 조작의 가능성을 배제하고 참다운 민주 정치를 실현하기 위한 조건
    ⓒ 올바른 여론 형성을 위해 반드시 보장되어야 함
  ㉡ 근거
    ⓐ 언론·출판·집회·결사의 자유 보장
    ⓑ 통신, 방송의 시설 기준과 신문의 기능 보장
    ⓒ 책임
      • 사실에 근거한 공정하고 정확한 보도, 개인의 인권과 사생활 보호
      • 공익 증진을 위한 보도, 대중 매체를 이용한 시민의 참여 기회 확대
      • 공중도덕과 사회 윤리를 침해하지 않는 보도

언론 중재 위원회의 역할

- 상담 : 잘못된 언론 보도로 피해를 입은 경우, 조정·중재 신청과 법적 절차를 포함한 종합적 피해 구제 방안을 무료로 안내하고 있다.
- 조정·중재 : 언론 보도로 인한 피해자가 정정·반론·추후 보도 또는 손해 배상을 청구할 경우, 조정·중재를 통해 분쟁이 원만히 해결될 수 있도록 돕는다.
- 시정 권고 : 언론 보도로 인한 개인적, 사회적, 국가적 법익 침해 상황을 심의하여 필요한 경우 언론사에 시정을 권고한다.
- 선거 기사 심의 : 공직 선거법에 따라 선거가 실시될 때마다 선거 기사 심의 위원회를 설치하여 선거 기사의 공정성 여부를 심의한다.
- 교육 : 언론 피해 구제 및 예방 교육을 실시하고, 분쟁 해결 전문 연수 과정과 청소년 언론 중재 스쿨을 운영하고 있다.

－언론 중재 위원회 누리집－
(미래앤 지도서 p85)

THEME 07 | 정치과정론

01-10

01 다음의 ①과 관련하여, 특정한 정당이나 후보자에게 유리하도록 선거구를 조작하는 것을 무엇이라 하는지 쓰고, ②와 같이 선거구간 인구 배분을 고려하는 것은 선거의 4원칙 중 어느 원칙을 반영하는 것인지 '투표의 등가성' 관련하여 설명하시오.

> 대의제 민주주의의 성공 여부는 국민의 의사가 얼마나 정확히 그리고 효과적으로 정치 과정에 반영되는지에 달려 있다. 따라서 선거 제도는 대의 정치의 성공 여부를 좌우하는 열쇠가 되고 선거 제도의 주요 내용을 이루는 선거구 획정은 국민의 의사가 선거 결과에 가능한 바르게 반영될 수 있도록 이루어져야 한다. 이는 일정한 집단의 의사가 정치과정에 반영될 수 없도록 ① <u>차별적으로 선거구를 획정하는 선거구 조작</u>에 대한 부정(否定)을 의미한다.
>
> 우리나라에서는 소선거구제로 운영되는 국회의원 선거에 대하여 ② <u>선거구간 인구의 균형</u>·사회적·지리적·역사적·행정적 연관성 및 생활권 등을 고려하여 국회에서 법률로써 선거구를 결정하도록 되어 있다.

02-11

02 다음은 선거법의 비례 대표 의석 배분 방식에 대해 헌법재판소가 판결한 내용이다. 이 글을 읽고 민주 선거의 4대 원칙 중 (㉠)과 (㉡)에 들어갈 말을 각각 쓰시오.

> 후보자와 정당을 분리시키지 않고 한꺼번에 투표를 해야 하는 1인 1표제 하에서 지역구 정당 후보자들의 득표비율을 기준으로 전국구 의석을 배분하는 비례대표제 배분 방식은 유권자가 지지하는 정당과 후보자가 엇갈릴 경우 절반의 선택권을 박탈하는 결과를 초래한다. …(중략)… 비례 대표 의원 선출도 정당의 명부 작성 방법에 따라 결정돼 (㉠)원칙에 위배된다 …(중략)… 유권자가 무소속 후보자에게 투표할 경우 그 유권자는 비례대표 선출에서 배제되는 결과가 돼 정당 후보를 선택한 유권자에 비해 투표 가치가 떨어지게 되므로 (㉡)원칙에도 위배된다.

✔ 2007년 공통사회

03 이익집단이 결성되는 계기에 관해 설명한 다음 글들을 읽고, ①, ②, ③ 중에서 성격이 다른 하나를 골라 그 번호를 적고, 이익집단의 한 종류인 노동조합의 경우, 집단을 활성화하기 위해 활용하는 방법 2가지만 쓰시오. [4점]

> ① 정부가 제공하는 공공재와 마찬가지로 각종 이익집단이 제공하는 서비스도 일단 한 집단의 누군가에게 제공되면 그 특정 범주 또는 집단에 속한 모든 구성원에게 그 서비스가 제공된다.
> ② 한 집단의 형성은 이 집단과는 다른 이해관계에 있는 사람들로 하여금 이에 대항하는 집단을 만들게 한다.
> ③ 현대 사회의 급속한 변동, 전문화 및 이해관계의 다양화가 집단의 확산을 가져올 수밖에 없다.

✔ 05-13

04 다음을 읽고 ⊙과 ⓒ에 들어갈 적절한 개념을 쓰고, 각각의 경우에 국가는 정책결정 과정에서 어떤 역할을 하는지 비교하여 2줄 이내로 설명하시오.

> (가) (⊙)은(는) 자발적으로 조직된 이익집단들이 상호간의 자유로운 경쟁을 통해 각각의 이해관계를 실현하는 체계이다. 이 체계는 수많은 자율적 집단들이 경쟁적으로 이익을 표출하는 집단 간 경쟁구조를 이루며 견제와 균형을 통해 정책결정에 참여하는 권력의 평형상태를 지향한다.
> (나) 반면 (ⓒ)은(는) 강제적, 비경쟁적, 위계적으로 조직된 이익집단들이 기능적으로 분화된 범주에 따라 이익을 독점적으로 대표하는 체계이다. 이 체계에는 자본가 대표와 노동자 대표 등 제한된 수의 집단들이 분야별 이익을 표출하며 정책결정 과정에 참여한다.

✓ 2012-13

05 다음 글에 나타난 A당의 후보 결정 방식에 대하여 옳게 설명한 것을 보기에서 있는 대로 고른 것은?

A당은 제20대 국회의원 선거에서 공천 심사 위원회를 구성해 후보자의 도덕성, 당 기여도, 당선 가능성, 정책 수립 능력과 추진 능력을 기준으로 후보를 공천하였으나, 당 내외에서 이 공천 방식에 관해 많은 문제점을 제기하였다. 따라서 제21대 국회의원 선거에서는 무작위로 선정한 일반 유권자 10,000명이 각 공천 신청자에게 투표한 결과와 일반 여론조사 결과를 합산하여 후보를 결정하였다.

보기

ㄱ. 제20대 총선 공천 방식은 제21대 총선 공천 방식에 비해 비용이 적게 소요된다.
ㄴ. 제20대 총선은 제21대 총선에 비해 후보 공천에서 당 지도부의 영향력이 강하게 작용한다.
ㄷ. 제20대 총선은 상향식 공천 방식을 사용했고, 제21대 총선은 혼합식 공천 방식을 채택했다.
ㄹ. 제21대 총선 공천 방식은 제20대 총선 공천 방식에 비해 더 민주적이며, 당의 정체성에 더 부합하는 후보를 공천할 수 있다.

① ㄱ, ㄴ   ② ㄱ, ㄷ   ③ ㄴ, ㄹ   ④ ㄱ, ㄷ, ㄹ   ⑤ ㄴ, ㄷ, ㄹ

2012-15

06 그래프는 갑국와 을국에서 실시된 의회 선거 결과이다. 이에 대한 분석으로 옳은 것만을 보기에서 있는 대로 고른 것은?

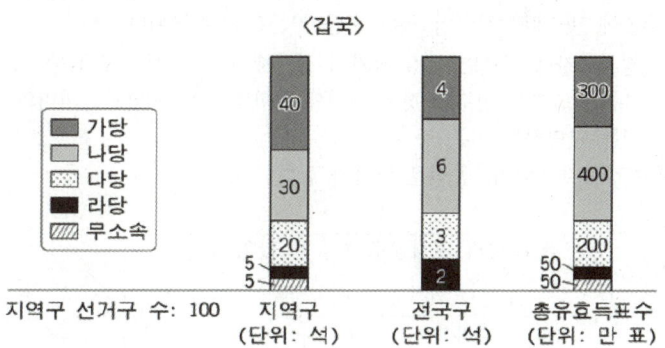

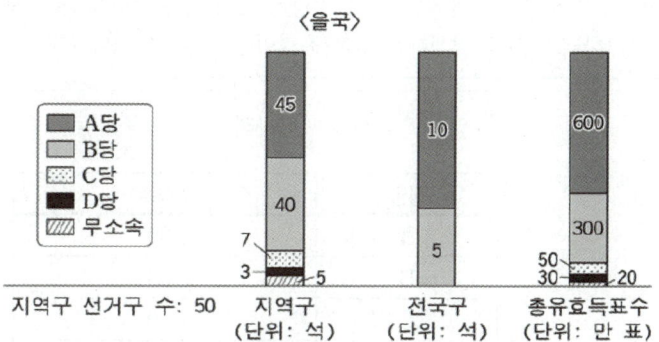

* 양국 모두 1인 1표제를 시행함.
** 전국구 의석은 총유효득표율에 따라 배분됨.

보기

ㄱ. 갑국와 을국의 지역구 선거구제와 총선거구 수는 상이하다.
ㄴ. 갑국의 가당이 을국의 A당에 비해 의회에서 과소대표되어 있다.
ㄷ. 정당별 총유효득표 순위 대비 정당별 지역구 총의석 순위는 갑국이 을국에 비해 왜곡되어 있다.
ㄹ. 의석 점유율에 의하면 갑국보다 을국이 양당제에 가까우며, 양국의 총유효득표율에 따른 전국구 의석 최소 배분 조건은 상이하다.

① ㄱ, ㄴ　② ㄱ, ㄷ　③ ㄴ, ㄹ　④ ㄱ, ㄷ, ㄹ　⑤ ㄴ, ㄷ, ㄹ

✓ 2014 전공A 2.

07 다음 제시문에 근거하여 <사례>의 ( )안에 들어갈 개념을 쓰시오.

- '정당체제'는 한 국가 내에서 정당 간 상호 작용을 나타내는 개념이다. 민주주의 국가의 정당체제 유형은 주로 국가에 몇 개의 정당이 있는 지를 기준으로 분류된다.
- 그러나 한 정치학자에 따르면 특정 국가의 정당체제 유형 분류에서 중요한 기준은 단순히 존재하는 정당수가 아니다. 그보다 정부의 정책 결정에 영향력을 행사한다는 의미의 '유효정당'이 몇 개 인지가 중요하다. 이를 판단하는 기준 중
  하나는 '유효정당지수'이며, 공식은 다음과 같다.

  $$유효정당지수 = \frac{1}{각\ 정당의\ 의석률을\ 제곱한\ 값의\ 합}$$

  $$* A\ 정당\ 의석률 = \frac{A\ 정당\ 의석수}{총의석수}$$

- 특정 국가의 유효정당지수가 1.5 미만이면 한 개 정당이 지배적인 영향력을 행사하는 정당체제 유형이다. 그리고 1.5 이상 2.5 미만이면 두 개 정당이, 2.5 이상이면 세 개 이상의 다수 정당이 의미 있는 영향력을 행사하면서 서로 경쟁하고 있는 유형이라고 할 수 있다.

사례

정당	의석수
A	60
B	30
C	10
D	0
총의석수	100

- 유효정당지수에 근거해 판단하면, X국의 정당체제 유형은 ( )이다.

CHAPTER 07 정치과정론

✓ 2015 전공B 논술형 1.

08 (가)의 밑줄 친 균열이라는 개념을 중심으로 (나)에 제시된 A 국가의 정당경쟁구도를 설명하시오.

> (가) 한 국가의 정당체제는 다양한 요인의 영향을 받겠죠. 대표적으로 어떤 선거제도를 채택하느냐에 따라 의회에서 정당 간 세력판도는 달라질 수 있을 것입니다. 그렇지만 현대 사회의 정당경쟁구도는 사회에서 대립하던 사회집단들이 정치적인 조직화를 통해서 만들어낸 결과물이라고 할 수 있죠. 따라서 그 국가의 사회경제적 갈등이 정치적으로 동원된 사회적 <u>균열(cleavage)</u>에도 주목해야 한다고 생각합니다.
>
> (나) 유럽의 경우 종교개혁이나 국가혁명 혹은 산업혁명 등을 계기로 정당체제의 정렬(alignment)이 이루어 졌습니다. 예컨대 A 국가의 경우 노동자, 특히 노동조합에 소속된 노동자 계층이 주요 지지기반인 사회민주당과 가톨릭 신도가 주요 지지기반인 기독교민주당이라는 두 거대 정당이 경쟁하는 정당체제를 오랫동안 유지해 왔죠. 그러나 사회구조적 변화와 함께 1980년대 이후 환경, 반핵, 참여 등을 내세운 녹색당이 의회에 진입하면서 다당제적 양상이 지속되고 있습니다.

✓ 2016. 전공 A 6.

09 다음 대화에서 (   ) 안에 공통으로 들어갈 용어를 쓰시오.

> 학생: 선생님, 우리나라의 선거 원칙에는 어떤 것이 있나요?
> 교사: 우리 헌법은 선거의 기본원칙으로 보통·평등·직접·비밀선거의 원칙을 규정하고 있어요.
> 학생: 그러면 평등선거는 무슨 의미인가요?
> 교사: 평등선거는 평등의 원칙을 선거에 적용한 것으로서, 불평등선거와 대비되는 개념이에요. 여기에는 두 가지의 내용이 포함되어 있는데, 첫째는 선거인의 (   )이/가 평등해야 한다는 것이고, 둘째는 선거과정에서 선거참여자들에 대한 차별을 금지하고 기회의 균등을 보장하여야 한다는 것이에요.
> 학생: 그러면 '1인 1표'의 원칙이 첫 번째의 내용에 해당하는 것인가요?
> 교사: 음... '1인 1표'의 원칙도 포함되지만, (   )의 평등은 '1인 1표' 뿐만 아니라 1표의 실질적인 성과가치도 평등할 것을 요구해요. 이와 관련하여 선거구 간 인구편차에 의한 (   )의 불평등이 문제되기도 하지요.

2016 전공 B 6.

10 밑줄 친 ㉠과 ㉡을 통해서 투표율이 높아질 수 있는 근거를 각각 설명하고, 밑줄 친 ㉢의 의미를 서술하시오. [5점]

> 교 사 : 낮은 투표율은 현대 민주주의에 중요한 도전이 되고 있습니다. 유권자가 합리적인 행위자라고 가정할 때 투표율이 높아질 수 있는 조건에 대해서 하나씩 제시해 보세요.
> 학생1 : 선생님, 제 생각에는 ㉠ 후보자 간 박빙의 승부가 펼쳐지는 지역구가 많이 늘어나면 투표율이 높아질 것 같습니다.
> 학생2 : 선생님, 저는 ㉡ 선거제도가 단순다수대표제에서 비례대표제로 바뀌면 투표율이 높아질 것 같다고 생각합니다.
> 교 사 : 이제 투표 참여에 대해서 논의해 봅시다. 유권자가 투표 참여를 통해 선거 결과에 영향을 미칠 수 있는 확률은 미미하죠. 더구나 투표 참여에는 일정한 비용이 듭니다. 그런데 실제 투표에서는 흥미롭게도 ㉢ '투표의 역설(paradox of voting)'이 발생합니다.

CHAPTER 07 정치과정론

▶ 2017 전공B 서술형 2.

11 다음은 갑국의 대통령 선거 제도에 대한 문제점과 해결 방안에 대한 글이다. 밑줄 친 ㉠, ㉡에 해당하는 방식으로 선거를 실시할 경우 각각의 선거구 총 수와 선거 제도(선거구제 및 대표 결정 방식)의 유형을 서술하시오.

> 갑국은 헌법에 명시된 바와 같이 각 주에서 선출된 선거인단이 모여 대통령을 선출한다. 선거인단은 각 주별로 최소 2명 이상 인구 비례에 따라 배정된 수를 국민이 직접 투표로 선출한다. 그리고 최다 득표를 한 정당이 해당 주의 선거인단을 모두 가져가는 제도를 택하고 있다. 이와 같은 선거 제도는 현재 14개 주로 구성된 갑국이 연방제를 채택할 당시 각 주의 이해 관계를 고려했기 때문이다.
>
> 그러나 양당 제도가 확립된 갑국에서 최근에 실시된 몇 번의 대통령 선거에서 전국적으로 전체 득표율이 높은 후보가 당선되지 못하는 사례가 발생하면서 현 제도에 대한 개선이 구체적으로 논의되고 있다. 그러나 현실적으로 헌법 개정은 불가능한 상황이다. 따라서 헌법상 규정된 선거인단에 의한 대통령 선거 제도를 유지하면서, 다음과 같이 선거인단을 선출하는 방식의 선거법 개정을 통하여 문제점을 해결할 수 있다는 방안이 제시되고 있다.
>
> 첫째 방안으로 ㉠ 현재와 같이 각 주별로 실시하는 선거인단 선거를 실시하되, 각 당이 해당 주에서 득표한 득표율에 따라 선거인단을 선출하는 방식이다.
>
> 그리고 둘째 방안으로 ㉡ 각 주의 지역구를 각 주에 배정된 선거인단 수만큼 나누어 선거인단을 선출하는 방식이다.
>
> 그러나 이 두 가지 방안 모두 유권자의 투표 성향에 따라서 현 제도에서 나타난 문제점을 완벽하게 해결하지 못하는 경우가 나타날 수 있어서 실제로 시행될 수 있을지는 의문이다.
>
> * 갑국의 헌법에는 반드시 정당의 공천을 받은 후보를 선거인단이 선출한다는 대통령 선출 방식만이 규정되어 있으며, 365명의 선거인단을 선출하는 방식은 대통령선거법에 규정되어 있다.

2018 전공 B 6번

12 다음은 선거제도에 대한 설명이다. <작성 방법>에 따라 서술하시오.

> 국가는 투표에서의 특정한 결과에 따라 어떤 사람이 공직을 맡을 것인가를 결정하는 규칙을 고안할 필요가 있으며 이러한 규칙을 선거제도라고 한다. 현재 민주국가에서 크게 두 가지 종류의 선거제도가 사용되고 있는데 소선거구 ㉠ 단순 다수 대표제와 비례 대표제이다.
>
> 선거에서 각 정당의 득표율과 의석율 간의 비례성이 1로 나타나는 경우가 가장 이상적이라고 할 수 있으나, 소선거구 단순 다수 대표제를 사용하였을 경우 비례 대표제에 비해 과잉 대표나 과소 대표 현상이 더 일어나게 된다. 소선거구 단순 다수 대표제의 경우 낮은 득표율로도 당선이 가능하기도 하는데, 이 경우 대표성의 문제가 제기된다. 이를 극복하기 위해서 소선거구 ㉡ 절대 다수 대표제를 취하고 있는 경우도 있다.
>
> 선거제도는 정당의 수에도 영향을 미칠 수 있는데 뒤베르제(M. Duverger)에 따르면 소선거구 단순 다수 대표제는 (㉢)경향이 있다. 그 이유는 첫째, 군소정당 후보자의 득표가 의석으로 전환되는 비율이 낮은 기계적 효과, 둘째, ㉣ 유권자가 군소정당 후보자에게 투표를 하지 않는 심리적 효과로 이해할 수 있다.

<작성 방법>

- 밑줄 친 ㉠, ㉡이 무엇인지 순서대로 설명할 것.
- 괄호 안의 ㉢에 들어갈 내용을 서술할 것.
- 밑줄 친 ㉣의 이유를 1가지 서술할 것.

2019 전공A 1번

13 다음 글에서 괄호 안의 ㉠과 ㉡에 해당하는 개념을 순서대로 쓰시오.

> ○ 대의 민주주의에서 대표와 그를 선출한 지역구민과의 관계는 어떠해야 할까? 한 관점에 의하면 대표는 지역구민의 의견을 단순히 반영해서는 안 되며, 편중되지 않은 성숙한 판단력, 계몽된 양심으로 공적 문제에 대해 자율적인 결정을 내려야 한다. 이를 (㉠) 모형이라 한다. 그러나 또 다른 관점은 이에 동의하지 않는다. 대표는 스스로 정책을 결정하는 것이 아니라, 자신들이 대표하는 지역구민의 정책 선호를 그대로 반영해야 한다는 것이다. 이러한 관점은 위임 모형이라 한다.
> ○ (㉠) 모형은 대표의 독자적 판단과 결정에 대한 책임은 임기가 끝난 후 선거를 통해 물어야 한다는 논리로 귀결된다. 반면 위임 모형은 임기 중이라도 대표의 결정에 대한 책임을 묻고 해임시킬 수 있는 (㉡)와/과 같은 직접 민주주의 제도 도입의 논리적 근거가 된다.

2019 전공A 9번

14 다음은 정당에 대한 설명이다. <작성 방법>에 따라 서술하시오.

> 민주주의 국가의 정당 조직은 정당 내부의 권력 배분, 이념과 당원의 역할, 그리고 정당의 재원(財源) 등의 특징에 따라 역사적으로 3가지 유형이 나타났다. 첫 번째는 '엘리트 정당' 혹은 '간부 정당'이다. 19세기 의회 내 파벌과 명망가들이 공통의 의제를 입법화하고 선거운동을 함께 수행하는 과정에서 발전된 정당 조직 유형이다. 19세기 영국 보수당이 그 예이다. 두 번째는 의회 외적 기원을 갖는 것으로 뒤베르제(M. Duverger)가 (㉠)(으)로 명명한 정당 조직 유형이다. 19세기 후반에서 20세기에 선거권이 확대됨에 따라 노동자 계급의 지지를 이끌어 내기 위해 창당된 것으로, 영국 노동당과 유럽 사회주의 정당들이 대표적 예이다. 세 번째는 키르크하이머(O. Kirchheimer)가 제시한 (㉡) 유형으로, 1950년대 이후 선거 승리와 대중 매체 활용의 중요성이 높아짐에 따라 등장한다. 다수 정당들의 조직에서 기존의 엘리트 정당과 (㉠)의 특징이 약화되고 (㉡)의 특징이 나타난 것이다.

> <작성 방법>
> ○ 이념의 역할 측면에서 괄호 안의 ㉠과 ㉡ 유형의 특징을 유형별로 1가지씩 서술할 것.
> ○ 정당의 재원 측면에서 괄호 안의 ㉠과 ㉡ 유형의 특징을 유형별로 1가지씩 서술할 것.

2019 전공B 6번

15 다음은 선거제도에 관한 교수와 학생의 대화이다. <작성 방법>에 따라 서술하시오.

> 학생: 선거제도는 다수 대표제와 비례 대표제로 구분됩니다. 어떤 선거제도가 더 좋은 제도인가요?
> 교수: 선거제도를 평가하는 기준은 다양한데 그 중 하나는 공정성입니다. 선거에 참여한 정당이나 후보에게 공정한 결과를 가져다주는지 여부라고 할 수 있어요.
> 학생: 선거제도의 공정성은 어떻게 평가할 수 있나요?
> 교수: 공정성을 판단하는 대표적 지표는 비례성입니다. 각 정당의 득표율과 (   )의 차이가 작으면 비례성이 높은 공정한 제도이고, 반대로 그 차이가 크면 비례성이 낮은 제도로 공정하지 못하다고 할 수 있어요.
> 학생: 선거제도의 어떠한 요소가 비례성에 영향을 미치나요?
> 교수: 비례성에 가장 큰 영향을 미치는 것은 ⊙선거구 크기입니다. 일반적으로 ⓒ 선거구 크기가 클수록 각 정당의 득표율과 (   )의 차이가 작아집니다.
> 학생: 그렇다면 다수 대표제보다 선거구 크기가 큰 비례 대표제가 더 공정한 제도라고 할 수 있나요?
> 교수: 그렇습니다. 그러나 정당명부식 비례 대표제를 채택하고 있는 대부분 국가는 ⓒ 봉쇄 조항(저지 조항)이라는 제도를 두고 있고 ② 이 제도는 비례성을 낮추는 효과가 있습니다.

<작성 방법>

○ 괄호 안에 공통으로 들어갈 개념을 제시할 것.
○ 밑줄 친 ⊙의 정의를 활용하여 밑줄 친 ⓒ의 이유를 서술할 것.
○ 밑줄 친 ⓒ의 정의를 활용하여 밑줄 친 ②의 이유를 서술할 것.

2020 전공B 6번

16 다음은 선거제도에 관한 글이다. <작성 방법>에 따라 서술하시오.

> 세계 각국의 의회의원 선거제도(electoral system)는 같은 것이 하나도 없다고 할 수 있을 정도로 다양하다. 그럼에도 불구하고 의회의원 선거제도는 다음과 같은 선거제도를 구성하는 세 가지 요소의 조합을 통해 그 유형을 구분할 수 있다. 첫 번째 요소는 ㉠ 기표방식(ballot structure)이다. 이것은 기본적으로 유권자가 기표할 때 어떤 대상에게 표를 던지는지에 관한 문제로, 후보자나 정당에게 기표하는 방식이 있다. 물론 여기에 유권자가 행사할 수 있는 기표의 수나 선호 순위 표시 등을 고려할 수 있다. 두 번째 요소는 ㉡ 선거구의 크기(district magnitude)이다. 선거구에는 일반적으로 소선거구, 중대선거구 등이 있다. 세 번째 요소는 ㉢ 의석 할당 방식(electoral formula)이다. 의석 할당 방식은 후보 혹은 정당의 득표를 의석으로 전환하는 방식으로, 상대다수제와 절대다수제 등의 다수제와 최대평균방식과 쿼터 방식의 비례제 방식 등이 있다. 물론 선거제도의 유형을 구분할 때 이들 세 가지 이외의 요소를 추가적으로 고려할 수도 있다.

<작성 방법>

o 밑줄 친 ㉡을 구분하는 기준을 서술할 것.
o 현행 우리나라 비례대표 국회의원의 선출방식을 밑줄 친 ㉠, ㉡, ㉢을 조합하여 서술할 것.
o 현행 우리나라 지역구 국회의원 선출방식을 밑줄 친 ㉠, ㉡, ㉢을 조합하여 쓰고, 이러한 방식의 조합이 비례성에 미치는 영향을 서술할 것.

✓ 2021 전공A 8번

17 다음 글을 읽고 <작성 방법>에 따라 서술하시오

절대다수제는 과반수 득표자를 당선자로 확정하는 방식이다. 그리고 과반수 득표자를 어떻게 만들어 내는가에 따라 두 가지 유형이 있다. 첫 번째는 결선투표제이다. 1차 투표에서 과반수 득표자가 있으면 그가 당선된다. 그러나 어떤 후보도 과반수를 득표하지 못하면 1차 투표에서의 1위와 2위 후보만을 대상으로 2차 투표를 실시한다. 두 번째 유형은 (㉠)이며 운영 방식은 다음과 같다. 먼저 유권자들은 모든 후보들을 대상으로 선호
순위를 표시한다. 제1순위 표를 가장 많이 득표한 후보가 과반수 득표를 했다면 그가 당선된다. 그렇지 않은 경우 최소득표자를 제거하고 그가 얻은 표에 적힌 다음 선호 순위에 따라 다른 후보에게 그 표를 넘겨준다. 이 과정을 과반수 득표자가 나올 때까지 반복한다.
이러한 절대다수제는 ㉡ 소선거구 단순다수제의 당선자 결정 방식이 초래하는 문제점을 해결하는 대안으로 평가된다. 그러나 소선거구 단순다수제와 마찬가지로 사표를 다수 발생시킴으로써 비례대표제보다 ㉢ 비례성이 낮은 선거 결과를 가져온다. 이는 ㉣ 절대다수제와 소선거구 단순다수제의 제도적 공통점에 기인한다.

<작성 방법>

○ 괄호 안의 ㉠에 해당하는 용어를 쓰고, 결선투표제와 비교해 ㉠이 가지는 장점을 1가지 서술할 것.
○ 절대다수제를 통해 해결할 수 있는 밑줄 친 ㉡의 내용을 1가지 서술할 것.
○ 밑줄 친 ㉢의 원인에 해당하는 밑줄 친 ㉣의 내용을 1가지 서술할 것.

2022 전공B 6번

18 다음 글을 읽고 <작성 방법>에 따라 서술하시오.

> 일부 정치학자들은 소선거구 단순다수제가 민주적 대표성을 가진 의회를 구성하지 못한다고 비판한다. 소수 집단이 지지하는 정당이 의석을 차지할 가능성이 거의 없기 때문이다. 그 정당의 후보를 선택한 유권자의 표는 (㉠)이/가 된다. 그들은 비례대표제가 이러한 문제를 해결하는 대안이라고 주장한다. 이 제도에서는 각 정당이 득표한 만큼 의석을 차지한다.
>
> 비례대표제의 대표적 유형은 정당명부식 비례대표제이다. 이 제도에서 정당은 각 선거구별로 후보 명부를 제출하고 득표율에 따라 의석을 배분받는다. 그리고 후보 순위에 따라 당선자를 결정하게 된다. 후보 명부는 크게 두 가지 유형으로 나뉜다. 첫 번째 유형은 정당이 후보 순위를 정해 놓은 (㉡)(이)고, 두 번째 유형은 정당이 후보 순위를 정해 놓지 않은 (㉢)(이)다. 전자를 운용하는 국가의 경우 유권자는 정당에 투표한다. 후자의 경우에는 특정 정당의 명부에 있는 후보에게 투표하며, 그것은 그 정당의 득표로 계산되는 동시에 후보의 순위를 정하는 데 사용된다.

<작성 방법>

- 괄호 안의 ㉠에 해당하는 용어를 쓸 것.
- 괄호 안의 ㉡, ㉢에 해당하는 용어를 순서대로 쓰고, ㉡에 비해 ㉢이 가지는 장점을 1가지 서술할 것.

2023 전공B 6번

19 다음 글을 읽고 <작성 방법>에 따라 서술하시오. [4점]

> 선거제도 변경은 현실의 정치 지형을 변화시키기도 한다. 제9대 국회의원 선거(1973년)에서는 직전의 국회의원 선거구 제도와 달리 (㉠)을/를 도입하면서, 선거구 전체 수를 153개에서 73개로 줄였다. 또한 도시 선거구 수를 줄이고, 농촌과 도시를 통합한 통합 선거구를 만들었다. 선거 결과 여당인 민주공화당과 야당인 신민당 후보가 한 선거구에서 동반 당선되는 현상이 다수의 선거구에서 나타났다. 한편, 제13대 국회의원 선거(1988년)에서는 승자독식의 성격을 갖는 (㉡)(으)로 변경하였다. 선거 결과 여당인 민주정의당이 전체 국회의석 299석 중 125석을 차지해 제1당이 되었다. 지역구 의석은 총 224석이었는데, 민주정의당은 대구·경북 지역에서 29석 중 25석을, 평화민주당은 광주·호남 지역에서 37석 중 36석을, 통일민주당은 부산 지역에서 15석 중 14석을 석권했다. 이는 (㉢)에 의한 정치 균열을 확연히 보여 주는 것이며, (㉢) 정당체제의 본격화를 의미한다.

<작성 방법>

- 괄호 안의 ㉠, ㉡에 해당하는 용어를 순서대로 쓸 것.
- 괄호 안의 ㉡과 비교할 때 괄호 안의 ㉠이 갖는 장점을 1가지 서술할 것.
- 괄호 안의 ㉢에 해당하는 용어를 쓸 것.

CHAPTER 07 정치과정론

✓ 2025 전공A 11번

20 다음을 읽고, <작성 방법>에 따라 서술하시오.

> 선거 제도를 구성하는 주요 요소는 선거구의 크기, 의석 할당 방식, 투표 방식, 진입 장벽 등이며, 이들의 조합 방식에 따라 다양한 유형의 선거 제도가 만들어진다. 선거 제도는 선거 결과는 물론이고 유권자의 투표 행태에도 영향을 미칠 수 있다.
> 우리나라에서는 ㉠ 국회 지역구 의원, 광역의회 지역구 의원은 한 선거구에서 1인을 선출한다. 그리고 ㉡ 기초의회 지역구 의원의 경우 자치구의 시·도 조례를 통해 정해진 복수(複數)의 의원을 선출한다. 한편, 국회와 지방의회에는 비례대표 의원을 두고 있으며, 이들은 (㉢)(으)로 선출한다. (㉢)은/는 각 정당이 후보 순위가 적힌 명부를 중앙선거관리위원회에 제출하고, 선거 결과 정당 득표율에 비례하여 의석을 배분받는 방식이다. 그렇지만 선거에 참여한 모든 정당이 의석을 배분받는 것은 아니다. 의석 할당 정당이 되기 위해서는 일정한 요건을 충족해야 한다. 비례대표 국회의원의 경우 해당 선거에서 '전국 유효 투표 총수의 100분의 3 이상' 또는 지역구에서 '5 이상의 의석'을 차지하여야 한다.
> 이에 따라 국회의원과 지방의회 의원 선거는 유권자가 지역구 후보와 정당에 각각 1표를 행사하는 1인 2표 방식으로 운용되고 있다.

<작성 방법>

○ 밑줄 친 ㉠, ㉡ 제도의 공통점과 차이점을 서술할 것.
○ 괄호 안의 ㉢에 해당하는 용어를 쓸 것.
○ ㉠~㉢을 비례성이 높은 것부터 낮은 것까지 순서대로 쓸 것.

THEME 08 | 정치발전론

제1절 정치발전의 개념

1. Lucian W. Pye의 정치발전 증후군

(1) 개요
① Pye는 위의 10가지의 정치발전 목록을 열거하면서 이와 같이 다양하고 상이한 정의를 종합하여 정치발전 증후군이라는 세 가지 발전지표를 마련함.
② Pye는 개도국에서 이와 같은 일련의 증후군이 나타나는 것을 정치발전으로 봄

(2) 구성 요소
① 평등화(equality)를 지향하는 일반적인 정신 또는 태도 : 대중의 정치참여와 정치활동의 증대, 법 적용의 보편성, 그리고 엘리트 충원에서의 성취적 기회(업적본위주의적인 충원) 등과 관련됨.
② 정치체계의 능력(capacity)의 증대 : 정부차원에서 정책수행의 정도. 정책수행의 효과성 및 효율성 그리고 정책에 대한 관료의 합리적인 태도 등과 일치됨.
③ 세분화(differentiation) 및 전문화(specialization) : 정치체계 내의 제도·구조 및 기능의 분화와 그 한계, 정치적 역할의 전문성, 자율성 그리고 복합적 구조와 과정의 통합 문제 등과 연결

(3) 상호 관계
① Pye의 정치발전의 핵심을 구성하는 이들 세 가지 지표들은 상호 균형과 조화를 이루면서 자연스럽게 발전하는 것은 아니라는 점이 중요함.
② 오히려 역사적으로 볼 때 이들 세 변수들, 즉 평등의 요구와 능력의 필요조건, 그리고 보다 진전되는 세분화과정 사이에는 첨예한 긴장과 갈등이 존재하였음. 이를테면 보다 큰 평등요구의 압력은 체계의 능력에 도전할지도 모르며, 세분화의 확대는 질적이고 전문화된 지식을 강조함으로써 평등을 감소시킬 수도 있음.
③ 결국 정치발전은 단선적이거나 명확하게 구분되는 단계를 따라가는 것은 아니며 오히려 분리되어 발생하거나 혹은 함께 발생하는 문제들의 범위와 강도에 의해서 결정되는 것임. 따라서, 어떤 사회가 어떤 측면을 강조하여 나가는가에 따라, 혹은 상충관계를 어떻게 조정해 나가는가에 따라서 정치발전의 전략과 경로는 다른 형태를 띨 수 있음.
④ 자본주의적 발전양식에서는 능력과 분화를 중시하는 이데올로기를 취하고 있음.

2. Gabriel A. Almond의 관점

(1) 개요
   ① 정치발전은 체계가 그의 환경의 변화에 반응하는 것으로 규정하고, 기존의 정치체계의 구조와 문화가 더 이상의 구조적 분화와 문화적 세속화를 시도하지 않고 정치체계가 직면하고 있는 문제나 도전에 대처할 수 없을 때 나타난다고 가정함.
   ② 정치발전이란 정치체제가 구조적인 분화와 문화적인 세속화를 통해 체제능력을 신장시켜 나가는 과정임

(2) 정치 발전의 두 가지 측면
   ① 정치구조 및 문화의 변화와 발전
      ㉠ 구조적 세분화 : 역할의 분화 의미. 이것은 하위체제의 전문화를 촉진하고 자율성도 제고함으로써 체제능력의 향상에 기여
      ㉡ 문화적인 세속화 : 체제구성원의 태도·신념·가치관과 같은 의식체계의 근대화를 의미. 운명주의나 귀속성향을 지양하고 성취의식과 실적주의를 지향하게 되는 가치관의 변화를 의미함.
         • 자기중심(self orientation) ↔ 집단주의(collectivity orientation)
         • 한정성(specificity) ↔ 확산성(diffuseness)
         • 보편주의(universalism) ↔ 특수주의(particularism)
         • 성취성(achievement) ↔ 귀속성(ascriptiveness)
         • 감정중립성(affective neutrality) ↔ 정의성(情誼性 affectivity)
      ㉢ 하위 체계의 자율성
   ② 정치 체계의 능력 : 정치적 효율성(정치발전)을 이룩하기 위한 정치체제의 능력
      ㉠ 추출능력 : 물질적, 인적 자원을 이끌어낼 수 있는 능력
      ㉡ 규제능력 : 개인과 집단의 행동 및 관계를 통제할 수 있는 능력
      ㉢ 분배능력 : 여러 가지 가치(재화, 명예, 지위 등)를 사회에 배분할 수 있는 능력
      ㉣ 상징능력 : 상징을 효과적으로 조작할 수 있는 능력
      ㉤ 반응능력 : 국민의 요구에 효과적으로 응답해 줄 수 있는 능력
      ㉥ 국내적, 국제적 능력 : 국내적 및 국제적 문제를 조정할 수 있는 능력

(3) 결론 및 평가
   ① 정치발전을 체계가 당면하는 문제와 도전, 즉, 국가건설, 국민형성, 참여, 분배 문제 등에 어떻게 대처하느냐 하는 체계 능력의 정도에 따라 달려있는 것으로 규정하고, 정치체계에 대한 도전과 문제에 대처하고 이들을 수용할 수 있는 구조적 세분화와 문화적 세속화의 수준을 확대시킴으로써 달성될 수 있는 것으로 봄.
   ② 이러한 정치발전에 관한 관점은 전통과 근대라는 이분법적 도식에서 비롯된 것으로 근대화의 관점에서 규정한 것이라 볼 수 있음.

3. Samuel P. Huntington의 견해

(1) 기본 관점
① 정치발전의 논의에 보다 진지하게 접근하기 위해서는 근대화와 정치발전의 개념은 구분되어야 한다고 주장하면서, 정치발전을 근대화의 결과가 아니라 효과적으로 기능하는 정치체계의 필요조건으로 봄.
② 정치발전을 정치참여와 정치제도화의 측면에서 파악하여 근대화 과정으로부터 나타난 사회 제 세력과 집단들의 동원 및 참여의 증대와 이에 대응하는 정치제도화의 수준의 확대를 정치발전으로 간주함.

(2) 주요 주장
① 헌팅턴은 단일 개념인 정치 제도화에 초점을 집중시키면서 특히, 정치참여 및 동원화 과정과 정치제도화의 관계를 중시함.
② 정치질서의 제도화
  ㉠ 특정 정치질서가 장기간에 걸쳐 가치성과 안정성을 향유함으로써 현실정치의 영속적인 메커니즘으로 정착되는 것을 의미함.
  ㉡ 정치질서가 제도화되면 모든 정치행위가 법적·제도적 틀 속으로 수렴되고, 정치과정이 하나의 체계로 계서화됨으로써 체제기능은 효율성을 제고하게 됨.
③ 특정 정치질서의 제도화 여부를 판단하는 주요 척도
  ㉠ 적응성(adaptability) ↔ 경직성(rigidity)
  ㉡ 복잡성(complexity) ↔ 단순성(simplicity)
  ㉢ 자율성(autonomy) ↔ 예속성(subordination)
  ㉣ 응집성(cohesiveness) ↔ 균열성(disunity)
④ **정치체제의 안정** : 정치참여 수준과 제도화 수준 사이의 균형상태는 체제안정을 가져오며, 양 변수 사이의 불균형은 체제의 불안정을 가져오게 됨.
⑤ **정치적 쇠퇴** : 정치발전은 단일 방향으로 계속 나아가는 것이 아니라 발전과 동시에 쇠퇴의 요소를 공유함. 정치적 쇠퇴의 주요 이유는 근대화 과정으로부터 나타난 사회 제 세력의 과도한 욕구와 참여 그리고 갈등 및 경쟁을 효과적으로 조정, 통제할 수 있는 정치제도화의 수준이 낮기 때문임.

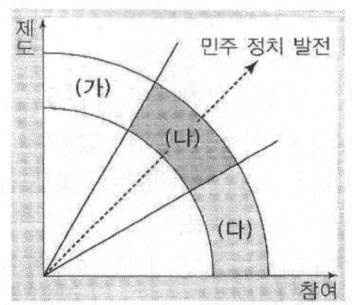

헌팅턴의 정치발전과 제도와 참여의 관계

4. Barrington Moore의 정치 근대화 모형의 비교 연구(비교 역사 모델)

(1) **방법론적 특징**
   ① 역사적, 맥락적이며, 나아가 동적이며 변동 지향적인 발전 모델
   ② 거시적 분석 시각
   ③ 경험적이고 실증적인 연구를 수행하는 귀납적 방식.

(2) **개요**
   무어는 농경사회로부터 현대 산업사회로 전환하는 정치 근대화 혹은 발전 통로를 주로 토지를 소유한 상층 계급과 농민의 다양한 정치적 역할에 주목하면서, 농경사회로부터 현대 세계로 향하는 정치근대화의 역사적 통로를 세 가지 모형으로 분류함.

(3) **부르주아 혁명을 통한 근대화**
   ① 서구 민주주의가 성공한 이유
      ㉠ 토지 귀족과 농민이 시장경제에 적극적으로 대응하는 상업적 농업 형태로의 전환.
      ㉡ 토지 귀족과 도시 부르주아지의 계급 동맹
      ㉢ 국왕의 절대주의 세력을 견제할 수 있는 강력한 토지 귀족과 부르주아 세력 존재.
      ㉣ 부르주아 혁명에서 농민의 역할
   ② 무어의 평가
      ㉠ 영국 : 토지 귀족과 부르주아의 계급 동맹이 국왕을 효과적으로 견제했고, 이들 지배계급이 농민을 자영농과 도시 노동자로 전환시킴으로써 농민의 혁명 역량을 약화시킨 것이 민주 발전에 기여
      ㉡ 프랑스 : 귀족의 지속적인 농민억압으로 농민의 혁명성이 강화되어 프랑스 혁명에서 결정적 담당 세력이 되었음
      ㉢ 미국 : 남북 전쟁으로 남부의 억압적 농업 형태는 파괴되고, 농민의 일부가 북부 노동자로 흡수됨으로써 농민의 폭력적 잠재력은 약화되고 민주발전에 기여

(4) **위로부터의 혁명(반동적 자본주의 방식)**
   ① 독일과 일본에서 서구식 민주주의로의 전환이 차단된 이유 : 노동억압적인 농업조건과 자본주의 이행의 특수한 형태에서 찾을 수 있음.
   ② 일본 : 근대화 과정에서 군주는 지주와 타협하고 부르주아지와 동맹
   ③ 독일 : 부르주아는 토지 귀족과 국왕 관료의 강력한 동맹에 협력하고 의존하게 됨으로써 양국에서 지배계급인 지주와 부르주아지, 정치권력의 주체인 국가와 군주는 '돈을 벌 수 있는 권리'와 '지배하는 권리'를 상호 교환하는 정치적 동맹체제 구축함.
   ④ 이러한 보수적 계급연합의 성공은 보수적이고 권위주의적 정부형태를 몰고 왔고, 결국 군국주의와 나치즘을 초래함.

(5) 아래로부터의 혁명 통로
① 핵심변수 : 농민의 혁명적 잠재력
② 무어는 농민혁명은 반동적 자본주의 혁명과 부르주아 혁명이 불가능했을 때만 가능하다고 간주, 그는 농민의 혁명적 반란은 상층 계급을 비롯한 타 계급과의 관계 즉 전(全)사회적 구조의 맥락 속에서 파악되어야 한다고 주장함.
③ 러시아와 중국의 경우 토지 상층계급은 대체로 상업 및 산업으로의 성공적인 전환에 실패했고, 산업화의 결여는 부르주아의 취약성을 노정시켰으며 동시에 농민의 사회조직을 효과적으로 파괴하지 못함.
④ 결국 러시아와 중국 모두에 있어서 농민혁명은 토지귀족이나 부르주아 계급이 자유주의적이거나 반동적 자본주의로 나아갈 수 있는 기반을 상실하고, 다른 한편 토지 상층 계급이 농민을 많이 착취함으로써 거대한 농민 조직과 공동체 의식이 보수적 형태가 아닌 진보적 형태로 나타나 착취계급을 타도할 때 발생한 것임.

근대화 비교 도식

공통의 출발점(미국 제외)	농업관료제		농업관료제	농업관료제
(핵심 변수군) ① 부르주아 충격	강 함	강 함	중 간	약 함
② 노동억압적 농업체제	시장지향 생산	강 함	강 함	강 함
③ 농민의 혁명적 잠재력	약 함	강 함	약 함	강 함
결정적 정치적 사건	부르주아 혁명		위로부터의 혁명	아래로부터의 농민 혁명
주된 정치적 결과	민주주의적 자본주의		파 시 즘	공산주의
사 례	영국·프랑스·미국		독일·일본	러시아·중국

제 2 절 　근대화이론

1. 근대화이론

(1) 기본 인식
① 서구민주주의 이념과 제도를 확산·전파시키면 후진국의 정치는 필연적으로 근대화 될 것이라는 확산주의
② 서구의 정치제도를 이념형으로 간주하고 서구모형은 신생국에도 적용될 수 있고, 적용되어야 한다는 서구 중심 사상, 즉 자민족 중심주의
③ 모든 국가의 발전 경로와 단계는 동일하다는 단선 논리
④ 발전 과정의 역진 가능성을 배제하는 진화론
⑤ 개도국의 내재 요인을 정치 발전의 주요 변인으로 상정하고 사회변동의 분석단위를 개별 민족국가에 한정시킴. → 저발전 국가는 본질적으로 독자적인 발전능력을 갖고 있지 못하는 것으로 간주하고 저발전의 책임을 개도국 자신에게 귀속시킴.

(2) 비판
① 근대화 모델을 서구 사회에서 찾고 있는 지나친 서구 중심주의적 시각임.
② 문화적으로 서구의 사회가 개발 도상 사회보다 더 발전되었다고 단정하기는 곤란하며, 서구 사회의 개인주의, 물질주의, 인간 소외 등의 내부적 병폐를 도외시하는 문제점.
③ 개발도상국이 발전하지 못한 것을 스스로의 책임이라고 주장 → 저발전 국가들이 선진 자본주의 국가들에게 경제·군사·정치면에서 종속되거나 의존적이라는 사실을 간과

2. Seymour Martin Lipset의 경제결정론

(1) 개요
Lipset은 서구의 경험을 준거로 자본주의 경제발전은 민주주의의 발전에 기여한다는 인과이론을 펴고 있음 → 자본주의 경제발전과 민주주의 정치발전의 상관관계를 선형관계(linear relationship)로 단순화시킴

(2) 내용
① 립셋은 경제발전 수준과 정치적 민주주의 사이의 비례적인 상관성을 실증적으로 연구하기 위해 민주주의 정도에 따라 앵글로색슨 및 유럽국가와 남미 국가들을 네 가지 범주 국가군으로 분류
② 이들 각 국가군에서 선택한 경제발전 지표들은 부(wealth), 산업화(industrialization), 도시화(urbanization), 교육(education)임
③ 립셋은 이들 지표들에 대한 평균치의 최하와 최상의 범위를 제시함으로써 경제발전과 민주주의의 상관관계를 입증하려 함

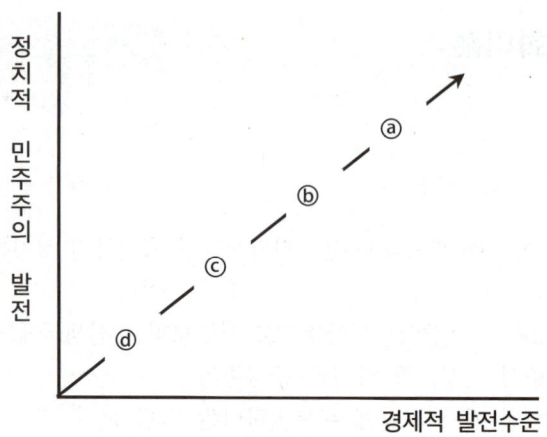

ⓐ 유럽의 안정된 민주주의 국가군
ⓑ 유럽의 불안정한 민주주의 국가군 및 독재국가군
ⓒ 라틴 아메리카 민주주의 국가군 및 불안정한 독재국가군
ⓓ 라틴 아메리카 안정된 독재국가군

(3) 주요 주장

① 경제발전은 소득수준을 높이고 도시화와 매스미디어의 보급을 촉진시키며 문자해득률과 교육 수준을 향상시켜 넓은 시야와 관용성, 이념적 온건성, 합리적 선택능력 등을 갖춘 민주시민을 배양함으로써 민주주의 발전에 기여함

② 경제발전은 중산층의 폭을 넓히고 사회구조의 다원화를 촉진시켜 민주주의를 가능하게 함. 선진민주국가는 예외 없이 다이아몬드형 계층구조를 가지고 있음

③ 경제발전은 소득구조의 불평등을 완화시키고 빈부계층간의 사회적 거리를 좁혀 소외계층 의 상대적 박탈감이 정치에 미치는 역기능을 약화시켜줌

④ 경제발전(산업화)이 급격하게 이루어질 경우에는 노동운동이 급진성을 띠게 되어 민주주의의 정착이 위협을 받게 됨을 경고

(4) 비판

① 경제발전 지표들은 매우 피상적이고 질적이지 못하며 양적인 측면만을 강조했다는 비판을 면하기 어렵다고 볼 수 있는데, 예컨대 부의 지표로서 GNP는 소득의 분배를 전혀 말해주지 못하며, 농업 종사비율은 무분별하고 과도한 도시화로 인한 도시빈민층 문제를 설명하지 못함. 또한 교육의 양적 확대는 질적으로 수준 높은 교육을 설명할 수 없음.

② 정치발전 자체에 대한 개념 정의라기보다는 민주주의의 조건이 되는 사회경제적 지표를 통해 정치발전을 정의했다는 점.

③ 서구 중심적 시각의 반영.

(5) 정치체제의 정통성과 효율성
① **정통성** : 현 정치체제가 그 사회에서 가장 적합하다는 신념을 낳게 하여 그 신념을 줄곧 지속케 하는 체제의 능력
② **효율성** : 정치체제가 국민의 대부분과 기업 또는 군대와 같은 체제 내부의 강력한 여러 집단들이 기대하고 있는 기본적인 통치기능을 충족시키는 정도

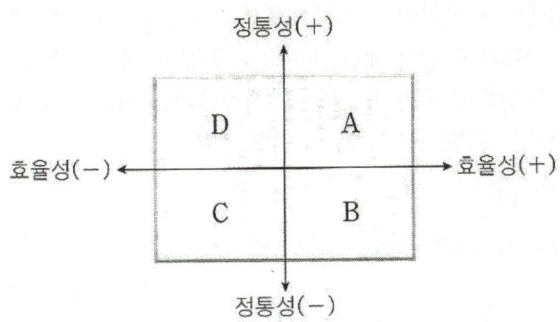

3. Karl Deutsch의 사회동원이론
① 도이치는 정치발전을 사회적 동원과정에서 나타나는 부수현상으로 간주
② 도이치는 정치발전 개념을 분명하게 밝히지는 않지만 정치참여의 확대, 이에 대응하는 정부 및 체제 능력의 증대, 국민국가 건설 등을 정치발전의 중요 특징들로 제시
③ 사회적 동원이란 여러 국가들이 전통적 생활 방식으로부터 현대적 생활방식으로 전환하는 과정에서 발생하는 몇 가지 변동 과정을 말함
④ 도이치가 제시하는 사회적 동원 지표
  ㉠ 기계·기술·의료·소비재·정보 매스미디어 등 현대적 생활 수단
  ㉡ 주거이동
  ㉢ 매스미디어에의 접근 및 노출
  ㉣ 도시화
  ㉤ 농업으로부터의 직업이동(비농업인구비율)
  ㉥ 문자해득률
  ㉦ 1인당 국민소득
⑤ 사회적 동원은 국민의 기대상승을 조장하여 요구와 이익표명의 증대를 유발하고, 정치적 참여를 확대시키며, 그 결과 정부의 문제해결 능력을 향상시키고 국민형성을 촉진함으로써 정치발전에 기여함.

제3절 저발전이론

1. 종속이론

(1) 대항 패러다임으로서의 종속이론

종속이론은 제3세계의 저발전이 선진국으로부터의 자본·기술·제도 등의 요소가 도입됨으로써 극복할 수 있다는 근대화 이론에 대한 비판으로 출발한 것으로 볼 수 있음. 즉, 서구적 발전이론은 서구의 경험과 특수성에 근거한 것으로 제3세계에의 무리한 적용은 오류이며, 제3세계로의 선진 자본의 확산은 오히려 저발전을 강요할 뿐인 것임.

(2) 종속이론의 개념적 검토

① 종속이론의 의의 및 기본 개념
  ㉠ 의의
    제3세계, 특히 남미 국가의 저발전을 제1세계 혹은 세계자본주의 체제에 종속되어 있음으로 인하여 나타나는 것으로 보는 일련의 이론체계
  ㉡ 기본 개념
    • 종속 : 국제자본주의체제의 하부구조가 경제 후진국에 침투하여 후진국 경제를 구조적으로 흡수·통합하여 자율성을 박탈함으로써 야기되는 전면적·구조적 불평등 현상
    • 중심과 주변 : 중심 국가는 선진 자본주의 국가로서 자율적인 성장과 발전이 가능한 반면, 주변부 국가는 중심부 국가의 발전과 팽창에 의하여 수동적으로 영향을 받는다.
    • 저발전과 미발전 : 미발전은 어떤 상태가 전혀 발전되지 않는 것을 의미하나, 저발전은 어느 정도 발전된 상태를 의미하는 동시에 더 발전된 다른 상태에 비해 덜 발전된 것을 함유함. 이런 측면에서 저발전은 상대적 개념인 것임.

② A.G Frank : "저발전의 발전"
  ㉠ 개요 : '중심과 주변' 개념을 수정·보완하는 한편, 국제적 차원과 국내적 차원의 종속관계를 설명함.
  ㉡ 주요 주장
    • 후진 지역의 저발전은 본래적이거나 전통적인 것이 아니라, 발전된 현대 선진국가들과 덜 발전된 후진국가들 간의 관계에서 비롯된 것임.
    • 이중사회 개념 비판 : 근대적 자본주의 사회와 봉건적, 후진적인 사회가 별도로 존재한다는 이중사회 개념은 잘못된 것임. 후진지역의 저발전은 경제발전과 같은 역사적 과정의 산물이기 때문.
    • 확산이론 비판 : 국내적, 국제적 수준에서 중심과 위성간의 관계가 존재함. 이런 관계는 후진국가들의 경제적, 정치적, 사회적 생활을 영구화시키고 구조화시킴. 즉, 중심국의 영향력은 후진 국가들의 정치적·사회적 하부구조에까지 침투하였으며, 그 결과 비민주적인 정권과 착취적인 현지 지배계급을 창출했다는 것

- **저발전의 발전** : 중심부의 잉여착취로 인해 주변부는 저발전의 발전만을 계속해 옴. 특히 제2차 대전을 전후해 나타난 이러한 현상을 '신식민주의'로 표현하고 있음.
- **대안** : 국가 간의 관계는 물론이고 국내 계급간의 관계에까지 침투된 종속관계를 타파하기 위해서는 사회주의 혁명에 의한 근본적인 변혁이 필요함.

③ Galtung의 구조적 제국주의
   ㉠ 전 세계적으로 형성된 국가들 간의 위계질서의 정점에 소수의 강대국이 자리 잡고 있으며, 그 근저에 다수의 저발전 국가들이 위치하고 있다고 봄.
   ㉡ 국가들 간의 피라미드 구조는 다시 중심국의 중심과 주변, 주변국의 중심과 주변으로 나뉘는데, 중심부의 중심과 주변부의 중심끼리는 이해의 조화를 이루는 데 반해 중심부의 주변과 주변부의 주변끼리의 이해는 조화될 수 없음.
   ㉢ 그 이유는 종속국가들은 국제 위계질서의 저변에 놓여 있으며, 정점의 강대국들 간에는 상호작용이 이루어지는 데 비해 주변부 종속국가들끼리의 상호작용은 거의 없기 때문임.

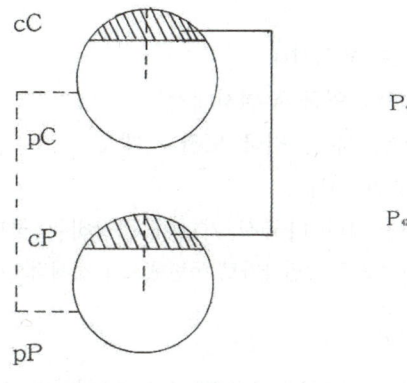
갈퉁의 종속 구조

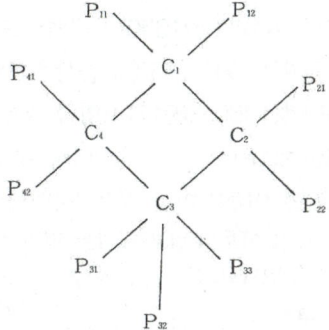
봉건적 중심·주변 관계

④ 종속이론의 공헌
   ㉠ 기존발전론자들이 주목하지 못한 제3세계의 외재적 요인을 중시하여 제3세계의 내재요인에만 치중하여 정치발전을 설명했던 제1세계 발전론자들의 방법론적 결함을 보완
   ㉡ 자아준거적인 주체적 시각에서 제3세계의 저발전 현상 분석

⑤ 종속이론에 대한 비판
   ㉠ 남미 각국의 개별적 사례연구로서 이론 적용의 일반성 미흡(신흥공업국을 비롯한 많은 주변부 국가들의 고도성장을 설명하지 못함)
   ㉡ 국가의 발전을 세계 경제 구조의 종속변수로 간주함으로써 자율성을 부인하고 있음(종속적 상황에 대한 여러 전략에 따라 다양한 결과가 나타날 수 있다는 점을 간과)
   ㉢ 경제 결정론적 시각에 편향되어 국가 간 힘의 역학 관계, 전쟁, 동맹 등 다양한 상호작용의 측면을 간과
   ㉣ 이데올로기적 편견이 내재(제3세계의 발전 방향을 사회주의에 틀 지움)

2. 세계체제론(I. Wallerstein)

(1) 개요
① 제3세계의 자본주의 문제뿐 아니라 전세계적 차원에서 정치, 경제, 사회적 불균등 발전의 문제를 다루고 있음.
② 국가나 민족 사회란 개념은 그 하나로 존재할 수 있는 자기완결성을 지닌 단위가 아니며, 적절한 분석단위가 될 수 없음.
③ 그의 분석은 국가나 민족이 아닌 전 세계라는 단위에서 실행되었고, 그는 전 세계가 하나의 자본주의 체제로 이뤄져있으며 국가는 그것을 위한 장치에 불과하다는 시각을 제시함.

(2) 주요 주장
① 자본주의 체제의 기원은 16세기 유럽이며, 이것이 19세기에 이르러 세계 각 지역으로 확산됨. 세계는 단일시장으로 구성되어 있으며, 상이한 제품의 생산에 입각한 불평등한 교역관계로 연관되어 있음.
② 세계체제 패권국의 변천 과정
  ㉠ 초기단계(1450~1650) : 네덜란드 우위시대
  ㉡ 제2단계(1650~1750) : 중상주의와 영국 우위시대
  ㉢ 제3단계(1750~1917) : 영국 우위 지속, 미국 도전 시대
  ㉣ 제4단계(1917~   ) : 미국 우위 시대
  ㉤ 1960년 이후 : 미국 우위 시대를 지나 다국적 기업이 등장하는 국면
  ※ 제2차대전 이후 주변부 국가는 정치적으로 주권국가로 독립했으나 경제적으로는 식민지 관계를 지속해 오고 있다고 봄.
③ 층위의 구성
  ㉠ 중심부, 반주변부, 주변부의 3가지 국가군(國家群)으로 나뉘어져 있음.
  ㉡ 중심부 : 강력한 국가 기구를 가지고 자유임금·노동에 기초하여 공산품 생산에 주력
   • 민주적 정부
   • 고임금
   • 수입(원자재), 수출(공산품)
   • 높은 투자
   • 복지 서비스
  ㉢ 반주변부 : 중심부에 의해 수취당하면서도 동시에 주변부를 수취하는 제3의 구조적 위치를 점유
   • 권위주의적 정부
   • 수출(공산품, 원자재), 수입(공산품, 원자재)
   • 저임금
   • 낮은 복지 서비스
   • 중심부 임금상승 시 노동을 제공하고, 중심에서는 더 이상 이윤을 창출할 수 없는 산업들에 새로운 기지를 제공하는 역할을 수행.

- 중심부와 주변부의 직접적인 대립충돌을 완화하는 등의 세계체제의 정치구조를 안정화 하는 역할을 수행함.
ⓒ **주변부** : 허약한 국가기구를 가지고 강제노동에 기초하여 농산물 경작에 주력
- 비민주적 정부
- 수출(원자재), 수입(공산품)
- 생계수준 이하의 수입
- 복지 서비스 없음

④ **중심부의 발전**
㉠ 세계자본주의체제는 기능 면에서는 단일한 자본주의 양식에 입각하여 있으나, 불균등한 교역관계를 통해 잉여가 생산되고 이 잉여가 주변부에서 중심부로 이전되는 소위 제로섬 상태, 영합관계의 형태로 이뤄진다. 즉 주변부가 손해를 보는 만큼 중심부는 더욱 부를 축적하는 구조인 것임.
㉡ 중심부는 이러한 중심 구조를 유지하기 위해 반주변부, 주변부에 지속적으로 영향력을 행사하며, 주변부의 저발전 상태가 영구화되도록 압력을 가하게 됨.

⑤ **층위의 반전**
㉠ 현재의 세계자본주의 체제 내에서도 주변부가 반주변부, 나아가 중심부로의 그 지위 승격이 가능하다고 바라봄. 이는 제3세계 국가들이 국제 계층구조 상에서 이동할 수 있는 가능성을 시사하고 있는 것임.
㉡ 이러한 이론적 논의는 당시 성장하고 있던 신흥공업국들의 변화에 대해 설명할 근거로 작용할 수 있었으며, 동시에 종속이론이 갖고 있던 한계를 극복하는 방안으로 작용하였음.
㉢ 그러나 층위반전의 가능성은 매우 낮으며, 오히려 반주변부의 정치적 역할과 그에 따른 주변부 국가들의 층위 반전의 환상(반주변부를 거쳐 중심부로 진입할 수 있다는)은 자본주의적 테두리를 더욱 공고하게 유지시키는 요인으로 작용하게 됨을 강조함.

⑥ **세계 체제의 전망**
냉전의 종식이 자유주의가 승리를 거둔 것이라기보다는 오히려 자유주의의 붕괴가 임박했음을 보여주는 것이라고 주장.

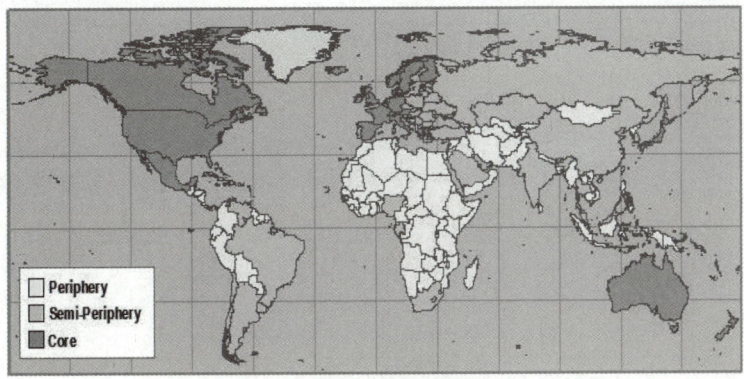

국가군 층위 분류

3. 이론의 비교(종속이론 VS 세계체제론)

(1) 유사점
① 선진국(중심국)의 발전과 개도국(주변국)의 저발전을 세계체제의 구조적 모순과 결부시켜 파악함.
② 잉여가치의 불평등 교환관계로 특정 지어지는 중심국경제와 주변국경제의 구조적 연계(분업 및 교환구조)를 중시하고 이들 구조의 역학 작용을 분석함으로써 선진국(중심국)의 발전(자본축적)과 후진국(주변국)의 저발전을 설명
③ 선진국의 발전은 주변국을 수탈한 결과이며 주변국의 저발전은 중심국에 의한 수탈 때문이라는 점을 강조

(2) 차이점
① 종속이론이 세계 자본주의체제의 층위를 중심-주변으로 양분하는 데 반해 세계체제론은 중심-반주변-주변으로 삼분
② 종속이론이 중심-주변관계를 종속관계로 규정짓고 결정론적으로 인식(세계 자본주의 체제의 구조가 제3세계국가의 종속적 위상을 결정짓고 종속적 위상은 다시 제3세계국가의 저발전 또는 종속적 발전을 결정짓는다고 봄)하는데 반해 세계체제론은 중심-반주변-주변관계를 우열적인 차등관계로 인식하고 세계경제의 경기변동과 각국의 정책성과에 따라 층위의 서열이 반전될 수 있다고 봄
③ 종속이론의 주로 제3세계국가의 저발전현상 분석에 역점을 두는 데 반해, 세계체제론은 세계체제의 역학구조 분석에 역점

(3) 세계체제-종속이론의 제3세계 정치 변동관
① 특정국가의 정치안정과 변동, 나아가 민주주의 발전은 세계체제의 위상에 의해 좌우됨
② 위상이 중심(지배국)일 경우에는 민주주의 지향성이 강하고, 주변(종속국)일 경우에는 권위주의의 가능성이 높음
③ 주변 아니면 반주변에 위치하고 있는 제3세계국가들은 일부 예외를 제외하고는 세계체제가 미치는 구조적 제약으로 인해 권위주의 정치체제를 택하지 않을 수가 없음

(한국정치체제론 - 김호진 - 박영사)

제 4 절　제3세계 정치론

1. 관료적 권위주의(Bureaucratic Authoritarianism) 이론

(1) 관료적 권위주의의 의미
① 관료적 권위주의(B-A)이론은 Guillermo O'Donnell이 '60~70년대' 남미의 브라질(1964)· 아르헨티나(1966과 1976)·페루(1968)·칠레·우루과이(1973) 등에서 군사 쿠데타를 통해 출현한 민중 배제적인 군부 지배체제를 경험적 준거로 발전시킨 이론임
② 관료적 권위주의란 관료주의와 권위주의의 합성어이며 David E. Apter의 관료체제 개념과 Juan Linz의 권위주의 개념을 포괄하는 것임

(2) 관료적 권위주의체제의 인과적 역동성
① 과두적 정치체제(Oligarchic system)
　㉠ 과두체제에 있어 정치적 경쟁은 제한된 범위에서만 발생, 농산물과 광물에 기반을 두는 1차 생산품 수출담당 엘리트가 국가를 지배하고, 그들의 욕구에 맞도록 공공정책을 지향함.
　㉡ 이러한 체제는 민중부문이 아직 정치적으로 활성화되지 않았기 때문에 민중부분에 대한 국가의 대응책은 융합적인 것도 배제적인 것도 아님
② 산업화
　㉠ 오도넬은 산업화의 단계와 정치체제의 변화는 밀접히 연관된다고 주장
　㉡ 초기산업화단계에서 기업은 국제경쟁의 압력을 별로 받지 않기 때문에 국가는 임금정책과 노동자 복지문제에 상당한 여유를 가질 수 있었고, 이것은 국내 소비재 시장을 확장하기 위해 노동자계급의 소득을 증대시키려는 산업자본가들의 이해관계와 결합
③ 민중주의 체제(Populist system)
　㉠ 남미의 몇몇 나라에서 1930~1950년대 수입대체 산업화의 여파로 민중세력이 급성장하게 되자 그 세를 등에 업고 출현한 체제가 민중주의 체제임
　㉡ 민중부문에 대한 융합적, 포용적 국가 정책의 수행 및 경제적 민족주의(자립성) 추구
　㉢ 국가는 소비재 지향적인 초기 산업화 정책에 치중하며, 이를 위해 국가는 직접적으로 국내 산업을 지원하고 간접적으로 민중부문의 소득을 높여 국내 소비재시장을 확대시킴
　㉣ 민중주의체제의 전형 : 아르헨티나의 Peron정권(1946~1955), 브라질의 Vargas정권(1930~45, 1950~54)
④ 성장의 정체
　㉠ 수입대체산업화과정은 점차 수평적 확대현상이 고갈되면서 많은 경제적 위기현상들이 나타나게 됨. 그러나 수입대체산업화는 점차 중간재 및 자본 장비의 수입증가로 곧 수입집약적 산업화로 수입대체단계 종결국면에 이르면 국제수지의 적자, 대외부채 및 인플레이션 등 경제문제가 심각해져 제로섬적 상황을 가져와 지배연립을 파괴시킴

ⓒ 초기 산업화단계가 끝나고 정통 경제 정책으로 전환되게 되면, 민중부분은 억압과 배제의 위협을 느끼고 성장위주의 정통경제정책에 도전
　　ⓒ 그 결과 파업확대 등 극심한 정치경제적 위기가 수반되고 그에 따른 마찰과 대립으로 사회 혼란 가중
⑤ 군부 쿠데타의 발생
　　㉠ 산업화와 함께 고도의 사회적 분화로 기술 관료의 사회적 역할은 민간부문과 공공부문의 일반 관료제와 군부 관료제의 양자에서 증대되며, 이와 병행하여 군부엘리트가 정치·경제·사회부문에 관여를 시도하게 됨
　　㉡ 민간 및 공공부문의 기술 관료지향성과 군부엘리트의 개입지향성은 정통경제정책을 통한 산업화의 심화전략에 있어 이해를 같이함
　　㉢ 따라서 이들의 의사소통이 증대하고 욕구불만이 커지면서 민중주의적 사회·정치세력에 의해 야기된 위기를 종식시킬 억압적인 관료적 권위주의체제 성립을 위한 쿠데타 연합(Coup coalition)을 형성
⑥ 관료적 권위주의체제(B-A system)
　　㉠ **민중배제 정책의 강화** : 관료적 권위주의 국가는 이전까지 정치에 활발하게 참여한 민중부문에 대한 통제를 강화하고 이들을 정치·경제적으로 배제함. 예컨대 국가는 노동조합과 같은 조직을 해체하거나 규제함으로써 민중부문과 그들의 동맹자들이 정치에 접근할 수 있는 통로를 폐쇄. 이러한 조치는 관료적 권위주의 국가의 사회지배를 용이하게 하며 경제가 정상화된 이후에도 불평등한 분배를 주축으로 하는 초국가적 경제성장 정책을 가능하게 함
　　㉡ **3자 동맹에 의한 지배** : 관료적 권위주의 국가의 지배세력은 억압을 전문으로 하는 군부와 국가의 발전기능을 담당하는 기술 관료 그리고 직접 기업 활동에 종사하는 민간 자본가 등임. 관료적 권위주의 국가는 이들 3자의 지배동맹을 통하여 산업화와 민중부문의 탈정치화, 사회질서의 안정을 유지하려 함
　　㉢ **관료지배(Dominance of bureaucrats)** : 관료적 권위주의 국가는 국가가 산업화를 주도하고 모든 문제를 합리적 기술주의, 즉 기술 관료주의(Technocracy)에 따라 해결하기 때문에 관료의 상대적 우위성이 강화되며, 이들이 사실상 지배권을 행사함
　　㉣ **대의기제의 형해화와 조합주의기제의 강화** : 관료적 권위주의체제에서는 대의기제가 형해화되고, 이익집단의 활동도 억압되며, 언론 활동 역시 통제됨. 또한 국민대중과 이익집단의 이익표출 행위는 조합주의기제에 의해 조정 그리고 관료적 권위주의 국가는 국가위기의 심각성을 과대선전하며 사회통합을 도모
　　㉤ **국가독점 자본주의체제 지향** : 관료적 권위주의체제는 원칙적으로 자본주의체제를 채택하고 있지만 국가가 직접 생산수단을 소유하거나 자본과 금융에 대해 강력한 통제권을 행사함으로써 국가독점 자본주의체제를 지향
　　㉥ **종속 자본주의의 심화** : 관료적 권위주의 국가는 종속 자본주의의심화단계에서 출현할 뿐만 아니라 종속경제의 심화와 상당기간 공생관계를 유지함
　　㉦ **사회문제의 탈정치화** : 관료적 권위주의 국가는 여러 가지 제도적 수단을 동원하여 사회문제들을 탈정치화시킴. 이들 국가는 사회적 문제들과 이에 연관된 쟁점들을 질서의 회복과

경제의 정상화를 저해하는 비합리적 요구라고 간주하고 국가 관료의 합리적 판단, 즉 기술관료주의에 의해 해결되어야 할 기술적인 문제로 취급

⑦ B-A 체제의 해체
  ㉠ B-A체제는 정당성이 빈곤하기 때문에 항상 체제변화의 도전을 받게 되며, B-A체제가 체제유지의 일환으로 선택한 정통경제정책은 종속적 발전 모델을 전제로 하기 때문에, 지배연합과 민중세력은 항상 대립과 긴장을 빚게 됨.
  ㉡ 이에 대응하여 국가는 억압적 정책을 강화하지만, 그것은 도전세력의 역량을 증대시키고 민주화동맹을 강화하는 효과를 가져오게 되며, 따라서 체제의 존립은 다분히 한시적이며, 억압과 저항의 악순환만 되풀이하다가 결국 해체됨.

(3) B-A 이론의 문제점
  ① 보편타당성의 한계
    ㉠ B-A체제의 형성과 그것의 단기적 지속이 다국적기업과 같은 해외 투자가들의 주도력과 지원에 의존했다고 보지만, 다국적기업과 관료적 권위주의체제의 관료들 사이에 이두체제(二頭體制)가 완전히 성취되었던 것은 브라질과 아르헨티나의 경우뿐임.
    ㉡ 심화가설의 비적실성 : B-A체제의 출현과 산업화의 심화단계 사이에는 사실상 인과적인 친화력을 발견할 수 없음. 예컨대 브라질의 경우 산업화의 심화과정은 1950년대 후반과 1960년대 초반에 걸쳐 상당히 진전되었으며, 이 때 출현한 정치체제는 B-A체제가 아닌 민중주의 체제임
    ㉢ 체제의 유형과 산업화의 국면 사이에는 반드시 정형화된 관계가 있다고 할 수 없음. 민중주의체제가 초기산업화 단계에 출현하고, 그 후 심화단계에서 필연적으로 관료적 권위주의체제가 등장한다고 볼 수 없음. 대체로 민주주의적 압력들은 초기산업단계와 심화단계에서 중첩되어 나타나며 이러한 민중주의적 압력은 억압정치와 역할작용을 통해 B-A체제로 이행할 수도 있고 민중주의의 승리로 귀착될 수도 있음.
    ㉣ 기술 관료집단의 양적 증가가 반드시 B-A체제의 출현의 결정적 요인이 될 수 없음.
  ② 관료적 권위주의 이론은 특정국가의 정치문화·사회구조(계급구조), 국가와 사회와의 역학 관계 등 내재요인이 체제변화에 미치는 영향력을 지나치게 경시하여 설명하는 한계를 노정하고 있음.

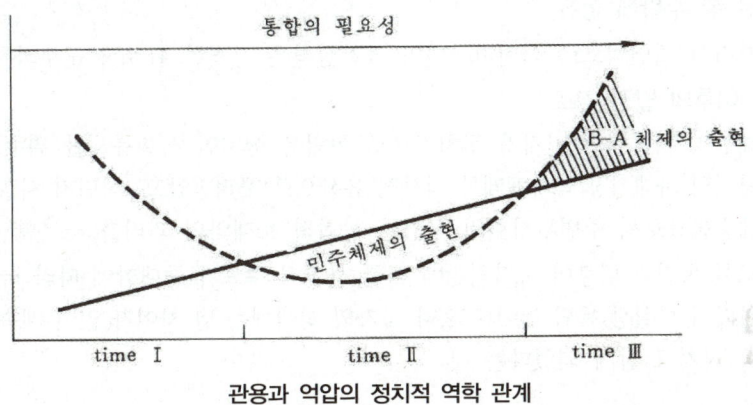

관용과 억압의 정치적 역학 관계

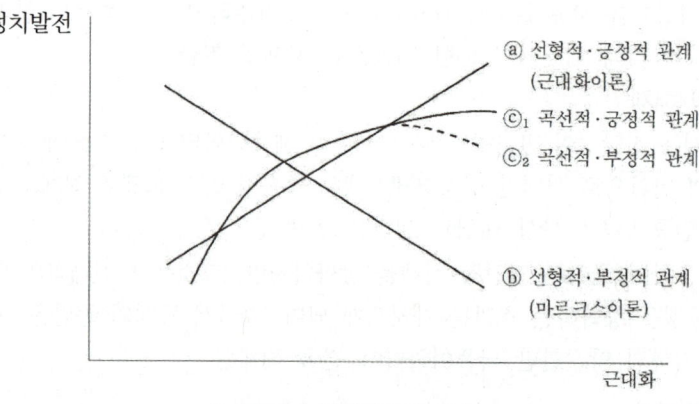

정치발전과 근대화와의 관계

2. 과대 성장 국가론(Overdeveloped state)

(1) 개요
① 파키스탄의 정치학자 알라비(Hamza Alavi)가 파키스탄과 방글라데시 등의 주변부사회, 특히 식민지적 경험을 가지고 있는 탈식민지사회의 계급구조와 정치권력 사이의 연관성을 중심으로 정치적으로 권위주의적 지배체제가 조성될 수밖에 없는 이유를 논의한 이론체계
② 탈식민지 국가의 특징으로 국가가 과대 성장되어 있다는 점과 이와 같은 과대 성장국가는 사회로부터 상당한 자율성을 바탕으로 새로운 경제적 역할을 담당하고 있음

(2) 성립 과정
① 식민지사회의 국가형성
  ⊙ 중심부 국가가 식민지사회에 대한 제국주의 정책으로 억압과 착취의 기제를 주축으로 이루어졌기 때문에 중심부국가의 상부구조인 강력한 관료적 군사 국가구조를 그대로 식민지 사회에 복제함으로서 국가기구의 과잉 팽창은 불가피함.
  ⓒ 식민지사회의 상부구조는 자국의 사회구성체를 준거로 한 것이 아니라 지배국가의 사회구성체를 준거로 했기 때문에 상부구조인 국가가 하부구조인 사회경제적 토대에 비해 과잉발전 될 수밖에 없음.
  ⓒ 따라서 필연적으로 식민지사회의 국가성격은 강력한 관료적 군부과두체제의 성격을 띰
② 해방 이후의 발전 경로
  ⊙ 해방과 더불어 식민지가 정치적으로 독립은 했지만 사회통제를 위주로 형성된 식민지배 당시의 과대성장 국가체계를 역사적 유산으로 물려받았고, 식민지 시절의 행정문화 관행을 계승함으로써 주변부사회의 국가는 사회적 토대와의 괴리를 극복할 수 없었음.
  ⓒ 또한 독립과 더불어 국가역할에 대한 사회적 수요가 증대함에 따라 국가기구가 급격히 팽창하여 사실상 독립 전이나 후나 국가의 성격에는 별 차이가 없이 계속 상대적으로 과대성장 국가로 남게 되었다는 것.

THEME 08 | 정치발전론

94-19

01 <보기>의 내용과 관계 깊은 정치 발전 과제의 특성은?

> 보기
> 정치 발전을 위해서는 정부가 국민들의 '삶의 질'을 향상시킬 수 있는 능력을 갖추어야 하는데, 정부의 지시와 통제가 아닌 국민의 '자발적 참여'와 '능동적 창의'를 바탕으로 「작지만 강력한 정부」를 구현하는 것이 필요하다.

① 정당성　　② 효율성　　③ 공정성　　④ 형평성

95-51

02 근대화(자본주의적 발전)와 정치 발전의 관계를 보는 다양한 시각은 다음 [그림]과 같이 표현될 수 있다. 초기의 근대화 이론가들이 본 근대화와 정치발전 사이의 관계는 [그림]에서 어떤 선으로 표시될 수 있는가?

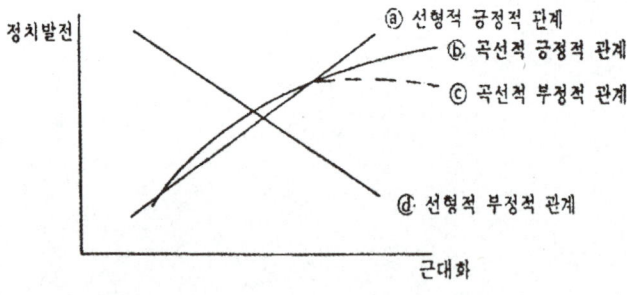

① ⓐ　　② ⓑ　　③ ⓒ　　④ ⓓ

2006년 공통사회

03 다음 글에서 ㉠에 들어갈 적절한 용어를 쓰고, ㉡에 해당하는 것을 2가지만 쓰시오.

> 다음 인용문은 정치 안정 및 정치 발전에 관한 립세트(S. M. Lipset)의 견해이다.
> "어떠한 민주국가를 막론하고 그 나라의 안정성 여부는 경제 발전에만 달려 있는 것이 아니라 그 정치체제의 효율성과 (㉠)에도 달려 있는 것이다. 효율성이란 정치체제가 대다수의 국민과 대기업 또는 군대와 같은 체제 내부의 강력한 집단들이 기대하고 있는 기본적인 통치기능을 충족시키는 정도를 의미한다. 그리고 (㉠)이란 현 정치체제가 그 사회에 가장 적합하다는 신념을 낳게 하고, 그것을 줄곧 지속하게 하는 체제의 능력을 가리킨다."
> 그런데 어떠한 정치제도도 정치적 효율성을 높이기 위해서는, 즉 정치 발전을 이룩하기 위해서는 여러 가지 능력을 갖추어야 한다. 아몬드(G. A. Almond)는 그러한 ㉡<u>정치체제의 능력</u>을 몇 가지 제시하고 있다.

07-12

04 다음 표는 립세트(S.M.Lipset)이 경제발전과 민주주의 관계를 분석한 자료의 일부이다. 표에 나타난 부(富), 교육 이외에 립세트가 민주주의 지속 가능성을 설명하기 위한 분석한 변수 2가지를 적고, 종속이론가들이 '립세트의 주장과 같은 근대화이론으로는 1960년대 라틴 아메리카와 1970년대 한국의 정치체제 변동을 적절하게 설명할 수 없다'고 주장하는 이유를 세계체제이론의 기본개념과 관련 지어 쓰시오. [4점]

	부			교육		
	1인당 국민소득 (달러)	의사 1인당 인구 (1,000명당)	자동차 1대당 인구	문자 해독률(%)	인구 1,000명당 초등학생 수	인구 1,000명당 대학생 수
서구의 민주국가	695	0.86	17	96	134	4.2
서구의 독재국가	308	1.4	143	85	121	3.5
남미의 민주국가	171	2.1	99	74	101	2.0
남미의 독재국가	119	4.4	274	46	72	1.3

– 자료 : S. M. Lipset, Political Man(1960).(국가 분류는 일부 수정하고, 교육 자료는 일부 생략함)

• 변수 : _____ , _____

• 이유 : _____

▶ 2013-13

05 한 학자가 제시한 다음 자료에 대한 분석과 추론으로 가장 적절한 것은?

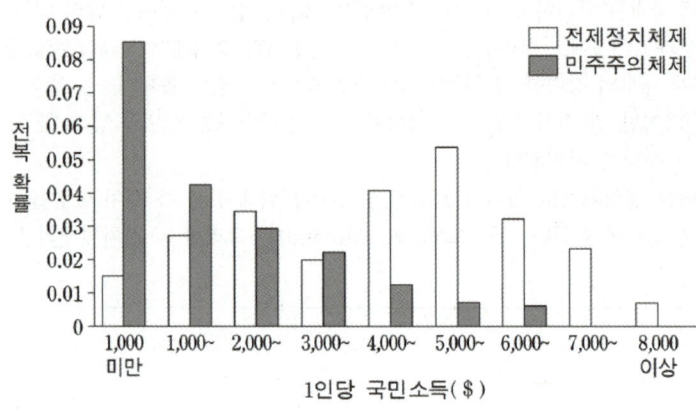

〈1인당 국민소득과 정치체제 유형별 전복 확률〉

① 경제수준과 전제정치의 붕괴간에는 강한 선형적인 관계가 있다.
② '민족국가형성 → 경제성장 → 민주화'라는 보편적인 정치발전의 단계를 보여준다.
③ 경제가 성장할수록 정치적으로 불안정한 혁명적 상황이 발생할 가능성이 높다.
④ 경제수준이 일정 수준에 도달하면 민주주의가 전제정치로 전환되는 경향을 보인다.
⑤ 경제수준이 높은 국가일수록 민주화 이후 민주주의가 안정적으로 유지될 가능성이 높다.

▶ 2015 전공 A 4.

06 다음 ( ) 안에 공통으로 들어갈 개념을 쓰시오.

> 정치발전이 무엇을 의미하는가에 대해서는 논자에 따라 견해가 분분하다. 일부 학자들은 경제의 산업화, 사회관계의 합리화, 문화의 세속화 등으로 나타나는 근대화가 정치발전에 호의적인 환경을 제공한다고 주장한다. 이에 반해 제2차 세계대전 이후 라틴아메리카의 사례에서 잘 살펴볼 수 있듯이, 급속한 근대화가 오히려 정치 쇠퇴를 가져올 수 있다는 견해가 있다. 후자의 견해에 따르면 '조직과 절차가 가치와 안정성을 얻는 과정'을 의미하는 ( )이/가 정치발전에 중요한 의미를 갖는다. 여기에서 정치체계의 ( ) 수준은 일반적으로 적응성(adaptability), 복잡성(complexity), 자율성(autonomy), 응집성(coherence) 등과 같은 네 가지 요소를 기준으로 평가해 볼 수 있다. 한편 이 견해는 안정을 지나치게 강조하는 경향이 있다는 비판을 받기도 한다.

CHAPTER 08 정치발전론

MEMO

THEME 09 | 정치문화론

제1절 정치문화

1. 기본 개념

(1) 정치문화의 정의
① 문화일반 속에서 특히 정치적인 사고방식이나 행동 양식을 규정하는 심적 경향
② 일반문화 체계의 하위문화로 정치적인 사고방식이나 행동양식을 규정하는 인식·신념·가치 등의 체계

(2) 정치문화의 구성 요소

인지적 정향	개인이나 집단이 정치체계, 그것의 역할 및 역할담당자, 정치체계의 투입과 산출에 대해서 갖는 지식이나 인식
감정적 정향	정치체계, 그 역할 및 역할담당자, 그리고 업무수행에 대한 느낌
평가적 정향	가치기준과 척도를 정보 및 감정과 결합시킴으로써 이루어진 정치적 대상에 대한 개개인의 판단과 의견

(3) 정치문화의 유형(Almond & Verba)

① 이론상 구분

	정치체제	투입과정	산출과정	정치주체
향리형	-	-	-	-
신민형	+	-	+	-
참여형	+	+	+	+

향리형	• 정치체제 일반, 투입과정, 배출과정, 정치주체 모두 '-'를 보이는 전근대적 전통적 사회에서 보여지는 정치문화 • 이러한 사회는 정치적 역할이 미분화의 상태에 있으므로 미분화형 정치문화라 함
신민형	• 정치체제 그 자체나 배출과정에 관해서는 매우 민감한 반응을 보이지만 투입과정이나 정치체제로서의 정치참여에 관해서는 마이너스 반응을 보이는 과도기적·신민적 사회의 정치문화 • 중앙 집권적인 권위주의 사회에서 나타나는 유형으로 정치에의 참여자로서의 자각 결여된 수동적 문화
참여형	• 모두 '+' 반응을 보이는(적극적 명확한 정향을 갖는) 시민적 민주적 사회의 정치문화 • 구성원들 각자는 여러 정치적 대상들에 대하여 찬성과 반대에 대한 정향을 갖고, 정치과정에서 스스로의 역할을 수행하는 능동적 참여 문화

② 현실형 정치문화

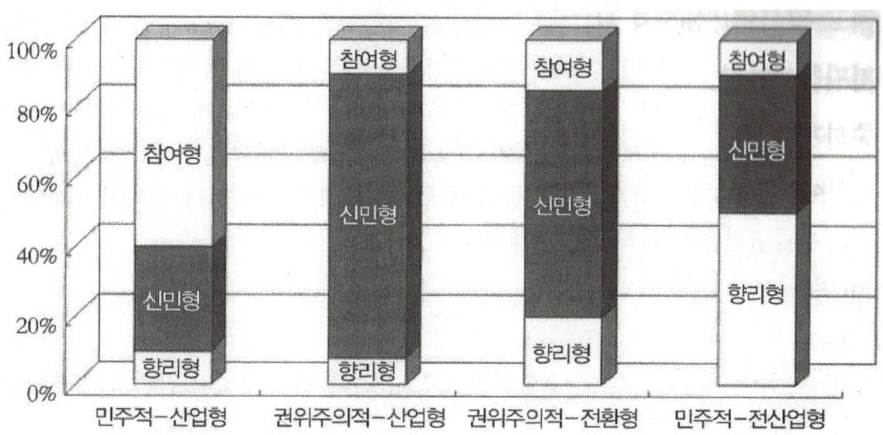

자료: Almond and Powell(1984, 39).

㉠ 민주적-산업형 정치문화

국민의 약 60% 정도가 정치과정에 실질적·잠재적 참여자로 정치에 대한 충분한 정보를 가지고 있으며, 정치적 요구를 제기하고 또한 여러 정치지도자에게 정치적 지지를 보냄. 국민의 약 30%는 정부 공무원을 따르고 법에 복종하지만 투표나 정치과정에 참여하지는 않음. 나머지 10%는 정치나 정부에 대해 아는 것이 전혀 없는 정치문맹자이거나 아주 시골에 거주하거나 아니면 나이가 많은 여성층이라고 볼 수 있음. 이 유형의 정치문화에서는 정치적 활동가들이 정당간의 경쟁을 부추기고 높은 투표율, 공공문제에 대한 열띤 공방, 이익집단의 적극적인 활동과 이익옹호 등의 현상이 발견됨.

㉡ 권위주의적-산업형 정치문화

극소수가 사회를 지배하고 있는 단일정당에 참여하며, 대부분의 시민은 정당, 관료, 정부가 통제하는 대중매체에 의하여 복종자로서 동원됨. 시민들은 투표에 참여하도록 권장되거나 강제되며, 세금을 납부하고, 법과 규정에 따르고, 정부에서 지정한 직장에 배정되게 됨. 근대화된 사회조직과 대중매체, 그리고 권위주의적인 정당의 영향으로 다수의 시민들은 정당이나 정부가 개인 생활에 영향력을 행사한다는 것을 잘 알고 있으나 사회구성원의 대부분이 복종자중심으로 구성되어 있음. 체코가 대표적인 사례임.

㉢ 권위주의적-전환형 정치문화

권위주의적이고 근대화된 산업사회의 정치문화로 볼 수 있음. 권위주의적인 정치체제임에도 불구하고 학생이나 지식인은 정치체제의 변화를 위하여 노력함. 수혜층인 사업가나 지주들은 공공문제에 대한 토론과 활동을 하지만 대부분의 국민은 수동적인 복종자로서 법을 준수하고 정부에 순응함. 특히 농민, 노동자들은 정치체제와 의식적인 접촉을 하지 않음. 브라질이 대표적인 사례임.

㉣ 민주적-전산업형 정치문화

향리형과 신민형이 현저히 우세하고, 참여형은 거의 명목적인 수준에 불과한 양상으로 나타나며, 이는 도시화가 덜 되고 문맹자가 많은 사회의 정치문화라고 볼 수 있음. 정치참여자는 교육수준이 높은 전문가, 사업가, 지주 등 극소수에 제한되어 있고 근로자, 직장인, 자영농민들은 정부의 공식적인 정책이나 조세부과에 직접적인 영향을 받음. 그러나 대부분의 노동자나 문맹자인 시민들은 공공부문에 대한 지식이나 접촉이 최소한으로 이루어지고 있음. 인도가 대표적인 사례임.

(4) 시민 문화

① 개념

시민문화란 특정한 시점에서 향리적이고, 신민적이며, 그리고 참여적인 정향들이 이상적 패턴을 나타내는 특수한 혼합

② 사례

영국과 미국의 사례처럼 국가가 상대적으로 안정되고 성공적인 민주주의를 향유할 수 있는 이상적 시민문화가 형성된 것은 향리적이고, 신민적이며, 때로는 참여적인 정향들의 균형적인 분포상태를 유지하고 있기 때문임.

③ 특징

㉠ 정치적 권위에 대한 존경과 건전한 독립정신의 적절한 배합 → 정부권력과 반응성, 합의, 그리고 시민의 영향력과 시민의 수동성과의 사이에서 균형을 지속시킴.

㉡ "안정되고 효율적인 민주주의 정부의 발전은 정부와 정치의 구조에 달려 있으며, 또한 안정적이고 효율적 정부와 정치의 구조는 사람들이 정치과정에 대해 가지고 있는 정향 즉 정치문화에 달려있다."

(5) 정책이념에 따른 유형

① 합의형 정치문화

동질성이 높은 사회에서 발견되는 유형으로 국민일체감이나 국민통합이 이루어져 정치적 안정을 유지할 수 있음. 국민들은 정부의 정책에 대해서 대체로 동의적인 태도를 보이며, 사회가 당면한 문제가 무엇이며, 그것을 어떻게 해결해야 하는지에 대한 의견의 일치현상을 보인다고 볼 수 있음.

② 양극화된 정치문화

국민통합에 실패하여 국론이 분산된 사회에서 발견되는 유형으로 정치안정을 유지하기 어려움. 지역, 세대, 계층, 이익집단 간 견해차를 보여 사회가 극도로 이질적인 모습을 보임. 한편, 동질성이 낮은 것은 국민의 정치적 정향이 다양하고 하위문화가 발전되어 있음을 의미하기도 함.

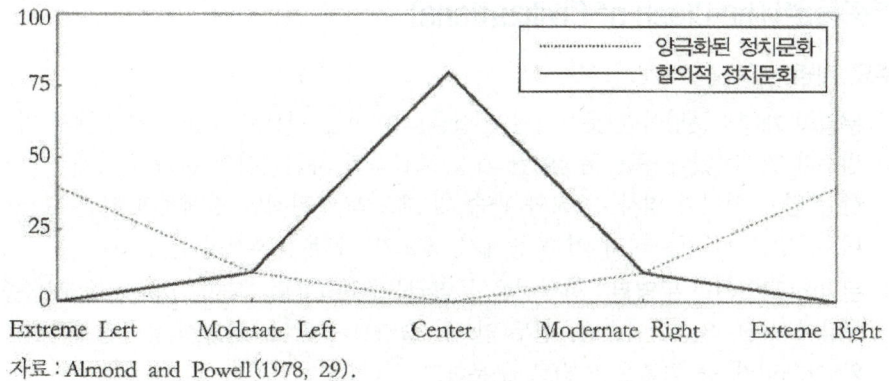

정책 이념에 따른 정치문화

2. 아시아적 가치(유교자본주의)

(1) 논의 배경

아시아 일부 국가들의 비약적인 경제성장에 대한 문화론적 설명으로 일본, 신흥공업국(NICs : 한국, 홍콩, 대만, 싱가포르), 중국 등의 연이은 경제성장에 따른 유교적 가치의 경제성장에 대한 긍정적 기여를 탐색

(2) 핵심 내용

① 근검절약, 근면성
② 가족 중심의 윤리, 공동체주의
③ 높은 교육열
④ 유능한 관료
⑤ 경제에 대한 국가의 온정주의적 개입
⑥ 서구형 민주주의보다 부드러운 권위주의(Soft authoritarianism) 선호

(3) 평가

① 의의 : 서구적 가치관(청교도 정신) 중심의 인식태도에 대한 관점의 전환 유도
② 비판 : 기본적으로 정치, 경제적 체제 성장을 문화 결정론적으로 설명한 인식의 오류
③ 1990년대 말 경제위기에 의해 아시아적 가치에 대한 부정적인 해석이 증가하는 추세에 있음. 즉, 세계화, 자유화, 시장화가 대세를 이루는 세계자본주의 질서 하에서 아시아적 가치는 이 지역 국가 경제의 효과적인 적응을 가로막는 요인으로 작용할 것임.

3. 문명충돌론(The Clash of Civilizations)

(1) 주요 개념

① **문명의 개념** : 문명이란 문화적인 본질을 의미하는 것으로 문화의 층위에서 가장 높은 차원의 범주라 할 수 있다. 즉, 문명이란 가장 포괄적인 차원에서의 문화적 정체성을 의미한다. 이러한 문명은 언어와 역사, 종교와 관습 및 제도와 주관적인 정체성과 같은 요소로 정의되어 지며, 문명을 나누는 여러 기준 중에서 종교가 가장 근본적이다.

② **문명의 균열선과 문명권** : 헌팅턴은 문명권을 서구(유럽, 북미, 호주), 유교권(중국, 동아시아, 동남아시아), 일본, 이슬람, 힌두(인도), 슬라브-그리스 정교회(동방정교문명), 라틴아메리카와 아프리카 등 7(혹은 8개)로 구분하고 있다.

(2) 탈냉전 이후 문명권간 갈등의 전개

① **문명권의 대두** : 문명 간 갈등의 중요성

  ㉠ 전세계에 걸친 경제적인 경제와 사회적인 변화의 과정(세계화)으로 인해 사람들이 오랫동안 견지해 왔던 지역적인, 국지적인 정체성(국가)으로부터 분리되면서 정체성의 근원을 종교에서 찾고 있다. 이러한 근본주의와 종교의 부활은 국가의 경계를 넘고 문명을 묶어주는 정체성의 구실을 한다.

  ㉡ 경제적 지역주의가 증대되고 있다. 이는 다시 문명의 자각을 이끌게 된다. 그리고 공통의 문화와 종교는 경제적 지역주의를 보다 손쉽게 만든다.

② **국제질서의 변화**

  ㉠ 문명의 충돌은 미시적 수준에서는 그 경계선에 있는 인접한 국가 간에 발생하고 거시적 수준에서는 다른 문명권에 속하면서 세계의 주도권을 다투는 국가 간에 이루어진다.

  ㉡ 유럽에서는 기독교 분열성이, 서구와 이슬람 사이, 아랍문명 남부 아프리카의 기독교 흑인 간의 갈등, 이슬람의 북부에서의 그리스정교회와의 다툼, 아시아에서의 이슬람과 힌두교, 중국과 미국, 일본과 미국 등의 분열성이 존재한다.

(3) 탈냉전 시대의 전망

① 서구에 편입할 수 없는 국가들은 자신의 경제, 군사 정치력을 발전시켜 서구와 경쟁할 것이며 비서구 문명 간 서로 협조하여 이를 이루어 낼 것이다. 이의 가장 두드러진 형태가 유교-이슬람 문명의 연대이다. 이의 가장 중요한 국가가 중국의 군사력 증대이다.

② 문명권 사이에 세력전이(power transition)가 일어나고 있다. 과거 서구의 압도적 힘은 약화되고 문명권 간의 세력전이가 일어나고 있다. 즉, 서구의 패권이 이슬람, 유교, 힌두 문명권으로 서서히 전이되고 있는 것이다.(그는 현실주의적 관점에서 서구에 위협할 수 있는 문명권을 군사력(핵), 인구를 중심으로 파악한다)

③ 힘이 전이되고 있는 문명권 사이에 새로운 내적 응집력이 생기고 있다. 이슬람의 수니파는 사우디를 중심으로, 시아파는 이란을 중심으로, 유교문명권에서는 중국을 중심으로 통합력과 응집력이 발생하고 있다.

④ 세력전이와 내적 응집력을 고려할 때, 서구는 무분별한 개입을 자제해야 한다. 향후 세계대전은 서구 국가들이 서구의 가치 기준으로 비서구 국가들에 개입했을 때 문명충돌의 형태로 일어날 것이다.
⑤ 문명 충돌의 위협의 극복은 다원주의적 문명권을 인정해야 하며, 문명 간의 충돌을 대비하여 서구 문명권의 연대가 요구된다. 그러나 서구 문명권과 타 문명권은 보편적 문명권의 성격을 가지고 있다. 따라서 교차 문명적 이해(cross-civilization understand)가 있을 때, 공존의 길을 열 수 있다.

제 2 절 정치적 무관심

1. 이론

(1) Riesman의 일반대중의 정치 참가 스타일 → 정열과 실력이란 지표
  ① **도학자형** : 정치활동에 대한 정열과 실력을 갖추고 있는 인간형. 자기이익의 관념에 밝으며 따라서 자기 이익에 대한 침해에 대해 단호히 투쟁준비
  ② **내막 정보통형** : 정치적 활동에 대한 정열은 없고 다만 정치적 기능과 실력만을 갖춘 인간형. 정치에 대한 생산적 의욕과 행동은 없으나 정치문제를 이해하고 해석하는데 흥미를 갖는 일종의 정치정보의 소식통형
  ③ **의분형(분개형)** : 현실적인 욕망좌절과 실패로 인한 울적한 심정에서 의분을 토론하는 모양으로 정치적 활동에 대한 정열은 있으나 그 실력을 구비하지 못하고 있는 인간형
  ④ **무관심형** : 정치적 활동에 대한 정열도 실력도 없는 인간형

(2) 라스웰의 정치적 무관심의 유형(비정치적 태도)
  ① **탈정치적 태도** : 자기의 요구 기대를 충족시키는 데 실패하여 권력 내지 권력과정에 일종의 환멸을 느껴 정치적 행동에서 물러나는 경우
  ② **무정치적 태도** : 권력이외의 다른 가치에 대한 지나친 열중으로 말미암아 정치에 대해서 관심을 갖지 않는 경우
  ③ **반정치적 태도** : 개인주의적 무정부주의자나 종교적 신비주의자처럼 자기들의 가치가 본질적으로 정치와 충돌된다는 전제에 서서 정치과정에 반대하는 태도

2. 정치적 무관심

(1) **정치적 무관심을 조장하는 요인**
   ① 현대 정치과정의 거대화와 복잡화 → 일반대중의 무력감, 소외감 → 무관심 초래
   ② 현대 사회의 관료화 : 비인격적 기구 속에서 각종 분업에 따르는 피로와 정신의 수동화 → 휴식을 취하려는 욕구가 증대
   ③ 매스컴의 마취적 기능과 소비문화의 영향
      ㉠ 비정치적 영역에서의 집중화
      ㉡ 가치감각의 중화화 → 자주적인 가치판단 능력의 감퇴 현상을 초래
      ㉢ 정치의 소비 오락화 → 그때만의 일시적 만족을 얻으려는 데서 생겨지는 경제적 요구의 단편화
   ④ 번영된 사회생활 → 생활수준의 향상 → 불만의 해소 → 정치적 무관심

(2) **정치적 무관심의 영향**
   ① 정당정치와 의회정치의 침체현상 초래 위험
   ② 권력의 손이 소수의 손에 장악되어 정치적 부패의 위험 및 독재의 가능성
   ③ 시민의 의사와 동떨어진 정책 결정의 가능성 증가

THEME 09 | 정치문화론

✓ 94-27

01 현대 사회에서 정치적 무관심을 조장시키는 요인이라고 볼 수 없는 것은?

① 다양한 압력단체의 출현
② 아노미와 소외 현상의 발생
③ 소비를 조장시키는 대중 문화의 발달
④ 정치 과정의 거대화와 복잡화

✓ 99-08

02 정치적 관심이 낮은 원인을 라스웰(Harold D. Lasswell)의 주장을 중심으로 200자 이내로 설명하시오.

CHAPTER 09 정치문화론

✓ 06-10

03 다음 표는 제16대 국회의원 선거 결과, 각 정당이 획득한 지역구 의석수를 나타내고 있다.

지역*	정당	민주당	한나라당	자민련	민주국민당	한국신당	무소속
서울(45)**		28	17				
영남	부산(17)		17				
	경남(16)		16				
	경북(16)		16				
	대구(11)		11				
	울산(5)		4				1
호남	광주(6)	5					1
	전남(13)	11					2
	전북(10)	9					1
충청	대전(6)	2	1	3			
	충남(11)	4		6		1	
	충북(7)	2	3	2			

* : 강원, 경기, 인천, 제주 지역은 생략되었음
** : (   )는 지역별 총 의석수

위의 선거 결과에 나타나는 한국 정치문화의 요인 때문에, 아몬드와 버바(G. A. Almond and S. Verba)가 제시한 정치문화의 유형(지방형, 복종형, 참여형)에 따라 한국의 정치문화를 분석·설명하는 것은 적절하지 못하다는 비판이 있다. 이러한 비판의 이유를 위의 선거 결과에 나타난 정치문화의 요인과 아몬드와 버바의 정치문화 분류 기준을 관련지어 쓰시오.

✓ 98-06

04 알몬드와 버바(Almond & Verba)는 정치 문화의 유형을 구분하기 위해 다음과 같은 네가지 기준을 사용했다. 이 기준을 참고로 해서, 신민형과 참여형이 혼재되어 나타나는 '신민적(subject)-참여적(participant) 정치 문화'의 특징을 400자 이내로 설명하시오.

- 기준 ❶ 국가나 정치 체계에 대해 국가의 구성원(개인)들이 가지고 있는 지식, 감정, 평가.
- 기준 ❷ 정치의 구조와 기능(역할), 정치 엘리트, 정책 제안 등에 대해 국가의 구성원들이 가지고 있는 지식, 감정, 평가.
- 기준 ❸ 정책 집행의 과정과 결과 및 영향에 대해 국가의 구성원들이 가지고 있는 지식, 감정, 평가.
- 기준 ❹ 정치 체계의 구성원으로서 자신 스스로에 대해 가지고 있는 지식, 감정, 평가.

✓ 09-13

05 다음 주장들의 입장과 논의 대상에 대한 설명으로 적절한 것은?

- 도시의 폭격으로 수천 명의 사상자가 발생했다는 발표가 있자, 곧이어 뻔뻔스럽게도 비누와 술의 광고가 뒤따른다. …(중략)…어느 여배우의 아침 식사 버릇을 마치 중대한 과학적 또는 예술적인 사건을 보도할 때처럼 비중 있게 보도한다. 이리하여 우리들이 품는 감정과 비판적인 판단은 방해를 받게 되며 마침내 이 세계에서 일어나고 있는 사실에 대한 우리들의 태도는 아무런 활기도 찾아볼 수 없는 무관심한 성질의 것이 된다. 자유라는 이름하에서의 생활은 일체의 구조를 상실하게 된다. 즉 그 생활은 수없이 많은 단편으로 이루어져 있으며 각각 서로 분리되어 전체로서의 감각은 조금도 찾아볼 수 없다.
  － 프롬(E.Fromm), 『자유로부터의 도피』
- 그들은 정치에 대해 제3자적 입장을 취하고 있다. 그들은 급진적인 것도 자유주의적인 것도 아니며 또한 보수주의적인 것도 반동적인 것도 아니다. 그들은 말하자면 비활동적인 것이다. 만인 '바보(idiot)'라는 그리스어의 뜻을 '사생활에 치우친 인간(privatized man)'으로 받아들인다면 미국 시민은 지금 그와 같은 바보로 주로 구성되고 있다는 결론을 내려야 할 것이다.
  － 밀스(C.W.Mills), 『화이트 칼라』

① 사람들의 관심이 비정치적 영역에 집중되고 있음을 비판적 시각에서 지적하고 있다.
② 국민이 정치에 적극적으로 관심을 가지는 것이 금지되어 있는 상황을 비판하고 있다.
③ 국민의 교육 수준이 낮고 참정권이 제한되어 있기 때문에 나타나는 현상을 대상으로 하고 있다.
④ 현실의 정치는 유능한 전문가에 일임하는 것이 정치 발전을 위한 합리적인 방안이라고 보고 있다.
⑤ 일반 대중이 생활상의 불안과 궁핍으로 인해 합리적인 조직화를 추구하지 못하고 있음을 지적하고 있다.

THEME 10 | 국제정치론

제1절 국제관계의 이해

1. 국제 정치의 특징

(1) 국제 사회의 특징

무정부성	개별 국가를 강제로 구속시킬 수 있는 힘이나 권력 조직체가 없는 사회
힘의 논리	독립적인 주권 국가들로 구성되어 있지만, 힘의 우위를 통해 국제 문제가 해결되는 사회
이익 추구	자국의 실리만을 추구함으로 인해 국가 간의 갈등과 충돌이 발생하는 사회
연대감과 규범 존재	국가 간에는 어느 정도의 공동체적 연대감이 존재하며, 인류 전체의 평화와 발전을 위한 공동의 규범이 존재함

(2) 국내 정치와 국제 정치의 이질성

정치적 목적	국내정치	기존의 국가 권력을 중심으로 전개, 즉 직접적인 투쟁의 목표가 기존의 국가 권력의 쟁탈
	국제정치	자국의 주권을 확대 강화하여 가능하다면 국제사회에서 위상을 높이려 함
정치적 수단	국내정치	원칙적으로 평화적 수단만 허용
	국제정치	정치적 목적 달성을 위한 무력 사용 용인
정치 주체	국내정치	개인, 집단 등
	국제정치	주권국가, 국제기구 등
권력 관계	국내정치	상하 수직적, 불평등한 관계의 존재 용인
	국제정치	주권국가 상호간의 평등한 관계
통치권의 단일성	국내정치	통치권의 병존 불가, 체제 통합적
	국제정치	각 국가의 통치권이 경쟁적으로 병존, 체제 경쟁적
체제 특징	국내정치	엄격한 법의 존재, 강력한 존재
	국제정치	강제성을 띠는 법체제의 존재 미약, 엄격한 강제력 부재

(3) 국제 정치와 국내 정치의 상호 연계성
① 자원·기술·무역 등 비정치적 영역에 대한 국가들 간 상호의존성 증대로 국제 관계에서 이해 관계의 중첩 현상 발생
② 초국가적 행위자의 증가로 이들의 행위에 의해 특정 국가에서의 문제가 제기되면 국제 외교 관계에서 중요 이슈가 됨
③ 국제 정치가 강압보다 타협을 강조함으로써 국내 정치적 요소가 국제 정치에 침투함이 용이

2. 국제 사회의 형성과 발전

(1) 베스트팔렌체제(1648~)
① 최초의 근대적 국제조약의 의미 : 국가 간 평등, 주권 개념 등장으로 근대국가 체계의 기틀 형성
② 국제세력의 지도적 위치가 에스파니아에서 프랑스로 이전
③ 신앙의 자유와 신교 내 각 종파의 평등의 인정

(2) 빈체제(1815~)
① 프랑스 혁명이후 전후 처리 문제 협의(복고·보수주의 원칙 적용)
② 자유주의, 민족주의 운동 탄압
③ 4국 동맹국이 주도(오스트리아, 프로이센, 영국, 러시아)
④ 약소국의 희생 위에 강대국의 영토확장을 보장

(3) 미국의 먼로선언(1823)
① 대륙 간 세력 균형 추구
② 고립주의 원칙 선언(불간섭의 원칙)
③ 비식민화의 원칙

(4) 베를린 회의 : 비스마르크 외교 정책(1878~)
① 러시아의 남하정책을 저지하고 독일의 국제적 위상을 제고
② 유럽의 현상유지 정책 : 삼제동맹(독일, 오스트리아, 러시아)와 삼국동맹(독일, 오스트리아, 이탈리아)을 통해 프랑스를 견제하며 독일의 산업화와 국력의 충실화 추구
③ 제국주의 정책

(5) 베르사유체제 : 파리강화회의(1919~)
① 제1차 세계대전의 전후 처리(독일의 영토 축소, 배상금 지급 및 군비 축소)
② 국제 연맹의 창설
③ 윌슨의 평화를 위한 14개 조항(민족자결과 평화주의 원칙 천명)

📖 국제 연맹의 성립과 한계

제1차 세계 대전은 침략을 불법화할 수 있는 새로운 집단 안보 체제를 필요하게 만들었다. 앞으로의 전쟁 원인을 제거하고, 국제적 협력을 증진하며, 분쟁을 평화적으로 해결할 수 있는 능률적인 세계 기구를 창설하려는 노력이 시작된 것이다. 이러한 요청에 호응해 1915년 영국 민간인에 의한 '전쟁 회피안'과 미국 대통령 태프트가 후원한 '평화 강행 연맹' 등의 평화 운동이 있었고, 영국과 프랑스에서도 유사한 운동이 등장하였다.

이와 같은 노력 속에서 1918년 윌슨 대통령에 의한 14개조의 '평화 조건과 영구 평화를 위한 4원칙'은 국제 연맹 창설에 가장 중요한 영향을 끼치게 되었다. 이에 따라 28개 연합국 대표가 참석한 파리 강화 회의는 윌슨이 제의한 국제 연맹을 설립할 것과 이에 관한 규정을 강화 조약의 일부로 할 것을 의결하였다. 동시에 특별위원회의 심의를 거쳐 1920년 독일과의 강화 조약 발효와 함께 국제적 인격을 갖는 국제 연맹을 구성하기로 하였다.

최초의 가맹국은 32개의 전승국과 13개의 중립국이었다. 그러나 아제르바이잔을 비롯한 4개국과 모든 패전국의 가맹은 거절되었다. 그 외에 국제 연맹의 창설에 주도적인 역할을 했던 미국이 참가하지 않았으며, 코스타리카·브라질·파라과이·일본·이탈리아 등이 연이어 탈퇴했으며, 신규 가맹국인 소련이 완전히 제명됨으로써 완전한 세계적 기구를 이루지 못하였다.

― 성재호, 『국제기구와 국제법』, 2003, p.26
(천재교육 지도서 p308)

📖 국제 연맹(LN) 규정

국제 연맹 규정은 어떤 회원국이든 분쟁을 사법적인 해결이나 국제 연맹 이사회의 중재에 의하지 않고 전쟁에 호소한다면 이를 회원국 전체에 대해 전쟁을 선포한 것으로 간주하고 무역, 재정적 거래, 국민들 간의 교류 등을 일체 금지하였다. 그러나 이 규정은 침략 국가에 대해 무력 제재를 가할 수 있는 조직적·집단적인 힘에 대해서는 일체 언급하고 있지 않아 실효성 있는 장치로 발전하지 못했다.

― 박재영, 『국제 정치 패러다임』 ―
(비상교육 지도서 p210)

(6) 냉전적 국제 체제(1945~)
  ① 제2차 세계 대전 이후 냉전의 종식을 선언한 몰타 선언까지의 시기
  ② 미국과 소련을 중심으로 하는 양극 체제 형성 : 핵무기에 의한 공포의 균형 상태 유지
    ㉠ 미국의 대소 봉쇄정책
      • 트루먼 독트린 : 소련의 팽창 정책을 군사적으로 저지하겠다는 미국의 외교 정책
      • 마셜 플랜 : 제2차 세계 대전 후 유럽에 대한 미국의 경제 원조 계획
      • NATO(북대서양 조약 기구) : 서방 진영의 군사 동맹 결성
    ㉡ 소련의 팽창 정책
      • 코메콘 : 소련을 중심으로 한 동유럽 공산권의 경제 협력 기구
      • 바르샤바 조약 기구 : 소련을 포함한 동유럽 공산권의 군사 동맹 조약 기구 결성
  ③ 국가 이외의 국제 기구, 비정부 기구 등의 행위 주체의 다양화 및 정치·경제적 상호 의존성 심화

④ 냉전의 완화
  ㉠ 미국이나 소련의 어느 편에도 서지 않는 제3세계 비동맹 국가의 등장
  ㉡ 중국과 소련의 이념 및 영토 분쟁, 중국과 일본의 부상 등으로 동서 각 진영의 결속력이 약화됨
  ㉢ 아시아 지역에서 미국의 개입을 축소하는 닉슨 독트린이 발표되고, 미국과 중국, 일본과 중국 등 동서 데탕트(detente : 긴장 완화)가 진행
  ㉣ 1980년대 소련 고르바초프의 개혁, 개방 정책

> **제3 세계**
>
> 제3 세계란 용어는 1950년대 프랑스 지식인들이 만들어 냈다. 아시아와 아프리카에 우후죽순처럼 등장한 신생 독립국들을 지칭할만한 산뜻한 용어가 필요하였다. 그래서 대부분 가난하고 정치 상황이 불안한 옛 식민지들을 '르 티에르 몽드(le tiers monds)'라는 한 마디로 뭉뚱그린 것이다.
> 제1 세계는 미국 및 서유럽과 대부분 자유 시장권에 속한 그들의 위성국을 가리킨다. 제2 세계는 소련과 동유럽, 즉 국유제에 입각한 사회주의 경제권을 지칭한다. 제3 세계란 꼬리표는 아시아, 라틴 아메리카, 아프리카의 이른바 비동맹 개발도상 국가들에 갖다 붙였다. 그러나 세월이 흐르면서 제3 세계란 말은 점점 시대 착오성을 띠게 되었다. 제3 세계란 개념이 문화와 종교, 인종 차원의 다양성을 묵과했으며, 지구의 동쪽과 서쪽에 다양하게 산재한 지역들을 제3 세계라는 거대한 단일 개념으로 묶은 것부터가 무리였다.
> – 케네스 C. 데이비스, 『지오그래피』, 2003, pp.321~322
> (천재교육 지도서 p326)

(7) 탈냉전적 국제 질서(1989~)
  ① 냉전 체제의 붕괴 과정
    ㉠ 1980년데 신데탕트의 분위기 : 미소 군축 협상, 유럽 안보 협력 회의 등
    ㉡ 1989년 몰타 회담의 냉전 종식 선언
    ㉢ 1990년 독일 통일과 동유럽의 자유화
    ㉣ 1991년 소련의 해체
  ② 탈냉전 시대의 국제 관계
    ㉠ 경제적 실리 중시 : 이념 대립의 종식과 시장 경제 체제의 확산
    ㉡ 세계화 현상 : 국가 간 교역이 증대되고 상호의존성이 높아졌으며, 자본·노동·기술 등이 자유 롭게 이동함 → 국민 국가의 위상 약화
    ㉢ 다극 체제의 성립
    ㉣ 국가 이외의 국제 행위 주체들의 역할 증대
    ㉤ 국지적 분쟁의 증가

트루먼 독트린

미국의 트루먼 대통령은 1947년 3월 12일 의회 상하 합동회의에서 공산화의 위험에 처한 그리스와 터키에 4억 달러의 경제 원조를 제공할 것과 군사 고문단을 파견할 것이라는 이른바 '트루먼 독트린'을 발표하였다. 트루먼 독트린은 미국이 앞으로 공산주의자들이나 외부의 지원을 받는 반란 세력과 싸우는 자유 진영의 국가를 지원할 것을 주된 내용으로 삼고 있었다. 미국 의회는 이를 승인하였고, 곧바로 그리스와 터키에 대한 군사 원조가 시작되었다. 이것은 미국이 전통적인 고립주의에서 벗어나 국제주의로 전환하였으며, 자유 진영의 대부로서 국제 문제, 특히 이념 갈등과 관련된 문제에 적극적으로 개입할 것을 의미했다. 이후 미국과 소련 간에 상호 대립적인 상황이 전개되었고, 신생 국가에는 미국과 소련 양국 중 어느 하나를 선택하지 않으면 안 되는 상황이 강요되었다.

 몰타 선언

1989년 12월 3일, 지중해의 섬나라 몰타에서 미하일 고르바초프 소련 공산당 서기장과 조지 부시 미국 대통령이 정상 회담을 가졌다. 이들은 동유럽의 시장 경제 체제 도입에 대한 소련의 불간섭, 전략 핵무기와 화학 무기를 포함한 군비의 축소, 지역 분쟁의 평화적 해소 등을 논의했고, 소련의 국내법 개정에 따른 미국의 경제 지원과 무역 혜택 보장도 합의했다. 서방의 북대서양 조약 기구(NATO)와 동구의 바르샤바 조약 기구를 군사 기구가 아닌 정치적 기구로 탈바꿈시킨다는 원칙에도 합의했다. 이 선언으로 세계는 화해 무드로 접어들었다. 1945년 2월 얄타 회담으로 시작된 동서 양 진영의 '총성 없는 전쟁 체제'는 몰타 선언으로 붕괴했다. 곧이어 소비에트 사회주의 연방은 해체되었고, 독일은 통일을 이루었다.

— 조순구, 『국제 관계론』 —

 세계화

캐나다의 사회학자이자 문명 비평가인 마셜 매클루언의 표현과 같이 20세기 후반부터 세계는 '지구촌'이 되었다. 이러한 세계화는 국제 관계에 대한 변화된 이해를 요구하고 있다.
첫째, 국가 이외의 행위 주체에 주목한다. 국제 관계에서 가장 중요한 행위 주체는 국가이지만 국제기구, 다국적 기업 등 새로운 행위 주체의 영향력에도 주목한다.
둘째, 국제법과 국제기구 등에 주목한다. 국제 관계는 여전히 힘의 논리가 지배하고 무정부적인 성격이 있지만, 과거에 비하여 국제법을 통한 규율이 급격히 늘어났고, 국제기구나 국제 연합(UN) 평화 유지군과 같은 제도가 새로운 질서를 형성해 가고 있다.
셋째, 국내 정치와 국제 정치의 구별이 현저히 약화되고 양자가 매우 긴밀하게 연결되어 있다. 국내 정치가 국제 정치에 영향을 미치기도 하고 반대로 국제 정치가 국내 정치에 영향을 미치기도 한다.

(비상교육 지도서 p211)

📖 양극 체제와 다극 체제

양극 체제(Bipolarity)란 1991년 소련이 붕괴되면서 미국이 유일한 초강대국으로 남기 전의 전후 국제 질서를 묘사하기 위해 국제 정치학자들이 사용한 용어이다. 포츠담 회담과 얄타 회담에서의 합의가 이행되지 않는 상황에서 유럽에서 냉전이 시작되었으며, 내전과 국지전들은 초강대국들의 개입으로 격화되거나 장기화되기도 하였고, 또 다른 경우에는 예방되거나 단기에 종식되기도 하였다. 철의 장막의 붕괴에서 1991년 12월 소련 해체에 이르기까지의 사건들은 1940년대 후반 이후 국제 정치 체제를 특징지었던, 미소 경쟁에 기초한 넓은 의미의 양극 체제의 종말을 가져오게 되었다. 양극 체제의 붕괴 이후 사람들은 세 개의 주요 경제 블록(북미, 유럽 연합, 동아시아)을 중심으로 하거나 또는 더 많은 수의 지배적인 강대국들에 기초하는 다극 체제(Multipolarity)를 주장하게 되었다.

– 존 베일리스 외, 『세계 정치론』, 2015, pp.79~106
(천재교육 지도서 p292)

3. 국제 사회의 행위 주체

국가	• 가장 전형적인 국제 사회의 행위 주체 • 국제법상 모든 국가는 주권을 가진 평등한 주체임 • 실질적으로는 국력의 차이에 따라 주권 행사 능력에 차이가 있음(안전 보장 이사회 상임 이사국의 거부권)
초국가적 행위체	• 의미 : 국가를 구성원으로 하거나, 국가를 넘어 국제적으로 영향을 끼치는 행위 주체 예 국제연합(UN), 동남아시아 국가 연합(ASEAN), 세계 무역 기구(WTO) 등의 정부 간 기구(GO), 그린피스, 국경없는 의사회 등의 비정부간 기구(NGO), 다국적 기업 등
국가 내부적 행위체	• 의미 : 한 국가 내부의 일부분으로서, 독자적인 입장을 가지고 타국의 정부 또는 민간 조직과 상호 작용을 하는 단위체 예 국가 내 소수민족(중국의 티벳족, 이라크와 터키의 쿠르드족), 지방자치단체, 노동조합 등
개인	• 국제관계의 행위자로서 영향력을 행사하는 사람 예 강대국의 국가원수, UN 사무총장 등

4. 국제법

(1) 국제법의 의미

① 국제 관계에서 발생하는 갈등과 분쟁을 힘이 아니라 국제 행위 주체들의 합의를 바탕으로 만들어진 법 규범에 따라 해결하는 것이 바람직함

② 국제법은 주로 국가 상호간의 관계를 규정하면서 국제 기구, 다국적 기업, 개인 등도 규율함

(2) 국제법의 종류

① **조약** : 가장 중요한 국제법의 원천으로서, 명칭과 관계없이 국제법 주체 간에 맺어진 문서에 의한 합의로 조약을 체결한 당사국만을 규율함. 중요한 조약의 비준에는 국회의 동의가 필요함

📖 비준

체결된 조약에 대해 당사국에서 최종적으로 확인·동의하는 절차를 말하며, 우리나라에서는 대통령이 이를 행한다.
(지학사 지도서 p167)

② **국제 관습** : 문서화되어 있지는 않지만 국가 간에 묵시적으로 합의되어 오랜 기간 동안 법적 의무처럼 지켜져 온 관행. 국제 사회의 모든 구성원에 대하여 똑같은 효력을 가짐
  예) 외교관의 면책 특권, 내정 불간섭의 원칙, 민족 자결의 원칙, 조약 준수의 원칙 등
③ **법의 일반 원칙** : 모든 국가에서 일반적으로 인정하는 법의 원칙
  예) 신의 성실의 원칙, 권리 남용 금지의 원칙
④ **학설과 판례** : 국제 법학자들의 학설이나 국제 사법 재판소의 판례 등

📖 주요 국제 조약

- **베스트팔렌 조약(1648)**
신성 로마 제국은 중세 이래 영방 국가로의 분열 체제가 지속되었는데, 이러한 상황에서 발생한 30년 전쟁은 제국의 분열을 더욱 촉진하여 제국의 통일을 결정적으로 가로막았다. 이 전쟁은 제국 내 신·구교 간의 종교적 대립으로 시작되었지만, 다른 나라들이 개입하면서 유럽의 패권을 장악하기 위한 열강들의 국제 전쟁으로 발전했다. 전쟁은 베스트팔렌 조약으로 막을 내렸는데, 그 결과 제국 내의 신교도 들이 종교의 자유를 얻었으나 신교도를 지원한 프랑스와 스웨덴에게 많은 영토를 빼앗겼고, 스위스와 네덜란드의 독립이 승인되었으며, 수많은 제후국이 독립국으로서의 주권을 인정받았기 때문에 제국의 통일은 더욱 어려워지게 되었다. 그러나 제국의 영방 국가인 동부의 프로이센과 동남부의 오스트리아는 비교적 전쟁의 피해가 적었기 때문에 이후 강국으로 성장할 수 있었다.

- **파리 조약(1814)**
파리 조약은 나폴레옹 전쟁을 종결시켰고, 빈 회의로 이어졌다. 빈 회의는 나폴레옹 전쟁 이후의 처리 작업을 마무리하였고, 유럽 협조 체제로 이어지게 되었다. 유럽 협조 체제는 19세기 강대국 사이의 전쟁을 방지하는 역할을 담당했으며, 군주권을 지켰고, 유럽에서 자유주의와 민족주의 운동을 억압하는 제도였다.

- **베르사유 조약(1919)**
베르사유 조약은 제1차 세계 대전(1914~1918)을 공식적으로 종결시켰으며, 전후 국제 관계를 확정하였다. 이 조약으로 국제 연맹이 창설되었고, 승전국과 패전국의 권리와 의무(독일 배상금 포함)가 정해졌으며, 선진 국가가 식민지 인민에 대해 후견국 역할을 담당하는 '신탁 체제'가 도입되었다.

- **국제 연합 헌장(1945)**
국제 연합 헌장은 유일한 초국가 기구인 국제 연합을 창설하는 법원으로, 국제 연합의 근본 조직과 기본적 활동 원칙을 정하고 있다. 국제 연합 헌장은 국제 연합의 구조, 하부 부처의 권한, 회원국의 권리와 의무를 규정한다. 또한 자위를 위한 무력 행사와 국제 연합 안전 보장 이사회의 승인을 받은 국제 평화 조치만을 정당한 무력 행사로 규정한다.

- **외교 관계에 관한 비엔나 협약**
본 협약당사국은, 고대로부터 모든 국가의 국민이 외교관의 신분을 인정하였음을 상기하고, 국가의 주권 평등, 국제 평화와 안전의 유지 및 국가 간의 우호 관계의 증진에 관한 국제 연합 헌장의 목적과 원칙을 명심하고, 외교 교섭, 특권 및 면제에 관한 국제 협약의 여러 국가의 상이한 헌법체계와 사회 제도에도 불구하고, 국가 간의 우호 관계의 발전에 기여할 것임을 확신하고, 이러한 특권과 면제의 목적이 개인의 이익을 위함이 아니라 국가를 대표하는 외교공관 직무의 효율적 수행을 보장하기 위한 것임을 인식하고, 본 협약의 규정에 명시적으로 규제되지 아

> 니한 문제에는 국제 관습법의 규칙이 계속 지배하여야 함을 확인하며, 다음과 같이 합의하였다.
> …(중략)…
> **제29조** 외교관의 신체는 불가침이다. 외교관은 어떠한 형태의 체포 또는 구금도 당하지 아니한다. 접수국은 상당한 경의로서 외교관을 대우하여야 하며 …(중략)…
> **제31조** 1. 외교관은 접수국의 형사재판 관할권으로부터의 면제를 향유한다. …(중략)…
> 2. 외교관은 증인으로서 증언을 행할 의무를 지지 아니한다
>
> (천재교육 지도서 p300)

(3) 국제법과 국내법의 차이점
① 국내법은 국민들의 의견을 대표하는 입법 기관에 의해 제정되지만, 국제법은 국가를 초월하는 입법 기관에 의해 제정되는 것이 아니라 국가 간의 협상이나 합의에 의해 만들어짐
② 국내법을 어긴 행위 주체에 대해서는 법적인 강제력이 가해지지만, 국제 사회에서 국제법을 어긴 국가에 대해서는 법을 강제로 집행하기 어려움. 국제 사법 재판소가 있기는 하지만 국내 사법 기관과 같은 강제력을 갖지 못함

(4) 국제법의 기능과 역할
① 강제력은 부족하지만 국제사회의 질서를 유지하는 가장 기본적인 규범으로 중요함
② 국가 간의 교류와 의존도가 높아지면서 국제법의 중요성이 증대됨

(5) 국제법의 이론적 접근
① 현실주의의 시각
  ㉠ 국제법은 강대국의 이해에 부합할 때만 중요하다.: 국제 관계는 입법, 사법, 집행을 위한 중앙집권화된 권위체가 없기 때문에 현실주의는 국제법의 법적 구속력을 회의한다. 국가 안에서는 불법행위를 처벌하는 제재가 있기 때문에 시민은 법을 준수한다. 하지만 국제사회에서 제재는 거의 없고, 집행 기제는 아직 발달되지 않았다. 현실주의자에게 국제법 준수 의무는 무의미하다.
  ㉡ 현실주의에 대한 비판
    • 국제정치에서 복합적이며 심도 있는 국제법적 질서의 성장을 설명하기 어렵다. 원거리 통신, 어업, 군축, 무역, 인권 등 다양한 쟁점 영역을 규율하는 국제법이 있고, 이는 잘 준수되고 있다.
    • 현실주의는 국제법이 강대국마저 구속하는 현상을 효과적으로 설명하지 못한다. 국제법에 대한 현실주의의 시각이 옳다면, 강대국은 법적 책임을 부담하지 않으면서 국제법을 위반하리라고 예상된다. 하지만 강대국도 국제법에 따라 행동하기 위하여 시간을 끄는 경우가 많고, 법을 위반하거나 국제사회의 승인을 받지 못할 경우에는 형행 국제법에 자국의 행동이 일치한다고 하면서 정당화를 시도한다.
    • 현실주의는 약소국과 비정부 행위자가 심지어 강대국의 반대에도 불구하고 자신의 목표를 추구하기 위하여 국제법을 활용하는 현상을 설명하지 못한다.

② 신자유제도주의
　㉠ 신자유제도주의는 무정부상태의 논리와 자국 이익을 추구하는 국가의 본성을 수용하면서도 국제법의 중요성을 설명하여 국제법의 전략적 원천을 이해하는 데 기여했다. 국가는 합리적 이기주의자로 법은 국가 목표와 결과 사이의 매개변수로 가정된다.
　㉡ 신자유제도주의의 한계
　　• 신자유제도주의는 국가 이익이 불명확하거나 국가 이익과 상치되는 영역에서의 국제법 발달을 설명하지 못한다.
　　• 신자유제도주의는 근대 국제법 제도의 기원을 설명하지 못한다. 절대주의 시기와 근대 국제체제가 상이하듯이, 상이한 역사적 체제에서 국가는 협력과 공존을 촉진하기 위하여 상이한 종류의 제도를 발전시켰다. 하지만 신자유제도주의는 국제제도의 차이를 설명하기에 취약하다.
　　• 신자유제도주의는 선호 형성에 관하여 관심을 두지 않기 때문에 국제법이 국가의 정체성과 이익을 형성하는 과정에 대하여 설명할 수 없다.

③ 구성주의
　㉠ 구성주의는 규범적·개념적 구조가 물질적 구조만큼 중요하다고 강조한다. 정치를 폭넓게 해석하여 정체성, 의도, 전략 등을 포함시키고, 규칙, 규범, 사고가 규율적인 동시에 구성적이라고 파악하며, 행위자의 행동을 형성하는 데 담론, 의사소통, 사회화의 중요성을 강조한다. 따라서 구성주의는 국제법의 정치성을 이해하기 위한 수단을 제공한다.
　㉡ 구성주의는 규범적 구조가 국가와 비정부 행위자를 결정한다고 가정하며, 국제법을 규범적 구조의 일부로 취급한다. 또한 사회규범과 같이 법이 행위자의 정체성, 이해, 전략을 형성하는 과정을 강조한다.

(세계정치론 – 을유문화사 p342~345)

5. 국제기구의 구분

분류기준	종류	해당기구
참여 주체	정부기구(IGO)	정부를 회원으로 함 UN, IAEA, IMF, NATO, OECD(경제협력개발기구)
	비정부기구(INGO)	정부가 아닌 단체나 개인을 회원으로 함. 그린피스, 엠네스티(AI) 국제적십자사(ICRC), 국경 없는 의사회(MSF)
지리적 범위	세계적 기구	전 세계에 걸쳐 활동 UN, WTO, IOC
	지역적 기구	특정 지역을 기반으로 활동 EU, AU(아프리카 연합), ASEAN, NAFTA(북미자유무역협정),
기능적 범위	일반적·포괄적 기구	광범위한 문제에 관심 UN, AU
	제한적 기구 (전문기구)	경제 : WTO, IMF 기술 : IAEA, ITU 사회·인도 : WHO, ILO, UNESCO 군사 : NATO

6. 국제연합

(1) 목적

국제 평화와 안전의 유지, 평등권 및 자결의 원칙 존중에 기초하여 국가 간의 우호 관계를 발전, 경제적·사회적·문화적 또는 인도적 성격의 국제 문제 해결, 인종·성별·언어 또는 종교에 의한 차별 없이 인권 및 기본적 자유를 위한 국제 협력 등

(2) 성립 과정

① 대서양헌장(1941.8)에서 창설 계획
② 연합국공동선언(1942.1)에서 연합국 26개국이 대서양헌장 확인
③ 모스코바 외상회의(1943.10)에서 기구 설립에 관한 토의
④ 덤버튼오크스 회의(1944.9)에서 헌장 초안 작성
⑤ 얄타회담(1945.2)에서 안보리 거부권 문제 논의
⑥ 샌프란시스코 회의(1945.6)에서 헌장 제정

(3) 기구

주요 기구	총회, 안전 보장 이사회, 경제 사회 이사회, 신탁 통치 이사회, 국제 사법 재판소, 사무국
전문 기구	ILO, FAO, UNESCO, WHO, IMF, IBRD, IFC, IDA, ICAO, UPU, IMO, WMO, ITU, WIPO, IFAD, UNIDO, IAEA, WTO
보조 기구	UNDP, UNEP, UNHCR, PKO

① 총회 : 형식상 최고 의결 기관. 모든 회원국으로 구성되며, 기구 예산의 심의·의결, 이사국 선출, 권고안 제출 등의 권한을 가지고, 1국 1표주의에 의하여 표결

📖 국제 연합 총회의 의결

국제 연합의 총회는 중요한 문제에 대해서는 출석하여 투표한 회원국 3분의 2 이상의 찬성으로 결정하고, 기타 문제에 대해서는 출석하여 투표한 회원국의 과반수로 결정한다. 여기에서 중요한 문제는 국제 평화와 안전의 유지에 관한 권고, 안전 보장 이사회 비상임 이사국의 선거, 경제 사회 이사회의 이사국 선거, 신임 통치 이사회의 일부 이사국의 선거, 신규 가입국의 가입 승인, 회원국으로서의 지위에 수반되는 권리와 특권의 정지, 회원국의 제명, 신탁 통치 제도의 적용에 관한 문제, 예산 문제 등을 의미한다.

— 성재호, 『국제기구와 국제법』, 2003, p.50
(천재교육 지도서 p309)

② 안전 보장 이사회 : 실질적 의사 결정 기관. 국제 평화와 안전의 유지를 위한 전권을 가지고 있으며, 5대 상임 이사국과 10개 비상임 이사국으로 구성되며, 안전보장이사회의 실체적 사항에 대한 의결은 상임이사국의 동의 투표를 포함하여 9개국 이상의 찬성표를 얻어야 한다.

📖 안전 보장 이사회

안전 보장 이사회(안보리)는 5개의 상임 이사국과 총회에서 선출되는 10개의 비상임 이사국으로 구성된 UN의 주요 기관이다. 안보리는 국제 평화와 안전에 관한 제1차적 책임을 지며, 회원국에 대하여 구속력 있는 결정을 내릴 수 있어 가장 영향력 있는 기관이다. 상임 이사국은 미국, 영국, 프랑스, 러시아, 중국이다. 안보리의 15개 이사국은 지역별로 아시아 3, 아프리카 3, 서유럽과 기타 5, 중남미 2, 동유럽 2의 숫자로 할당된다.
상임 이사국은 고정되어 있으므로 결국 아시아 2, 아프리카 3, 서유럽과 기타 2, 중남미 2, 동유럽 1개의 국가만이 비상임 이사국으로 교대로 선출된다. 관례상 아랍 국가는 아시아와 아프리카 지역을 교대로 항상 한 석이 선출된다. 안보리의 결정은 상임 이사국의 동의 투표를 포함한 9개 이상 이사국의 찬성으로 성립하며, 상임 이사국에는 이른바 거부권(veto power)이 인정된다. 단, 절차 사항에 관하여는 거부권이 적용되지 않으며 단순히 9개국 이상 이사국의 찬성으로 결의가 성립한다.

— 정인섭, 『신 국제법 강의』—
(미래앤 지도서 p135)

③ **경제 사회 이사회** : 경제, 사회, 문화, 교육, 보건 분야 등에서 국제 협력을 증진하기 위한 기구로서 54개 이사국으로 구성, 산하에 많은 전문 기구를 두고 있음
④ **국제 사법 재판소** : 재판관은 국제연합 총회 및 안전보장이사회에서 선출, 재판소에 제소되는 사건의 당사자는 국가에 한하고 국제기구나 개인은 당사자가 될 수 없음. 분쟁의 제소는 분쟁 당사국 간에 합의가 있는 경우에 한함.

(4) 역할
국제 평화 유지, 제3세계 국가들의 정치적 지위 향상, 개발 도상국의 경제 성장 등에 기여하였으며, 세계화 시대를 맞이하여 국가 간의 상호 의존성이 증가하고 세계적인 문제가 많아지면서 역할 확대의 요구가 증가하고 있음

(5) 문제점
상임 이사국의 빈번한 거부권 행사로 일부 기능이 마비되거나 지연되는 등 지나치게 강대국 중심으로 운영되고 있으며, 국제 연합군의 무력행사는 평화 이념에 어긋나기도 하며, 회원국들이 분담금 납부를 지연하여 재정난에 시달림

📖 국제 연합의 원칙

(1) 주권 평등
　국가의 대소를 불문하고, 평화를 사랑하는 모든 국가가 주권 평등의 원칙 아래 일반적인 안전 보장 제도의 구성원이 된다.
(2) 의무 이행
　모든 회원국은 그들이 보유하는 권리의 이익을 상호 확보하기 위해 헌장에 의해 부과된 책임과 의무를 이행해야 한다.
(3) 분쟁의 평화적 해결
　모든 회원국은 국가 간의 평화와 안전, 정의를 위태롭게 하지 않는 방법하에 평화적으로 분쟁을 해결해야 한다.
(4) 무력 사용 금지
　모든 회원국은 국제 연합의 목적과 양립될 수 없는 무력의 사용이나 위협을 행할 수 없다.
(5) 원조 제공
　회원국은 국제 연합이 헌장에 따라 취하는 행동에 대해 모든 원조를 제공해야 한다.
(6) 비회원국 감시
　국제 연합의 목적 달성을 위해 비회원국이라 할지라도 평화를 위협하거나 파괴하지 않도록 감시할 의무가 있다.
(7) 불간섭
　원칙적으로 국내 문제에 대해서는 간섭하지 않는다.
　　　　　　　　　　　　　　　　　　　　　　– 성재호, 『국제기구와 국제법』, 2003, pp.40~42 (천재교육 지도서 p314)

제 2 절 국제정치 패러다임

1. 이상주의와 현실주의

(1) 이상주의와 현실주의 비교 : The 1st Great Debate

구 분	이상주의	현실주의
기 원	• 칸트의 영구평화론, 계몽적 낙관주의, 자유주의, 윌슨적 이상주의 • 1920~1930년대 풍미	마키아벨리, 홉스
가 정	• 인간 이성에 대한 신뢰 • 영토국가 체계를 대체할 초국가적 제도 창출	• 성악설, 인간은 권력추구적 존재 • 국가는 national interest 추구
특 징	• 국제정치의 도덕성 강조 • 인간의 이익 조화에 낙관적 • 집단적 정치권력 자체에 주목	• 단일 행위자로의 국가 • 인간의 이익조화에 비관적 • 국가는 권력추구 경쟁자
핵심개념	• 도덕성, 이성, 이익조화 • 국제기구, 법, 과정	• Power, national interest
명 제	인간에 대한 긍정적 이해에 기초, 인간조건은 갈등보다는 이성과 보편적 원칙의 합리적 적용으로 조화로운 사회질서를 창출함에 따라 개선될 수 있음	무정부적 국제상황은 영속적 안보딜레마를 일으키며, 이 상황에서 힘의 극대화가 가장 중요
전쟁관	역사적 상황, 사악한 지도자, 결함 있는 사회정치적 체제, 부적절한 국제적 이해, 국가적 에고이즘	세력균형이 깨질 때 전쟁발생
평화관	초국가적 국제기구가 등장할 때	세력균형이 이루어질 때
국제 문제에 대한 처방	국제법, 국제기구, 국제여론, 군비축소, 국가 간 상호협조, 집단 안전보장	세력균형, 군사적 동맹

2. 현실주의 패러다임

(1) 고전적 현실주의

① 주요 내용

㉠ E. H. Carr, G. Kennan, H. Morgenthau 등에 의해 정립된 현실주의는 국제정치가 주권국가를 뛰어넘는 권위체의 존재가 부재하는 자연 상태에서 행해지는 것이며, 그 특징은 조화가 아니라 권위적 실체의 부재를 의미하는 무정부성이라고 규정한다.

- ⓒ 현실주의에 의하면, 인간은 기본적으로 이기적이고 윤리적으로 완전치 못한 존재로 힘(power)는 중요하고, 자구(self-help)가 국제관계의 기본 원칙이다. 즉, 국제정치의 본질은 Hobbes적인 의미의 (권력을 둘러싼) "만인에 대한 만인의 투쟁"이다.
- ⓒ 자력구제(self-help)에 의해 강제되는 국제체제는 국가의 생존과 영토적인 안전으로 정의되는 국가이익에 우선을 두는 체제이다. 이러한 국제체제 하에서 개별 국가는 항상 안보딜레마에 직면하며, 이는 군사적 능력이나 힘으로 규정되는 권력이 현실주의의 논의에 있어 중심에 등장하는 이유이다.
- ⓔ 또한, 국가를 가장 중요한 단일 행위자(unitary actor)로 보며, 국내정치와 국제정치의 차이를 강조한다.

안보 딜레마

양 국가가 자국의 안보를 확보하기 위해 벌이는 군비 경쟁은 양 국가 모두 안보적으로 더욱 불안을 느끼게 되는 안보 딜레마(security dilemma)에 빠지게 한다. 어떤 국가가 심리적 안전감을 느끼기 위해 군비를 증강하면 다른 국가들에 두려움을 주게 되고, 이에 따라 다른 국가들도 자국의 안보를 확보하기 위해 다시 군비를 증강하게 된다. 군비 증강 국가들은 심리적 안전감을 얻게 되지만 그것이 다른 국가에는 안보적 위협으로 다가가게 되어 다른 국가들은 안보를 확보하기 위해 다시 군비를 증강하게 된다. 이러한 연쇄 반응은 결국 애초보다 훨씬 강화된 군비 증강과 계속된 안보 불안을 가져오는 결과를 초래한다는 것이 안보 딜레마의 의미이다. 즉, 애초에 방어적 입장에서 자신의 안보를 확보하기 위한 노력은 상대방의 안보에 대한 위협을 낳아 결국 더욱 심한 안보 불안으로 귀결된다는 것이다.

- (유현석, 『국제 정세의 이해』 미래앤 교사용 지도서 p133)

② 모겐소의 현실주의 6가지 원칙
- ⓐ 정치란 인간성에 내재되어 있는 불변의 객관적인 법칙에 의해 지배된다. 사회를 개선하기 위해 이러한 법칙에 대한 이해가 필요하며 이러한 객관적인 법칙을 반영하는 합리적인 이론을 개발하는 것이 가능하다.
- ⓑ 정치적 현실주의의 중심 개념은 '권력(power)으로 정의된 국가이익'으로서 국가는 이러한 '권력으로 정의된 국가이익'을 추구한다.
- ⓒ '권력으로 정의된 국가이익'이라는 개념은 객관적인 것으로 가정하나 실질적인 '권력으로 정의된 국가이익'의 구체적인 내용과 권력의 내용 자체는 고정된 불변의 것이 아니고 가변적이다. 권력으로 정의된 국가이익의 구체적인 내용은 시대와 국가가 처해 있는 상황에 따라 다를 수 있으나 권력으로 정의된 국가이익의 추구는 불변이다.
- ⓓ 추상적인 윤리는 도덕법칙과의 부합 여부를 가지고 행위를 판단하나 정치적 윤리는 정치적 결과로서 행위를 판단한다. 국가는 외부의 위협으로부터 자국과 자국민의 안전을 지키는 것을 최대의 의무로 하며 이를 위해 '권력으로 정의된 국가이익'을 추구하는데 이러한 국익 추구는 최고의 도덕성을 지닌다.

ⓜ 특정 국가의 도덕적 열망과 세계를 지배하는 보편적인 도덕법칙을 동일시해서는 안 된다. 즉 모든 국가들은 자신의 행위를 정당화시키기 위해 그들 자신의 특별한 욕망과 행동에 보편적인 세계의 도덕이라는 목적의 옷을 입히고자 하나 이는 '권력으로 정의된 국가이익'의 추구에 불과한 것이다.
　　ⓗ 현실주의는 정치적 영역의 자율성을 주장한다. 현실주의자는 권력으로서 정의된 이익의 관점에서 생각하면서 국가의 정책이 국가의 권력에 어떻게 영향을 미칠 것인가를 묻는다. 현실주의자는 정치적인 기준 이외의 다른 기준들의 존재와 관련성을 모르는 바는 아니나 이러한 정치 이외의 기준들을 정치적인 기준에 종속시키지 않을 수 없다.

 모겐소의 국력의 요소

지리(땅의 형세), 천연자원, 산업능력, 군사력, 인구, 국민성, 국민의 사기, 외교의 질, 정치의 질

(2) 신현실주의(K. Waltz)

무정부상태 → 보호부재 상태 → 안보와 자구(s-h) → 안보로 정의된 국가이익 추구과정

① 의의
왈츠는 국제정치 현실에서 권력 중심성의 기원을 인간본성이 아닌 국제체제의 무정부적 구조성에서 발견하고 국가의 행동을 이들의 속성이 아닌 체계의 수준에서 설명함.

② 국제 정치의 원리
　㉠ 체제의 조직원리(배열의 원리) : 국내체계들은 중앙 집중적이고 위계적이지만 국제정치체제들은 다른 나라에 대해 동등한 위치를 가지기 때문에 탈집중적이고 무정부적이다.
　㉡ 구성단위들의 기능 분화(단위들의 특성) : 국내정치의 단위들이 기능에 의해 구분되는 것과 달리 국제정치체계의 단위인 국가는 그것이 수행하는 기능에 의해 분명히 분화되지 않는다.
　㉢ 능력의 분포(power capability의 배분) : 국제체제를 특징짓는 가장 중요한 요소로 지적되는 부분이다. 역할의 분화가 이루어지지 않는 국제체제에서 단위의 배열은 개별국가의 상대적 권력능력에 따라 이루어진다. 국제정치구조를 정의함에 있어서 국가가 가진 능력을 제외한 모든 국가의 속성들(정부 형태, 목적, 갈망, 전통, 관습, 권위적인지 민주적인지 등)은 배제해야 하며, 국가 간 질서의 형태와 그 질서 내 능력의 분포를 살펴보아야 한다. 즉, 개별국가의 특성이 아닌 단위들의 위치에 의해 규정되는 전반적인 배열과 그것의 위치가 중요하다.

③ 구조적 현실주의
왈츠는 국제정치의 구조가 결정적인 영향을 미친다고 보며, 그 핵심을 무정부성에서 찾는다. 즉, 국제체제의 구조는 그것이 위계적이라 할지라도 무정부성이라는 체제의 속성은 유지되며, 국제체제는 무정부적 구조(자력구제의 원칙)와 극성의 구조(강대국의 수)를 통해 단위인 국가들의 행동을 결정한다.

㉠ **안보 질서** : 무정부 상태에서 자력구제 이외에는 국가의 생존을 확보할 수 없으며 세력균형을 추구하게 된다. 그런데 세력균형은 전쟁을 방지하는 데 효과적이지만은 않으며, 강대국의 숫자가 적어질수록 불확실성이 줄어들어 보다 안정적이라고 봄(양극적 세력균형을 다극적 세력균형보다 선호)

㉡ **경제 질서** : 자력구제원칙이 지배하는 무정부 상태에서 국가들은 이득의 분배에 관심을 갖는다. 이때 구성단위는 누가 좀 더 많은 이득을 얻을 것인가, 즉 절대적 이득이 아닌 상대적 이득에 따라 행동하게 되는 것이다. 국가는 상대방의 증대된 능력이 어떻게 사용될지가 불확실한 상태에서 상대방에게 더 이로울지 모르는 이득의 분배를 우려하기 때문이며, 이러한 불안과 불신은 협력에 부정적으로 작용한다. 또한 무정부 상태에서 국가는 협력과 교역이 상대 국가에 대한 의존성을 높이게 됨을 우려하게 한다는 점에서 협력이 구조적으로 제한된다.

④ 고전적 현실주의와의 비교
㉠ 유사점
- 두 이론 모두 공통적으로 국제체제의 성격을 무정부상태로 본다.
- 양자가 모두 국제 정치 구조의 변화원리와 세계평화의 유지방법으로 세력균형을 강조한다.

㉡ 차이점

구분	고전적 현실주의	신현실주의
강조점	국가이익·권력정치 중시	연구기법 중시
국제정치의 주체	단일한 행위자로서 주권 국가 (국제체계의 영향력 불인정)	주권국가 이외의 다른 행위자 설정 (국제체계의 영향력 인정)
국가 간 갈등 원인	인간의 권력 확대 본성	무정부적 국제체계
국가의 목적	권력으로 정의된 국가이익 (국가는 타국의 지배 추구, 야심적 적극성)	안보로 정의된 이해관계 (국가는 자기보전 추구, 방어적 소극성)
정치와 경제의 관계	정치요인과 경제요인의 구분 정치요인이 경제요인을 결정함.	정치요인과 경제요인의 상호 의존 관계 중시 정치요인의 우월성 강조

📖 **전쟁의 원인을 분석하는 세 가지 분석 수준(K. Waltz): 2025 임용 기출**

전쟁의 원인을 분석하는 세 가지 분석 수준(K. Waltz): 2025 임용 기출
월츠는 전쟁의 원인을 분석하는 데 세 가지 분석수준(level of analysis)이 있다고 제시했다. 첫째 수준은 인간의 본성에서, 둘째는 국가의 성격에서, 그리고 셋째는 국제체제에서 전쟁의 원인을 찾는다. 월츠는 물론 구조의 수준이 연역이론을 가능하게 하는 것으로 보았으나, 국제관계의 연구자는 인간과 국가와 구조의 세 분석수준을 선택할 수 있다.

(정치학의 이해 박영사 p 376)

(3) 패권안정이론(Kindleberger, Gilpin, Krasner)

① **의의**
  ㉠ 60년대 이후 나타난 미국의 상대적 권력 혹은 영향력이 쇠퇴는 이후 국제정치체제와 경제 질서의 변화 방향에 대한 관심이 증대되었고, 독립변수인 권력개념과 종속변수인 시장개념을 연결시키면서 패권안정이론이 등장하게 되었다.
  ㉡ 패권안정이론은 패권국가의 존재와 국제경제 질서의 상호간의 관계 문제, 즉 권력개념과 시장개념의 상호관계에 관심을 기울인다. (국제관계에서 힘의 경제적 근원과 경제관계의 중요성 인식)
  ㉢ 이 이론에 의하면, 패권국가의 존재는 국제경제 질서의 안정성·개방성·자유무역을 보장한다. 반면, 패권국가의 쇠퇴는 국제경제 질서의 불안정성과 폐쇄성, 보호무역주의 야기하게 된다.

② **Kindleberger의 패권안정론** : 패권국의 경제력을 강조하는 견해
  패권국가가 유익한 공공재를 공급하고 무임승차를 허용함으로써 국가 간 협력이 가능하다고 본다. 그는 협력의 요인을 패권국의 지배적 경제력에서 찾는다. 즉, 패권국은 안정된 국제체계로부터 이익을 얻기 때문에 국제 공공재를 기꺼이 제공하고자 하며, 오히려 약소국이 강대국을 착취하고 이용한다는 것이다.

③ **Gilpin의 패권안정론** : 패권국의 강제력을 강조하는 견해
  ㉠ 길핀에 의하면 역사를 통해 볼 때 국가들 간에 평화로운 상호작용이 존재했던 시기에는 거의 예외 없이 그들이 원하는 협력적인 국제 레짐을 따르도록 유도할 수 있는 의지와 자원을 가진 하나의 지배적인 국가가 존재했다고 한다. 즉, Pax Britannica, Pax Americana가 그것이다.
  ㉡ 이때, 패권 국가는 타국을 강제할 수 있는 능력(특히, 제재력 sanction)은 패권 국가가 협력을 유도하는 데 있어서 결정적 요인이 된다. 이 위에 부가적으로 패권국가가 공급하는 공공재와 일련의 국가들이 공통적으로 지니고 있는 이념적·종교적, 혹은 다른 가치에 의해서도 패권국가의 위상은 지지될 수 있다고 한다. 즉, 강제력이라는 요소가 무엇보다도 중요하지만 현존 질서의 정당성과 효용성을 수용한 기타 국가가 강대국의 지도력을 따르기 때문에 패권체제는 안정성은 증대되는 것이다.

④ **패권 국가의 등장과 쇠퇴**
  ㉠ 국제체제는 체제를 변화시킴으로써 이익을 기대하는 국가가 없을 때 안정적, 즉 균형 상태에 있다. 만일 국가는 국제체제를 변화시킴으로써 얻는 이익이 기대되는 비용보다 클 경우, 즉 순이익이 기대될 경우 국제체제를 변화시키려 시도한다.
  ㉡ 국가는 변화의 한계비용이 한계이윤보다 같아질 때까지 영토, 정치, 혹은 경제적 팽창을 통해 국제체제를 변화시키려 시도한다. 변화의 한계비용과 한계이윤이 동일해지면 현상(status quo)을 유지하는 경제적 비용은 현상을 유지하는 경제적 능력보다 빨리 상승하는 경향이 있다.

ⓒ 만일 국제체제의 불균형이 시정되지 않으면 체제는 변화하며, 힘의 재분배를 반영하는 새로운 균형이 달성된다.

현실주의 패러다임의 공통점

① 국가를 가장 중요한 행위자로 간주하며 핵심적 분석단위로 취급한다.
② 국가는 단일하고 합리적인 행위자로 인식한다.
③ 국가들로 이루어진 국제체제가 무정부상태이며 이 속에서 국가의 최우선적 국가이익은 안전보장, 즉 군사적·정치적 측면에 있다는 것이다.

현실주의의 핵심

(1) 국가주의
  현실주의자들에게 국가는 주된 행위자이며, 주권은 그 특징적인 속성이다. 주권 국가라는 의미는 불가피하게 무력 사용과 연결된다. 현실주의자들은 '주어진 영토 내에서의, 정당한 물리적 폭력의 독점'이라는 막스 베버의 유명한 정의에 동의한다. 현실주의자들은 국가들이 무정부 상태에서 다른 국가들과 권력, 안보를 놓고 경쟁한다고 주장한다. 그리고 경쟁의 속성을 흔히 제로섬 관계, 다시 말해 한 행위자의 이득은 다른 행위자의 손해가 됨으로 묘사된다. 이와 같은 권력 정치 논리는 다른 주권 국가의 국내 문제에 대한 불개입 원칙과는 별도로 보편적인 원칙에 대한 합의를 어렵게 만든다.

(2) 생존
  모든 부류의 현실주의자 대부분을 묶는 두 번째 원칙은 세계 정치에서 가장 두드러진 목표가 생존이라는 것이다. 비록 권력의 축적 그 자체가 목적인지에 대한 현실주의자들의 설명에는 모호함이 있지만, 국가의 궁극적인 관심사가 안보를 위한 일이라는 주장에는 이견이 없다고 생각된다. 생존은 그것이 정복이건, 단순한 독립이건 다른 모든 목표들을 위한 전제 조건이 된다.

(3) 자조
  국제 체제에서는 무력 사용에 맞설 상위의 권위가 존재하지 않는다. 다른 국가에 대한 국가의 무력 사용을 방지할 수 없기 때문에 전쟁이 일어날 가능성은 언제나 있다. 그러므로 안보란 단지 자조로만 실현될 수 있을 뿐이다. 무정부적인 구조에서 "자조란 당연하게 행위 원칙이 된다."(Waltz) 국가는 안보 보장을 위해 결국 스스로에게 의존해야 한다. 그러나 자국의 안보를 보장하는 과정에서 그 국가는 자동적으로 다른 국가의 안보적 불안을 증대시키게 된다.

  — 존 베일리스 외, 『세계 정치론』, 2006, pp.147~149(천재교육 지도서 p298)

(4) 세력 전이이론(A.F.K. Organski)

① 이론의 전제
  ㉠ 국제정치사회는 제도적 제약이 없는 무정부상태에서 행해지는 자율행위의 무대이다.
  ㉡ 국제정치질서는 그 시점에서 가장 강한 국가와 그 국가를 지지하는 국가군이 힘으로 유지하는 것이며, 그 질서는 최강의 지배국에게 가장 큰 이익을 주도록 되어 있어, 모든 나라는 가능하다면 국력을 늘려 위계적 국제정치구조의 최상계층에 올라서려 한다.
  ㉢ 각국의 국력은 시간에 따라 변한다. 국력변화에서 지배권을 가진 강대국과 지배를 받던 국가 간의 지위 전복 등 지배권 쟁탈전이 전쟁의 원인이 된다.

② 세력 전이 양상
  ㉠ '힘의 압도적 우위'가 존재할 때 전쟁의 발생 가능성이 낮다.
  ㉡ 국력으로 대표되는 '능력'과 현존 질서에 대한 만족도로 대표되는 '의도'를 기준으로 삼아 국제정치의 안정성을 분석하는데, 현존 질서에 불만족스러워하는 강대국(도전국)이 지배국과 비슷한 국력의 위치에 도달할 때 전쟁이 발생한다.
  ㉢ 이러한 세력전이의 결과 승전국은 자국에게 유리한 세계 질서를 구축할 수 있으나 패전국은 기존 지위를 잃게 된다.

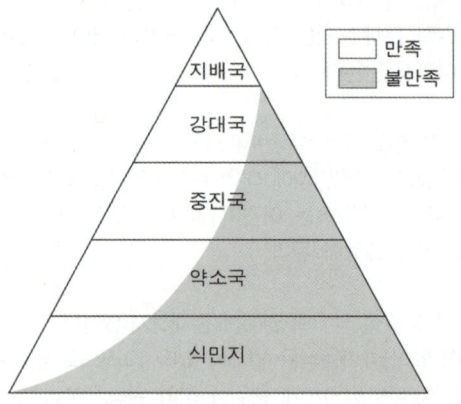

③ 전쟁을 일으키는 도전국의 속성적 특색
  ㉠ **도전국의 크기(인구/영토의 크기)** : 급속도로 산업화하여 국력이 최단기간 내에 증가한다 하더라도 그 나라의 크기가 작으면 지배권 쟁탈을 위한 도전은 불가능하다.
  ㉡ **도전국의 국력신장속도** : 도전국의 국력 신장 속도가 일정속도 이하라면 지배국이 서서히 도전국의 요구를 수용해 나가면서 기존 국제정치체제를 새 도전국의 성장에 맞도록 개편해 나감으로써 전쟁을 방지할 수 있지만, 미처 손쓸 사이 없을 정도록 도전국의 성장속도가 빠르면 전쟁가능성은 훨씬 더 높아진다.
  ㉢ **지배국의 위계구조변화 수용태세** : 현명한 지배국은 대세의 흐름을 적시에 포착하여 신흥강대국의 도전을 받기 전에 스스로 길을 터 주어 불만의 요소를 미리 제거해 준다.(2차 대전 이후 영국)

② 지배국과 잠재적 도전국과의 우호관계 : 지배국과 도전국이 구상하는 국제정치질서가 같은 것이면 평화적 지배권 양도가 용이해진다.(미국과 영국 vs 영국과 독일)

3. 자유주의 패러다임

(1) 통합이론
① 기능주의(Mitrany)
  ㉠ 비정치 영역에서의 정책통합에 의해 정치 분야의 기관통합이나 사회적 통합을 이룰 수 있다는 전략임.
  ㉡ 기능적 통합이론에서 보여주는 두 개의 중요한 명제는 서로 상호작용을 하고 있는 사회 간에 기능적인 상호의존관계가 생기면, 이것은 공통의 통합이익을 창출하고, 이 공동이익은 두 사회를 불가분으로 만들기 때문에 통합촉진의 가장 큰 요인이 되며, 이렇게 한 차원에서 이루어진 기능적 협조관계는 다른 차원에서의 협조관계를 불러 일으켜 궁극에 가서는 하나의 공동체가 형성된다는 발상.
  ㉢ 정치영역과 비정치영역의 구분 강조
② 신기능주의(Haas) : "기능주의의 탈을 쓴 연방주의"
  ㉠ 높은 수준의 정책통합을 성취시키고 아울러 중간수준의 기구통합을 이룩할 것을 강조하는 견해
  ㉡ 신기능주의는 기능적인 통합방법으로 접근한다는 점에서는 기능주의적이나, 의도적으로 정치성이 다분하고 중요한 영역을 택하여 훨씬 더 제도화된 통합목적을 추구한다는 점에서 연방주의에 더 가깝다고 함.
  ㉢ 하스는 정치영역과 비정치영역의 구분은 불가능하다고 보고 정치성이 짙은 분야와 이해가 대립되는 영역을 의도적으로 제도화시켜 통합의 파급효과를 높일 수 있다고 주장
③ 연방주의(Etzioni)
  ㉠ 공식적인 헌법적 조치를 통한 정치적 접근에 의한 제도적·법률적 통합을 강조하는 통합전략임. 따라서 연방주의적 접근에서 가장 중요한 문제는 새로운 중앙권력의 창출과 그를 위한 헌법적 제기구의 구축임.
  ㉡ 국가제도의 해체와 이를 통한 지역 공통의 군사·경찰·사법제도를 통합하는 연방기구와 같은 지역 차원의 초국가적 제도의 수립은 통합의 중요한 기준이 됨.

(2) 상호의존론(Koahane, Nye)
① 배경
  ㉠ 1970년대 데탕트 분위기 하에서 국제화의 진행에 따라 다국적 기업에 의해 생산체계의 국제 분업화가 진행되고, 자원, 환경, 핵문제 등 전지구적 차원의 이슈가 주요 의제로 부각되기 시작함
  ㉡ 미국의 월남전 패배 → 군사력의 한계와 미국 패권의 상대적 퇴조
  ㉢ 비동맹그룹 등 비국가적·초국가적 행위자의 역할 증대

② 주요 개념
   ㉠ **상호의존** : 국가 간 관계가 서로 "민감"하고 상호 "취약"한 관계에 있는 상태
   ㉡ **민감성** : 일국의 정책 틀의 변화가 다른 나라에 얼마나 빨리, 그리고 얼마나 많이 손해를 입히는가의 문제
   ㉢ **취약성** : 그 정책에 대하여 새로운 대응정책을 취한 후에도 대안부재로 인해 겪어야 하는 비용효과

③ 주요 주장
   ㉠ **범세계적 차원의 접근을 강조** : 주권국가나 지역차원의 국제정치 연구 대신 세계적 차원의 접근 강조
   ㉡ 주권 국가 외에도 다국적 기업·비정부기구 등 다양한 행위자가 있다고 보며, 정부간·비정부간의 거래와 흥정의 과정이 국가행위에 영향을 미친다고 본다.
   ㉢ 국가는 반드시 최선의 국가이익을 고려한 가운데 정책결정을 내리지 않으며, 복합적 상호의존 상태에서 내·외부적 요소에 의해 큰 영향을 받는다.
   ㉣ **국제정치, 경제적 시각에서 국가이익을 재정의** : 무역의 증가, 다국적 기업의 확산, 금융자본의 세계화 등 중층적이고 다차원적인 이슈의 상호관계를 강조

(3) 신자유주의(Keohane, Axelrod)

> 무정부상태 → 약속불이행 → 상호주의 → 레짐에 의해 국가이익을 재정의 → 협력

① 사상적 배경
   ㉠ 신자유주의는 안보문제뿐 아니라 비안보문제도 중요할 수 있으며, 질서는 무정부상태와 공존할 수도 있다는 현실주의의 인식상의 변화와, 힘과 국가이익이라는 것이 질서의 저변에 깔려 있을 수 있으며 질서란 국제법이나 지속적이고 공식적인 기구보다 덜한 어떤 것 가운데서도 가능할 수 있다는 자유주의자들의 인식 상의 변화를 배경으로 한다.
   ㉡ 즉, 현실주의 개념들이 상호의존의 복잡성을 이해하는 데는 한계가 있었고, 자유주의 내부에 있어서의 공식적 국제기구의 연구로는 새로운 형태의 국가 간 협력을 설명하기 힘들어지면서 제도화된 국가 간의 행위에 초점을 두는 신자유주의 이론, 즉 국제레짐 이론이 등장한 것이다.

② 기본 주장
   ㉠ 현실주의와 마찬가지로 국가를 국제정치의 중요한 행위자이며 통합된 합리적인 행위자로 보며, 무정부 상태가 국가행동에 큰 영향을 미친다고 본다.
   ㉡ 현실주의와 다른 점은 국제 레짐이라는 개념에 초점을 맞춤으로서 국가행위를 설명하는 데 있어서 국제제도의 역할을 중시하는 자유주의 전통과 맥을 같이한다는 것이다. 즉, 국가들은 명시적이거나 묵시적인 국제제도의 도움에 의해 국가이익을 재정의하게 되고 그 결과 국가 간의 협력이 가능하다는 자유주의의 기본 논리를 수용하고 있다.

ⓒ 또한 국가들은 절대적 이익을 추구하는 합리적 행위자이고, 무정부성에서 오는 안보위협이 국가 간 협력을 저해할 정도로 크지는 않다고 본다.
③ 게임이론의 적용
국제정치란 일관된 전쟁상태가 아니라 사안에 따라 협력이 이루어지기도 하는 관계로 세 가지 차원의 상황적 요인들이 협력의 구조에 영향을 미친다.
ⓐ 보상구조(공통적 선호와 분쟁적 선호) : 게임의 보상구조(payoff structure)는 협력 수준에 영향을 미침
ⓑ 미래의 투영(shadow of the future) : 현재의 보상과 비교하여 미래의 보상이 높게 평가될수록 현재 배반할 동기는 줄어든다는 점에서 미래에 대한 고려는 협력을 증진시키는 데 도움이 된다.
ⓒ 행위자의 수와 상호주의 전략 : 이는 제재의 문제와 관련되는 것으로 Axelrod에 의하면 각 행위자의 선택에 대한 가치가 명백히 정해진 반복적이고 쌍무적인 죄수딜레마 게임에서 자신의 이익을 추구하는 행위자들 간의 협력을 이끌어내는 데는 상호주의(reciprocity)가 유용한 전략이 될 수 있다.
④ 신현실주의와의 비교

구 분	신현실주의	신자유주의
무정부성의 성격·효과	국가 안보·생존에의 위협 ← 보호부재, 생존위협	약속이행의 불확실성 문제
상대이익과 절대이익	상대이익 중시	절대이익 중시
국제협력 가능성	상대이익의 추구는 협력을 어렵게 함	상호주의적 전략을 통한 감시와 비협력적 태도에 대한 처벌, 국제제도
이슈영역	안보문제	경제문제
국제레짐과 제도의 중요성	중요성을 무시하거나 주변적인 것으로 간주	국제제도들의 역할을 강조

* 무정부상태의 성격과 효과에 대한 인식 차이가 이들을 구분하는 가장 핵심적 차이가 된다.

(4) 민주평화론(Doyle, Russett)
① Kant의 영구평화론
칸트는 자유주의 이데올로기를 공유한 민주적 국가들끼리의 국제관계는 첫째, 그들 자신의 공화주의적 헌법, 둘째, 각자의 독자성을 존중하는 국제법, 셋째, 국가들 간의 자유무역, 즉 상업적 정신을 진작시켜 국가들 간의 평화관계에 물질적 인센티브를 부여하는 세계시민법이라는 세 가지의 요소로 말미암아 지속적인 평화를 누릴 수가 있다고 주장했다.
② 민주평화론의 주장
ⓐ 도일은 19c 이후 민주주의 제도를 가지고 있다고 판단되는 국가들 간에는 전쟁이 없었다

고 주장한다. 그 이유로 민주적 헌법은 정치지도자들이 국민들의 생명과 재산에 중대한 결과를 초래하는 전쟁과 같은 외교정책결정을 신중히 하게 만들어 특히 같은 민주적 국가들끼리는 전쟁행위를 자제하게 만든다는 것이다.
- ⓒ 먼저, 민주주의 체제의 구조적 특징과 관련된다. 민주주의 체제의 권력의 분립, 정책결정에서의 여론의 역할 등은 권력자의 자의적 의사결정에 대한 견제와 균형 장치로 작동하게 된다. 즉, 권력자의 자의에 의한 전쟁 가능성을 최소화시킬 수 있는 체제가 민주주의라는 것이다.
- ⓒ 다음으로 민주주의가 옹호하는 기본적 가치와 규범과 관련된다. 즉, 갈등을 평화적으로 해결하고자 하는 민주주의 국가들이 지니고 있는 규범이 전쟁을 억제한다는 것이다. 민주주의 국가는 갈등을 상대방의 존재와 권리를 존중하면서 비폭력적으로 타협을 통해 해결하려는 규범을 지니고 있으며, 다른 국가 역시 갈등을 이러한 방식으로 해결할 것으로 기대하기 때문에 민주주의 국가 간에는 전쟁이 적다.

4. 구조주의 패러다임

① 사상적 연원

글로벌리즘(globalism), 혹은 구조주의는 '지배와 종속의 정치'에 기초한다. 이 시각은 19세기 마르크스와 20세기의 레닌과 여타 급진주의 학자들의 전통으로 거슬러 올라감으로써 여타의 시각보다는 앞서 출현한 이론이다. 이 이론은 1950년대와 1960년대의 탈식민지화 과정과 신생국에서의 경제·사회발전 문제의 대두와 함께 마르크스주의적 급진주의 종속론자인 프랭크(A. G. frank) 등의 종속이론에 의해서 되살아나게 되었고, 1970년대 중반부터는 월러스타인(I. Wallerstein)에 의해 세계체제론으로 발전하였다.

② 주요 이론적 가정
- ㉠ '국제체제의 전체 구조', 또는 '거대한 구조'를 강조. 즉 분석의 출발점은 세계체제, 혹은 국제체제임.
- ㉡ 국제체제를 이해하는데 있어 '역사적 분석'의 중요성을 강조. 체제의 역사적 진화과정을 추적해 봄으로써 현존체제의 구조를 이해할 수 있다는 것
- ㉢ 전체로서의 체제의 구조를 규정하는 중요한 역사적 요인은 자본주의 발전임. 자본주의 경제체제는 여타 분야의 희생의 대가로 몇몇 개인·국가·사회들이 이득을 누릴 수 있도록 작용하게 한다는 것
- ㉣ 제3세계 국가들의 발전을 정체시키고 세계적 불평등 발전에 기여하는 독특한 '지배메커니즘'의 존재를 가정. 이러한 메커니즘을 이해하기 위해서는 북의 공업화된 국가들(제1세계 국가, 구미선진국들)과 남의 빈곤 국가들(제3세계, 라틴아메리카, 아프리카, 아시아의 저발전국가들) 간의 종속관계를 검토해야 한다는 것
- ㉤ '경제적 요인'이 세계 자본주의 체제의 기능과 진화, 그리고 제3세계 국가들의 종속적 지위로의 몰락 등을 설명하는데 있어 절대적으로 중요한 것임.

③ 주요 주장
  ㉠ 국제관계를 지배와 피지배의 불평등한 관계로 상정
  ㉡ 주변부는 중심부에 발전의 열매를 수탈당하여 만성적인 저발전의 단계에 머무르는 구조적 한계가 존재
  ㉢ 불평등한 구조의 자본주의 세계 체제는 개혁 또는 혁명의 수단으로 평등한 체제로의 바뀌어야 한다는 당위성을 강조
  ㉣ 종속 관계의 단절은 주변부 국가들의 발전을 위하여 필수적인 과제임을 강조

📖 구조주의

구조주의는 국가 간의 불평등한 발전 문제를 국제 체제의 구조적인 관점에서 해석한다. 이상주의가 어떻게 하면 세계 평화를 유지할 수 있는지에 관심을 가지고, 현실주의가 어떻게 하면 국제 사회에 안정을 가져올 수 있는지에 관심을 가진다면, 구조주의는 왜 후진국이 발전하지 못하고 있는지 설명하고자 한다. 구조주의는 1950년대와 1960년대 제3세계 국가의 경제 발전에 대한 문제의식에서 출발한다.

1950년 대 미국은 후진국의 정치·경제적 저발전은 정치적 부패, 자본의 부족, 합리적 정책 결정 부족 등 국내 문제에서 기인한다는 근대화 이론(modernization theory)을 제시하였다. 이는 전통적인 자유주의 이론을 기반으로 한 것으로, 근대화 이론에 따르면 후진국은 부패 척결, 자본의 유입, 경제 계획 등으로 발전을 도모할 수 있다. 그러나 현실은 그렇지 못하여 시간이 지날수록 선진국과 후진국의 격차는 더욱 벌어졌다.

구조주의는 바로 이러한 의문에 대한 대답이다. 이를 적용하면 적실성을 갖는 대표적 예로 1960년대 미국의 라틴 아메리카 개입 정책을 들 수 있다. 구조주의에 따르면 미국의 이 개입 정책은 자국의 경제적 이익을 위한 것이 아니라, 세계적인 세력 균형을 유지하여 세계 자본주의 질서를 관리하고 유지하기 위한 것이었다고 이해할 수 있다. 종속 이론, 월러스타인의 세계 체제론이 구조주의의 대표적인 예이다.

구조주의에 따르면 후진국의 저발전은 국내적 요인이 아니라 세계 경제 체제의 구조적 모순인 지배와 착취라는 국제적 요인에서 기인한다. 따라서 국가 간 협력과 평화는 구조적으로 이루어지기 어려우며 이것이 가능하려면 국가 간 균등 발전이 선행되어야 한다.

(비상교육 지도서 p211)

5. 구성주의(Wendt)

(1) 기존 이론 비판

① 신현실주의 비판 : 국가중심 환원론(개체론적 환원론)
구조의 성격이 체계 내 국가 간 능력의 배분에 따라 달라진다(구조를 국가의 속성으로 정의)는 왈츠의 주장은 국가 중심의 환원주의일 뿐이다.

② 세계체제론 비판 : 구조의 물신화의 오류
월러스타인으로 대표되는 세계체계론은 세계 자본주의 체제를 근본적인 것으로 간주하고, 자본주의 생산양식과 같은 구조의 속성으로부터 국가의 행위를 도출해냄으로써 구조를 물신화시키는 오류를 범하고 있다는 것이다.

(2) 구성주의의 주장

① 구성주의는 국가 간 협력에 있어서 인식, 정체성, 규범, 개체-구조 간의 상호 구성성, 공유된 지식 등의 역할을 강조한다. 즉, 개별국가는 미리 정해진(존재론적으로 외적으로 주어진) 이해관계에 의해 외교정책을 수립하고 타국과 관계하는 것이 아니라, 타국과의 관계구조 속에서 자신의 이해관계와 선호도를 구성(construct)해 나간다(Wendt). 행위자의 정체성과 이익, 선호는 주어진 것이 아닌 종속변수로서 파악되어야 하는 것이다.

② 국제제도는 개별행위자 정체성의 구성과 변화에 영향을 미치고 이러한 정체성에 의해 이익이 정의된다.

③ 제도와 행위자는 상호 구성적이며 행위자는 제도 속에서 자신의 이익, 선호, 정체성에 대한 생각, 규범 이념 등을 수정하고 새로운 사회적 정체성을 획득한다.

④ 레짐 형성의 초기 과정에서는 이기적 동기도 중요하지만 시간이 갈수록 참여자들의 집단적 정체성을 얻게 되는 과정이 매우 중요하다. 이 과정에서 규범은 공동이익을 형성하고 이것에 의해 집단적 정체성이 공고화되면서 협력의 지속이 가능하게 되는 것이다.

(3) 구성주의의 특징

① 구조적 관념론
첫째, 구성주의는 사회구조를 결정하는 우선적인 힘은 물질적인 것이 아니라 관념적인 것이라고 주장한다(관념주의). 이들은 '사회적 의식의 성격과 구조', 즉 '관념의 배분'이 '사회에 관한 가장 기본적인 사실'이라고 믿는다.

미국의 입장에서 볼 때 영국의 핵무기와 북한의 핵무기는 상이한 의미와 중요성을 갖는다. 핵무기가 다른 것이 아니라 미국의 영국과 북한에 대한 관념이 다르기 때문이다. 이러한 의미에서 구성주의자들은 "사회의 심층적인 구조는 물리력이 아니라 관념으로 구성되어 있다"고 믿는다(Wendt).

둘째, 행위자들의 정체성과 이익은 자연적으로, 외적으로 주어지는 것이 아니라 공유된 관념들에 의해서 사회적으로 구성되어진다.

② 구조와 행위자의 관계
구조(structure)와 행위자(agent)가 서로를 동시에 구성(mutual construction)하고 상호작용의 과정을 통하여 구성되고 재생산된다. 행위자와 구조는 모두 사회적 존재이며, 구조나 행위를 어느 한 단위로 환원해서 설명할 수는 없다. 행위자체는 구조라는 맥락 안에서만 가능하며, 사회구조 또한 행위주체의 구체적 행동을 통해 드러나는 까닭에 구조 또한 행위자와 독립적으로 존재할 수 없기 때문이다.

③ 무정부성의 문제
무정부적 체계는 상호작용의 과정에 따라 다양한 결과들이 산출될 수 있다. 즉 '무정부상태의 논리'라는 것은 없으며, 국가들이 어떠한 욕망과 이익을 가지고 있고 어떠한 정책을 추구하느냐에 따라 무정부상태의 효과는 달라진다.

'무정부상태의 논리'란 것은 없다. '무정부상태'라는 용어 자체가 왜 이럴 수밖에 없는지를 명확히 해준다. 이것은 부재('규칙이 없는')를 의미하지 존재를 의미하지 않는다. 이것은 무엇이 없는지를 말해주지 무엇이 있는지를 말해주지 않는다. 이것은 빈 용기(empty vessel)이며 내재적인 의미가 없다. 무정부상태에 의미를 부여하는 것은 거기에 살고 있는 사람들의 종류와 그들 관계의 구조이다(Wendt).

> **구성주의의 핵심**
>
> 첫째, 구성주의는 행위 주체를 생성하는 비가시적인 사회구조의 역할을 인정
> 둘째, 구성주의는 구조주의자들과 달리 인간의 의도 및 동기와 관련하여 의식의 문제를 강조
> 셋째, 구성주의는 주체와 구조가 서로를 종속시키기보다는 상호조화를 이루는 관계임을 강조

국제정치 이론들의 비교

	현실주의	자유주의	구조주의
국제관계의 기본인식	홉스적 상태	이성적 협력이 가능한 공동체	불평등한 계급적 관계
주요 행위자	국가	국가 및 국가 이외의 다양한 행위자 존재	다양한 행위자의 존재 인정, 그러나 세계자본주의 구조의 부분으로서 작용
국가의 합리성	이익관점에서 철저하게 합리적	반드시 이익만을 추구할 수 없으며 때로는 비합리적	국가는 자율성이 없는 자본의 반영일 뿐이므로 합리성을 기준으로 평가할 수 없음
국제정치의 초점	국가 안보	안보, 경제, 사회, 문화 등이 동일하게 중요, 안보개념을 넓게 파악	국가 간 경제적 불평등
평화달성	힘, 동맹, 세력균형	제도, 다자안보	국제적 계급 연대

제3절 국제정치학의 주요 이론

1. 게임이론

(1) PD 게임

① 상황

두 명의 용의자를 검거한 상태에서 결정적인 증거가 부족한 상태에서 검사가 두 용의자를 서로 분리시켜 놓은 상태에서 다음과 같이 심문을 한다.

둘 다 부인하는 경우, 불법무기소지죄 등과 같은 죄목으로 기소되어 2년형에, 둘 다 자백하는 경우 정상참작으로 최고형인 10년형 대신에 6년형에, 한쪽만 자백한 경우 자백한 용의자에 대해서는 관대한 처벌인 1년형에 처하고 그렇지 않은 경우 10년형에 처하게 되는 상황이다. 합리적 행위자라면 자신에게 가장 이득이 되는 상황을 선택하겠지만, 상대방의 선택을 모르는 상황에서 의도한 대로 최대의 이득을 얻을 수는 없다.

따라서 이 경우 최대의 손실을 극소화하는 Minimax 전략을 택할 가능성이 높다.

갑 \ 을	협력	배반
협력	A 2년형, 2년형 (8, 8)	B 10년형, 1년형 (1, 10)
배반	C 1년형, 10년형 (10, 1)	D 6년형, 6년형 (4, 4)

② 해석

㉠ 현실주의자

군비제한을 할 경우 상호 이득이 됨에도 불구하고 군비경쟁이 일어나는 지를 설명하려 함.

㉡ 신자유주의자

- 미래에의 투영(반복적 실행)과 상호주의 원칙의 적용, 국제 레짐의 성립 및 조정 등으로 인해 게임의 결과를 파레토의 최적의 지점(A)으로 변화시킬 수 있다고 봄.
- 패권국이 없이도 협력은 가능하고 레짐이 형성될 수 있음을 강조함. 따라서 레짐의 성립 및 유지 조건은 패권의 존재여부가 아니라 상호성의 원칙이 중요한 요인이 됨.

> 파레토의 최적 : 두 당사자가 최적의 혹은 가장 효율적인 교환상태에 도달할 수 있는 준거점으로 한 당사자가 최적의 상태에 도달하며, 다른 당사자가 교환 이전보다 악화되지 않을 때 성립됨.

③ 현실주의의 레짐에 대한 입장

⊙ 성대결의 상황
- 막 사랑에 빠진 두 남녀가 휴일을 함께 보내기로 한다.
- 한 명은 산악자전거를 타러 가기를 원하고(B), 다른 한 명은 미술관에 가기를 원한다(A).
- 각자는 혼자 휴일을 보내는 것보다는 함께 있기를 원한다.
- 이를 표로 나타내면 두 개의 안정적인 평형점이 생겨난다.

		A(남성)	
		미술관	산악자전거
B(여성)	미술관	A 4, 3	B 1, 2
	산악자전거	C 2, 1	D 3, 4

- 표에서 각 숫자는 선호도를 나타낸다. 4=최선, 1=최악. 각 네 칸 앞의 숫자는 A의 선호도를, 뒤의 숫자는 B의 선호도를 표시한다.
  * 평형점의 결과와 파레토 최적의 전략을 표시함

ⓒ 해석
- 파레토의 최적 지점 : A, D
- 평형점의 결과 : A, D

ⓒ 현실주의의 주장
- 파레토 최적의 상황을 반영하는 해결책은 하나 이상일 수 있음.
- 패권국은 각종 국제 레짐을 형성하고 안정적으로 유지시키는 역할을 수행함(패권안정이론).
- 레짐에 순응하는 이유 : 상호정책조정에 실패할 경우 닥칠 손해를 피하기 위함(B, C점).

(2) 사슴사냥(Stag Hunt) 게임
① 상황
자연 상태에서 다섯 명의 배고픈 사람들이 우연히 만났다. 이들 모두의 배고픔은 사슴 한 마리로 충분히 채워질 수 있기 때문에 협력하여 사슴을 잡기로 합의하고 포위망을 구성했다. 한 사람의 배고픔은 한 마리의 토끼로 채워질 수 있다. 따라서 이들 가운데 한 사람이 그의 손이 미칠 수 있는 곳에 토끼 한 마리가 지나가면 잡을 수 있을지 없을지 모르는 불확실한 사슴을 포기하고 대신 토끼를 잡기 위해 포위망을 이탈함으로써 결과적으로 모든 사람의 배를 채울 수 있는 사슴이 도망하도록 한다는 것이다. 이로써 한 사람의 배고픔은 덜었지만 그의 이탈과 비협력은 그의 동료들을 배고프게 한다는 것이다.

갑 \ 을	협력	배반
협력	(8, 8)	(1, 6)
배반	(6, 1)	(4, 4)

② 해석
   ㉠ Waltz의 해석
      • 무정부적 국제체제는 개별국가들로 하여금 사슴이라는 공공재보다 토끼라는 개별재를 쫓아가도록 만들며, 그 결과 개개인의 의도와 무관하게 공공재는 실패하고 말 것임.
      • 안보 딜레마 현상 역시 국제정치 행위자의 의도와 결과가 불일치하는 현상을 보여주는 사례임.
   ㉡ 신자유주의의 해석
      공공재의 실패현상은 일회적인 게임상황과 고립된 개인들의 소통 부재를 전제로 한 까닭에 초래된 것임. 실제의 국제정치는 현실주의자들이 가정하는 것처럼 원자론적으로 고립된 상태에서 행동하는 것이 아님. 이들은 반복적이며 서로를 감시하는 관계 속에 놓여 있으므로 집단행동에서도 공공재의 성공이 가능하게 됨.

(3) 비겁자 게임
   ① 상황
      고속도로 중앙선 위를 두 소년이 마주보고 각기 자기의 자동차로 질주하는 상황이다. '리더 아니면 죽음'을 두고 게임을 하는 것이다. 모두 차를 피해가는 경우 둘 다 비겁자가 되지만 어느 일방이 상대방에 대해 체면을 더 잃지는 않지만, 둘 중 하나가 피하는 경우 한 사람은 비겁자가 되고 한 사람은 위신이 상승한다. 반대로 피하지 않는 경우 모두 죽게 되는 게임이다.

갑 \ 을	돌진	회피
돌진	A (-10, -10)	B (1, -1)
회피	C (-1, 1)	D (0, 0)

   ② 해석
      ㉠ 합리적 행위자는 상대방의 선택을 고려하여 선택을 하게 되고 Minimax 전략을 택할 가능성이 높음. 행위자의 선택은 둘 중 하나이며, 이때 최대의 손실이 무엇인자를 보고 결정한다면 서로 충돌을 피하는 결과가 나타날 것임.
      ㉡ 쿠바 미사일 위기에서 국제적 위신에 손상을 입더라도 미국과 정면 충돌을 피한 소련의 행태(회피)를 설명할 수 있으며, 냉전체제 하에서 핵전쟁이 일어나지 않았던 이유(D)를 설명할 수 있음.
      ㉢ **벼랑 끝 전술** : 어느 한 행위자가 자신은 차를 피하지 않고 돌진하여 죽을 것을 각오한다는 단호함을 보임으로써 상대방으로 하여금 피하도록 하는 것임. 이는 1962년 쿠바 미사일 위기에서 미국이 핵전쟁도 불사하겠다고 밝힘으로써 소련이 협력적 대안을 택하도록 한데서 비롯된 것으로 최근 북한의 전술을 일컫는 용어로도 사용되기도 함.

2. 세력균형체제(Balance of Power System)

(1) 의미
안정적 세력 관계를 유지하며, 이를 파괴하는 침략을 억제하려는 공통된 목적을 가진 국가들이 안정을 와해시키려는 압력을 중화(中和)시킬 반대압력을 생성해 내는 체제

(2) 세력균형의 유형(F. H. Hartman)
① 균형자형 : 대립되는 두 개의 세력에 제3의 세력으로서의 균형자가 개입하여 그 어느 한쪽에 자국의 힘을 보탬으로써 균형을 유지시켜 나가는 형
② 비스마르크 형 : 예상되는 침략국을 둘러싼 여러 국가들이 서로 상통하는 이해를 중심으로 몇 개의 복합적인 동맹으로 묶어 예상침략국을 고립시켜 견제하는 방법.
③ 뮌헨형 : 예상되는 조건 파괴자 보다 월등한 힘을 가진 예상 피해국들이 이해가 엇갈려 협동을 못 이룸으로서 미약한 침략국의 힘과 균형을 이루는 정도로 약해지는 세력 균형.
④ 빌헬름형(냉전형) : 적대 당사국 간의 힘의 균형으로 이루어지는 세력균형. 즉 제3의 균형자가 개입하지 않는 단순형.

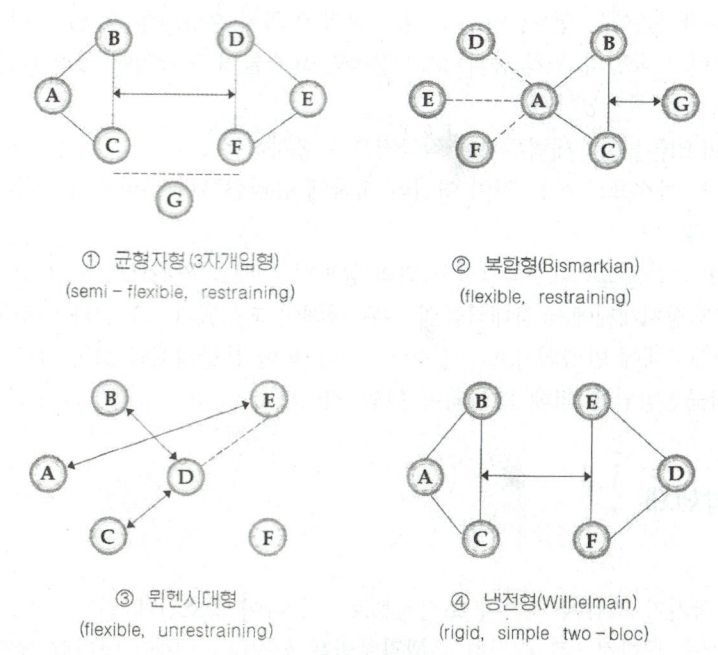

① 균형자형 (3자개입형) (semi-flexible, restraining)
② 복합형(Bismarkian) (flexible, restraining)
③ 뮌헨시대형 (flexible, unrestraining)
④ 냉전형(Wilhelmain) (rigid, simple two-bloc)

세력균형의 유형

(3) 세력균형의 방법
① 분할통치(divide and rule)
② 보상(compensation)
③ 군비경쟁과 군축(armament & disarmament)
④ 동맹(alliance)

⑤ 완충국가의 설정(buffer zone)

(4) 세력균형의 기능
① 평화유지기능 : 특정한 국가가 현상을 근본적으로 변혁시켜 우월한 세력을 형성하려고 하거나 세계제패를 시도할 때는 세력 균형적 차원에서 다른 국가들의 단합이 형성, 이들의 견제를 받게 됨으로써 그런 침략기도가 일반적으로 좌절되게 된다. 따라서 세력균형은 국가 간의 전쟁을 방지하는 기능까지 수행하고 있다. 이런 의미에서 세력균형은 국제질서를 안정화시키는 현상유지 또는 평화유지의 기능을 수행하게 된다. 그러나 이 때 이루어지는 평화는 국제사회에서 초국가적인 통합적 권력조직이 부재하고 각국이 자국에 유리한 세력균형을 추구하는 한 일시적이고 불안정한 성격을 띨 수밖에 없다.
② 독립안전보장기능 : 여러 강대국들이 특정한 약소국에 대하여 일단 타협하는 경우, 약소국은 중립국으로 그 존립을 유지하고 독립을 보장받을 수 있다.

(5) 세력균형의 평가
① 세력균형의 불확실성 : 세력균형은 다수국가 상호 간의 힘이 측정되어 비교됨으로써 쉽게 인식될 수 있는 양적인 기준을 필요로 하고 있다. 그러나 국력평가를 위한 절대적 척도가 존재하지 않고 그 평가기준에는 영토, 인구 그리고 군비 이외에 수량화할 수 없는 정치체제, 외교의 질, 국민성 그리고 국민의 사기 등과 같은 질적인 요소들이 포함되어 있기 때문에 사실 객관적인 국력의 비교가 불가능하다.
② 세력균형의 비현실성 : 세력투쟁에 적극적으로 종사하는 모든 국가는 실제적으로 세력균형, 즉 힘의 평등을 목적으로 하는 것이 아니라 자국에 유리한 세력우위를 추구하는 점에서 세력균형은 비현실적이다.
③ 세력균형의 부적합성 : 다수국가간의 힘의 공평한 분배를 원칙으로 하고 있는 세력균형은 현실적으로 국제정치체제에서 강대국들의 주된 정책이 되어왔다. 그 결과 약소국과 약소민족의 입장들이 국제무대에 반영되기보다는 강대국들에 의한 분할지배와 보상 그리고 완충지대 형성이라는 세력균형방법에 의해 희생되어 왔던 것이다.

3. 집단안전보장체제

(1) 개념
세계의 모든 국가가 조약에 의하여 조직적으로 결합하여 상호간에 전쟁 또는 기타의 무력행사를 금지하고 분쟁을 평화적으로 해결하는 해결방법을 설정하고, 만일 이러한 해결방법에 대하여 위반하는 국가가 있을 때에는 그 위반국 또는 침략국에 대하여 그 조약에 가입한 모든 국가가 협력하여 조직적인 강제조치를 취함으로써 국제적인 안전을 보장하는 동시에 국제평화를 확보하는 것

(2) 집단안보와 세력균형
① 유사점
  ㉠ 무력침략행위의 방지목적
  ㉡ 억제전략의 적용 ㉢ 평화유지를 위한 전쟁 인정

ⓔ 피침략국이 아닌 구성국가의 공동제재 조치에의 참여
ⓜ 집단조치방법
② **차이점**
㉠ 세력균형은 경합적 동맹체제인데 비해 집단안보는 세계를 하나의 공동체로 간주하기 때문에 범세계적 동맹의 성격을 갖는다.
㉡ 세력균형은 국가이익에 관한 치밀한 계산속에서 자율적 전략으로 움직이는 비조직적 체제인 반면, 집단안보는 국가 간의 정책을 조정하는 국제기구가 있어 조직적 운용이 가능하다.
㉢ 세력균형은 하나의 우세한 세력을 부인하고 힘의 분배를 강조하는 한편, 집단안보는 특정 국가나 동맹의 힘보다 더 우세한 힘의 유지를 전제로 세력의 집중을 의미한다.

(3) **집단안전보장체제의 문제점**
① 집단안전보장기구가 강대국간의 사전합의를 기초로 해서 형성된 것이고 그 운용면에서도 국제연합의 안보리 상임이사국에 거부권이 부여된 점에서 강대국의 힘의 논리가 지배하고 있다는 데 문제가 있다.
② 주권존중을 바탕으로 하는 현대의 집단안보관은 내정불간섭의 원칙을 천명하고 있지만 사실상 국내적 문제와 국제적 문제의 구분이 모호한 사항에 대해서는 이 원칙이 제대로 준수되고 있지 않다는 점
③ 세력균형에 대한 비판에서 출발한 집단안보 관념이 다시 세력균형관념으로의 변화양상
④ 지역적 집단안보체제의 등장으로 복합적 동맹관계의 형성

📖 세력 균형 vs 집단 안보

세력 균형 전략은 외부 세력이 침략 의도를 갖지 못하도록 힘의 균형이 존재해야 국가 안보가 가능하다는 입장에서 군사력 증강을 중시하는 전략이다. 이러한 전략은 국제 사회에 대한 현실주의를 반영하고 있다. 현실주의는 인간과 국가는 이기적인 존재이며, 국제 사회는 '만인의 만인에 대한 투쟁' 상태라고 본다. 냉전 시대 군사 동맹이 만들어진 것과 세계 각국이 핵무기를 개발하는 것 등은 세력 균형 전략의 대표적인 사례이다. 한편, 이 전략은 '안보 딜레마', 즉 자국의 안보를 위한 군사력 증강이 타국의 군사력 증강을 자극함으로써 자국의 안보를 위한 노력이 거꾸로 자국의 안보를 위협하는 상황을 초래한다는 비판을 받는다.

집단 안보 전략은 국제 규범과 국제기구를 통해 개별 국가의 안보와 국제 사회의 평화를 확보하고자 하는 전략으로서, 국제 사회에 대한 자유주의를 반영하고 있다. 자유주의는 인간과 국가가 도덕적 판단이 가능한 존재라는 점에서 국제 사회에서 보편적인 규범에 따른 행동이 가능하다고 믿는다. 이러한 인식에 따라 국제 규범을 집행할 국제기구를 설립하고 공동으로 침략국을 응징함으로써 세계 평화를 실현할 수 있다고 본다. 제2차 세계 대전 이후 국제연합(UN)을 설립한 것은 집단 안보 전략의 대표적인 사례이다. 한편, 이 전략은 현실 세계에서 국가들이 규범보다 이익을 추구하는 경향이 강하다는 점을 경시하고 있다는 비판을 받는다.

(지학사 교과서 p188)

4. 국제 문제

(1) 대표적인 국제 문제

안보 문제	• 국가 간의 전쟁, 민족·인종·종교를 둘러싼 분쟁, 테러 등으로 국제적 평화와 안보가 위협 받는 문제 • 원자 폭탄, 방사성 물질 무기 등 대량 살상 무기 확산도 안보 문제의 요인이 됨.
경제 문제	• 경제적인 원인에서 발생하는 국제 문제 • 절대적 빈곤 지역이 여전히 존재함. • 남북문제 : 선진국과 개발 도상국 간 경제적 격차가 심화되어 발생하는 갈등
환경 문제	• 환경이 파괴되어 인류의 생존을 위협하는 문제 • 대기 중에 방출되는 프레온 가스의 오존층 파괴, 이산화 탄소 배출량 증가에 따른 지구 온난화 가속화, 토지·해양·우주 공간에 버려지는 폐기물로 인한 환경 오염 등

📖 **미국의 파리 협정 탈퇴**

트럼프 미국 대통령이 2017년 6월 1일 온실가스 배출량을 줄이기 위한 국제 협약인 '제21차 국제 연합 기후 변화 협약 당사국 총회 협정(파리 기후 변화 협정)' 탈퇴를 공식 선언하였다. 오바마 대통령 주도로 195개 회원국이 2015년 말 협정서에 서명한 지 1년 5개월만이다. 미국의 탈퇴 선언에도 중국과 유럽 연합(EU), 인도, 캐나다 등 주요 온실가스 배출국은 파리 협정을 이행하겠다고 밝혔다. 하지만 세계 2위 온실가스 배출국으로 체결에 앞장섰던 미국이 탈퇴하면서 파리 협정은 반쪽짜리 협정으로 전락했다는 평가가 나온다. 우리나라도 협정국을 유지한다는 입장이다. 파리 협정은 회원국들이 자율적으로 온실가스 감축 목표를 정하고 이를 5년마다 점검하는 내용을 담고 있다. 미국은 오바마 대통령 당시 2025년까지 온실가스 배출량을 2005년 대비 26~28% 감축하기로 약속하였다. 반면 트럼프 대통령은 "기후 변화는 사기"라고 목소리를 높이며, 파리 협정을 이행하면 미국 내 일자리가 감소할 것으로 우려해 왔다. 트럼프 대통령은 일자리 창출을 공약으로 내세워 왔는데, 파리 협정이 그런 일자리 공약에 역행하는 규제라는 인식을 갖고 있다. 미국의 한 신문은, 미국의 탈퇴로 다른 회원국들의 도미노 탈퇴가 우려된다고 관측하였다.

– 한국경제, 2017. 6. 1. (천재교육 지도서 p312)

(2) 그 밖의 문제

① 종교 문제 : 종교 간의 갈등으로 발생하는 문제
② 인권 문제 : 장애인·노인·아동 등 사회적 약자의 인권이 보장되지 않아 발생하는 문제

📖 테러

오늘날은 사회를 공포에 몰아넣는 행위로서 특정 국가에 정치적 요구를 관철하기 위해 비무장인 민간 대중을 공격하는 테러 행위(테러리즘)가 증가하여 평화와 안보가 심각하게 위협받고 있다. 1960년 팔레스타인 해방 기구(PLO)가 이스라엘에 대항한 행위에서 유래한 현대적 테러 행위는 2001년 9·11 테러와 같이 이슬람 극단주의자들이 종교 문제와 이념 문제를 해결하기 위하여 미국, 유럽 등에서 테러를 하는 형태로 전개되고 있다. 원자 폭탄, 방사능 물질 폭탄, 치명적 생화학 무기 등 대량 살상 무기 등의 확산도 국제적 평화와 안보를 위협하는 문제이다.

우리나라도 테러리즘의 예외가 아니다. 1980년대까지는 1983년 아웅산 묘역 폭탄 테러, 1987년 대한항공 858편 여객기 폭파와 같이 북한에 의한 테러 행위가 안보에 위협이 되었다면, 1990년대 후반부터는 복지 재단 소속 선교단원 집단 피랍과 같이 북한 이외의 세력에 의한 테러 행위도 안보에 위협이 되고 있다. 이를 해결하기 위하여 국내적으로 치안을 튼튼히 하고, 테러 행위에 대비하여 외국과 협력을 증진하는 등의 노력이 필요하다.

(비상교육 지도서 p219)

(3) 국제 문제의 해결 방안
① **국제 문제의 특징** : 국경을 초월하여 발생하므로 특정 국가만의 문제로 볼 수 없고, 다수에게 무차별적으로 영향을 미침. → 국제 문제 해결을 위해 국가 간 긴밀한 협력이 필요함.
② **국제 문제 해결을 위한 협력 방법**
　㉠ **국제법을 통한 협력** : 기후 변화 협약, 난민의 지위에 관한 협약, 인종 차별 철폐에 관한 협약 등을 체결하여 협력
　㉡ **국제기구를 통한 협력** : 국제 관계의 무정부성으로 발생하는 핵 확산, 환경 문제 등을 해결하기 위해 국제기구를 조직하여 활동
　㉢ **외교 활동을 통한 협력** : 특정 문제와 관련하여 한 국가가 상대국에 자국의 입장을 이해시켜 협력을 구함으로써 문제를 평화적으로 해결

📖 보호의 책임과 인도주의적 개입

주권 국가의 보호 책임에 관해 캐나다 정부가 작성하여 국제 연합(UN)에 제출한 '보호의 책임(The Responsibility of Protect)'이라는 보고서에서는 "주권 국가는 집단 살해, 강간, 기아와 같은 피할 수 있는 재난으로부터 국민을 보호할 책임이 있으며, 당해 국가가 이를 감당할 의도나 능력이 없으면 국제 사회가 개입하여 이를 책임져야 한다."라고 결론지어 인권 보호를 강조하였다.

— 존 베일리스 외, 『세계정치론』 (비상교육 교사용 지도서 p219)

📖 레짐 형성을 통한 국제 문제의 해결

레짐(regime)이란 국제 관계의 특정 영역에서 행위자가 공통의 기대를 가지고 있는 암묵적 또는 명시적 원칙, 규범, 규칙, 의사 결정 과정을 말한다. 이러한 국제 레짐의 형성을 통해 국제 문제 해결을 추구할 수 있다.

(1) 안보 레짐

안보 레짐은 기본적으로 국가들이 안보 딜레마에서 탈출할 수 있게끔 한 20세기의 현상이라고 볼 수 있지만, 이전의 사례가 없지는 않다. 일례로 유럽 협조 체제는 나폴레옹 전쟁 이후 미래에 일어날 혁명과 갈등에 대비하기 위해 보수 국가들이 설립한 레짐이었다. 완성된 안보 레짐을 설립하려는 노력이 착실히 진행되기 시작한 때는 20세기 들어서, 특히 냉전이 본격화된 이후의 일이다. 그러나 이러한 레짐의 유효성에 대한 의문은 끊임없이 제기되었다. 그런데도 군비 통제와 관련된 합의들은 불완전하나마 안보 레짐을 설립할 수 있었는데, 이를테면 1963년 부분 핵 실험 금지 조약은 대기 중 핵 실험을 확실하게 금지하도록 촉구했다. 핵 비확산 레짐에는 매우 취약한 측면이 있음이 사실이지만, 20세기에 많은 국가들이 핵 이용의 한도를 넘어버리는 사태를 억지시키는 데 기여하였다.

(2) 환경 레짐

지구 환경에 가해지는 폐해에 대한 과학자들의 지적이 증가함에 따라 환경 레짐을 설립할 필요성 또한 늘어나게 되었다. 원유 오염, 지구 기온 상승, 오존층 파괴와 같은 현상들은 대중들의 많은 주목을 받는 환경 문제로서, 지구 환경을 보호하려는 노력은 많은 영역에서 레짐을 설립하려는 노력으로 이어졌다. 예를 들어 멸종 위기에 처한 식물과 동물들을 보호하려는 국제적 협약들이 1970년대부터 만들어졌으며, 생물 다양성에 관한 포괄적 협약은 1993년 12월에 발효되었다. 1980년대 중반부터는 위험한 폐기물의 국제적 운송을 제한하려는 노력도 생겨나서, 1993년 3월 선진국에서 개발 도상국으로 위험 폐기물을 운송하는 행위를 금지하는 바젤 협약이 만들어지기도 하였다.

(3) 경제 레짐

제2차 세계 대전 이후에 성립된 복잡한 경제 레짐들을 간략하게 정리하기란 쉽지 않다. 그러나 주목해야 할 점은 특히 미국이 자유 무역의 원칙에 기반을 둔 무역 레짐을 설립하기 위해 노력했으며, 그 결과로 관세 및 무역에 관한 일반협정(GATT, 현재 WTO 체제)이 만들어졌다. 그러나 동시에 미국은 안정적인 국내 경제와 금융 체제가 있어야 번영, 발전할 수 있다는 사실을 알고 있었다. 그 결과 국제 통화 기금(IMF)이나 국제 부흥 개발 은행(IBRD) 같은 일련의 국제기구들이 무역 환경 조성을 위해 1945년 이후에 설립되었다. 미국에 의해 성립된 경제 레짐들이 1960년대 후반부터 뚜렷해진 미국 경제의 약화로 붕괴할지도 모른다는 불안이 제기되어 왔지만, 놀랍게도 1945년부터 현재까지 이 경제 레짐들은 버티고 있다. 2008년에 터진 금융 위기는 몇몇 레짐들을 극한까지 몰고 가기도 했지만, 세계 경제는 지금까지 큰 피해 없이 살아남았다. 그렇지만 앞으로 새롭게 형성되는 레짐들은 현재 경제 제도의 규율을 개선시키는 데 활용되어야 한다는 과제가 남아있다.

(비상교육 교사용 지도서 p219)

5. 핵 문제

① 핵 문제의 개요
- ㉠ 등장 : 전쟁에 핵무기가 등장한 것은 제2차 세계대전이 끝나가던 1945년 8월 미국의 일본에 대한 공격으로부터 시작됨.
- ㉡ 전개 : 제2차 대전 종전 후 미국과 소련 간의 군비경쟁이 핵무기의 개발 경쟁으로 전환 → 소련 (1949), 영국(1952), 프랑스(1960), 중국(1964), 인도(1974) 등의 국가가 핵무기 보유에 성공

② 핵군축 노력
- ㉠ 핵실험금지 조약(1963) : 미, 영, 소의 비준으로 발효 → 1992년 기준 가맹국 수는 125국. 그러나 중국, 프랑스, 쿠바, 북한은 가입이 이루어지지 않음
- ㉡ 핵확산금지조약(NPT)
  - 경과 : 1970년 발효 → 1995년 기준 168개국 이상이 서명
  - 내용 : 핵비보유국은 핵무기를 생산, 보유하지 않는다는 약속을 하는 대신 핵의 평화적 사용을 하는 데 필요한 기술을 얻기로 하고, 핵무기 보유국들은 비핵국에 핵무기 사용을 하지 않는다는 약속과 더불어 무기 제조기술의 이전과 핵물질의 이전을 하지 않는다는 것을 약속함 → 이 조약의 성실한 이행을 감시하는 국제원자력기구(IAEA)에 의한 사찰 제도를 포함하고 있어 조약 내용의 실천을 효과적으로 보장하려 함.
  - 의의 : 핵무기 보유국 숫자가 늘어나지 않도록, 즉 수평적 확산을 막은 다음 핵무기 보유국들의 핵무기를 순차적으로 줄여서 궁극에는 모두 폐기한다는 이른바 수직적 확산의 방지 내지는 폐기를 위한 중간조치에 해당
  - 한계 : 이 체제에서 탈퇴하고 핵무기를 개발하는 국가에 대한 효과적 제재수단이 없다는 점 → 북한은 한때 NPT에 가입했었으나 IAEA의 사찰을 거부하고 나아가 NPT에서 탈퇴하고 2005년에는 공식적으로 핵보유국임을 선언

③ 핵억지전략의 변천
- ㉠ 단순 핵억지 : 미국이 핵무기를 독점하고 있었던 시기(1945~1949)에 핵무기는 단순한 '효과적 억지 능력'을 보장하는 무기로 바라보는 전략 → 미국은 소련의 세력팽창을 억지하는 '봉쇄전략'을 펴나가는데 가장 의존했던 핵무기 전략을 의미함.
- ㉡ 상호억지 : 누가 먼저 공격하든지간에 상대방의 제2격 능력에 의하여 선제 공격자도 피격자와 마찬가지로 멸망하도록 서로가 서로를 억지함으로써 어느 쪽도 전쟁을 시작할 수 없도록 묶어 놓는 것
- ㉢ 확대억지 : 한 국가가 자기의 핵무기로 우방국을 보호해 주는 것

> **핵 확산 금지 조약의 이중성**
>
> 1968년 체결된 핵 확산 금지 조약(NPT)에 따르면 핵을 보유한 5개의 나라(미국, 영국, 소련, 프랑스, 중국)는 핵무기를 다른 나라에 이전하지 않고, 다른 나라의 핵 개발을 돕지 말아야 할 의무를 지닌다. 그 밖의 회원국들은 핵무기를 개발하지 않는다는 조건하에 핵 연료를 평화적인 목적에 사용할 수 있다.
> 하지만 핵 확산 금지 조약에도 불구하고 현재까지도 핵이 확산되고 있다. 그 이유는 무엇일까? 무엇보다 가장 큰 문제는 회원국이 아닌 이스라엘과 인도, 파키스탄이 비밀리에 핵무기를 개발하였다는 점이다. 물론 이스라엘은 핵무기의 존재에 대해서 부인도 시인도 하지 않는 정책을 취한다. 하지만 인접 중동 국가들은 혹시 핵무기가 있을지 모르는 이스라엘을 공격할 엄두를 내지 못한다. 한편 인도와 파키스탄은 1998년에 핵 실험을 감행하였다. 냉전 시대 미국과 소련이 서로 힘의 균형을 유지했던 것처럼, 두 나라는 핵무기를 보유함으로써 서로에 대한 전쟁 억지력을 가지게된 것이다. 하지만 전 세계적인 차원에서 볼 때 두 나라의 핵 보유는 심각한 위협이 된다. 사고 위험도 있고, 자의적으로 핵을 사용할 위험도 있다. 그리고 더 중요한 것은 핵 확산의 위험이다. 테러리스트나 불량 국가에 핵을 이전할 위험이 있다는 것이다.
> 이런 점에서 핵 확산 금지 조약의 실효성에 대한 논란이 끊이지 않는다. 또한 이 조약이 실질적으로 핵무기를 보유할 권리를 기존의 5개 핵 보유국에 한정하고, 그들의 '핵 기득권'을 영구화하는 의미를 지닌다는 점에서 불평등 조약이라는 오명으로부터 자유롭지 못하다.
> – 장 크리스토프 빅토르, 『아틀라스 세계는 지금』, 2007, p.177(천재교육 지도서 p300)

6. 갈퉁의 평화이론

① 소극적 평화
  ㉠ 전쟁을 포함한 직접적 또는 물리적 폭력이 없는 상태
  ㉡ 팍스 로마나 팍스 아메리카나처럼 무력에 의한 평화 상태를 의미 → 따라서 평화를 지키기 위해서는 타인으로부터 공격당하지 않기 위한 자신의 전쟁 억지력이 필수적임.
  ㉢ 서구 강대국의 역할을 중심으로 형성된 기존의 평화 개념

② 적극적 평화
  ㉠ 간접적 또는 구조적 폭력 및 문화적 폭력까지 없는 상태
  ㉡ 그릇된 사회 제도, 잘못된 관습, 불평등한 경제, 그릇된 정치와 법률, 환경파괴와 오염 등으로부터 해방되는 것 → 따라서 적극적 의미에서의 평화란 사회정의의 실현, 인권의 옹호와 확대, 고통과 궁핍으로부터의 해방을 의미하는 것
  ㉢ 제3세계의 등장과 약소국 간의 갈등과 분쟁 그리고 종교, 민족, 기아 등의 문제가 국제관계의 주요 이슈로 등장하는 배경이 됨.

7. 공공 외교와 소프트 파워

① 공공 외교(Public Diplomacy)
  ㉠ 의미 : 외국 국민과의 직접적인 소통을 통해 우리나라의 역사, 전통, 문화, 예술, 가치, 정책, 비전 등에 대한 공감대를 확산하고 국가 이미지를 높여 국제 사회에서 우리나라의 영향력을 높이는 외교 활동을 말한다.
  ㉡ 공공 외교의 목표 : 공공 외교는 정부 간 소통과 협상 과정을 일컫는 전통적 의미의 외교와 달리 문화·예술, 지식, 미디어 등 다양한 수단과 통로를 활용하여 외국 대중에게 직접 다가가 그들의 마음을 사고 감동을 주어 긍정적인 국가 이미지를 만들어 나가는 것을 목표로 한다.
  ㉢ 성공 조건 : 공공 외교를 성공적으로 수행하기 위해서는 정부뿐만 아니라 다양한 주체들의 자발적 참여가 필요하다. 국민 개개인, 비정부 기구, 기업, 지방 자치 단체, 각급 정부 기관 등 다양한 수준의 행위자가 상대 국가의 행위자와 네트워크를 형성하고 유지하는 가운데 서로에 대한 이해를 증진하고, 이를 통해 상호 교류와 협력을 더욱 돈독히 할 때 비로소 공공 외교의 효과가 발휘될 수 있다.

(외교부 누리집, 2017 - 미래앤 교과서 p194)

② 하드 파워로서의 국력 : 국력에 대한 전통적인 접근법에서는 하드 파워(hard power)를 중시한다. 하드 파워는 '강제적 힘'이며, 유인(당근)과 위협(채찍)을 사용하여 다른 행위자들의 행위를 변화시키는 능력이다. 대표적인 하드 파워에는 군사력과 경제력이 있다. 강한 군사력과 경제력을 지닌 국가는 대규모 군대와 현대적 무기를 확보하여 외부의 공격으로부터 영토와 국민을 보호하고 정복과 팽창을 통해 이익을 얻을 수 있다. 또한 선진화된 산업 기반을 바탕으로 교역 상대국보다 정치적·경제적 우위를 점할 수 있다.

- 앤드루 헤이우드, 『국제 관계와 세계 정치』 -

③ 소프트 파워로서의 국력 : 소프트 파워(Soft power)는 강제력보다는 매력을 통해, 명령보다는 자발적 동의를 통해 다른 행위자에게 영향을 미치는 능력이다. 한 나라의 소프트 파워는 주로 문화, 정치적 가치관, 대외 정책이라는 세 가지 형태의 자원에 좌우된다. 예를 들어 어느 국가의 문화가 보편적 가치를 지니고 있어 그 국가의 문화 관련 정책이 해당 문화를 공유하는 다른 국가의 가치와 이익을 함께 증진한다면 그 국가는 바람직한 성과를 얻을 가능성이 커진다. 반면 편협한 가치와 지역에 한정된 문화는 소프트 파워를 생성하기 어렵다.

- 조지프 S. 나이, 『소프트 파워』 (미래앤 교과서 p197)

THEME 10 국제정치론

2011 - 17

01 국제사회의 평화를 유지하려는 접근법과 관련한 내용으로 타당한 것만을 보기에서 모두 고른 것은?

> ㄱ. 집단안전보장체제는 국제사회의 행위자들이 갈등을 평화적 방법으로 해결할 것을 약속한 집단안보 기구에 가입하고, 만약 어느 행위자가 이러한 약속을 위반할 경우 모든 행위자가 집단적인 제재를 가할 것을 약속하는 체제이다.
> ㄴ. 국제법은 강대국의 이익을 반영하는 도구일 뿐이거나, 또는 현존의 국제 질서를 정당화시킬 뿐이라는 등 많은 비판을 받고 있다. 그러나 국제법이 평화 유지의 주요 수단으로 인정되는 것은 대부분의 국제 행위자들이 규칙 준수의 이득이 규칙 위반의 비용보다 더 크다는 점을 인식하고, 국제법을 지키기 때문이다.
> ㄷ. 동맹체제는 제3의 국가에 의한 침략이나 위협에 대하여 2개국 이상이 공동의 군사적 대응을 약속하는 체제이다. 동맹의 대표적 유형으로 방위조약에 의한 동맹체제를 들 수 있다. 한국은 미국과 한미상호방위조약을 맺고 있기 때문에 한국이 외부로부터 침공을 당할 경우에 미국의 참전은 '자동 개입' 조항에 근거하여 자동적으로 이루어진다.
> ㄹ. 세력균형체제는 행위자 간의 힘의 균형이 이루어질 때 체제가 안정되고, 국제 사회의 평화가 유지될 수 있다는 점에 근거한다. 강력한 힘을 가진 행위자가 제어당하지 않고 힘을 행사할 때 체제의 안정이 위협받기 때문에 강력한 힘을 가진 행위자의 출현을 방지하는 데 주로 관심을 기울린다.

① ㄱ, ㄴ ② ㄴ, ㄷ ③ ㄱ, ㄴ, ㄹ
④ ㄱ, ㄷ, ㄹ ⑤ ㄴ, ㄷ, ㄹ

02 다음 A~D 시기의 세계 대전의 부재 현상과 (가)~(마)의 국제 정치 시각을 연관시킨 내용으로 가장 적절한 것은?

<제2차 세계 대전 후 국제 질서의 변화>

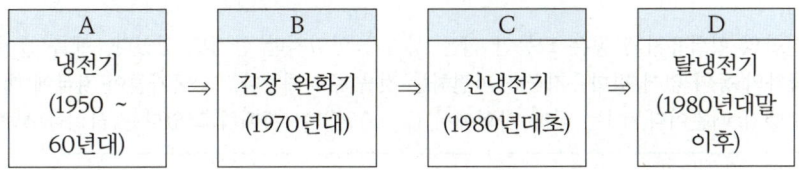

A		B		C		D
냉전기 (1950~ 60년대)	⇒	긴장 완화기 (1970년대)	⇒	신냉전기 (1980년대초)	⇒	탈냉전기 (1980년대말 이후)

(가) 국제 사회에서 국제 제도의 역할이 중요하며 국제 제도가 국제 협력의 어려움을 상당 부분 해결해 줄 수 있다. 사찰·검증·군축 레짐 등 안보 레짐을 통해 평화는 관리·유지될 수 있다.

(나) 각국은 그 자신의 국력을 극대화시키고 상대국을 견제함으로써 힘의 균형을 이루고자 하며, 어느 국가의 패권적 지위도 허용하지 않으려 한다. 이러한 균형 상태가 평화를 가져온다.

(다) 패권국이 그 체제의 규범을 설정하고 관리하기 때문에 국제 질서의 안정은 그 질서를 보존할 능력과 의사를 가진 패권국에 의해서 성취·유지될 수 있다.

(라) 주목해야 할 행위자의 수를 증가시킴으로써 다극 체제가 양극 체제보다 개별 행위자의 섣부른 판단을 방지하여 강대국 간 전쟁 발발 가능성을 줄인다.

(마) 양극 체제가 다극 체제보다 적국의 의도와 행위에 대한 오판을 감소시킴으로써 불확실성을 축소하여 초강대국 간 전쟁 발발 가능성을 줄인다.

① (가)는 D보다 A를 잘 설명할 수 있다.
② (나)는 A와 C에 비해 B와 D를 잘 설명할 수 있다.
③ (다)는 A에서 D로 갈수록 그 설명력이 증가한다.
④ (라)는 B보다 D를 잘 설명할 수 있다.
⑤ (마)는 A보다 B와 C를 잘 설명할 수 있다.

✓ 2014 전공A 3.

03 다음 (   )안에 공통으로 들어갈 개념을 쓰시오.

> • 국제연합(UN)은 국제 평화와 안전 유지, 인권 존중, 그리고 국가 간 우호적 협력 관계 발전을 목적으로 창설되었다. 그리고 이를 위한 조직 구성과 활동은 (   )원칙에 기초하고 있다. 예를 들어 회원국들의 의회라고 할 수 있는 '총회'에서는 이 원칙에 의거해 개별 회원국들이 각각 1표를 행사하도록 하고 있다.
> • 국제 연합의 평화유지 활동은 그동안 많은 성과가 있었지만 한계도 있었다. 예를 들어 국제 연합은 관련 국가의 동의 없이 평화유지군을 파견하는 것을 주저해왔다. 그 국가들이 자국에 대한 내정간섭으로 간주했기 때문이다. 이는 국제 사회에서 (   )원칙이 지배하고 있다는 사실을 보여주는 것이다.

✓ 2017 전공A 기입형 8.

04 단체나 기관을 평가하는 평가 지표는 여러 가지가 있다. 다음은 국제 정치의 한 행위자인 비정부기구(NGO)를 평가한 내용이다. ㉠, ㉡에 들어갈 평가 지표를 순서대로 쓰시오.

> 비정부기구(NGO)들은 자신들이 광범위한 집단들의 진정한 목소리나 공익을 대변한다고 주장한다. 그러나 일부 비정부기구들에서 특정한 집단이나 계층의 특수한 문제들에 집중하는 상황이 나타나고 있다. 여기서 비정부기구의 (㉠) 문제가 제기될 수 있으며, 이는 비정부기구의 자율성, 독립성 및 보편성 그리고 책임성 및 공공성을 평가하는 근거로도 중요하다. 또한 일부 비정부기구들은 자금이나 자원을 아직도 정부나 선진국에 의존하고 있기 때문에 비정부기구의 (㉠)을/를 저해하는 요인으로 작용하고 있다고 분석된다.
> 의사소통과 정보의 개방성 및 공개성 등은 민주적 기관들의 운영에 있어서 핵심적 요소이다. 그러나 인사, 운영, 자금출처, 지출 내역과 지출처 등을 공개하는 비정부기구들은 일부분이다. 이것은 비정부기구의 (㉡)을/를 의심하게 하고 신뢰를 저해하는 요인으로 작용하고 있다.
> 결과적으로 비정부기구의 (㉠)와/과 (㉡)은/는 비정부기구들의 보편적 책임성과 효율성 등을 평가하는 주요한 기준이 되고 있다.

2018 전공B 2번

05 다음은 교수와 학생의 대화이다. 괄호 안의 ㉠, ㉢에 들어갈 국제정치학의 대표적 이론을 순서대로 쓰고, 밑줄 친 ㉡, ㉣이 무엇인지 서술하시오.

> 교 수 : 갑국과 을국은 국경 문제로 인하여 오랫동안 갈등을 빚어 왔습니다. 국제정치학의 대표적 이론을 사용하여 이 문제가 어떻게 진행될 것인지 예측해 봅시다.
>
> 학생 1 : (㉠)에 의하면 국제사회는 무정부 상태이기 때문에 국가 간에는 힘의 원리가 작용하고 언제든지 전쟁이 발생할 가능성이 있습니다. 갑국과 을국 중에서 군사력이 우위에 있는 국가에게 유리하게 국경이 정해지거나 전쟁이 일어날 수도 있습니다. 만약 양국의 군사력이 현재 비슷하다면 양국은 ㉡<u>안보 딜레마</u>에 빠질 수도 있습니다.
>
> 학생 2 : 구성주의에 의하면 국제정치의 현실은 역사적, 간주관적으로 구성되고 재구성되는 것이기 때문에 두 국가의 상호 작용을 통해서 각국의 정체성이 달라질 수도 있습니다. 결국 양국은 세계 정치 내에서 국경 분쟁에 관련된 규범의 확산과 관념의 전파를 통해서 새로운 해법을 모색할 것입니다.
>
> 학생 3 : (㉢)에 의하면 국제사회에서 국가들은 대화와 협력을 통해 문제를 해결할 수 있습니다. 특히 인접 국가이기 때문에 경제적으로 서로 의존하는 관계라면 보다 평화적인 해결 방법을 모색할 것 같습니다. 또한, 갑국과 을국이 민주주의 체제를 가지고 있다면 양국은 ㉣<u>민주적 평화이론</u>에 따라서 행동할 가능성이 있습니다.

✓ 2020 전공A 7번

06 다음은 서로 다른 국제정치이론에 대한 설명이다. <작성 방법>에 따라 서술하시오.

(가) 자유주의자들은 평화의 국제질서가 전적으로 한 국가의 힘으로 형성된다고 믿지 않는다. 대신에 주권국가들의 야망을 저지하기 위한 장치들이 필요하다고 본다. 그리고 이 장치들은 국제레짐이나 국제기구의 형태를 띤다. 이러한 입장에서 자유주의자들은 (㉠)을/를 지지하였다. (㉠)을/를 통해 수많은 국가들이 취하는 연합적 행동이 공격을 가장 잘 격퇴할 수 있다는 것이다. 그리고 (㉠)은/는 평화애호 국가군의 힘이 도전국보다 훨씬 우세할 때, 평화파괴자에 대한 일치된 견해가 있을 때, 그리고 평화파괴행위에 대한 무력사용 의지가 있을 때 작동할 수 있다고 본다. 그러나 제1차 세계대전 이후 미국의 윌슨(W. Wilson)의 주창에 따라 설립된 (㉡)의 실패는 이것의 어려움을 보여주는 대표적 사례이다.

(나) 구조현실주의는 국가 간 갈등의 원인을 국가 이상의 상위 권위의 부재와 국제체제의 힘의 배분으로 본다. 신현실주의의 대표적 학자인 월츠(K. Waltz)에 따르면, 국제체제의 구조는 구성단위들 간의 질서를 규정하는 원칙, 각 단위들이 행하는 기능, 그리고 단위들 간의 능력(capability) 배분 등 세 가지 요소로 정의될 수 있다. 그리고 국제질서는 당연히 무정부적이며, 정치구조의 단위인 국가들의 기능이 유사하기 때문에 첫 번째와 두 번째 요소는 문제가 되지 않으며, 중요한 국제적 결과를 이해하는 데 근본적으로 중요한 것은 세 번째 차원인 단위들 간의 능력 배분이다. 즉, 독립변수인 ㉢능력 분포 상태가 각 단위들인 국가의 행동을 결정한다는 것이다.

<작성 방법>

○ 괄호 안의 ㉠과 ㉡에 들어갈 용어를 순서대로 제시할 것.
○ 밑줄 친 ㉢을 세력균형이론의 측면에서 양극 구조 하의 패권 국가 간 전쟁 발생 여부를 중심으로 서술할 것.

2022 전공 A 8번.

07 다음 글을 읽고 <작성 방법>에 따라 서술하시오. [4점]

> 국제정치에서 국제기구가 등장하게 된 배경과 역할에 대해서는 다양한 관점이 존재한다.
> 자유주의 관점은 국제기구가 국가들의 이익을 반영하는 국제 정치의 주요한 초국가행위자로서, 국제사회에서 국가의 영역을 넘어서는 독립적 영향력과 자율성을 갖는다고 본다. 특히 코헤인과 나이(R. Keohane & J. S. Nye)는 국제사회의 행위자들 간 (㉠)이/가 다양해지고 심화되는 상황에 주목하였다. 그들은 국가와 비국가행위자 사이의 연계성과 의사소통이 증가하면서 국제기구의 영향력이 커지게 된다는 '복합적 (㉠) 이론'을 제시하였다.
> (㉡) 관점은 국제관계의 중심적 행위자를 국가라고 보며 국제관계를 국가 간 힘의 정치로 파악한다. 또한 강대국이든 약소국이든 상관없이 모든 국가가 자국의 이익을 우선적으로 추구한다고 본다. 여기서 말하는 자국의 이익이란 상대적 이익인데, 이것은 자국의 이익이 협력하는 상대 국가가 갖는 이익보다 더 커야 한다는 것을 의미한다. 이로 인해 국제사회에서 국가 간 협력의 가능성은 낮아진다.
> 한편 구성주의 관점에서는 국제기구를 국제사회 행위자들의 상호작용에 의해 만들어지는 결과물로 본다. 이러한 시각에서 국제 협력의 정도는 개별 국가가 자신의 정체성과 이익을 어떻게 규정하고 해석하느냐에 따라 달라진다. 이 관점에서는 '배타적인 최고 권력이자 대외적 자립'을 의미하는 개념인 (㉢)조차도 고정불변의 것이 아니라, 국제사회의 다양한 행위자들의 상호 작용과 인식에 따라 달라질 수 있다고 본다.

<작성 방법>

○ 괄호 안의 ㉠, ㉢에 해당하는 용어를 순서대로 쓸 것.
○ 괄호 안의 ㉡에 해당하는 관점을 쓰고, 이 관점에서 보는 국제기구의 역할을 '강대국'이라는 단어를 포함하여 서술할 것.

2024 전공A 9번

08 다음을 읽고, <작성 방법>에 따라 서술하시오.

> 모든 국가는 자국민을 대량학살, 전쟁범죄, 반인도적 범죄 등으로부터 보호해야 할 일차적인 책임을 진다. 하지만 국가는 그렇게 할 능력과 의지를 가지고 있지 않을 때도 있으며, 때때로 자국의 국민을 적극적으로 탄압하고 집단학살을 자행하기도 한다. 1994년 르완다에서 발생한 대규모 학살로 인하여 80~100여만 명이 희생되었으며, 2003년에 시작된 수단 다르푸르 학살로 20~30여만 명의 희생자가 발생된 것으로 알려져 있다.
>
> 반복되는 집단학살 등을 막기 위해 국제 사회는 2005년 유엔세계정상회의에서 심각한 인권 침해로 이어질 수 있는 대규모 인명 손실이 발생하거나 예상될 때 (㉠)을/를 결정할 수 있는 보호책임의 원칙에 합의하였다. (㉠)이/가 지닌 목적의 정당성은 국제 사회의 기본 원칙과 충돌하여 논란의 대상이 되었다. 구체적으로 모든 인간은 기본적인 인권을 가진다는 도덕적인 근거로 지지를 받았지만, 회원국의 (㉡)을/를 존중하고 내정에 개입하지 말아야 한다는 유엔 헌장에 보장된 원칙에 어긋난다. 또한 실행을 위한 방법론적 측면에서도 무력 사용 금지의 원칙에 어긋난다는 비난을 받기도 하였다. (㉠)이/가 보호책임의 원칙에 따라 정당성을 갖추기 위해서는 ㉢ <u>상임 이사국</u>과 ㉣ <u>비상임 이사국</u>으로 구성된 유엔 안전보장이사회의 명시적인 승인을 얻어야 한다는 한계도 있다. 이러한 절차적 어려움으로 인해 사안의 시급성과 중대성에도 불구하고 국제 사회가 집단학살을 제대로 막을 수 없는 경우가 많았다.

<작성 방법>

○ 괄호 안의 ㉠, ㉡에 해당하는 용어를 순서대로 쓸 것.
○ 밑줄 친 ㉢과 ㉣이 가진 실질 사항의 표결에 관한 권한의 공통점과 차이점을 서술할 것.

✓ 2025 전공B 9번

09 다음을 읽고, <작성 방법>에 따라 서술하시오.

> 왈츠(K. Waltz)에 따르면, 인간, 국가, 그리고 국가를 기본으로 한 (㉠)(이)라는 세 요소는 국제관계, 특히 전쟁을 설명하는 데 매우 중요하다. 그는 각 요소의 핵심 원리를 세 명의 사상가의 주장으로 요약하였다.
>
> 첫째, 스피노자는 인간의 불완전성을 들어 폭력 현상을 설명하였다. 그에 따르면, 인간에게는 이성보다는 정념과 이기심을 앞세우는 본래적 경향이 있다. 이 때문에 인간은 조화와 협력을 추구하기보다는 물리적 폭력에 끝없이 빠져든다. 즉 인간의 불완전성이 전쟁의 원인이라는 것이다.
>
> 둘째, 칸트의 정치철학의 목표는 모든 국가들이 전쟁의 고통과 참화에서 진지한 교훈을 얻어 힘이 아닌 법치를 구축하고 궁극적으로는 세계 평화를 실현하는 것이었다. 이를 위한 첫 번째 방안은 각 국가의 내부적 개선이며, 두 번째 방안은 국가 간 관계에서 법치를 확립하는 것이다. 칸트의 이러한 생각은 윌슨(W. Wilson) 등을 거쳐 오늘날의 ㉡'민주 평화론(democratic peace theory)'으로 발전하였다.
>
> 셋째, 루소는 '서로 다른 특수성 사이에서의 사고 발생은 우연이 아닌 필연'이라고 주장하였다. 이 말을 쉽게 풀면, ㉢ 무정부 상태에서는 국가의 성격과 무관하게 평화 정착이나 국제 협력이 원천적으로 불가능하다는 뜻이다.
>
> 왈츠는 이들 중에서 루소의 입장을 지지하였다. 그는 국가의 행위에 대한 설명은 지도자의 인간성도 아니고, 국가의 속성도 아닌 오로지 (㉠)의 수준에서만 가능하다고 주장했다. 왈츠의 이론은 전쟁의 원인으로 '국제 정치의 구조적 성격'을 강조하였다는 점에서 권력욕과 국력을 중시한 전통적 주류 이론과 구분되어 (㉣)(으)로 불리고 있다.

<작성 방법>

○ 괄호 안의 ㉠, ㉣에 해당하는 용어를 순서대로 쓸 것.
○ 밑줄 친 ㉡의 내용을 '전쟁'이라는 용어를 포함하여 서술할 것.
○ 괄호 안의 ㉣의 관점에서 밑줄 친 ㉢의 의미를 서술할 것.

참고문헌

정치학 – 이극찬 – 법문사
정치학의 이해 – 서울대 공저 – 박영사
정치학의 이해 – 김우태 외 – 형설출판사
정치학 – 앤드류 헤이우드 – 성균관대학교 출판부
정치학 – 신정현 – 법문사
세계화 시대의 정치학 – 홍익표, 진시원 – 오름
세계화 시대의 민주주의 – 임혁백 – 나남
대통령제, 내각제와 이원정부제 – 강원택 – 인간사랑
현대 정치과정의 이해 – 홍득표 – 학문사
현대 정치과정의 동학 – 고경민 – 인간사랑
비교정치 – 신명순 – 박영사
인간과 정치사상 – 최상용 외 – 인간사랑
서양 근대 정치사상사 – 강정인 외 – 책세상
현대 정치사상 연구 – 유홍림 – 인간사랑
한국정치체제론 – 김호진 – 박영사
현대국제정치학 – 이상우, 하영선 – 나남출판
세계정치론 – 한티미디어
정치와 법 – 금성출판사
정치와 법 – 미래앤
정치와 법 – 천재교육
정치와 법 – 지학사
정치와 법 – 비상